Margret Boveri

TAGE DES ÜBERLEBENS
BERLIN 1945

DIE ANDERE BIBLIOTHEK

Herausgegeben

von Hans Magnus Enzensberger

Margret Boveri

Tage des Überlebens Berlin 1945

Eichborn Verlag
Frankfurt am Main 1996

Inhalt

I *Szenarium*

Zwanzig Jahre nach dem Zusammenbruch des Dritten Reichs hatte ein junger Regisseur den Einfall, über den Tag der Kapitulation, das war in Berlin der 2. Mai, einen Film zu drehen. Er besuchte mich, um mich auszufragen. Ich sagte: »Das habe ich alles aufgeschrieben« und gab ihm eine Niederschrift aus dem Jahr 1945, die ich seit Jahren nicht mehr gelesen hatte. Sie sollte erst nach meinem Tod veröffentlicht werden, weil ich verhindern wollte, daß einige der geschilderten Vorfälle in einer Zeit, in der noch Kalter Krieg herrscht, für antisowjetische Propaganda mißbraucht würden.

Der Regisseur las und fand, das »Tagebuch« müsse sofort veröffentlicht werden. Es ist aber kein Tagebuch. Ich war seit meiner Kindheit unfähig, Tagebuch zu führen. Den Berliner Brief, der den Hauptteil dieser Aufzeichnung ausmacht, hatte ich als Brief an Gert Reiss, eine alte Freundin, begonnen, die seit 1933 mit ihrem Mann in Zürich lebte. Als mir klar wurde, daß auch nach der Beendigung des heißen Krieges der Postverkehr nicht wieder aufgenommen werde, verwandelte er sich in einen Rundbrief für meine Freunde.

Beim Wiederlesen fand ich vieles sehr erstaunlich, im positiven wie im negativen Sinn. Ich hatte vergessen, in wie hohem Grad die Existenz des Jahrs 1945 ein Dasein der Eingeschlossenheit war, verengt durch die äußeren Umstände, erweitert durch die Freiheit, die sich die Vorstellungskraft in solchen Zeiten nimmt. Um mich selbst besser in die damalige Lage zurückversetzen zu können, sah ich die Briefe und Karten durch, die vor der Unterbrechung des Postverkehrs noch in Zürich angekommen waren.

Diese Briefe unterlagen der Zensur — sie tragen alle die hellblauen Striche quer über das Blatt, mit denen chemisch festgestellt wurde, ob versteckte Mitteilungen mit unsichtbarer Tinte geschrieben waren. Wir nahmen seit 1933, und noch stärker seit dem Ausbruch des Kriegs, auf den mitlesenden Zensor Rücksicht. Vieles wurde brieflich überhaupt nicht erwähnt, oder es wurde durch den Hinweis auf »unsere Gespräche« nur für meine Freundin verständlich gemacht. Manche Personen wurden nicht mit Namen, sondern mit Vergleichsworten gekennzeichnet, besonders auf der Schweizer Seite, wo es im Krieg ebenfalls einen Abhör- und Überwachungsdienst gab. Nach der Kapitulation war Vorsicht, wenngleich unter veränderten Vorzeichen, weiterhin geboten. Solange die Russen allein in Berlin regierten, hielt ich den handschriftlich geschriebenen Brief versteckt. Auch nachher verschwieg ich in der Niederschrift manches, was nun in Einfügungen nachgetragen wird. Was am damaligen Geisteszustand heute am meisten erstaunt, ist die enge Verbindung von rational Unvereinbarem: von Angepaßtsein an die herrschenden Verhältnisse und von Mißtrauen gegenüber den Taten und Verlautbarungen der jeweiligen Herrschenden. Das Bevorstehen der Niederlage war klar erkannt. Trotzdem lebte man, als sei das Gegebene von Dauer. Die Sprache der Herrschenden wurde gelegentlich übernommen, etwa der Ausdruck »Terrorangriffe«. Er stimmte eben. Manche Deutsche waren sich immerhin noch bewußt, daß er zuerst in bezug auf Coventry und London gestimmt hatte. Die Serie der Berichte vom Februar bis März 1945 mag daran erinnern, daß durch Bombenangriffe ein Krieg nicht zu gewinnen ist. Vietnam beweist das gleiche. »Auf diese Weise kann man uns nicht unterkriegen«, ist die natürliche Reaktion. Sie kommt dem herrschenden Regime zugute, gleichgültig, ob es faschistisch, kommunistisch oder liberal ist.

Es kommt dazu die ungeheure Erhöhung des Lebensgefühls durch die dauernde Nähe des Todes. »Ich lebe noch ... und nun erst recht« (S. 39). Im Wiederlesen dieser Briefe und Postkarten ist mir erst zum Bewußtsein gekommen, warum bei vielen von uns die Erinnerungen an die schlimmen Jahre — Bombenzeit, Russenzeit, Erfrierungs- und Hunger-Winter 1946/47, Blockadejahr 1948/49 — Erinnerungen an Hoch-Zeiten sind. Ich war in den Jahren, in denen es nichts zu kaufen gab, so glücklich, daß ich damals beschloß, in sogenannten guten Zeiten keine Apparate, ob Rolleiflex oder Plattenspieler, mehr zu kaufen, ein Beschluß, den ich sogar bis zu einem gewissen Grad noch heute befolge. Unter den übergroßen Anforderungen jener Tage wurden wir uns aller Möglichkeiten bewußt. Wir waren Handwerker ebenso wie Kammermusiker. Im Vergleich dazu leben wir gegenwärtig nur partiell.

Die Nähe des Todes — vieler Arten von Tod — war auch mitbestimmend für die Wahl der Bücher, die wir lasen. Doch unterstand sie, uns unbewußt, wie alle geistigen Strömungen auch einem Zug der Zeit, der nichts mit Politik zu tun hat, sondern international quer durch Kriege, Mißverständnisse und Blindheiten synchron ist. Eine unvergeßliche Erinnerung aus den Tagen nach dem 20. Juli ist mir eine Begegnung mit Teddy von Goetz, der Cousine Adam von Trotts, die ihm den Haushalt geführt hatte. Ich erzählte ihr, was ich im Auswärtigen Amt über die Bemühungen, ihn zu retten, erfahren hatte. Wir standen im Dämmerlicht an einem Pfeiler der U-Bahn Dahlem-Dorf. Sie zitierte, mit tränenüberströmtem Gesicht, lange Stücke aus einer der

Duineser Elegien. Die späten Briefe Rilkes hatten mir schon in den Internierungs-Monaten in Amerika viel bedeutet; später in Lissabon, wo ich mich der Welt und den Menschen verquer fühlte, der ›Malte Laurids Brigge‹. In Lissabon hatte ich im Winter 1942/43 Jüngers ›Arbeiter‹ wie eine ungeheuerliche, in Erfüllung gegangene Prophetie gelesen. Der Eindruck war um so größer, als ich vor dem Jahr 1942 als Anti-Militaristin aus Prinzip nie eine Zeile Jüngers gelesen hatte. Von der Wirkung, die ›Gärten und Straßen‹, dieses atmosphärisch dem Nationalsozialismus so konträre Buch, damals ausübte, macht man sich heute keinen Begriff mehr, zumal bestimmte, von ihm mit Gleichgültigkeit verzeichnete Daten nationalsozialistischer Taten inzwischen vergessen sind. Jüngers Friedensschrift, die in hektographierten Exemplaren von Hand zu Hand ging, machte auf mich einen viel geringeren Eindruck. Von meinem Aufenthalt in Amerika und der fortgesetzten Lektüre der anglo-amerikanischen Presse wußte ich, daß es lange dauern werde, bis die Alliierten anfangen würden, einzusehen, daß es auch unter nicht-emigrierten, sogar unter nicht-demokratischen Deutschen Personen gab, die Intelligenz mit Integrität und gutem Willen verbanden. Die Selbstverständlichkeit, mit der Jünger annahm, die aufgerufenen jungen Deutschen würden in der Nachkriegswelt als gleichberechtigte Partner akzeptiert werden, schien mir irreal.

Das gesteigerte und zugleich vertiefte Lebensgefühl jener Monate ist die Antwort auf die Frage, die der britische Historiker A. J. P. Taylor in einer Besprechung von Ryans ›Der letzte Kampf‹ gestellt hat: »One great mystery remains about the ending of the second world war. How did the Germans keep going in defeat with such unshakable constancy? The Germans themselves cannot now remember, and therefore the answer will never be found.« Der letzte Satz hat mich, die immer

Zögernde, bewogen, den Berliner Brief und einen Teil der Korrespondenz, die ihm vorausging, doch schon jetzt zu veröffentlichen.

Die Lage im Jahr 1944

Ende August 1943 war die ›Frankfurter Zeitung‹, für die ich in Lissabon als Berichterstatterin arbeitete, auf Hitlers Befehl eingestellt worden. Ich hatte damals eine schwere Operation hinter mir und war für längere Zeit arbeitsunfähig. Dadurch war ich dem Blickfeld der Herren, die über unser Arbeitsschicksal zu verfügen hatten, zu meinem Glück einige Monate lang entzogen. Während ich im November den Kampf um die Ausreisegenehmigung zur Auflösung meines Haushalts und Büros in Lissabon führte, richtete ich mir in Berlin eine Wohnung ein. Sie wurde bei den Bombenangriffen Ende November schwer beschädigt. Was ich nach den Zerstörungen an Findigkeit und Hilfsbereitschaft erlebte, erhöhte meinen alten Wunsch, in schwieriger Zeit wieder in Berlin zu leben.

Doch schon im Flugzeug nach Lissabon Mitte Dezember entdeckte ich, daß ich außerhalb meines journalistischen Bereichs plötzlich »interessant« geworden war. Das kam daher, daß Hitler, der sich noch im Sommer 1942 überhaupt nicht um die Vorgänge in Amerika gekümmert hatte, seit der geglückten Landung in Nordafrika nicht genug Nachrichten über Institutionen, Ereignisse und Personen in den Vereinigten Staaten erhalten konnte. Das Auswärtige Amt, das Propagandaministerium und die Abwehr befanden sich in einem wilden Wettkampf, ihm das Neueste und das Beste zu servieren. In diesem Kampf schnitt, soweit ich es beurteilen konnte, das Propagandaministerium am besten, die Abwehr am schlechtesten ab. Ich hatte mir in New York für meine Amerika-Berichterstattung ein Archiv aufgebaut und es in Lissabon weiterführen können. Dort gab es täglich sämtliche englischen Blätter zu kaufen und außerdem einen blühenden Schwarzen Markt für amerikanische Zeitungen und Zeitschriften, die von den Clipper-Stewards entgegen dem Ausfuhrverbot herübergebracht und von den portugiesischen Zeitungshändlern mit großem Profit »unter dem Tisch« vertrieben wurden.

Da die iberische Halbinsel neben Schweden den letzten freien Ausguck nach dem Westen bot, wurden auch die dortigen deutschen Missionen von Berlin aus in bezug auf Amerika-Nachrichten unter ständig steigenden Druck gesetzt. Die Folge war, daß der deutsche Botschafter in Madrid, Hans Dieckhoff, mich schon während des Fluges drängte, als Amerika-Sachverständige zu ihm an die Botschaft zu kommen. Er versprach mir: »Sie können so objektiv schreiben wie in der ›Frankfurter Zeitung‹, sogar noch objektiver« (wir waren damals noch der Auffassung, die heute als Wahn gilt, daß die FZ ein einigermaßen zuverlässiges Bild der Weltpolitik vermittelt habe).

Kaum war ich in Lissabon angelangt, äußerte der dortige Gesandte, Baron Hoyningen-Huene, den Wunsch, daß ich bei ihm die Amerika-Berichterstattung übernehmen solle. Obwohl ich mit Huene befreundet war, wäre die Wahl zwischen Lissabon und Madrid für mich nicht schwer gewesen, weil ich Dieckhoff, den einstigen deutschen Botschafter in Washington, als ausgezeichneten Kenner der amerikanischen Verhältnisse schätzte und annahm, dies könne die Grundlage für eine gedeihliche Zusammenarbeit geben.

Mein Dilemma bestand nicht in der Wahl zwischen Madrid und Lissabon, sondern in der Wahl zwischen dem in Aussicht genommenen beruflich unsicheren Leben in Berlin und dem Verbleiben auf der Iberischen

Halbinsel, zu dem alle meine Freunde mir rieten. In meinen damaligen Briefen nach Zürich wird das »Dilemma« in ermüdender Wiederholung abgehandelt, bis es schließlich nach sechs Probewochen in Madrid und nach einer halbdurchwachten Nacht am 6. März hieß: »Plötzlich war das Dilemma ausgekocht: und die Lösung hieß: weg von hier. Vieles kam zusammen: die Art der Arbeit, die mir nicht liegt und gar keine Freude macht; das Amtssystem, in das ich ein wenig Einblick tat; der Chef, in bezug auf den ich Zweifel habe.«

Die Arbeit war mir verleidet, nachdem ich entdeckt hatte, daß es mit der angebotenen Objektivität nicht weit her war. Ich konnte zwar schreiben, was ich für richtig hielt, aber nur diejenigen Niederschriften, in denen ich die für Amerika negativen Dinge mitteilte (Engpässe in der Rüstungsindustrie, Kritik an Roosevelt, Schwierigkeiten zwischen den Alliierten), gingen als Telegramme weiter nach Berlin; die für Amerika günstigen blieben liegen.

Diplomatie und Journalismus

Sehr viel intensiver als in den vorangegangenen Jahren in Lissabon, wo die Westalliierten, vor allem die Engländer, in der gleichen Stärke vorhanden und politisch tätig waren wie die Achsenmächte, war mir in dem strenger abgeschlossenen Madrid zum Bewußtsein gekommen, wie irreal die Tätigkeit an unseren Auslandsmissionen geworden war. In einem meiner ersten Briefe aus Madrid hieß es am 4. Februar 1944: »Mir scheint nur, diese äußeren Dinge, auch das, was man heute noch Politik nennt, sind so lächerlich vor dem, was sich in Wirklichkeit begibt. Diese Diplomatie kommt mir vor wie ein Theater, das die Leute sich selber vorspielen. Es gibt hier einen Attaché nur für

Blumen und Visitenkarten. Gewiß, das ist wichtig. Oder ist es nicht doch nur grotesk?«

In einem Vergleich zwischen Journalismus und Diplomatie schrieb ich — ungerechterweise —: »Ich habe entdeckt, daß die beiden Berufe doch kaum etwas gemeinsam haben außer der Materie, die sie bearbeiten. Und außerdem, daß der diplomatische doch charakterverderbender ist, als ich schon annahm.«

Solange die ›Frankfurter Zeitung‹ bestanden hatte, lebten wir Redakteure und Auslands-Korrespondenten im Bewußtsein, daß wir durch möglichst weitgehende sachliche Aufklärung allen Sprachregelungen zum Trotz in einem Sinne wirkten, der dem Geist des Nationalsozialismus entgegenstand. Man mag das heute für Verblendung oder Selbsthypnose halten. Das Ende der Zeitung war jedenfalls für uns ein ungeheurer psychisch-politischer Einschnitt. Jede Arbeit, die wir jetzt noch leisten mochten, stand unter einem radikal anderen Vorzeichen. Es gab nun kein Entrinnen mehr vom Mitverschuldetsein. Das mir war auch damals schon klar. Bei der Alternative zwischen der öffentlich nicht sichtbaren, dem Dritten Reich propagandistisch dienenden Arbeit an der Madrider Botschaft und einer Arbeit an einer deutschen Zeitung schien mir die Wahl der journalistischen Arbeit, mindestens vor mir selbst, die anständigere und die glaubwürdigere zu sein. Sie wurde mir dadurch erleichtert, daß sich nach einigen Zwischenverfügungen des Amannschen Amtes nun die Möglichkeit bot, freiberuflich für das ›Reich‹ zu arbeiten. Nachdem ich vier Jahre zuvor alles aufgeboten hatte, um der Beorderung an das zu gründende ›Reich‹ zu entgehen, hatte ich seit der Rückkehr aus Amerika im Jahr 1942 das ›Reich‹ in Lissabon gelesen und erkannt, was für eine hervorragende Informationsquelle es war. Selbst die hypnotisierenden Goebbels-Artikel konnten, wenn man sie zu lesen verstand, höchst aufschlußreich sein. Man wußte zum mindesten, wo es im Augenblick gerade brannte. In diesem Rahmen glaubte ich, im einstigen BT- und FZ-Sinne vielleicht doch noch etwas leisten zu können. Die Leidenschaft, »zum Tag« zu schreiben, war noch nicht ganz erloschen.

Im übrigen hatte ich in meinem Bedürfnis, durch alle bevorstehenden Katastrophen hindurch an den Quellen der Information zu bleiben, mir einen Plan ausgedacht, den man nachträglich nur kindisch nennen kann: Ich wollte gegen das Ende zu, wenn, wie ich erwartete, der Pressebetrieb erlahmte und der Männermangel akuter wurde, Taxichauffeur werden, bildete mir ein, ich würde daraufhin die Besatzungsmacht-Offiziere, vor allem Amerikaner und Engländer, fahren können und im Mithören ihrer Gespräche noch über den Lauf der Welt informiert bleiben, in der Zeit, in der die Deutschen nachrichtenmäßig auf Hungerkost gesetzt würden. Über das, was uns nach der Niederlage zugedacht war, machte ich mir aufgrund der ständigen Lektüre anglo-amerikanischer Zeitungen weniger Illusionen als die Zuhausegebliebenen. Daß dann doch alles überraschend anders kam, zeigt der Berliner Brief.

Die »Sache mit den Schachteln«

Was mich in jener Zeit im Hin und Her zwischen dem Klima im Ausland und dem Zuhause stark beschäftigte, war, was ich die Sache mit den »verschiedenen Schachteln« nannte. Sie wird mit dem Begriff »geschlossene Gesellschaft« nur unvollkommen gekennzeichnet, weil es sich um viel differenziertere und individuellere Gegebenheiten handelt, nämlich um die Tatsache, daß bei noch so vollständiger und minuziös genauer Information über die Zustände in einem anderen Volk und Land es doch unmöglich ist, sich die dortige physische und geistige Wirklichkeit zutreffend vorzustellen. Wenn die Trennung lange genug gedauert hat, ist die Übermittlung der unmittelbaren Anschauung durch Sprache nicht mehr möglich. Alle Phantasie reicht dazu nicht aus. Das ist einer der Gründe, warum die Berichterstattung über ein Land, das man verlassen hat, nach einer Weile nicht mehr stimmt, auch wenn alle Fakten richtig sind. Gleichgültig, ob es sich um demokratische oder totalitäre Staatsformen handelt, entsteht in einem Gemeinwesen, besonders in Zeiten der Spannung, eine Art Autohypnose, die sich wie ein Schleier über alles legt und, ihnen unbewußt, auch diejenigen umfaßt, die sich in Ablehnung zu der Geistesart und Politik befinden, welche die Hypnose hervorrief. Dies ist auch einer der Gründe für die tiefgehenden Mißverständnisse, die nach dem Kriegsende zwischen den zurückgekehrten Emigranten und den verbliebenen Hitlergegnern auftraten. Im Abstand von mehr als zwei Jahrzehnten kann ich erkennen, wie stark ich bei allem Bemühen, über die »Schachtelwände« hinauszusehen, in manchen Äußerungen des Berliner Briefs einen Beweis für das Eingesponnensein in eine Geistesverfassung lieferte, die Berlin damals erfaßt hatte.

In den Briefen des Jahres 1944 gibt es manche Anspielungen auf diese Veränderungen, die ich in mir selbst spürte, solange ich noch aus einer Schachtel in die andere kam. So hatten wir im Juli in Zürich nach dem Erfolg der alliierten Invasion die damals üblichen Überlegungen angestellt, wie lange der Krieg noch dauern könnte und nur mit Monaten bis zur deutschen Niederlage gerechnet. Kaum war ich zurück, schrieb ich am 28. Juli: »... Sie sehen, ich denke schon wieder in längeren Zeiträumen, obwohl natürlich für den Verstand die Tatsachen hier nicht anders aussehen als zur Zeit, als wir uns unterhielten. Nur ist die Atmosphäre hier eben so ganz anders, und es ist schwer, sie zu beschreiben. Im Grund, und dies trotz Alarmen und sonstigen Belastungen, würde ich sagen: viel weniger nervös als in Zürich.«

Es war mir schon lange klar, daß die Verschiedenartigkeit des Schachtel-Daseins bis in die persönlichen Bereiche einer Freundschaft einwirken und daß es einer ständigen beiderseitigen Wachsamkeit bedarf, um zu verhindern, daß die Kommunikation immer schwächer und schließlich ganz zerstört wird. Ich schrieb zur Tatsache, »daß wir schon seit Jahren auf verschiedenen Seiten des Zaunes sitzen«: »Wenn wir auch beide durch den Zaun durchschauen, so ist das Bild auf der anderen Seite doch zum Teil verdeckt, zum Teil hinter dem starren Zaungittermuster umgeformt. Und darin, daß wir beide noch durchsehen und daß wir hüben und drüben noch Gegenstände der Landschaftsmaler begutachten, darin scheint mir eine Eigenschaft zu liegen, die wir beide doch gemeinsam haben.«

Eine andere Art von »Schachtel«, keine fest abgegrenzte, gab es innerhalb von Deutschland selbst. Über sie konnte ich mich ins Ausland nicht oder nur in vorsichtigen Umschreibungen äußern. Immerhin hatte ich im Lauf der Jahre meinen absolut verschwiegenen Freunden in Zürich von den Plänen erzählt, die gegen Hitler und sein Regime geschmiedet wurden, und über einzelne Personen, die an den geheimen Vorhaben beteiligt waren. Am 20. Juli 1944 befand ich mich für einige Tage in Zürich zu Verhandlungen mit dem Atlantis-Verlag. Das Ausreisevisum hatte mir Adam von Trott verschafft. Er versuchte damals noch »für nachher« so viele kulturelle Beziehungen wie möglich mit den richtigen Leuten im Ausland aufrechtzuerhalten. Am Tag nach dem Attentat traf ich mich mit Sibilla von Haeften, einer Cousine der beiden Brüder, die nach dem mißglückten Putsch ihr Leben lassen mußten. Ihr Name war das Stichwort für eine Nachricht im ersten Brief nach meiner Rückkehr vom 28. August: »Traurige Nachrichten kommen dagegen von der Front. Sibilles Vetter ist tot, seinen verwundeten Bruder hoffen die Kameraden zu retten.«

Im Herbst, während eines Aufenthaltes in Fasano, wo damals die letzte deutsche Botschaft in Mussolinis Rumpf-Italien residierte, konnte ich etwas offener schreiben: »Daß Sibilles beide Vettern gefallen sind, wird sie nun gewiß schon längst wissen. Der Zivilist [Hans Bernd von Haeften] hat sich besonders gut gehalten. Mein neuer Freund [Adam von Trott] auch. Zu Hause redet man eigentlich von nichts anderem als von diesen Dingen; es hat eine starke Zäsur hervorgebracht, wenn es auch von Leuten wie meiner Familie Becker mit beträchtlicher Interesselosigkeit quittiert wurde. Doch habe ich nun zum ersten Male das Gefühl, daß sich in einer breiten Asphaltstraße, in der bisher schon kleine Risse und ausgefahrene Stellen waren, richtige Löcher und Wellen bilden. Aber soweit ich erkennen kann, werden alle Vehikel weiter über die Löcher fahren, bis alle Motoren und Räder und Achsen kaputt sind« (27. September 1944).

Schauplätze und Personen

Mein außenpolitisches Archiv, das ich seit 1933 aufgrund meiner täglichen Zeitungslektüre in den verschiedenen Kapitalen der Welt aufgebaut hatte, war die Hauptunterlage meiner Arbeit. Die wichtigsten Teile, einschließlich des umfangreichen Personenindex, hatte ich im März 1944 nach Berlin mitgebracht. In der evakuierten Wohnung des Forstmeisters Bier in einem Charlottenburger Etagenhaus, in dem ich mir im November drei leere Zimmer eingerichtet hatte, wollte ich es im 4. Stock unmittelbar unter dem bombenbeschädigten Dach nicht den Luftangriffen preisgeben. Andererseits mußte ich es für meine laufende Arbeit dauernd ergänzen und benutzen. Ich kam auf den Ausweg, mir ein Doppelleben einzurichten, die halbe Woche in Berlin, die halbe Woche am Teupitzsee 60 km südöstlich der Stadt. Dort hatte ich mir im Jahr 1936 ein Wochenendhäuschen gebaut.

Doch das kleine Holzhaus, 7 × 4½ m einschließlich Küche und Klo, war zwar für Übernachtungen am Wochenende geeignet, aber viel zu klein, das Archiv aufzunehmen und unter der Sommersonne viel zu heiß, um darin arbeiten zu können. Die Lösung schien im Teupitzer Schloß zu liegen, das gegenüber meiner Bucht auf einer kleinen Halbinsel im See lag. Die Herrschaft Teupitz, seit dem 14. Jahrhundert im Besitz der Schenken von Landsberg, umfaßte ursprünglich 15 Dörfer, 7 Mühlen und 26 in die hügelige Waldlandschaft eingebettete Seen. Als wir Mitte der dreißiger Jahre die Ufer des Teupitzsees durchforschten, waren wir auf den Turm des unbewohnten, weitgehend verfallenen Schlosses gestiegen und hatten von dort die von der Straße aus nicht sichtbare Halbinsel Kohlgarten entdeckt, auf der ich mich dann ansiedelte. Man hätte damals auch das Schloß für 12000 Mark kaufen können. Das taten unbekannte, eifrig bauende und werkelnde Leute, die wir mieden, weil sie mit Hakenkreuzfahnen eingezogen waren. Aus diesem Grund zögerte ich auch etwas, dort nach einem Zimmer zu fragen, und nahm zu meinem ersten Vorstoß einen Freund vom Auswärtigen Amt mit, der einen Ort außerhalb Berlins suchte, um wertvolle Möbel unterzustellen. Wir ruderten über den See und sahen, wie eine blonde Frau gerade einen Mann in der Uniform der Waffen-SS verabschiedete. Es war die Schloßherrin, mit der wir in bezug auf unsere Vorhaben schnell einig wurden. Ich bekam im ersten Stock ein schmales Zimmer mit dem Blick auf hohe Bäume. Schon bei diesem ersten Besuch fand ich erstaunlich, was die Leute aus dem Haus gemacht hatten: »Der Garten, der ganz verwildert war, ist zu einem großen Gemüsegarten bearbeitet ... Das Haupthaus, ein zweistöckiger gemütlicher Barock-Mansardenbau aus dem Jahr 1710, liegt quer auf einer schmalen Halbinsel ... Die Südfront mit der Haustür geht auf den Hof; da ist, links wenn man herauskommt, eine Art Kavalierhäuschen, früher wohl Wirtschaftsgebäude, wo jetzt Evakuierte sind; rechts ein älterer Bau, noch aus dem Mittelalter, mit Rittersaal ... Der Hof ist also, da ganz abgeschlossen, sehr geschützt, und wir fanden schon bei unseren Streifzügen, als es noch unbewohnt war, daß an der Südwand ausgezeichnete süße Trauben reiften. Große Tontöpfe mit Geranien, zwei große runde mit Ziegeln bedeckte Tische, bequeme Gartenstühle. Geräumigkeit. Und eben viel Geschmack« (17. Mai 1944).

Da ich ursprünglich vorhatte, nichts mit den »Nazis« zu tun zu haben, wußte ich nur von den Teupitzern, daß der Mann Dichter und Töpfer sei, nun aber als Rekrut bei der Waffen-SS, und daß die Frau eine Werkstatt habe, in der einst 24 Frauen gearbeitet hätten. Was, wußte niemand zu sagen, und mit der Zeit wurde ich neugierig. »Hinter das Geheimnis der Schloßleute«, konnte ich im Juni (17. Juni 1944) berichten, »bin ich nun auch gekommen. Vorher kam ich mir vor wie in einem Stifter-Roman, morgens und nachmittags hier anrudernd, durch den Garten gehend und die schönen Blumen bewundernd — meist ohne jemand zu sehen in mein Zimmer gelangend und dann still für mich da arbeitend. Zuweilen sah ich auch die sogenannte Finkin, das ist die Frau, die wohl den ganzen Haushalt führt und die vor allem den großen Garten besorgt, mäht, Heu macht, Wäsche zur Bleiche bringt;

mit der hab ich die Einzelheiten über mein Zimmer ausgemacht, und ich zahle ihr die Miete. Oder ich begegne der Annelies, das ist eine Lange mit einem schmalen Gesicht und grad runterhängendem Haar; oder dem hübschen blonden Pflichtmädchen. Es gibt dann aber auch manchmal Soldaten aus dem nahen Lazarett, oder Schwestern, oder ein bewimpeltes Auto aus der Stadt; und vor ein paar Tagen kam ich dazu, als gerade ein Ehepaar aus dem Zimmer neben meinem kam und die Finkin sagte: [es kostet] nichts, sie täten das gerne, wenn sie Platz haben — und dies also waren Besucher eines Verwundeten im Lazarett. Ich hatte also nicht nur an mir, sondern auch an anderen gemerkt, daß der Grundsatz dieses Hauses ist, anderen Menschen das Leben zu erleichtern und erfreulicher zu machen, und dies offenbar in recht großzügiger Weise. Was ich so an Geschehnissen außerhalb meines Zimmers höre, klingt auch immer freundlich und nie gereizt, und zuweilen höre ich aus der Entfernung eine Geige oder eine Blockflöte üben, und einmal sonntags, als ich heimfuhr, tönte über den See aus dem Kavalierhäuschen Chorgesang.«

Die Schloßherrin und ihr Mann, beide Kunstschüler, hatten sich als romantische junge Leute kennengelernt und beschlossen, auf einer griechischen Insel zu leben. Ein späterer Versuch in einer verlassenen Mühle in Mecklenburg, wo die beiden Kinder zur Welt kamen, schlug fehl, der Versuch, im Geschäft des einen Vaters mitzuarbeiten, erst recht. Karla Drabsch beschloß, mit Handweberei und Sticken Geld zu verdienen. »In dieser Zeit kam eine Mitarbeiterin der Reichsfrauenführerin und sagte, in der Bayerischen Ostmark, an der tschechischen Grenze, sei maßloses Elend unter den Heimarbeitern; die ganze Gegend werde entvölkert, sie solle da etwas organisieren. Sie sagte, davon verstehe sie nichts. Man fuhr sie aber im Auto dorthin, in lauter arme Dörfer, von denen ich noch nie gehört hatte, und sie kam in die armseligen Häuser, wo Frauen für große Geschäfte Hohlsäume machten, für weniger als einen Hungerlohn, Hohlsäume und Knopflöcher; ich glaube, 1 000 Knopflöcher für eine Mark, alles mit der Hand. Die seien ganz verblödet dagesessen, ganz mechanisch immer dieselbe Bewegung machend, und die Kinder hatten nichts anzuziehen gehabt, und zum Mittagessen habe es eine in warmem Wasser aufgeweichte Semmel gegeben. — Nun waren ja Hohlsäume nicht das, womit Karla Drabsch sich in ihrer kunstgewerblichen Lehrzeit beschäftigt hatte, und sie fand auch Hohlsäume sehr fad. Aber das Elend der Leute rührte sie, und als sie wieder zu Haus war, blieb sie eine ganze Nacht wach, mit Hohlsaumgedanken, und dann machte sie die Entdeckung, daß man auch mit Hohlsäumen, wenn organisch entwickelt, etwas sehr Hübsches machen könne; und sie erfand einige Muster für Blusen, und zwar so, daß die Frauen es nicht nur leicht lernen konnten, sondern selber variieren, und das war kaum in Gang gebracht, da hieß es auch schon, übermorgen sei Leipziger Messe, und da müsse sie mit ihren Sachen hin; und dort habe sie alles falsch gemacht, weil sie von Wirtschaftsdingen gar nichts verstehe. Aber jedenfalls, die Sache ging; am dritten Tag mußte sie schon die Bude schließen, weil sie gestürmt wurde, die Leute in den Nachbarständen hatten ihr sehr nett geholfen und Rat gegeben; und ein Jahr später hatte sie schon über eine Million Aufträge; und viele der hübschen Dinge, die ich hier im Schloß bewundert hatte, handgewebte Teppiche und Geschirr und bequeme hübsche Sessel, hat sie auf der Messe in Leipzig eingetauscht.«

Diese Beschreibung wird so ausführlich zitiert, weil das Schloßleben mir Einblick in eine neue Art von »Schachtel« gab, von der ich bis dahin überhaupt nichts wußte. Daß das Bild dieser idealistischen und gutwilligen Nationalsozialisten so gar nicht den Vorstellungen entsprach, die man sich in meinem Freundeskreis von den »Nazis« machte, nahm ich ohne viel Nachdenken hin. Auch sie lebten, wie ich heute glaube, in einer Art von Fluchtwelt, die ihren Grund in der Jugendbewegung hatte. Im Lauf des Sommers nahm ich immer häufiger am Mittagessen an der langen Tafel der Schloßbewohner teil, das meist nur aus Kartoffeln und Gemüse, also markenfreien Lebensmitteln, bestand. Der erste Anlaß war ein Einbruch in meinem Häuschen, den ich, spät abends in der Dunkelheit ankommend, entdeckte und der mich aller Lebensmittel beraubte — ausgeführt, wie später festgestellt wurde, von einer Gruppe Hitler-Jugend.

So fuhr ich regelmäßig zuerst mit der S-Bahn, dann in einem der häufigen Vorortzüge in Richtung Halbe-Cottbus bis Groß-Köris, wo ich nahe der Bahn ein Rad stehen hatte, das mich für die vier Kilometer nach Teupitz von den selten fahrenden Autobussen unabhängig machte. Wenn in Teupitz aus der Ferne die Bombenangriffe auf Berlin zu hören waren, bestand immer die Frage, ob ich bei der Rückkehr meine Wohnung noch vorfinden werde, doch war ich meist ganz in das andere Leben vertieft, auch in die für die Ernährung so notwendige Gartenarbeit.

Die Nachbarparzelle in Teupitz gehörte dem Ehepaar Becker, das in meinem damaligen Leben eine wichtige Rolle spielte. Frau Marie Becker war seit 1929, als ich sie zusammen mit einer Atelier-Wohnung Otto Herbigs in Friedenau übernommen hatte, meine Putzfrau, eine gallige Sauberkeitsfanatikerin mit detektivischem Scharfsinn, die jedem unverblümt ihre Meinung sagte, was man ihrer Tüchtigkeit wegen ertrug. Meine Freunde behaupteten, sie sei der einzige Mensch, vor dem ich Angst gehabt hätte. Sie war die Tochter des Gemeindeschreibers in Wendisch-Buchholz, in ärmlichen Verhältnissen und strenger Zucht aufgewachsen — »zehause warn wa kaisertreu und nazenal« —, hatte sich mit 13 Jahren selbst in eine Stellung nach Berlin verdingt und seitdem immer hart gearbeitet. Anfang der dreißiger Jahre war ihr Mann, Schlosser und Feinmechaniker, arbeitslos, sie bezogen Unterstützung von der Fürsorge, was Frau Becker als Schande empfand. Herr Becker stammte aus Wiesbaden und war leichtlebig; das gab Anstoß zu vielen ehelichen Krächen. Doch hatten beide Humor. 1931 oder 1932 erklärte Frau Becker, sie seien »Komenisten« — das war damals die Auffassung unter den mit Beckers befreundeten Handwerkern und Kleinbürgern, es hatte nichts mit Parteimitgliedschaft zu tun, wohl aber mit der allgemeinen Arbeitslosigkeit.

Im Krieg arbeitete Frau Becker an der ›Reichsstelle für Obst und Gartenbau‹, wodurch uns der Bezug von Sämereien erleichtert war. Herr Becker hatte auf seiner Parzelle am Teupitzsee einen fensterlosen Wellblechschuppen, in dem er zur Not schlafen konnte, benutzte aber mit Vorliebe mein Häuschen. Er hatte sowohl für sich wie für mich einen Kahn gebaut, und so verfügten wir, zusammen mit meinem Kanadier, über eine Flottille von drei Booten. Durch Herrn Becker lernte ich zu meinem Erstaunen, wie weit entfernt Deutschland auch noch im letzten Kriegsjahr vom »totalen Krieg« war. Denn ich hatte im Ausland geglaubt, was ich in den Zeitungen las. Becker, der ein großes Geschick im Erfinden kleiner technischer Verbesserungen besaß, war ein geschätzter Mechaniker, der zuerst bei Askania, später bei der Firma Fuess auf dem Gebiet der Regler-Technik arbeitete. 1944 baute er während der Arbeitszeit zu Weihnachten für seine Frau eine Stehlampe aus Messing, während einer seiner Arbeitskollegen für die eigenen Kinder eine ganze Eisenbahn herstellte. Die Firma Fuess war nach den schweren Bombenangriffen des Herbstes 1943 nach dem Vogtland verlegt worden, was nicht hinderte, daß Herr Becker sich im Sommer 1944 etwa ein Vierteljahr lang in Berlin und davon die meiste Zeit Aale und Zander fischend in Teupitz aufhielt. Ähnliche Beobachtungen, wie lässig die Anordnungen über den »totalen Einsatz« behandelt wurden, waren auf fast allen Gebieten zu machen.

Als ich einmal mit Sparing, dem Chefredakteur des »Reichs«, darüber sprach, klärte er mich auf: Goebbels habe mit seiner Verfügung die Absicht gehabt, wirklich aufs Ganze zu gehen. Hitler hatte nicht erlaubt, daß die Frauen »total« erfaßt werden.

Im Dritten Reich hatte die durchaus skeptische Frau Becker Schwierigkeiten, zwischen dem zu unterscheiden, was man glauben konnte, und dem, was gelogen war. Diese Schwierigkeit erstreckte sich in zunehmendem Maß auch auf die sogenannten Gebildeten und Unterrichteten. Ein spätes Beispiel dafür kommt im Berlin-Brief vor (S. 132): daß ich die Geschichte von der Vermählung Hitlers mit seiner Sekretärin für ein Latrinengerücht hielt. In normalen Zeiten ist es eben kaum möglich, sich vorzustellen, daß Menschen, die einmal unter normalen und geordnet erscheinenden Verhältnissen aufwuchsen, es schwerhaben, phantastische Begebenheiten und unvorstellbare Ungeheuerlichkeiten, die nur gerüchteweise zu ihnen dringen, auf ihren Wahrheitsgehalt hin richtig zu beurteilen.

Die militärische Lage Anfang 1945

Das Bewußtsein der Deutschen, daß im Osten eine einigermaßen stabile Front bestehe, hatte im Winter 1944 auf 1945 noch eine gewisse Berechtigung. Die militärische Führung war bemüht, es so lange wie möglich aufrechtzuerhalten. Am 13. Januar beschrieb das Kriegstagebuch des OKW den neuen sowjetischen Angriff mit den Worten: »... Nach Artilleriefeuer von 3–4 und 7–8 Uhr begann am 12. 1. 8 Uhr der seit langem erwartete Großangriff des Feindes aus dem Brückenkopf von Baranow, und zwar in 2 Gruppen, die durch Panzer unterstützt wurden ...« An diesem Tag versuchte man an höchster militärischer Stelle offenbar noch, sich falschen Hoffnungen hinzugeben: »Der stellvertretende Chef weist darauf hin«, heißt es zum Schluß der Betrachtung, »daß mit dem Beginn des Angriffs im Osten auch eine neue Phase im Kampf um Großdeutschland begonnen hat. Zu überlegen sei, ob dies eine letzte Anstrengung der Russen sei oder ob er [sic!] noch imstande sein werde, weitere Angriffe zu führen. Für die eigene Seite gehe es jetzt ums Ganze.«

Zwei Tage später hieß es zum Angriff der Russen auf Pulawy-Magnuszewe: »Dabei trat eine neue Armee auf.« Der Führer dieser Armee, Marschall Wassilij Tschuikow, schreib in seinen Memoiren: »In der Nacht zum 14. Januar standen alle Verbände der Ersten Weißruthenischen Front in höchster Alarmbereitschaft. Aus den zwei Brückenköpfen — Magnuszewe und Pulawy — waren über zehntausend Geschützrohre auf die Verteidigungsstellungen des Gegners gerichtet. Zweihundert bis zweihundertfünfzig Geschütze und Granatwerfer je Frontkilometer garantierten den Erfolg des Durchbruchs ... Wir warteten auf schönes Wetter ... Nach Mitternacht begann der sternklare Himmel sich zu trüben. In der Morgendämmerung wurde der Nebel immer dichter und wandelte sich schließlich in einen undurchsichtigen Vorhang ... Um 8.55 Uhr ging die erste Angriffswelle zum Sturm über. Infanterie und Panzer wiesen sich gegenseitig den Weg und nahmen den Gegner unter Beschuß. Nach einigen Minuten war der erste, bald auch der zweite Schützengraben genommen.« Mit einigem Stolz stellt Tschuikow fest, daß das Hauptquartier seines Oberkommandos in Moskau bis zur Einnahme der strategisch äußerst wichtigen Stadt Lodz 12 Tage eingeplant hatte, während die Verbände seiner Armee die Operation in sechs Tagen schafften und »die Differenz zwischen dem Operationsplan und dem tatsächlichen Vormarsch der Kampfverbände immer größer« wurde.

Die Schnelligkeit und Vehemenz des Angriffs erzwang am 19. Januar die Verlegung des Wehrmachtführungsstabs über die Oder nach Zossen. Am 24. Januar wurde im Kriegstagebuch die »Feindlage« durch die Gegenüberstellung der Zahl der russischen und der deutschen Panzerkorps und Schützendivisionen gekennzeichnet mit dem Ergebnis: »Das Kräfteverhältnis ist 5:1.« Am selben Tag stellte Generalmajor Dittmar, der Sprecher der Wehrmacht, der wegen des hohen Grads seiner Offenheit allgemein geschätzt war, im Radio die Frage, wie der große Einbruch habe geschehen können, lehnte aber ihre Beantwortung mit der vielsagenden Begründung ab: eine Erklärung könne das Gefühl aufkommen lassen, gegen eine Übermacht, wie die Russen sie besäßen, seien Gegenmaßnahmen nicht möglich. Sechs Tage später, am Vorabend des Tags der Machtergreifung, an dem Hitler eine pathetische Durchhalterede hielt, erklärte Ley: »Wir werden vor, in und hinter Berlin kämpfen.«

Die neutrale Presse berichtete, in Berlin herrsche Panik. Davon war, soweit ich das beurteilen konnte, keine Rede. Allerdings hatte sich die Stimmung durch das Einströmen von Flüchtlingen aus den umkämpften Ostgebieten verdüstert. Die Partei tat alles, was sie konnte, um die Flüchtlingszüge um Berlin herumzuleiten oder unbemerkt durch die Stadt zu schleusen, nachdem sie den Aufbruch viel zu lange mit allen Mitteln verhindert hatte. Die Folge waren chaotische Zustände auf den Landstraßen, wo die Trecks sich über viele Kilometer erstreckten. Laut Tagebuch des OKW berichtete der aus Schlesien zurückgekehrte Oberst des Generalstabs Meyer-Deterding von »erschütternden Bildern« und »völlig fehlender Organisation«. Schwarz van Berk beschrieb im Radio die Züge, die »mit schweigenden Menschen« in Berlin einliefen und »die jungen Mädchen und Frauen, die eng gedrängt auf den Puffern zwischen den Wagen in der bitteren, beißenden Kälte fuhren«. Er gab zu, daß so große Bewegungen nicht reibungslos vorgenommen werden könnten, behauptete, die Leute aus dem Osten hätten nicht den Kopf verloren und der Strom, der durch Berlin ins Reich ziehe, habe die Arbeit und Ordnung in der Hauptstadt nicht beeinträchtigt.

Auf einer meiner Fahrten nach Teupitz in der zweiten Januarhälfte mußte ich in Königs-Wusterhausen umsteigen. Auf einem Nebengleis standen die Wagen eines Flüchtlingszugs. In der bitteren Kälte, die damals herrschte, waren trotz der drangvollen Enge in den geschlossenen Viehwagen viele Menschen, vor allem ältere Personen, erfroren. Die Leichen wurden, wie ich vom Bahnsteig aus sah, ausgeladen und reihenweise auf den Bahndamm gelegt.

In den Heeresberichten verfolgte ich mit der größten Aufmerksamkeit, was entlang der Oder zwischen Küstrin und Cottbus passierte, weil Teupitz aus dieser Richtung am stärksten bedroht war. Unsere Bahnlinie führte über Königs-Wusterhausen, Groß-Köris, Halbe, Lübben im Spreewald nach Cottbus. Es war aber schwer, aufgrund der Ortschaften, die laut Wehrmachtbericht »aufgegeben« wurden oder die »noch umkämpft« waren, zu erkennen, wie weit die Russen schon vorgedrungen sein mochten. Am 1. Februar erfuhr ich in Teupitz, daß die Schloßbewohner, die durch ständig wechselnde Einquartierungen ziemlich gut informiert waren, beim Nahen der Russen zu fliehen gedachten — ein Entschluß, den sie je nach Lage mehrmals wieder umstießen und erneuerten. Da ich mein Archiv nicht preisgeben wollte, begann ich an diesem Tag mit meinem eisernen Schubkarren ohne Bereifung die Evakuierung. Es taute. Der See war zwar noch fest gefroren, aber das Tauwasser, das keinen Abfluß hatte, stand fußhoch über der Eisdecke, und an den Stellen, die dem Land am entferntesten waren, gab es manchmal ein plötzliches Krachen oder ein dumpfes, länger anhaltendes Donnern.

Der Föhnsturm, der in den folgenden Tagen die Landschaft in einen Morast verwandelte und die Flüsse für schwere Fahrzeuge unpassierbar machte, galt, zusammen mit der Reorganisation des Nachschubs, bei den Militärexperten sowohl in Deutschland wie im Lager der Westalliierten als der Grund für das Stocken der russischen Offensive. Heute wissen wir, daß ein Telefongespräch Stalins mit Feldmarschall Schukow am 4. Februar zur Bestürzung der sowjetischen Generäle der Kriegführung eine unvorhergesehene Wendung gab. Auf Schukows Mitteilung, er bereite die Berlin-Operation vor, warf der russische Staatschef mit der Bemerkung »Sie vergeuden Zeit ...« und dem Befehl, statt dessen nach Pommern vorzustoßen, alle Dispositionen um.

An diesem 4. Februar machten sich die Berliner über die Vormarschmöglichkeiten und die befehls-, wetter- oder logistikbedingten Schwierigkeiten der Russen keine Gedanken. Denn am Tag zuvor hatte der stärkste anglo-amerikanische Luftangriff des Kriegs stattgefunden und den Kern der Stadt vernichtet. Der aeronautische Korrespondent der ›Times‹ berichtete am 5. Februar: »... In zwei Wellen über die Hauptstadt dahinfegend, ließen die Bomber in 45 Minuten im schwersten Angriff, der von unseren Alliierten bisher ausgeführt wurde, 2272 Tonnen Sprengbomben und Brandbomben auf das Herz der Reichshauptstadt fallen ... Über einem Gebiet von zwei Meilen Länge und einer Meile Breite, das von Unter den Linden im Norden bis zur Gneisenaustraße im Süden, vom Ostende des Tiergartens bis zur Prinzenstraße in Ostwestrichtung reichte, herrschte eine fast ununterbrochene Masse von Feuer. Der Rauch stieg bis in eine Höhe von mehr als zwei Meilen ... Mehr als 900 Kampfflugzeuge begleiteten die Bombenflugzeuge und feuerten auf Bodenziele ... Ein Teil der amerikanischen Kampfpiloten flog bis zur Oder, wo sie die im Gang befindliche große Landschlacht sehen konnten.« Drei Tage später wurde in Moskau ein Bericht der Roten Luftwaffe veröffentlicht, wonach der östliche Teil Ost-Berlins verlassen wirke — stillstehende Trambahnen, dicker Schnee auf den Dächern, rauchlose Fabrikschlote —, wogegen auf der Westseite der Stadt alle Straßen in südwestlicher Richtung gedrängt voller Autos, Karren und Fußgänger seien.

Die Post, die ich vor diesem großen Luftangriff nach Zürich sandte, ist großenteils verlorengegangen. Möglicherweise wurden alle Briefe von der Zensur zurückbehalten, damit keine Nachrichten über den überraschenden Vorstoß der Russen ins Ausland gelangten. Zu dieser Zeit wurde das Entsenden von Briefen ins Ausland verboten, doch ist diese Verordnung, wie alle derartigen Verbote, nicht streng durchgeführt worden.

In den Postkarten, die ich danach täglich absandte und mit denen der Bericht beginnt, wird auf die Annäherung der Front nur andeutungsweise Bezug genommen. Das war Rücksicht auf die Zensur, die Ortsnamen einfach herausschnitt. Es ist deshalb nicht mehr auszumachen, ob damals der Luftkrieg im Bewußtsein der Stadt eine größere Rolle spielte als die Bedrohung durch die Russen.

Die Gefahren des Textes heute

Paul Scheffer, mein Lehrer im Journalismus am ›Berliner Tageblatt‹, hat einmal eine Feststellung gemacht, die sich genau bestätigte, als ich den Briefen aus den Jahren 1944 und 1945 wieder begegnete. »Lesen Sie einmal einen Brief«, schrieb er da, »den Sie vor vielen Jahren unter ganz anderen Umständen geschrieben haben, einen Brief persönlichen und gewichtigen Inhalts. Dieser Brief wird Sie in Ihrem Gleichgewicht stören, ja, er wird Sie erschrecken wie etwas Unwirkliches, das Anspruch macht auf Lebendigkeit, auf Gegenwart also. Sie werden ihm zutrauen, er wolle Sie verdrängen aus Ihrem Jetzt — er wird gespenstisch sein. Und Sie schauen auf die Unterschrift, ob es die Ihre ist.«

Ich schaute auch auf die Schriftzeilen, so viel exakter als meine Schrift heute, jeder einzelne Buchstabe vom anderen unterschieden, jeder I-Punkt richtig sitzend; ich stieß mich an der Überfülle burschikoser Ausdrücke, an den vorschnell gefällten Urteilen über Personen des öffentlichen Lebens und erschrak nicht selten über den Inhalt — nicht vor dem, was ich an erschrekkenden Ereignissen verzeichnet hatte, sondern vor dem fremden Bild eines Wesens, das ich selbst war. Der Wunsch, das Bild zu korrigieren, mindestens einige unangenehme Züge durch Streichungen zu retouchieren, war groß. Ich habe ihm widerstanden. Wenn die Veröffentlichung eines derartigen Dokuments einen Sinn haben soll, Zeugnis nicht nur für eine Folge von Geschehnissen, sondern für den Geisteszustand, in dem eine eingeschlossene große Stadt sie aufnahm, verarbeitete, verdrängte und verwandelte, muß es bis in die letzte Nebensächlichkeit authentisch bleiben. 1945 auf 46 kursierten einige Variationen des Brieftextes, zum Teil mit veränderten Namen und mit Auslassungen. Vorgelegt wird hier die Abschrift des Briefes, der tatsächlich die eigentliche Adressatin in Zürich erreicht hat. Geändert wurden aus Gründen, die jeder Leser verstehen wird, nur fünf Namen, die im Index verzeichnet sind, und vier halbe Sätze, die noch lebende Menschen verletzen könnten. Während im Text der Postkarten und des Briefs die originale Schreibweise einschließlich der Abkürzungen beibehalten wurde, werden die Daten im Gegensatz zu den Originalen voll ausgeschrieben und in einigen Fällen die Wochentage nachträglich eingefügt. Die runden Klammern bezeichnen Einfügungen, die ich schon beim Abtippen meines handschriftlich begonnenen Briefs oder bei der nochmaligen Abschrift in Höfen bei Bamberg im September 1945 machte. Sie geben also immer noch die Ansicht jenes Jahres wieder. Zwischen eckigen Klammern finden sich neue redaktionelle Anmerkungen oder Korrekturen. Kursiv gedruckt sind die Einfügungen, die ich 1966/1967 für notwendig hielt, um den Text in einer Zeit zu objektivieren, in der trotz allen Entspannungsbemühungen Reste von Aggressionshaltungen aus dem Kalten Krieg sich zäh am Leben erhalten.

Die Veröffentlichung dient dem Wunsch, die Vorurteile zwischen Deutschen und Russen zu überwinden — Vorurteile, die durch die antibolschewistische Propaganda im Dritten Reich geweckt, durch schreckliche Greuel im Krieg gefestigt, durch das Ausbleiben des Friedens vollends verhärtet worden sind. Die Kulmination des Kriegs, in dem wir drei Jahre lang das russische Land verwüsteten, die russische Bevölkerung quälten, die russischen Kriegsgefangenen millionenfach verhungern ließen, war der siegreiche sowjetische Einzug in Berlin und der ihn begleitende Rausch. Dieser Siegesrausch glich einem überwältigenden Naturereignis. Bei Katastrophen setzen sich die Menschen in Verteidigung, und Verteidigung bedeutet fast immer Gegenwehr, mindestens psychologisch. Diese psychologische Gegenwehr ist in dem Brief von Tag zu Tag geschildert, aus der Sicht der betroffenen Einzelperson. Daneben hat sich das ungeheure traumatische Erlebnis aber auch zu einem historischen Faktum verselbständigt und übersteigernd verwandelt.

Der westliche Gegensieger hat es für seine Propaganda im Kalten Krieg und für den Aufbau seiner militärischen Gegenwehr benutzt, und die Deutschen fanden sich bereit, diesen Propagandafeldzug nicht nur mitzumachen, sondern voranzutreiben. Sie haben das ihre, mehr als das ihre, zur Teilung Europas, und mit Europa Deutschlands, in zwei feindliche Lager beigetragen. Es ist Zeit, den zu unfaßbaren Dimensionen angeschwollenen antisowjetischen Mythos auf seine wahren Verhältnisse zurückzuführen und zusammen mit den Schrecknissen jener Tage im Frühjahr 1945 aufzuzeigen, daß der Kalte Krieg nicht erst mit Churchills Rede in Fulton oder der Byrnes-Rede in Stuttgart, nicht erst mit der Truman-Doktrin oder dem Prager Fenstersturz seinen Anfang nahm, sondern spätestens in den Tagen, als um die Stadt Berlin gekämpft wurde. Daß der Zustand belagerter Phantasie, wie er in dem Brief dokumentiert ist, sich in einen permanenten autohypnotischen Ausnahmezustand verwandelt hat, ist das Übel, das wir überwinden müssen.

Um das durch Einfügungen deutlich machen zu können, wurden ausschließlich westliche Quellen benutzt, vor allem die zuverlässigste Tageszeitung, die ich kenne, die ›Times‹, daneben Memoiren der damals handelnden Staatsmänner. Die zeitgeschichtlichen Einfügungen in dem fortlaufenden Bericht zeigen in ihrer Fremdheit die ungeheure Diskrepanz zwischen Erfahrung und »Historie«. Beiden fehlt die Kenntnis der Motive der Handelnden. Erst wenn sie erforscht sein werden, kann die historische Interpretation wirklich beginnen.

II Zwischen zwei Offensiven

»So viel aber ist klar, daß sich der Haß derer, die unter dem Bombenhagel zu leben hatten, auf das unmittelbar Todbringende konzentrieren mußte; daß also, da zwei Haßobjekte in einem Herzen nicht nebeneinander Platz finden, der ursprüngliche Haß auf die wirklich Schuldigen, auf Hitler und die Seinen, nicht fortleben konnte.

Möglich, daß dieser und jener im brennenden Berlin, Dresden oder Köln noch wußte, warum die Bomben fielen, und wer sie ursprünglich provoziert hatte; aber wie wirkungslos und wie unwirklich bleibt doch solch bloßes Wissen. Das Herz kennt stets nur das Unmittelbare, niemals die weit hinten im Gewesenen zurückliegende Ursache. Kausalität ist dem Herzen fremd. Also geschah es, daß die Verbrechen vergessen wurden, gewissermaßen begraben unter den furchtbaren Konsequenzen der Verbrechen.« Günther Anders, ›Die Schrift an der Wand‹, Tagebücher 1941–1966.

3. Februar 1945 [Samstag]. Liebe Gert! Heut früh kam Ihr Telegramm über angekommene Karten; heut mittag kam die Sprengbombe, die das Haus gegenüber vollständig zerstörte u. das unsere weitgehend demolierte. Immerhin es steht noch. Zu Beginn des Alarms war ich auf meinem Balkon, es war so ein schöner sonniger Vorfrühlingstag; ich freute mich von außen durchs Fenster an meinen Blumen: eine aufgeblühte blaue Hyazinthe, ein aufgeblühter lila Crocus, eine bald kommende Osterglocke u. noch 1 Hyazinthe, rosa, und mehrere Primeln. Man soll sich eben über nichts freuen. Als die Flugzeuge am Himmel mit den weißen

Kondensstreifen näher kamen ging ich in den Keller; kurz darauf passierte es. Alle meine Türen sind kaputt, einschließlich Haustür [soll heißen: Wohnungstür], die aber noch in den Angeln ist. Von der Balkontür hab ich noch keine Spur entdeckt; sie besteht wohl aus lauter Splittern. Die riesige 3flüglige Tür von meinem Wohnzimmer ins Berliner Zimmer liegt am Boden in Stücken samt Rahmen; die nackten Mauern schauen heraus. Alle Fenster sind kaputt außer im Berliner Zimmer (was ich eig. nicht gemietet hab). Da sitz ich jetzt in einer Ecke, wo es kaum zieht, weil ich zu müd bin, mich noch zu bewegen. Von meinem Ausflug nach Teupitz kam ich mit Husten und grippösem Gefühl zurück, und wollte heute liegend der Ruhe pflegen. Statt dessen: Trümmer geschleppt und Schutt und Scherben in Eimer gefüllt u. Rahmen ausgehängt. Überall sind Glasscherben, im Salz, im Pfeffer, auf dem Bett, im Bett, in den Schuhen, die Hyazinthen zerquetscht, alle Blumentöpfe kaputt, das Grapefruitbäumchen fast entlaubt, aber, wie ich hoffe, einiges noch zu retten. Alle Stehlampen kaputt, aber es wird wieder. Glücklicherweise gehen Elektr. und Gas wieder, aber kein Wasser. Ich konnte mir aber doch jetzt um 4 h ein Mittagessen wärmen, und jetzt werde ich weiter werkeln. Das Schlafzimmer werde ich bis zum Abend wohl fertig haben. Teupitz war insofern aufregend, weil die Leute, wo mein Archiv ist, fliehen wollen. [Mit diesem Satz zeigte ich an, daß die Front dem Teupitzsee bedrohlich nahe gerückt war und ich mein Archiv im Schloß nicht mehr für sicher hielt.] Ich fuhr also mit dem Schubkarren 3mal mit einigen Dingen über den See zum Häuschen; es taute schon; auf dem Eis standen 5–10 cm Wasser, im Wind zu Wellen gekräuselt. Einmal flog ich hin; trotz Skihose durch u. durch naß. — Ich möchte schreiben u. schreiben. Bin eben eine unverbesserliche Journalistin . . .

4. Februar 1945 ... Zweite Karte nach der Bombe. Ich sitze schon in meinem Arbeitszimmer, allerdings noch nicht an meinem Schreibtisch, welcher geplatzt ist, sich aber reparieren läßt. Es sieht sich alles schon viel besser an. Ich ernte auch die Früchte meiner Geistesgegenwart. Das erste was ich gestern tat als ich herauf kam (noch vor der Entwarnung) war den Wasserhahn aufdrehen. Es kam Wasser und ich ließ ein Spülwännchen vollaufen. ½ Std. später gabs kein Wasser mehr; nun habe ich bis morgen genug zum Kochen u. in der Badewanne zum Spülen (mit Mörtel und Glas) während die anderen schon zur Pumpe laufen müssen, was bei meinem 4. Stock immer bitter sein wird. Und zweitens: als ich entdeckte, daß alle Birnen kaputt sind, lief ich gleich zum Elektriker u. bekam 3 (in Gängen, Küche, Bad, Schlafzimmer sind Lampen in Ordnung). Die mit Brettern vernagelten inneren Fensterrahmen, die sehr schwer sind, konnte ich mit großer Mühe selbst einhängen; das Ehepaar Mietusch (1 Stock weiter unten) half bei der Balkontür. Die äußeren Rahmen müssen nun von Glasresten und Kitt gesäubert werden bevor sie zum Glaser können. Im Gegensatz zu früheren Malen sind auch alle Oberlichter kaputt. Als ich heute vormittag versuchte, mit Pappresten und einem auf der Straße gefundenen halben Hinterteil von einem Schrank (das aber zu schmal ist) die Oberlichter des Arbeitszimmers zuzukriegen, kam Herr Mietusch u. fragte, ob ich mitgehen wolle, Pappe holen. Wir gingen zu einem Baubüro hinterm Amtsgericht; zu unserem Glück war dort in Vertretung des erkrankten Inhabers ein Duzbekannter von Herrn Mietusch, der uns auch Nägel gab und der einen Tischler für die Türen schicken will. Jetzt muß ich noch die Oberlichter im Wohnzimmer zumachen u. die Küchenfenster; dann kann ich an die Türen gehen. Über die Tür vom Vorplatz ins Arbeitszimmer, wo die Füllung

fehlt, hab ich einen Teppich genagelt. Die Tür wird mit einer Schnur außen an einem Haken festgehalten. Am 1. Tag wirft man seine Eimer mit Schutt und Scherben zum Fenster hinaus. Das ist ganz schön. Später muß man es hinunter tragen. Ich fand auch schon Blumentöpfe auf dem verlassenen Küchenbalkon der Nachbarswohnung. Das Dach ist wieder weg und in der Decke vom Arbeitszimmer sind 4 größere und 4 kleine Löcher. — Ich bin zufrieden, dies alles mitzuerleben; man kann es sich nicht vorstellen, wenn man nicht dabei war, auch nicht, was für ein Genuß Händewaschen in warmem Wasser sein kann. — Nun wird wohl etwaige Post von Ihnen, die hätte ankommen können, kaputt sein. Sehr traurig ...

5. Februar 1945 ... 3. Karte nach der Bombe. Ich habe jetzt entdeckt, was für eine Kulturtat es ist, Türen zu haben, die von beiden Seiten zu öffnen u. zu schließen sind. An meinen Türen, soweit repariert, habe ich innen und außen Schnüre befestigt, die an Haken an der Wand festgemacht werden. An der Haus[Wohnungs-]tür habe ich jetzt aus zerschlagenen Eisenstükken u. Schrauben auch eine Vorrichtung gemacht, daß ich ein Vorhängeschloß hinein hängen kann, außen u. innen; nicht sehr fest, aber doch symbolisch verschlossen. Die Tür vom Vorplatz zum Arbeitszimmer, wo zuerst Teppich hing, habe ich gestern wieder mit einer Füllung versehen, teils ihre eigene wieder zusammengesetzt, teils aus dem gestern erwähnten Rückteil eines Schranks. Sehr schön. Sie hängt nur in einer Angel u. schließt daher nicht. — Gestern nachm. kam Theunissen. Wir richteten zusammen den riesigen Rahmen der Flügeltür auf; hier ist leider alles, worin die Angeln sitzen, zersplittert. Die 3 Flügel der Türen wurden nebeneinander aufgestellt, angeblich um Durchzug zu verhüten, aber das ist auch mehr symbolisch. Frau Becker kam auch noch, sehr bös auf Hildegard v.

Weber, die es ihr zu spät hatte ausrichten lassen, sonst wäre sie eher zum Helfen gekommen. So mußte sie gleich wieder weg, da man gestern noch ein Stück zu Fuß laufen mußte. Heut funktioniert bei der S-Bahn wieder der ganze Ring. Theunissen fährt heut nach Italien. — Heut früh ging ich an die Rettung der Pflanzen; es gab wieder 20 Töpfe voll; ob sie sich alle erholen ist eine andere Frage, aber es wird wieder Hyazinthen geben, wenn sie nicht vorher wieder kaputt geschlagen werden. Leider gibt es nur das einzige Fenster im Berliner Zimmer, wo sie stehen können u. wo nie ein Sonnenstrahl eindringt. — Gestern abend hatte ich alle Fenster zu außer Bad, Klo, Mädchenzimmer (was ich nicht gemietet hab, aber wo meine Zwiebeln und Äpfel liegen, u. wo Ihr Rosmarin u. 2 Oleander stehen ohne kaputt gegangen zu sein). Ob Sie den Vetter anrufen u. sagen, daß es mir noch gut geht u. daß ich grüßen lasse. Ihre Hustenpastillen tun mir bei meinem Husten sehr gut. Und der Schlafrock, den Mama mir vor 3 Jahren besorgte, ist unbezahlbar ...

6. Februar 1945 ... 4. Karte nach der Bombe. Heut nacht hatten wir um ¼4 h Alarm. Sonst pflege ich nach solchem Frühalarm aufzubleiben. Heut ging ich noch einmal bis 7 h ins Bett. — Bisher hab ich es für einen Zeitungsstuß gehalten, daß nach einem so schweren Angriff die Bevölkerung um so hartnäckiger weiter macht. Aber es stimmt. Nicht Haß, nicht eigentlich Erbitterung, aber das Gefühl: ich lebe noch, und jetzt lebe ich erst recht. Und auch das Gefühl, daß diese Art Vernichtung zu sinnlos ist, und nicht kriegsentscheidend; die Russen, die noch nie eine Stadt bombardierten, sind deswegen militärisch doch viel weiter gekommen als die anderen. Theunissen sagte: »Es ist billig.« Daß ich in meinen Gefühlen nicht allein bin, merkte ich gestern, als ich versuchte, die Verbindung mit dem

›Reich‹ aufzunehmen, nachdem ich wußte, daß der Verlag [in der Kochstraße] gebrannt hatte und fand, nun solle also gerade eine gute No. des ›Reich‹ erscheinen. Alle meine Bekannten von der Presse, die sich sonst nicht vor 10 h in Bewegung setzen, waren schon um 8 h unterwegs, soweit sie nicht krank lagen oder telef. nicht erreichbar. Wesemann rief um 11 h an, sie hätten die 2. Hälfte eines Artikels von mir in der Fahne gerettet, die erste fehle, ob ich sie möglichst schnell bringen könne. Ich fuhr also mit S-Bahn nach Tempelhof, von dort zu Fuß fast ½ Std. ins einstige Ullsteinhaus, erst zur Luftschutzbefehlsstelle, wo dirigiert wird, dann in die Höhe, fand die Leute vom ›Reich‹ alle in einem Zimmer; durch ein Glasfenster sah man nebenan die Leute von der ›Illustrierten‹. Die Artikelfahnen waren inzwischen vollständig da, von einem Metteur gerettet. Ich mußte eine Stelle aktualisieren. Es war sehr gemütlich und schön warm. Jeder erzählte und so erfährt man, was kaputt ist u. was noch steht. *In erstaunlichem Gegensatz zu der hier geschilderten Atmosphäre kollegialer Arbeit zwischen skeptisch veranlagten Redakteuren standen die Artikel, in denen Goebbels mit dem ›Reich‹ als Plattform seine Endzeitmystik auf die Spitze trieb. In der Nummer des ›Reichs‹, die an diesem Tag fertiggestellt wurde, sprach er vom »bitteren Kelch des Leidens«, von den vier apokalyptischen Reitern, die aus dem Osten in unser Land eindrängen, forderte schweigende Würde und verhieß, daß die Gefahr aus dem Osten überwunden werde — das Wann und Wie müsse unseren militärischen Gegenmaßnahmen überlassen bleiben.* Zurück fuhr ich mit John Brech vom Wirtschaftsteil. Auf dem Fußweg und beim ½stündigen Warten am Bahnhof unterhielten wir uns gut über unsere historische u. ideologische Situation zwischen West und Ost (dazwischen die alte Frage des Elbübergangs). Zuhaus fand ich Frau Becker am Werk (Schlüssel des symbolischen Vorhängeschlosses bei

Frau Mietusch). Wir räumten nun schon feinere Scherben: Porzellan und Glas; vieles ist noch ganz. Nachdem sie fort war, reparierte ich meinen Schreibtisch, allerdings mit Nägeln statt Tischlerleim. Auch die Möbel stecken voll Glassplitter, u. im Busen der Urgroßmutter ist ein Loch. Und immer neuer Dreck. — Hals ist heute besser. Ob Sie meine Karten bekommen? Bitte heben Sie sie auf. Es ist meine einzige Chronik . . .

9. Februar 1945 . . . Meine letzte Karte war, glaub ich, die 4. nach der Bombe. Es kommt mir vor als seien seit dem Angriff schon Wochen vergangen. Das materielle u. seelisch-körperliche Tief ist überwunden; letzteres tritt erst eine Weile nach dem ersteren ein, wenn es nicht mehr so viel zu tun gibt, daß man jede Minute etwas andres Dringendes zu tun hat; wenn man also spürt, wie kalt es ist u. wie die Muskeln weh tun. Frau Becker und ich haben die Tür des Arbeitszimmers wieder einigermaßen an die Wand gebracht, selbst anstelle des Zersplitterten Leisten zurecht gesägt u. Angeln befestigt. — 4 Std. Arbeit und zuweilen Momente als wir dachten, es werde uns nimmer gelingen. Heut war der von Mietusch organisierte Tischler da u. richtete die Haus[Wohnungs-]tür; morgen kommt er hoff. wieder u. macht die große Flügeltür. Heut setzte ich auch die letzte Pappe vor die noch offenen Fenster. Gestern beim Bäcker hörte ich 2 Italiener sich unterhalten, sprach einen an, ob er helfen wolle, mein Dach in Ordnung zu bringen. Er kam mit und schaute sich's an; er ist Kriegsgefangener u. arbeitet in Ferneide (= Jungfernheide); er will morgen (Samstag) mit Kameraden kommen, wenn es nicht regnet. Jetzt grad regnet es. Er trug auch 4 Eimer Wasser herauf. Einen Abend und Vormittag gab es ununterbrochen Kurzschluß u. kaputte Sicherungen. Auch das ist überwunden. Ich habe auch schon 2 Lampenschirme gemacht, u. abgesehen von der dauernden Finsternis ist es in

meinem Arbeitszimmer wieder ganz gemütlich. Die Finsternis erinnert ans Innere einer Grabkammer. — Ich lese ›Orlando‹ von Virginia Wolfe und frage mich, ob das ein Porträt der Victoria Sackville-West sein soll (eine Tänzerin Pepita kommt auch drin vor). Komisches Buch. Früher konnte ich mit der V. W. nichts anfangen; jetzt stellenweise. Man gewöhnt sich dran. Frau Becker war großartig. Kam täglich nach ihrer Arbeit. Die beigelockten Arbeiter verschlingen Brot und Zigaretten. Ein Glück, daß ich nicht rauche. Scharps Büro hat gebrannt, aber es ist vieles gerettet. [Scharp war bis zu dem Ende der ›Frankfurter Zeitung‹ der Leiter ihres Berliner Büros.]

11. Februar 1945 ... 6. Karte nach der Bombe. Es kommt immer mehr in Ordnung. Seit gestern nachmittag geht das Wasser wieder. Das ist großartig. Der Tischler kam wieder und wir haben uns befreundet. Er lobte mich, weil ich alle wichtigen Eisenteile aufgehoben hatte. Da er altmodisch alles richtig macht arbeitet er sehr langsam. Die Flügeltür brachte er immerhin soweit, daß ich den Rest selber machen konnte. Die beiden Außenflügel sind jetzt festgenagelt, das innere noch beweglich. Dies Zimmer ist also jetzt in Ordnung, aber finster und kühl (11°). Nachm. kamen auch die 3 Italiener. Ich hatte mir ausgedacht, daß ich die vorhandenen Ziegel über dem Bierschen Hinterzimmer über die vorderen Zimmer setzen lassen wolle. Als diese Arbeit ingang war kam aber Herr Grund von unter mir wutentbrannt, die Ziegel müßten wieder zurück. Großer Krach. Die Ziegel kamen also wieder zurück. Nun ging ich in den Hof, wo wir immer Bretter holten u. die Männer schleppten Bretter herauf u. nagelten sie an bis keine Nägel mehr da waren (es war nun auch schon dunkel); das Wohnzimmer ist nun schon fast bedeckt u. der heftige Regen des Abends hat ihm nichts gemacht. Die Italiener bekamen dann

in der Küche Kaffee u. Bröder u. Zigaretten u. erzählten mir ihre Sorgen. Vielleicht kann ich etwas für sie tun. Als sie weg waren kam Herr Ruddies aus dem Hinterhaus u. sagte, die Bretter gehören ihm, er habe sie sich besorgt um seine abgebrannte Laube wieder aufzubauen. Da er unser Blockwart ist, sagte ich, es müsse ihm doch eine Genugtuung sein, daß seine Bretter einen Volksgenossen vor dem Regen schützen. Er sagte aber, sie seien sein Privateigentum. Ich sagte, er solle sie wieder bekommen, sie aber oben lassen bis wir Dachpappe bekommen. — Außer der Frau Becker finden alle Leute, ich solle mich nach Würzburg begeben. Morgen wollen wir nach Teupitz und das Archiv in mein Häuschen schaffen . . .

13. Februar 1945 . . . Da ich schon an die Post muß, will ich noch schnell eine Karte schreiben. Gestern früh um 4 h aufgestanden u. mit Frau Becker u. Frau Scharp nach Teupitz gefahren; dort Umzug des Archivs ins Häuschen in einem Schubkarren u. einem Handwagen über den See. Frau Becker sagt, echte Ziehleute hätten dazu 2 Tage gebraucht. Der See war noch zu; in der Mitte von frisch gefallenem Schnee bedeckt, an den Rändern Wasser u. darüber eine glasdünne Eisschicht (etwa Null Grad), die sofort zerbrach, so daß man im Wasser herumstiefeln mußte. Wir haben alles bewältigt, im Häuschen ist sogar schon wieder etwas Ordnung im Chaos entstanden; aber ich will möglichst bald wieder raus u. echte Ordnung machen. Nach 8 h abends heimgekommen, gerade in einer Zeit der Elektr. Sperre, und da ich nur noch wenig Kerzen habe, tappe ich dann soviel wie möglich im Dunkeln, wobei sich die Ordnung bewährt; denn ich weiß, wo alles stehen müßte. Kurz nach der Rückkehr Telefonklingeln: Jakob, auf dem Weg, seine Eltern zu besuchen (die »auf ihrer Scholle sterben« wollen). Er kam im Auto [von der deutschen Botschaft

bei Mussolini in Fasano], wohnt im Adlon, ißt zum Frühstück nur noch eine rohe Karotte u. 1 Apfel, weil er zu dick ist, und ist ratlos vor den hiesigen Lebensbedingungen, zumal seine engeren Freunde ihm in den wenigen Stunden seines Hierseins offenbar schön vorjammerten ... Brief von Bux Dohrn [Bruder meines Freundes Reinhard Dohrn in Neapel], dessen Gut östlich Stettin nun im Kampfvorfeld liegt; sehr überlegene Haltung, alle Stettiner Flüchtlinge sind fortgebracht, die Familie bleibt bis zum letzten Moment. Rucksäcke sind gepackt. Da wo mein Archiv war, sind einen Tag 100 Flüchtlinge zu ernähren; dann Einquartierung vom Heer; immer Betrieb. Das Lazarett ist evakuiert. Überall wird befestigt. Es ist ein Sauwetter, Schnee mit Regen, und kein Glaser in Sicht. Die kleine rote Hyazinthe ist noch aufgeblüht, wenn auch teils zerfetzt und duftet sehr lieb. Post kommt wieder. Hoffentlich auch bald einmal etwas von Ihnen ...

16. Februar 1945 ... Ich habe seit vorgestern einen blühenden Schnupfen, seit gestern wieder 3 verglaste Fenster; das letztere ist herrlich, — das so lang völlig entbehrte Licht in den Zimmern zu haben, u. in den Zeiten der Elektr. Sperre nicht ganz im Finsteren zu sitzen. Außerdem ging die Temperatur mit den Fenstern ruckartig in die Höhe. Von den Gängen zum Glaser in der Kuno-Fischerstr. (lag dort nicht das Haus, wo Sie so oft waren?) wäre ein Roman zu erzählen. — Die Angelegenheit des Dachs schreitet auch günstig voran. Der Tischler, mit dem ich eine Freundschaft schloß u. der meine handwerkliche Begabung so gut findet, daß er sagte: »Mit Ihnen könnte ich das ganze Haus wieder aufbauen«, sagte mir, daß man beim Baubüro einen Holzschein bekommen kann, wenn man eine bestimmte Adresse angeben kann, wo Holz liegt. Ich wanderte also vorgestern am Lietzenseeufer

von Haus zu Haus u. Hof zu Hof, bis ich eine schöne neue Ruine fand, wo Fußböden und anderes Holzwerk bis zu ebener Erde heruntergerutscht war. Gestern mit Frau Mietusch mehrere Gänge zum Baubüro u. nun haben wir einen Schein für rund 30 qm Bretter, die die Italiener holen können. Morgen als am Samstag ist wieder großer Arbeitstag. Die Italiener kommen aber täglich. Von Jakob, der doch noch zum Thee kam, ließ ich einen Brief an den Obersten des ital. Roten Kreuzes schreiben, ob er ihnen nicht Kleider (Wäsche, Schuhe) verschaffen könne. Damit waren sie heute an der ital. Botschaft und der Mann versprach ihnen etwas auf nächste Woche ... Im Augenblick fehlt es mir vor allem an Brot, weil ich den Italienern und dem Tischler immer zu essen gab. Aber ich bettle mir Marken zusammen. — Heute kam vorm. Sethe, nachm. Elsbeth; gestern nachm. Hildeg. v. Weber, Kalli v. Dehn, Frau Holsten; man hat viel zu reden u. alles wälzt die Frage: bleiben oder gehen? Die Mehrzahl ist fürs Bleiben. *Hildegard von Weber, ihres Zeichens Kinderärztin, hatte bei mir eine Art Sitzung einberufen, in der darüber beraten werden sollte, ob man besser in Berlin bleibt oder sich vor dem Einzug der Russen nach Süd- oder Westdeutschland zurückzieht. Der Nachmittag, an dem es lebhaft zuging, ist mir unvergeßlich; denn er zeigte mir zum ersten Mal, wie Menschen, die einen Einmarsch der Russen schon einmal erlebt hatten, reagierten. Anwesend war auch eine Baltin, eine gescheite Frau, Dozentin in einem naturwissenschaftlichen Fach. Ich versuchte, alle Möglichkeiten, die uns bevorstehen mochten, durchzurechnen. Nach meiner Reise quer durch die Sowjetunion mit dem Transsibirischen Expreß im Sommer 1940 und den vielen Stunden des Wartens auf freiem Feld am Grenzübergang von der russisch beherrschten Äußeren Mongolei war mir klar, daß zum sowjetischen System eine hermetische Abschließung der Grenzen gehöre. Damals durfte von dem ursprünglich langen Zug nur ein einziger Wagen, in den die Transit-Passagiere mit ihrem genau durchsuchten Gepäck gepfercht waren, nach Mantschuli einfahren und, soviel ich erkennen konnte, auch nur ein Lokomotivführer. Trotzdem war ich der Überzeugung, Berlin werde mindestens für den Anfang nicht so streng abzuschließen sein, so daß es, falls man an den Russen kein Wohlgefallen finde, immer noch möglich sein müsse, durch Ruinengrundstücke und mit Hilfe von Bestechung fortzukommen. Aber als ich anfing: »Stellen Sie sich vor, die Russen haben die Stadt besetzt ...«, fiel die Baltin mit sich überschlagender hoher Stimme ein: »Wenn die Russen kommen, stelle ich mir gar nichts vor! Das ist zu unvorstellbar.« Meine Schlußfolgerung, die sich in Gesprächen mit Pommern und Schlesiern zu bestätigen schien, war damals: wir Süddeutschen, die wir noch nie mit den Russen in historischer Berührung waren, stehen ihnen viel unbefangener gegenüber als die Ostelbier, die sich in einer jahrhundertealten Erbauseinandersetzung mit ihnen befinden. Wir sind ohne Angst. Inzwischen hat sich durch das, was in den folgenden Abschnitten beschreiben wird, die Grenzlinie der Angst sehr viel weiter nach Westen verschoben, in diffuser Weise durch den Zustrom von Vertriebenen und Flüchtlingen noch weit über die Grenzen der DDR hinaus. Das ist kein gesunder Zustand. Es sind große Anstrengungen und viel klares Denken notwendig, damit einmal ein Verhältnis freundschaftlicher Nachbarschaft erreicht wird, wie es sich nach so vielen Jahrhunderten der Erbfeindschaft und der Kriege mit Frankreich endlich eingestellt hat.*

23. Februar 1945 ... Heut fand ich Ihre Karte vom 4.2. Ob alles zwischen 21.12. u. 4.2. verloren ist? Auch meine beiden Briefe vom Dez. u. die beiden von Jan.? Im Feb. schrieb ich keinen, obwohl ich so große Lust gehabt hätte. Nach dem Angriff vom 3.2., der meine Wohnung schwer mitnahm, schrieb ich zuerst täglich eine Karte. — Den Einbruch des Föhns, den Sie erwähnen, erlebte ich am 1.2. in Teupitz, als ich feststellte, daß das Archiv im Schloß nimmer sicher sein werde.

Es war über dem Eis des Sees so ein belebender Frühlingswind, u. ich dachte, daß das zu den Dingen gehört, die einem niemand nehmen kann, sofern man die Fähigkeit behält, es wahrzunehmen. — Gestern fuhr ich wieder hinaus: nach 2 Alarmen in der Nacht (wovon der 2. viel in unsere Nähe brachte) um ½5 h aufgestanden; in Königs-Wusterhausen erfuhren wir um ½8 h, daß der Zug nicht weiter fahre u. der nächste erst um ½1 h fahre. Frau Becker sagte, sie kehre um (ihr Mann war für 2 Tage da u. sie wollte bei ihrer Schwester für ihn Wäsche holen); ich kehrte mit, entschloß mich aber nach einer ¾ Std. der Erwärmung u. einem warmen Essen zuhause wieder loszufahren; es war etwas viel für einen Tag. Kam gegen 3 h ins Häuschen, machte Feuer, ordnete die das letzte Mal herüber gebrachten Archivsachen u. packte einiges für Berlin. Besuch bei der Kohlenhändlerin, bei Fritze Schröder wegen elektr. Anschluß u. im Schloß. Abends ein paar friedliche Schritte unter Mondschein mit Erdgeruch im Garten. Da heute zwischen 7.06 und 18.30 kein Zug nach Berlin ging (das wechselt fast täglich), wollte ich um ½6 h aufstehen; schlief statt dessen bis 6.20 und raste ungewaschen u. ungekämmt mit Rucksack usw. auf dem Rad zur Bahn. Im Zug mit Verwundeten von der Front. — Den grippigen Jakob besuchte ich noch mit Thermosflaschen-Thee u. Brödchen u. Gebäck in seinem kalten Adlon-Zimmer, wo er zu Bett lag. Tags drauf fuhr er ab, wäre fast noch einmal zum übernachten zu mir gekommen, was mich natürlich sehr gefreut hätte ... Über Dresden hört man schreckliche Dinge. Ich versuche zu erfahren, wie es Alexandra geht u. werde Ihnen, falls ich's erfahre, schreiben. — Den Werner Helwig ›Im Dickicht des Pelion‹ (Asmus Verlag) fand ich sehr lesenswert; nun bin ich in H. G. Wells' Autobiographie. In der Bahn lese ich nimmer; entweder zu müd oder zuviel zu beobachten. Ich frage mich vergeblich, wer Th. ist, der über den Abbé Galiani schrieb. — Es bedeutet eine merkwürdige Anstrengung, zur normalen Berufsarbeit zurückzukehren, nach dem etwas anarchischen Leben, das auf den Angriff folgte ...

24. Februar 1945 ... Ich will es doch wieder einmal mit einem Brief versuchen, trotz den Briefenttäuschungen der letzten Monate. Mein Mut dazu ist gestiegen, nachdem heute das herrliche Paket »Passau« ankam ... Das hob die Gemüter, die über einen neuen Krach um das Dach gerade deprimiert waren. Herr Ruddies, der Blockwart, hatte nämlich seine schon angenagelten Bretter wieder abgerissen, u. nun mußte die Arbeit von neuem beginnen. Unsere Italiener, jetzt nur noch zwei, sind aber treu und brav und haben wieder neu genagelt, diesmal die Bretter, die wir aufgrund unseres Baubüroscheins während der Woche herangeschafft hatten. Morgen am Sonntag wollen sie noch einmal 3 Stunden kommen, wenn es nicht regnet. [...]

(J.) ist also wieder fort u. wer weiß, ob wir uns noch einmal sehen. Diesen Gedanken hat man jetzt in bezug auf fast alle Menschen. Aber auch da geht alles durcheinander. Zum Beispiel kam Frau Becker heute als es öfters bös knallte, — es waren wohl Sprengungen, am Morgen war in der Nähe ein Zeitzünder losgegangen. Frau Becker aber sagte, das seien die Russen u. ich konnte sie kaum vom Gegenteil überzeugen. Ein paar Stunden später sprachen wir darüber, wann wir noch einmal nach Teupitz fahren. Sie sagte, ob es denn so schnell sein müsse. Ich sagte: »Liebe Frau Becker, heut nachmittag haben Sie gemeint, die Russen seien in Berlin; lange bevor die Russen in Berlin sind, sind sie aber in Teupitz.« Nun lachte sie und sagte, die Russen habe sie inzwischen ganz vergessen. Wir überlegen uns ja auch, was wir wo aussäen wollen ... Sethe, der mich nach Dresden besuchte, sagte: wenn die Amerikaner u. Engländer seit letztem Herbst alle ihre Bombenangriffe auf den Westwall statt auf die Städte konzentriert hätten, wäre die Front längst zerbrochen; es komme ihnen eben gar nicht auf den schnellen militärischen Sieg an, sondern auf das Zerstören. — Nun hatte auch Bamberg einen Angriff, wie ich erst gestern aus einem Brief erfuhr. In Kunkels Garten ist ein Haus gestürzt, u. ihr eigenes Haus ist beschädigt. Dieser Brief ist unversehens sehr kriegserfüllt geworden, dabei ist mein Leben imgrunde noch sehr friedlich, wenn nicht gar friedensmäßig. [Solche Sätze fügte ich zur Beruhigung meiner Mutter ein, der das, was ich berichtete, mitgeteilt wurde.] Das Essen-Beschaffen und das Mahlzeiten-Ausdenken macht mehr Mühe als bisher; das kommt aber teils daher, daß Frau Mietusch u. ich abwechselnd für die Italiener etwas kochen, was natürlich dann abgeht ... Glücklicherweise habe ich bei Angriffen immer noch keine Angst; aber sobald die Sirene ertönt, bekomme ich einen Heißhunger, u. dann esse ich, was mir unter die Hände kommt.

Kennen Sie eigentlich ›Victoria Regina‹ von Housmann? Ich zeigte es Jakob und wurde dadurch angeregt, es selbst wieder zu lesen. Boshaft und amüsant. Als Begleitlektüre des H. G. Wells, der auch so eine Abneigung gegen die Victoria hat. Und die Sicherheit, mit der er den Lauf der Welt und den Untergang des Christentums u. den Sieg des Fortschritts beurteilt! Ich möchte wissen, wie er jetzt denkt. Ich glaube ja, das miterlebt zu haben, was wir jetzt hier miterleben, wird eine Art Überlegenheit geben, — aber sie wird uns wohl nichts nützen. Ich bilde mir ein, ich hätte ein andres Gesicht bekommen; wie ich ja auch in Lissabon, als ich unglücklich meine Spaziergänge machte und die Kinder mir nachliefen, glaubte, ein andres Gesicht bekommen zu haben. — Aber die anderen Leute sehen es nicht. Also wird es wohl nur Einbildung sein. Es geht mir noch gut, innerlich, hoffentlich hält das vor.

PS. 25. Februar 1945. Den heutigen Sonntag vormittag hab ich damit verbracht, für die Italiener zu kochen: ein großer Topf voll grüne Erbsen und Kartoffeln; darüber kommt zum Schluß ein Teil meiner monatl. Speckration (125 gr.) in Stücke geschnitten u. mit Zwiebelscheibchen ausgelassen. Die Erbsen hab ich von Bux Dohrn; sonst wäre diese Kochfrage wirklich schwierig; denn die Quantitäten, die solche Männer vertilgen, sind schon sehr groß. Frau Becker sagt auch immer, ich mache alles falsch, indem ich von mir auf andere schließe; Arbeiter wollten etwas, was den Magen füllt. Also folge ich jetzt ihren Befehlen. Nun also die Hoffnung, daß dieser Brief ankommt und Ihnen sagt, wie froh ich über jedes Lebenszeichen von Ihnen bin, und wie ich hoffe, daß der Frühling Ihre Lebensfreude erhöht . . .

27. Februar 1945 . . . Da ich doch an die Post muß, will ich schnell melden, daß ich auch den gestrigen Angriff [die ›Times‹ am 27.2.: »Berlin erlitt gestern den größten Tagesangriff des Kriegs«] gut überstanden habe, — das Licht ging aus während er unterwegs war, das schätzen wir wenig. Das Licht war auch abends um 8 h noch aus, als wir unseren jetzt täglichen Abendangriff hatten. In der letzten Zeit sind fast immer ein oder mehrere »Christbäume« über unserer Gegend, — das sind die Leuchtzeichen, die schwebenden, die bezeichnen, wo Bomben abgeworfen werden sollen. Sie sehen sehr hübsch aus, werden aber meist nur von den Nachzüglern wie Herrn Mietusch u. mir gesichtet, was auch ganz gut ist, da sie die Stimmung im Keller verschlechtern würden. Es ist dort immer ganz gemütlich, man erzählt sich, was man über die verschiedenen Stadtteile erfahren hat. Ich stopfe immer Strümpfe. — Der Hausverwalter, der sich um nichts kümmert, war

da u. hat die Wohnungen, wo nichts gerichtet wurde, weil die Leute fortzogen, für unbewohnbar erklärt. Unsere Wohnungen sahen aber nach dem 3.2. genau so schlimm, teils schlimmer aus. Dies hat zur Folge, daß ich mir aus der Wohnung nebenan eine heile Fensterscheibe holte, die halbwegs in mein Schlafzimmerfenster paßt. Wenn nun morgens um ¾7 h die Elektr. abgestellt wird, kann ich mich schon bei Tageslicht frisieren. Sehr angenehm. Es sind jetzt weder neben noch unter mir mehr Leute, das Nachbarhaus vorläufig ganz unbewohnt; die Leute unter mir zur »Erholung« in Wannsee. Das Gefühl, so allein in der Höhe zu residieren, ist ganz sympathisch. — Für den Fall, daß mein Brief nicht ankommt, ist zu melden, daß das Paket »Passau« ankam u. größte Freude erregte. 1000 Dank. Eine Wiederholung würde mich auch sehr freuen. Ebenso ein Fettpaket, aber das schickten Sie vielleicht schon? ...

4. März 1945 ... Um diesen Krieg — ich meine die Vorgänge in Deutschland — zu beschreiben, muß es einmal einen ganz großen Mann geben, Beobachter u. Denker u. Dichter zugleich. Aber es wird wohl wie nach dem letzten werden: sobald er vorbei ist, will niemand mehr ein Wort drüber hören. Gestern abend, als ich während dem Alarm in den Himmel sah (auf dem Weg in den Keller) dachte ich an Bilder von Picasso: von den sich vielfach überkreuzenden Scheinwerfern lauter leuchtende Rauten und Trapeze u. Vierecke vor dem Dunkel, mathematisch exakt, aber zugleich doch unregelmäßig, wie es sich solch eine Malerphantasie ausdenken könnte. Und am Abend in Teupitz sahen wir den Angriff auf Berlin aus der Ferne: grüne und rote Christbäume, auch Scheinwerfer, aber mehr parallel und dazwischen Aufblitzen, — dies mehr ein Bild aus d. 19. Jh. — Da wir uns angewöhnt haben, nicht vor dem Abendangriff ins Bett zu gehen (zwi-

schen 8 u. 9 h) drehte ich vorhin den sog. Polizeisender an, um zu sehen, wo die Kampfverbände bleiben. Dies ist einer der 3 Sender, von denen man die Luftlage hört; er sendet Reichsprogramm und unterbricht mit »Achtung, Achtung« u. teilt dann mit was für Flugzeuge wo sind, in welcher Richtung sie fliegen, wieviele es sind, welche Städte gewarnt werden. Also ich drehte an u. gesungen wurden »Meine Liebe ist grün«, »Rosen brach ich . . .«, »Feldeinsamkeit« u. noch viele Brahmslieder, die der Papa so liebte u. die ich in meiner Jugend oft begleitete. Ich drehte das Licht aus; da war nur noch ein Schimmer vom Radio u. vom Öfchen, der die Umrisse der Möbel u. Bilder erraten ließ. Ich glaube, man kann sich nur vorstellen, wie schön das Leben in so einer halben Stunde ist, wenn man auch das übrige Leben hier mitmacht. — Unterbrechung war auch nicht u. somit gehe ich jetzt ins Bett. — Gestern habe ich meine ganzen Bücher aus- und wieder eingeräumt; davon und vom Balkon noch 3 Eimer Schutt und Glasscherben. Das sind nun bis zur nächsten Bombe die letzten außer den vereinzelten, die immer noch unerwartet aus Ecken hervorkommen. Jetzt herrscht eine wunderbare Ordnung; die Bücher sind seit meinem Einzug zum 1. Mal geordnet, da zuerst die Messingstecker fehlten, die die Borde halten, und ich sie bisher nach Größe aufstellen mußte, und dann jeweils ein Bord darüberlegen. Nun sind Romantik, Mittelmeer, Engl., Franz., Asien wieder getrennt. — Grüße an Baltzer. Und natürl. (wie immer, wenn auch nicht geschrieben) an Reiss . . .

5. März 1945 . . . Heut rief mich eine Würzburgerin vom Ausw. Amt an: das Julius-Spital hat drei Volltreffer u. ein Gäßchen hinter der Marien-Kirche wurde getroffen und Rom & Wagner, das Geschäft, wo wir unsre teuren Kleider kauften (Modelle aus Frankfurt!) ist dahin. Das alles wird die Mama sehr interessieren.

Dabei fällt mir der Artikel von Sparing im ›Reich‹ über Dresden ein. Als ich ihn las, dachte ich daran, daß Sie in Dresden 10 glückliche Jahre verlebten und fragte mich ob wohl die Bergs im Stadtinneren wohnten und ob sie mit dem Leben davonkamen. Der Artikel hatte für mein Gefühl an manchen Stellen Ansätze sehr gut zu sein, da wo er anschaulich wurde; aber er ist nicht aus einem Guß u. verbindet manches Heterogene, wie mir scheint. Aber ich habe Dresden nie gesehen u. kann nicht beurteilen, wie er auf jemand wirkt, der die Stadt kennt. Der Wells (Autobiographie) wird im weiteren Verlauf immer besser; seine Kritik an Sidney u. Beatrice Webb ist nicht nur amüsant, sondern, wie mir scheint auch richtig; dieser Punkt, daß die braven Fabianer (u. auch sonstigen Sozialisten d. 19. Jh.) glaubten, wenn das Privateigentum an Produktionsmitteln usw. sowie der freie Wettbewerb abgeschafft seien, werde von selbst alles gut, ohne zu überlegen, wer es übernehmen u. wie es verwaltet u. vor allem gelenkt werden solle. Auch was er über den hindernden Einfluß von Marx schreibt, scheint mir sehr einleuchtend. — Grad ist Abendalarm; das bedeutet Übergang von der Kerze zum elektr. Licht, was bei der Knappheit der Kerzen sehr angenehm ist. Gestern hatten wir unseren Angriff nicht abends vor 9 h, sondern nachts zwischen ½3 u. ½4 h. Wenn ich an meine frühere Schlafmühsal denke! und jetzt habe ich seit Monaten kaum mehr ein Phanodorm oder Sedormid gebraucht (außer in Teupitz) ...

8. März 1945 ... Ich will nicht nach Höfen oder Würzburg (es sei denn meine Wohnung wird vorher zerstört) [Höfen ist das oberfränkische Dorf, in dem sich ein barockes Sommerhaus der Familie Boveri befindet; in Würzburg war bis zum Angriff am 16. März die Wohnung meiner Mutter]; ich glaube, was sich in Berlin ereignen wird, wird symbolisch sein fürs Ganze,

und dies mitzuerleben bin ich doch zurückgekommen. Augenblicklich besteht es in ungeheizter Wohnung bei einer Außentemperatur von unter Null Grad; noch halte ich es ganz gut aus, da ich körperlich noch manches zu tun habe, u. in Zeiten des vorhandenen Stroms das Öfchen anstelle. Zu meinem ergatterten eisernen Öfchen brauche ich 3 Knie u. 5 Meter Rohr; — dies erklärte mir gestern der Glaser, der mich aus eigener Initiative besuchte, was mich sehr freute. Er will mir helfen, es zu beschaffen, aber bis dahin ist es wohl warm. Wenn die Sonne scheint, ist es auch schön, nachdem ich nun wieder alle Fenster hab. Meine intakte Fensterfront wirkt ganz unwahrscheinlich in der sonst ruinösen Hausfassade ...

9. März 1945 ... Heut kam — sehr beglückend — Ihre Karte vom 2.2. mit Spaziergang mit dem Mann der Witwe u. Kochen unter dem Motto après nous le déluge. Ähnliches betreibe ich jetzt auch; d. h. um ein Gegengewicht gegenüber dem Mangel an Wärme zu schaffen, verfresse ich viel, was für Notzeiten aufgespart bleiben müßte. Um Ihren Vergleich über den Leitartikel weiterzuführen: ich glaube, daß auch der ungläubige Teil der Gemeinde ihn las, da er bei den damaligen Machtverhältnissen für alle interessant war. Ob der Fürstbischof wirklich noch regierte, oder ob nur seine Vikare in mehr oder weniger großem Einverständnis die Entscheidungen trafen. [Bezieht sich auf den Neujahrsartikel von Goebbels, einen Hymnus ›Der Führer‹, in dem er den verbreiteten Gerüchten entgegenzuwirken suchte, Hitler sei alt, krank, zittrig, unfähig zu regieren und wisse nicht, was in Wirklichkeit alles vorgehe.] — Heut bekam ich von meinem neuen Freund, dem Glaser, seinen 2 Zentner schweren 4rädrigen Wagen geliehen (auf dem er sein Glas holt), zog ihn bis zu Knauer in die Pfalzburgerstr. (nahe Hohenzollerndamm), bekam dort einen kleinen Schrank

aufgeladen u. zog das Ganze in die Wundtstr. — eine ebenso erwärmende wie muskelermüdende Unternehmung. Das Schränkchen kommt, da ich keinen eigenen Keller habe, in den Kellerraum unter Treppenhaus u. Liftschacht, wo Besen und Gerümpel stehen. Dort steht schon ein Schränkchen mit meinen Weckgläsern usw. Das heute geholte wurde darauf gestellt und darein räume ich nun die Teile des Archivs, die ich schon aus Teupitz zurückholte: gebundene ›Time‹-Bände, Biographien usw. Bisher war es in Koffern und sehr unhandlich ...

14. März 1945 ... Heut kam Ihr Telegramm besagend, daß 2 Karten u. 1 Brief von Januar ankamen. Wenn ich die Reihe Ihrer Ankunftmeldungen durchgehe, habe ich den Eindruck, daß jeweils ein Stück älteren u. eins neueren Datums abgesandt wird, — vielleicht um die Empfänger zu beruhigen? Oder reiner Zufall? Was in jenem Januarbrief stand, weiß ich nimmer. Viell. über das Weizsäcker-Buch [›Arzt und Kranker‹ von Viktor v. Weizsäcker], das mich damals sehr beschäftigte u. wozu ich gern Reissens Urteil gehabt hätte. Jetzt bin ich immer noch bei der Autobiographie H. G. Wells, die als Zeitdokument u. auch sonst schon recht interessant ist. — Eben habe ich einen Kartoffelsalat für die Italiener gemacht; dazu bekamen sie ein paar Scheiben einer ungeheuer harten, fast versteinerten Hartwurst, die ich noch von der fränk. Anna hatte; u. zum Ersatzkaffee Reste eines Pakets Zwieback. Brot ist jetzt das allerrarste; ich habe ausgerechnet, daß ich von dem schönen ostfries. Brot, von dem ich Ihnen einmal mitbrachte, tägl. 2 Scheiben essen kann, u. zuweilen 3. Es gibt aber auch noch täglich Schrippen, die weniger weiß, aber gut sind. Die Italiener haben jetzt das Dach auf meiner Seite fertig u. arbeiten zum 2. Mal auf der Mietuschseite. Da Frau Mietusch ihnen abwechselnd mit mir kochte, als

sie nur bei mir arbeiteten, muß ich nun ein gleiches tun ...

20. März 1945 ... Es ist wieder einmal Alarm, früh um ½10 h, sonst würde ich eifrig an einem heute abzuliefernden Artikel tippen; so ist er samt Schreibmaschine bei den Sachen, die mit mir in den Keller gehen. — Gestern rief Eschenburg an, er fahre plötzlich nach Zürich; ich konnte ihn leider nur kurz am Telefon sprechen, bat ihn, Ihnen von mir zu erzählen. Hoffentlich kommt es dazu, daß Sie sich sehen; das ist doch besser als die Postkarten; er hat auch meine nach dem 3.2. wiederhergestellte Wohnung schon gesehen. — Frau Schmidt, die Pseudo-Sekretärin, verläßt heute Berlin; sie taugte zwar wenig u. war ganz unzuverlässig; aber sie nahm mir doch etliche Wege ab; nun muß ich alle Karten und Briefe an Sie selbst zur Post tragen. — Seit gestern bin ich ohne Gas; weiter unten im Haus brennt es; bis zu mir herauf reicht der Druck nicht; ich behelfe mich in Ermangelung einer Kochplatte mit dem flachgelegten Öfchen; aber das geht nur in Zeiten, wenn grad Strom da ist. — Vorgestern rief Sethe an u. ermunterte mich, Berlin zu verlassen; ich sagte: ich müsse lachen, wie viele meiner männlichen Freunde versuchen mich zum Weggehen zu bewegen. Er sagte, er frage sich, ob das darauf beruhe, daß die Männer feig sind oder daß sie klarer sehen. Ich sagte, ich sei oft geneigt, das erstere zu denken, worauf wir beide lachten. Dies Gespräch fiel in eine Zeit, in der ich mir, wenn ich so meine Gänge mache, immer wieder wünschte, einmal einen Mann zu treffen, der mir imponiert. Vielleicht sind sie alle im Feld. Oder in Kreisen, mit denen ich keine Fühlung habe. — Die Flugzeuge gehen offenbar auf Sachsen, also werde ich mich nun an meinen Artikel begeben. Sonntagabend wurden mir von 2 Luftschutzleuten 3 Monate Gefängnis angekündigt, weil ich 35 Min. nach Ertönen der Sirene

noch in meiner Wohnung angetroffen wurde. Leider war ich nicht geistesgegenwärtig genug zu sagen, daß ich dort ja wenigstens bei Alarm hätte oben bleiben können. Übrigens bin ich gar nicht so unvorsichtig; wenn sie wirklich über der Stadt sind, gehe ich immer hinunter. Und nachts nehme ich nun das Radio in mein Schlafzimmer; da kann ich bei Alarmen um ½3 h morgens hören, was wirklich los ist u. so lang im Bett bleiben.

Sethe, der Berlin verließ, sah natürlich klarer. Zur Tatsache, daß in jenen Monaten die Frauen im allgemeinen mehr Mut und Tatkraft bewiesen als die Männer, hat Eberhard Schulz mir nach der Niederlage etwas gesagt, was mir einleuchtete: die männliche Substanz in Deutschland sei so dezimiert gewesen und in Gefahr, vollends ausgelöscht zu werden, daß die Männer sich notwendigerweise unsichtbar machen mußten, um überhaupt zu überleben.

Einer der beiden erwähnten »Luftschutzleute« war ein Polizist, der andere unser Luftschutzwart Folkmar aus dem Hinterhaus, von dem nach dem Einzug der Russen noch die Rede sein wird. Auch nach der Verhaftungsandrohung blieb ich in meiner Wohnung, richtete mich aber so ein, daß ich beim Nahen von Schritten auf der Haupttreppe über die Küchentreppe ungesehen nach unten gelangen konnte. Alle Wohnungstüren mußten während der Alarme offenbleiben, damit bei Bränden gleich eingegriffen werden konnte.

»Hören, was wirklich los ist« bedeutet: auf BBC englische Nachrichten hören. Heute macht man sich keine Vorstellung davon, mit wieviel Angst das verbunden war. Beispiel: Nach einem Luftangriff lag ich im Bett und hatte leise mein Radio angestellt. Über mir gingen mit schweren Stiefeln und Schritten die Männer der Brandwache, die nach jedem Angriff feststellen mußten, ob vielleicht unter dem Dach eine Brandbombe eingeschlagen sei. Diese Runde war kaum beendet, als es an meiner Wohnungstür läutete. Ich dachte: »Sie haben die englische Sendung gehört, jetzt kommen sie und holen mich.«

Das Läuten und heftige Klopfen an der Tür wurde immer dringender. Ich lag mit klopfendem Herzen und rührte mich nicht. Schließlich rief Frau Mietusch aus ihrem Küchenfenster herüber: Herr Bier (mein Wohnungsinhaber) sei da und wolle in seiner Wohnung übernachten, womit die Spannung gelöst war.

Die Briefe und Karten, die ich nach dieser Karte schrieb, sind nicht mehr angekommen. In den milden Vorfrühlingstagen, die damals herrschten, ging ich bei Alarmen fast nie mehr in den Keller, sondern meist im Park spazieren. Ich versuchte, meine Sinne, vor allem mein Ohr, für die Zeit zu üben, in der wir ohne Strom und Rundfunkwarnungen selbst erkennen mußten, aus welcher Richtung die Angriffe kamen. Die Fähigkeit, im Dunkeln zu sehen, die Witterung für Gefahr, trägt zur Steigerung des Gefühls in solchen Zeiten bei: Völlig auf sich selbst gestellt, fühlt man sich als ganzer Mensch wie niemals im Leben der Zivilisation. Darauf beruht vermutlich die Anziehungskraft nicht nur der Robinsonaden, sondern trotz allen seinen Schrecken auch die des Kriegs für diejenigen, die in den Zonen der Gefahr dieses Hochgefühl als nie zu wiederholendes Erlebnis kennenlernten.

Bis in den März erhielt ich noch mit Kurierpost von meiner einstigen Stockholmer Sekretärin, die nun an der dortigen deutschen Gesandschaft arbeitete, die ›Times‹ und andere anglo-amerikanische Zeitungen. Ich war also über das, was im Ausland bekannt war und geglaubt wurde, einigermaßen informiert. Nach dem Ausbleiben dieser Sendungen blieb ich auf die mageren deutschen Zeitungen und gelegentlich erhaschte BBC-Sendungen angewiesen. Mit der Redaktion des ›Reichs‹, die bis zum Schluß etwas mehr wußte, verkehrte ich nur noch telefonisch, weil der Weg von Charlottenburg nach Tempelhof ein beschwerlicher Tagesausflug war. Am 13. April erhielt ich von Sparing den Auftrag, einen Nachruf auf F.D. Roosevelt zu schreiben. Ich gab ihn telefonisch durch. Er erschien, wie ich erst lange nach der Niederlage erfuhr, in der letzten Nummer, mit starken redaktionellen Veränderungen.

Der Tod des amerikanischen Präsidenten galt vor allem bei Goebbels, aber auch bei Hitler als der historische Wendepunkt, nach dem es wieder aufwärtsgehen werde — in Analogie zur Wendung im Siebenjährigen Krieg nach dem Tod der russischen Kaiserin Elisabeth. Ich hielt die Hoffnung der Nationalsozialisten auf eine Entzweiung der Alliierten — Goebbels prophezeite einmal, die Sowjets würden im Jahr 1948 zuerst England, dann Amerika überfallen — für vollkommen unsinnig. Im Jahr 1941 hatte ich in New York die Begeisterung der Amerikaner für den tapferen russischen Bundesgenossen miterlebt und nicht erkannt, wie stark in Wahrheit die antikommunistischen Kräfte blieben, die damals die Begeisterung für Stalin, wenn auch nur äußerlich, mitmachten oder aber hartnäckig schwiegen.

Mir wurde erst beim Studium der amerikanischen Memoirenliteratur klar, daß mit dem Übergang der Staatsführung von Roosevelt auf Truman tatsächlich eine entscheidende Wende eingetreten war und daß die Keime des Kalten Kriegs schon Nahrung erhielten, als der Krieg gegen das Dritte Reich noch heiß und die Schlacht um Berlin in vollem Gange war. (Der französische Historiker und Redakteur André Fontaine verlegt den Beginn des Kalten Kriegs sogar in das Jahr 1917, das heißt an den Beginn der Epoche, in der die kapitalistischen Weltmächte zuerst durch direkte Intervention, später durch wirtschaftliche Blockade und Versagen der diplomatischen Anerkennung die Entwicklung und Konsolidierung der Sowjetrepublik zu beeinträchtigen versuchten.)

Schon am 23. April, zwei Tage bevor die Spitzen der amerikanischen und der sowjetischen Armeen sich bei Torgau trafen und den gemeinsamen Sieg als Bundesgenossen feierten, fand eine böse Auseinandersetzung zwischen dem amerikanischen Präsidenten und dem sowjetischen Außenminister Molotow statt. Truman hatte sich von Außenminister Stettinius, Staatssekretär Grew, dem aus Moskau zurückgeeilten Botschafter Harriman, Marineminister Forrestal, Admiral Leahy — lauter Gegnern von Roosevelts Yalta-

Politik — ein Bild von den Macht- und Expansionsgelüsten der Sowjetunion entwerfen lassen, das seine naturgegebene Hartnäckigkeit gegenüber dem Vertreter Stalins nur noch steigern konnte. Molotow verabschiedete sich an jenem Tag mit den Worten: »So hat in meinem ganzen Leben noch niemand mit mir gesprochen«, worauf Truman erwiderte: »Halten Sie Ihre Vereinbarungen ein, und man wird nicht so mit Ihnen reden« (Truman, ›Memoiren‹, 1955).

Die Vereinbarungen waren jedoch verschieden auslegbar, und das wäre allein schon eine Quelle starker Differenzen gewesen. Es fehlte darüber hinaus auch in Washington am Willen, die Abmachungen von Yalta in allen Punkten einzuhalten. Das hat neuerdings der amerikanische Historiker Gar Alperovitz in seiner Studie ›Atomare Diplomatie — Hiroshima und Potsdam‹ (1966) anhand der veröffentlichten und mancher noch unveröffentlichter Quellen nachgewiesen. Ein Teil von Trumans Beratern, vor allem die führenden Männer im State Department, wollten in der Polenfrage, der Balkanfrage, der Reparationsfrage, die ja die Frage der deutschen Einheit umschloß, und in bezug auf das Schicksal der Mandschurei zu anderen Ergebnissen als denen von Yalta gelangen. Kriegsminister Stimson, der den Präsidenten kurz nach dessen Amtsantritt in das Geheimnis der im Entstehen begriffenen Atombombe eingeweiht hatte, gelang es, Truman von seiner anfänglichen schroffen Haltung abzubringen und fürs erste zu einer hinhaltenden Politik gegenüber Moskau zu bewegen. Solange die Atombombe noch nicht fertiggestellt und erprobt war, wollte er ein offenes Zerwürfnis mit dem Kreml vermeiden, es aber in keiner der strittigen Fragen zu endgültigen Entscheidungen kommen lassen. In Washington erwartete man nach der ersten Atomexplosion ein Druckmittel in der Hand zu haben, dem die Russen sich bei allen künftigen Verhandlungsschwierigkeiten beugen müßten.

Der Hinweis auf diese damals noch nicht sichtbaren Gegebenheiten ist notwendig, denn sie geben eine vorläufige Antwort auf die im folgenden Brief immer wieder auftauchenden

Fragen: Warum kommen die Amerikaner und Engländer nicht nach Berlin? Was sind die Gründe für die Krise zwischen den Alliierten? Eingeschlossen in Berlin, konnten wir nur die krisenerzeugten und krisenerzeugenden Handlungen der Russen erkennen. Wir machten uns deshalb ein einseitiges Bild.

Im April, als ein Entweichen nach Süd- oder Westdeutschland nicht mehr in Frage kam — Reisegenehmigungen wurden nur noch an »kriegswichtige Personen« oder für »kriegswichtige Aufgaben« erteilt —, drehten sich die Gespräche um die Frage, ob man das Eintreffen der Russen besser in einer Laube am Stadtrand, auf einer Wald- oder See-Parzelle in der Umgegend Berlins oder in der Stadt über sich ergehen lassen solle. Für das Land oder den Schrebergarten sprach die bescheidene, fast proletarische Art der Existenz, für die Stadt das Bestehen bewährter Nachbarschaftsverhältnisse und die Vielfalt der möglichen Schlupfwinkel in den Ruinen. Ich hielt mehr von der Stadt-Möglichkeit, wollte aber, schon des Obstes und Gemüses wegen, Teupitz nicht vernachlässigen, bildete mir im übrigen ein, unsere abgelegenen Grundstücke am Ende der Halbinsel Kohlgarten würden von den vorrückenden Truppen vielleicht gar nicht entdeckt werden.

Da ich mir vor der Rückkehr nach Deutschland vorgenommen hatte, nicht durch Vorausberechnung, Verlagerungen oder Flucht mit mir selbst Schicksal zu spielen, war ich entschlossen, auch unter außergewöhnlichen Umständen eine Art von normalem Leben zu führen. Die Folge war, daß ich mich beim Beginn der letzten großen sowjetischen Offensive am 16. April mit Frau Becker zum Aussäen in Teupitz befand. Wir wußten nichts von dem Großangriff (den die Wehrmachtsführung schon seit dem 12. April erwartete). Er ist inzwischen in der Sicht beider Seiten beschrieben worden. Die Heeresgruppe Schukow (Weißrussische Front) begann den Angriff von Küstrin aus nach lang andauerndem Artilleriefeuer im Licht unzähliger herbeigeschaffter Scheinwerfer, die die deutschen Truppen blenden sollten, blieb aber im Oder-

bruch vor den Seelower Höhen 48 Stunden lang hängen. Die Spitzen der Heeresgruppe Konjew (Ukrainische Front), die für unsere Region entscheidend war, kamen rascher voran, überschritten schon am 17. April bei Spremberg die Oder und drängten beiderseits des Spreewalds gegen Berlin vor. An diesem Tag sprach das Kriegstagebuch vom »Fortgang der Offensive an allen Schwerpunkten. Im Raum von Forst 1000 Luftwaffeneinsätze und Angriffe auf Brücken.« Ich nehme an, es handelte sich dabei unter anderem um die Sprengungen, die am Anfang meines Briefs erwähnt werden. Am 18. April sprach Max Krull, der Militärsachverständige des Deutschen Nachrichtenbüros, vom Krieg an neuen Fronten und erklärte: die Begriffe West und Ost hätten ihre Bedeutung verloren. Am 19. April konnte die Eintragung im Kriegstagebuch nicht zu Ende geführt werden; der Wehrmachtsführungsstab mußte das Hauptquartier in Zossen, das etwas westlich fast auf der gleichen Höhe wie Teupitz lag, überstürzt aufgeben. Er wurde in die Heeresgruppen Nord und Süd aufgeteilt, womit auf dem militärischen Sektor eine erste Spaltung Deutschlands vollzogen war.

Am selben Tag, am Vorabend von Hitlers Geburtstag, hielt Goebbels noch eine große Rede: daß das deutsche Volk zum ersten Mal sein nacktes Leben verteidigen müsse, daß der Feind vergeblich gegen unsere Verteidigungslinien anstürme, daß Deutschland in wenigen Jahren wie nie zuvor mit schöneren Städten und reichen Kornfeldern wieder aufblühen werde. Der Teil der Rede, der sich mit dem bevorstehenden Artilleriebeschuß befaßte und die Bevölkerung Berlins anwies, in den Kellern und Luftschutzbunkern zu bleiben, wird in meinem Brief erwähnt. Nachdem ich im Kriegstagebuch des OKW nachträglich entdeckte, mit welchem Zynismus die Wehrmachtsführung im Januar bei den Angriffen auf Posen feststellte: »Der Feind versuchte, die Bevölkerung durch Lautsprecher aufzuhetzen, doch sitzt diese in den Kellern«, nehme ich an, daß auch Goebbels' Aufforderung, in den Kellern zu bleiben, den Zweck hatte, eine Kommunikation zwischen den vorrückenden Russen und den Berlinern zu verhindern und Übergabegelüste zu unterdrücken. Wenn das stimmen sollte, dann hätte den Bewohnern Berlins in den folgenden elf Tagen manches erspart bleiben können.

Am 23. April legte, wie mir erst 1966 bekannt wurde, Stalin in gleichlautenden Befehlen die Grenzlinie zwischen der vorrückenden Weißrussischen Front (Schukow) und der Ukrainischen Front (Konjew) fest. Sie verlief genau auf der Linie, auf der ich in Vorkriegszeiten mit dem Auto nach Teupitz gefahren war: Mariendorf — Dahlewitz — Mittenwalde — Teupitz — Lübben. Die Schloßbewohner waren am 17. April, als ich sie zum letzten Mal sprach, entschlossen, in Teupitz auszuharren, zumal der Hausherr und der ältere, erst sechzehnjährige Sohn in der Odergegend an der Front eingesetzt waren. Die letzten Wehrmachtsoffiziere, die durch Teupitz kamen, erklärten aber, das könnten sie nicht verantworten, und luden alle Insassen des kleinen Schlosses auf einen Lastwagen. Auf diese Weise nahmen sie noch am Durchbruch der stark mitgenommenen 9. Armee unter General Busse zu der westlich Potsdam stehenden 12. Armee des Generals Wenck teil.

Den Brief, der schließlich zur Chronik wurde, begann ich am Dienstag, dem 24. April 1945. An diesem Tag war Berlin noch nicht ganz eingeschlossen, jedoch von drei Seiten bedroht, nachdem überraschend Teile von Konjews Armee auch von Süden her eingebrochen waren. Der Ton wird nun ein anderer. An die bisherige Zensur brauchte ich ab 2. Mai nicht mehr zu denken. Über die künftigen Gefahren machte ich mir erst allmählich neue Vorstellungen.

III *Schlacht, Kapitulation, Besatzungsregime*

»Ein großes Geheimnis bleibt in bezug auf das Ende des Zweiten Weltkrieges bestehen. Wie vermochten die Deutschen während der Niederlage mit so unentwegter Standhaftigkeit weiterzumachen? Die Deutschen selbst können sich jetzt nicht mehr erinnern, und deshalb wird die Antwort nie zu finden sein.« A. J. P. Taylor, ›The Observer‹

24. April 1945 [Dienstag]. Liebe Gert! Ich fange wieder einmal einen Brief an Sie an; es wäre schön, wenn er auch einmal abgeschickt werden könnte. Wir sind also nun in der Schlacht um Berlin, und das Bemerkenswerteste daran ist wohl, daß wir in Berlin weniger davon wissen als die übrige Welt. Es gibt keine Möglichkeit, sich zu orientieren. Die Gerüchte wuchern um so üppiger. Heute vor acht Tagen war ich noch in Teupitz und zog mit Frau Becker Bohnenstangen ab. Nach Tisch hörte ich Gesprächsgemurmel. Dann kam Frau Becker völlig aufgelöst, fast blau im Gesicht, und sagte: »Wir können nicht mehr nach Berlin. Die Bahnlinie ist gesprengt.« — Ich muß vorausschicken, daß in der Nacht und am Morgen alle zwei Stunden in kurzer Entfernung starke Sprengungen waren. Nach Fritze Schröders Bericht waren amerikanische Fallschirmjäger in der Nähe niedergegangen. Frau Becker wollte sofort mit mir nach Berlin radeln. Ich sagte: »Aber erst morgen früh. Wir brauchen dazu einen ganzen Tag.« Sie wollte trotzdem gleich aufbrechen. Ich sagte: »Wollen Sie bei 5 Grad unter Null

im Gras übernachten?« Dies machte sie immerhin nachdenklich, da sie schon unter ihrem Federbett gefroren hatte. Ich ruderte indessen ins Schloß, wo Militäreinquartierung war. Von dort wurde an die Bahn telefoniert und berichtet, daß die Züge noch verkehren. Die Sprengungen betrafen die Reichsautobahn. Die angeblichen Fallschirmer sollen Russen in der Nähe von Beeskow gewesen sein. So fuhr also Frau Becker am Nachmittag mit der Bahn nach Berlin, und ich blieb noch bis zum nächsten Morgen, ruderte in aller Früh im zarten Morgensonnenschein noch einmal zum Schloß, um mir ein paar Tulpen zu pflücken und fuhr dann mit vielen Stunden Verspätung zurück.

Seitdem kam dann alles schnell ins Rollen. Freitag ging noch das Telefon. Mein Berliner Rad war repariert; ich wollte seit dem Fahrverbot [bezog sich auf die Benutzung öffentlicher Verkehrsmittel] zum erstenmal zu Manholts und hatte außerdem eine Verabredung mit einem jungen Mann vom A. A. [Dr. Alexander Werth], der seine Dienststelle neuerdings in Dahlem hatte. Der junge Mann wollte mir ein neu erschienenes Atlantisheft geben, in dem der Anfang meiner Reise durch USA steht, und ich wollte ihm zwei Kurierbriefe bringen, einen für Sibilla, von dem ich fürchte, daß er nie ankommt. Der junge Mann war aber von der Wilhelmstraße, in die man nurmehr mit Passierschein gelangte, nicht zurück, und während ich wartete, hieß es, sein Zimmer werde gerade mit SS besetzt, was ich nicht sehr gemütlich fand. So zog ich wieder nachhause.

Am Samstag [21. April 1945]: kein Strom, kein Telefon und als Zeitung mit Mühe ergattert nur ein ›12 Uhr Blatt‹, aus dem ich ersah, daß wir alle kämpfen, und daß ich hingerichtet werde, wenn ich Gas verbrauche. Nachmittags kam Herr Mietusch (ein Stock unter mir), der seit Freitag aktiv beim Volkssturm war, und sagte, Goebbels habe nochmals eine Rede gehalten; heute abend ab 8 h sei Artilleriebeschuß; man müsse in den Keller gehen, Lebensmittel mitnehmen, da man vielleicht über Nacht bleiben müsse. Dasselbe sagte auch der Luftschutzwart, der Anordnungen treffen kann. Es war übrigens auch schon den ganzen Tag in der Ferne Artillerie zu hören gewesen. Ich sagte: das ist doch Unsinn. Woher will der Goebbels wissen, wann die Russen schießen; außerdem geht es noch nicht gerade in die Wundtstraße; ich gehe erst in den Keller, wenn der erste Schuß in meine Wohnung gefallen ist. Aber die Leute glauben alles, folgen wie die Hammel und denken überhaupt nicht daran, sich die Möglichkeiten vernünftig zu überlegen. Der Keller war in dieser Nacht überfüllt. Ich war gemütlich in meinem Bett. Die übrige Wohnung war nicht verdunkelt, da doch kein Licht war; bei den hellen Nächten findet man sich ganz schön zurecht. Mein Bett war in den letzten Nächten wie ein kleiner Haushalt: alles, was ich im Fall eines Angriffs schnell anziehen wollte, lag griffbereit, rechts auf einem Hocker das Radio, links Nachttisch mit Kerze und die Biographie von Peake-Pasha, die ich grad lese. In dieser Nacht gab es außer einem Alarm, den ich ignorierte, da ich mir ganz richtig errechnet hatte, daß die Engländer nimmer angreifen würden, wenn einmal die Russen das Stadtgebiet erreicht hätten — in dieser Nacht gab es fast eine Stunde lang Strom; ich hörte Wehrmachtsbericht und sonstige Nachrichten (ausländisch) und konnte mir wieder ein Bild der Lage machen.

Am Sonntag [dem 22. April] war echtes Aprilwetter, Regenschauer und Sonne abwechselnd. Ich packte mein Mittagessen in einen Beutel und radelte gen Dahlem. Da am Roseneck gerade ein Platzregen kam, fuhr ich zuerst zu Frau Holsten, die sich in einem halb zertrümmerten Haus zwischen entzückenden Möbeln der Familie v. Marschall mit einer DNB-Kollegin sehr gemütlich eingerichtet hat und sich sogar für die Zeit der Belagerung im Keller eine Feuerstelle organisierte. Die Kollegin hatte die DNB-Geheimmeldungen an Goebbels zu übermitteln, ist aber seit drei Tagen zuhause geblieben. Ein Versuch, den sie am Sonntag machte, mit dem Rad nach Buckow in ihre Dienststelle und ihre Wohnung vorzudringen, scheiterte am Aribeschuß, der auf Neukölln lag. Es gab viel zu erzählen aus den letzten Tagen (zum Beispiel, mit welchem Jubel der Roosevelt-Tod im ProMi aufgenommen wurde; Goebbels telefonierte sofort an Hitler, sagte strahlend, das stimme überein mit Hitlers Horoskop, welches besagte, daß in der zweiten Hälfte April die entscheidende Wendung eintreten würde!). Wir taten unser ganzes Wissen zusammen, und so fuhr ich relativ wohlinformiert zu Manholts.

Elsbeth, Bob und die Gärtnerin Petra waren ausnahmsweise einmal allein, und so aßen wir gemütlich zu Mittag — Manholts kochten auf einem von Bob improvisierten Herd vor der Haustür. Ich berichtete über die folgsamen Schafe, die abends um 8 h in den Keller gingen, weil Goebbels Aribeschuß angesagt hatte. Petra erzählte, eine Frau habe allen Ernstes erklärt: »Heute um 5 h ist in Berlin Panik.« Wir dachten uns aus, daß ich, heimkommend, in unserem Hausblock verbreiten würde, daß heut auf 7 h Panik angesetzt sei. Elsbeth meinte, dann gehen sie wieder in den Keller. Ich sagte: »Nein, ich werde sagen, zur Panik müssen sie alle aufs Dach.« Worüber wir sehr lachten, da wir nach den bisherigen Erfahrungen überzeugt waren, daß es wirklich so gegangen wäre.

Da das Schießen immer näher kam, auch viel Tieffliegergeknatter, beschloß ich, noch die Frau Becker in Friedenau zu besuchen, die beim Schießen immer nervös wird. Es regnete nun ununterbrochen. Frau

Becker verhalf mir zu einem Säckchen Lehm, das ich zu meinem Herdbau brauche. Als ich nach einer Fahrt über Hoppelpflaster unter einem Platzregen nachhause kam, war das Säckchen fort. Sehr traurig.

An jenem Sonntag, an dem es übrigens noch ein letztes Mal DAZ und VB gab, war angekündigt worden, daß man unter Vorgriff auf die nächsten Zuteilungsperioden Lebensmittel bekomme. Vor allen Läden standen endlose Schlangen. Frau Mietusch kaufte netterweise für mich mit ein. Ich bekam statt dem versprochenen Reis Grütze, welches für mich der Inbegriff verabscheuenswerten Preußentums ist.

Gestern kam ich von allen meinen Unternehmungen — Suche nach dem Lehmsäckchen, Brotkauf, Fleischkauf, Käsekauf — ergebnislos zurück. Statt Brot brachte ich Steine — ich finde das klingt ganz biblisch. Es waren Backsteine zum Herdbau. Ferner entdeckte ich, daß zu bestimmten Stunden ein Wehrmachtsauto mit Lautsprecher an der Ecke beim Bahnhof Witzleben steht, wodurch man Wehrmachtsbericht und neueste Nachrichten hören kann. *Wehrmachtsbericht, 23. April 1945 (es werden hier und im folgenden nur die Teile der Wehrmachtsberichte zitiert, die für Berlin wichtig zu sein schienen): »... Der Führer hat, wie in einer Erklärung des Gauleiters und Reichsverteidigungskommissars Dr. Goebbels bekanntgegeben wurde, den Befehl über alle zur Verteidigung Berlins angetretenen Kräfte übernommen. Der Führer weilt in der Reichshauptstadt. Diese Tatsache gibt dem Ringen um Berlin das Gepräge eines Kampfes von europäischer Bedeutung. Alle Verteidiger der Reichshauptstadt sind jetzt nur noch von dem Willen beseelt, den bolschewistischen Todfeind, wo er immer auftaucht, vernichtend zu schlagen.*

In die Verteidigungsfront hat sich neben Wehrmacht und Volkssturm die Zivilbevölkerung eingereiht. Männer, Frauen und Jugend geben der kämpfenden Front Hilfe und Unterstützung, wo sie nur können. In den bedrohten Bezirken der

Reichshauptstadt hat die Partei eine neue Feuerprobe bestanden. Amtsträger und Parteigenossen haben mit Panzerfaust, Maschinenpistolen und Karabinern an Straßenkreuzungen Aufstellung genommen, um den Feind bei seinem Erscheinen sofort zu bekämpfen. Weder schwere Verluste noch stärkster Materialeinsatz der Bolschewisten haben die Männer der Partei zu erschüttern vermocht. Zusammen mit den Kameraden der Wehrmacht und des Volkssturms haben sie sich in schwierigster Lage gewappnet gezeigt ...

Starke Feindkräfte sind durch schwungvoll geführte Gegenangriffe nordwestlich Görlitz von ihren rückwärtigen Verbindungen abgeschnitten und dadurch am weiteren Vordringen nach Westen behindert. Die tapfere Besatzung von Bautzen hielt auch gestern zahlreichen bolschewistischen Angriffen stand. Auch in Spremberg leisten unsere Truppen den anstürmenden Sowjets erbitterten Wiederstand. Dagegen ging Cottbus nach zäher Verteidigung verloren.

Die Schlacht um die Reichshauptstadt ist in voller Heftigkeit entbrannt. Südlich der Stadt fingen unsere Truppen starke Panzerkräfte der Bolschewisten an der Linie Beelitz-Trebbin-Teltow-Dahlewitz auf. Der verlorengegangene Bahnhof Köpenick wurde im Gegenstoß wieder genommen. Ein Feindeinbruch entlang der Prenzlauer Allee wurde abgeriegelt. Nördlich der Stadt drangen sowjetische Angriffsspitzen bis zur Havel vor, die sie vergeblich zu überschreiten suchen. Im Raum von Frankfurt und an der nördlichen Oderfront dauern wechselvolle Kämpfe an ...

In Nordwestdeutschland blieb die Lage trotz fortgesetzter Angriffe des Gegners an den bisherigen Schwerpunkten unverändert. Zwischen Dessau und Eilenburg haben unsere Truppen nach schweren Kämpfen neue Sicherungslinien auf dem Ostufer der Mulde aufgebaut ...«

Das Schießen kommt näher. Die Gerüchte mehren sich, sie gehen vom Abbruch der Beziehungen zwischen USA und Rußland bis zum Waffenstillstand zwischen den Amerikanern und uns, mit dem Beifügen, die frei werdenden Armeen aus dem Westen kämen zum Einsatz nach Berlin! Geglaubt wird alles. Die Tiefflieger mit Maschinengewehrgeknatter mehren sich auch. Manche Leute können wieder telefonieren. So rief mich eben Christa Rotzoll aus Wannsee an und sagte, heute früh habe es dort in der Nähe ein Panzergefecht gegeben. Die Frauen halten die Verbindung aufrecht. Die Männer sind krank, — Amöbenruhr, verstauchter Knöchel usw. (darunter die meisten meiner Kollegen). Nach dem Mann, der mir imponiert, suche ich immer noch. Vielleicht ist er ein Wunschtraum.

In einer umkämpften Stadt zu leben scheint mir nicht heroisch zu sein. Man stopft Strümpfe und wüßte gern, was sich ereignet. Wenn in unserem Viertel gekämpft wird, denke ich vielleicht anders. Aus meinem Fenster sehe ich ein paar Rauchsäulen und frage mich, wo das sein mag, ob schon in Steglitz oder Friedenau. *An diesem Tag hatte, laut ›Times‹, Radio Hamburg einen Goebbels-Appell gesendet: Der Führer habe beschlossen, in dieser Stunde in der Reichshauptstadt zu bleiben ... Zwei Positionen müßten gehalten werden: Berlin und Prag.*

25. April 1945 [Mittwoch]. Die Sache kommt näher und wird immer echter. Die Rauchwolken sehen aus wie auf den Schlachtbildern aus der napoleonischen Zeit. Gestern abend lag zum erstenmal der Aribeschuß auf unserem Viertel. Ich trat gerade auf meinen Balkon als ein Geschoß in die Ruine des Hauses gegenüber traf, nur an eine Ecke, wo ein paar Backsteine mehr herunter brachen. Das Gas blieb auch am Abend weg, und ein letzter angerührter Kuchen nach Phantasierezept blieb ungebacken, ging aber heute zum Bäcker. Ich stieg noch aufs Dach und versuchte abzuschätzen, in welchen Stadtteilen die verschiedenen Rauchsäulen und Brände liegen mochten. Das ist aber sehr schwer, wenn man keine Türme kennt, die die Gegend bezeichnen. Es kamen zischend einige Geschosse an mir vorbei,

mit hellblauer Flamme, ähnlich wie eine Stichflamme (inzwischen ließ ich mir erklären, daß sie Leuchtspuren hinterließen zum Einschießen und daß dieser Gang aufs Dach recht gefährlich war). Dann ging ich ins Bett. Das übrige Haus war im Keller. Einmal wurde der Krach, das Sausen, Zischen, Knallen und dazwischen das erdbebenartige Wackeln des Hauses so stark, daß ich aufstand; gerade recht für ein schaurig-schönes und durchaus kitschiges Schauspiel: Ein roter Leuchtkugelregen über dem Lietzenseepark, der die Gegend magisch beleuchtete; darüber der Mond zwischen Wolken aufleuchtend; das Aufblitzen der Geschosse; in der Ferne die Rauchwolken; und an der Straßenecke vor dem Haus die Reste eines Fallschirms. Die Seide des Fallschirms hing heute früh in einem Baum. Alle hätten sie gerne gehabt, aber der Baum war hoch. Ein paar Buben haben sie dann doch geholt.

Gestern ging das Telefon öfters. Auch der junge Mann vom A. A. telefonierte, der offenbar an jenem Abend als ich ihn versäumte bei der Abreise hoher Personen helfen mußte, selbst aber durchsetzte, daß er bleibt. [Ribbentrop und Begleitung. Es war der letztmögliche Augenblick, denn an diesem Tag schloß sich der Ring um Berlin, als die Armeen Schukows und Konjews bei Potsdam zusammentrafen.] Ich konnte selbst auch ein paar Mal telefonieren. Das kommt einem wie eine Ausschweifung vor. Aus Wannsee, Zehlendorf, Dahlem, Friedenau hörte ich so das Neueste von dort. Scharps waren in Zehlendorf schon den ganzen Tag im Keller, ihre Fenster waren wieder eingedrückt. In Dahlem brannte eine Ecke der Kirche.

Auf der Straße war es gestern sehr gesellig. Das Auto mit dem Lautsprecher kam vier Mal mit Heeresbericht und den so spärlichen Nachrichten; vorher versammelte sich das Volk auf dem Platz und bewegte sich auf und ab. Bis zum Beginn der Nachrichten gab es Marschmusik. Das ganze wirkte fast wie eine italienische Piazza gegen Abend; manche Menschen waren auch gelöst und vergnügt, viele aber verhärmt oder grimmig. Darüber flogen vereinzelte russische Flugzeuge. Heute sind sie in Verbänden fast dauernd über uns, und die Flak macht dazu eine ohrenbetäubende und wie es scheint ganz nutzlose Knallerei. Die Maschinengewehre knattern zuweilen, Einschläge dröhnen, und immer neue Rauchsäulen steigen auf. Nun sind sie schon ganz nahe. Wir schätzen etwa Bahnhof Halensee — das ist 4 Minuten Fahrt mit der S-Bahn. *Wehrmachtsbericht, 24. April 1945: »... Im Südabschnitt der großen Schlacht zwischen den Sudeten und der Pommerschen Bucht drangen unsere Truppen in schwungvollen Gegenangriffen bis in den Raum hart westlich Bautzen vor. In der Stadt verteidigte sich die Besatzung weiter gegen starke Angriffe. Durch die Unterbrechung seiner rückwärtigen Verbindungen nordwestlich Görlitz wurde der Gegner gezwungen, seine auf Dresden vorgetriebenen Angriffsspitzen zurückzunehmen. Pulsnitz und Kamenz sind wieder in unserer Hand. Im Raum südlich Spremberg binden eigene Kampfgruppen in harten Kämpfen starke Kräfte der Bolschewisten. Von Jüterbog stieß der Feind auf Wittenberg vor. In der Linie Lübben–Guben–Frankfurt–Fürstenwalde wurden heftige Angriffe abgewehrt oder aufgefangen.*

In der Schlacht um die Reichshauptstadt stießen die Bolschewisten trotz erbitterten Widerstandes unserer Truppen und Volkssturmeinheiten bis in die Räume südöstlich Brandenburg, südlich Potsdam, nördlich Königs-Wusterhausen und in die Randgebiete der östlichen und westlichen Stadtteile vor. An der nördlichen Oderfront griff der Feind bei Schwedt vergeblich an, konnte seine Brückenköpfe zwischen Gartz und Stettin dagegen erweitern ...

Der Schwerpunkt der Kampfhandlungen in Nordwestdeutschland lag gestern zwischen der Aller nordwestlich Verden und der Elbe bei Stade. In schweren, wechselvollen Kämp-

fen gelang es dem Gegner trotz vielfacher Überlegenheit nicht, unsere Front zu durchbrechen ...«

Gestern mittag parkierte vor unserem Haus ein kleiner Troß Soldaten mit Feldküche; ich stellte mich dazu und redete; andere Leute kamen auch; eine Gruppe Flüchtlinge saß an der Wand der Hausruine; der Soldatenkoch machte einen wunderbaren Griesbrei; 120 Liter. Zuerst wurde nur der Gries gekocht und gerührt; dann kam viel viel Butter hinein, weil die Soldaten kein Brot mehr hatten und also ihre Butter mit dem Gries aßen; zum Schluß ein halber Eimer Marmelade — und den Rest Marmelade samt Eimer bekamen die Flüchtlinge. Als die Kompanie abgefüttert war, zauberten wir Zivilisten Schüsselchen und Töpfe hervor und bekamen auch noch alle von dem Brei. Ich ließ meinen kalt werden und habe nun für drei Mal eine herrliche rosa Mehlspeise.

Da mit dem endgültig ausbleibenden Gas die Kochfrage für mich akut wurde, ging ich gestern mit Eimer und Schaufel an eine vorher ausgekundschaftete Stelle, wo in den letzten Tagen quer über die Witzlebenbrücke Barrikadenmauern gebaut worden waren, und holte mir aus einem gut verwahrten Sack einen halben Eimer Zement. Heute früh ging ich zu einer Stelle mit rostenden Eisentrümmern und löste mir in längerer Arbeit ein Stück Gitter, das ich zu einem Rost machen will. Das große Problem ist mir noch, wie ich die verschiedenen Eisenteile und Blechstücke auf die Größe reduziere, die ich für meinen Herdbau brauche.

Von meinem Sonntagsbesuch bei Manholts brachte ich mir den Martin Salander mit und einen Band Goethe. Letzteren lese ich nun mit Behagen, Freude und Bewunderung. Das Buch beginnt mit dem 17.V. 1778 in Neapel, und die folgenden Schilderungen Neapels und was er im einzelnen über die Tätigkeit des Volks schreibt, auch das Schauspiel eines Vesuvausbruchs vom Schloß aus, dazu die mit der Rückkehr nach Rom einsetzenden Gedanken über die eigene Entwicklung, — das hat mir alles wieder zum Bewußtsein gebracht, was für ein ungewöhnlicher, zugleich dem Heutigen so naher und verwandter Mensch das war, — dem Heutigen natürlich nicht im politischen Sinn, sondern dem, was wir fühlen und denken. Es ist gerade die rechte Lektüre für diese Zeit, in der ich — auf meinem Balkon sitzend — gewärtig sein muß, daß einmal aus einem der mich überfliegenden Flugzeuge eine Bombe auf mich herab kommen wird. Die Russen fliegen übrigens, selbst wenn sie in Formation sind, nicht so mathematisch genau wie die Amerikaner, sondern immer mit individuellen Kurven. Man hat weniger das Gefühl von unpersönlicher Maschine als von viel Lust und Laune.

26. April 1945 [Donnerstag]. Gestern war ein Tag ohne alle Nachrichten. Das Rundfunkauto blieb aus, angeblich, weil das um es versammelte Volk Tieffliegerbeschuß auf sich ziehe. Abends hörte ich, daß der Wehrmachtsbericht nun an der Parteistelle aushänge; heut früh ging ich hin und las ihn; das ist das einzig Präzise, was ich weiß und bezieht sich auf die Vorgänge von vorgestern. Die Gerüchte besagen weiter: Anmarsch deutscher Entsatzdivisionen aus dem Westen (offenbar zur Hebung der Kampfmoral in Umlauf gesetzt) und Friede mit den Westmächten. Da niemand den Wehrmachtsbericht zu lesen scheint, in dem die Kämpfe an der Westfront verzeichnet sind, finden die Gerüchte bei vielen Menschen Glauben, und mein Dagegenreden hilft nichts. Andere Gerüchte besagen, an welchen Punkten die Russen seien und eilen offenbar meist den Tatsachen voraus. Die Soldaten, von denen es wimmelt, haben in bezug auf die Örtlichkeiten anscheinend strenge Schweigepflicht. — Alle gestrigen Telefonversuche waren vergebens.

Wehrmachtsbericht, 25. April 1945: »... Beiderseits der unteren Weser und im Einbruchsraum zwischen Küstenkanal und Delmenhorst behaupten sich unsere Divisionen bei geringen Geländeverlusten gegen alle Durchbruchversuche der Engländer und Kanadier. Von der Weser östlich Bremen bis zur Elbe bei Horneburg hielten die Abwehrkämpfe mit gleicher Stärke an. Unsere Verbände behaupteten dank ihrer zähen Abwehr ihre Stellungen. Die Stadt Horneburg wurde wieder genommen.

In der Schlacht um Berlin wird um jeden Fußbreit Bodens gerungen. Im Süden drangen die Sowjets bis in die Linie Neubabelsberg–Zehlendorf–Neukölln vor. Im östlichen und nördlichen Stadtgebiet dauern die Kämpfe an. Westlich der Stadt erreichten sowjetische Panzerspitzen den Raum von Nauen und Ketzin. Bei Oranienburg wurde das Nordufer des Stettiner Kanals gegen heftige Angriffe gehalten. Wiederholte Angriffe auf Eberswalde führten zu Einbrüchen in südliche Stadtteile.

Während die Amerikaner an der Mulde im sächsischen Raum weiterhin schwere Opfer bringen mußten, erreichten sowjetische Angriffsspitzen die Elbe zwischen Riesa und Torgau ...«

An diesem 25. April war aus Stockholm durch den britischen Gesandten Sir Victor Mallet und den amerikanischen Gesandten Hershel Johnson die Mitteilung nach London und Washington gelangt, daß Himmler durch die Vermittlung des Grafen Bernadotte die Kapitulation der deutschen Heere im Westen angeboten habe, um dadurch »den Widerstand an der Ostfront mindestens noch eine Zeitlang fortsetzen zu können«. Sowohl Churchill wie Truman kabelten daraufhin Stalin, ihre Regierungen seien der Auffassung, daß »nur die bedingungslose Kapitulation an allen Fronten der Sowjets, Großbritanniens und der Vereinigten Staaten annehmbar« sei und sie würden Himmlers Mittelsmann in diesem Sinn informieren.

In der Nacht bin ich die einzige, die oben schläft. Die anderen finden mich verrückt. Ich sage: die

Chance, daß es gerade mich trifft, ist ebenso groß wie daß ich das große Los ziehe, und auf die habe ich noch nie etwas gegeben. Das sage ich mir auch selbst, wenn es toll rauscht und prasselt und ich im Bett Angst bekomme. Als der Krach heute Nacht den Höhepunkt erreicht hatte, stand ich wieder auf; vom Balkon war das übliche Feuerwerk zu sehen: rote und gelbe Leuchtkugeln; eine zog langsam über den Park und spiegelte sich im See. Klarer Himmel und fast Vollmond. Da ich auf der Straße die Silhouetten von Panzern sah, ging ich hinunter, stolperte am untersten Treppenabsatz über eine Gestalt; andere rückten auseinander, lauter übermüdete Soldaten, die nach dem Kampf da schliefen. — Heute wäre an sich ein klarer Tag gewesen, wenn nicht durch die viele Rauchentwicklung immer wieder der Himmel sich bezöge.

Der Herdbau ist viel schwieriger als ich annahm. Ich muß immer wieder Gänge in die Trümmer machen, um mir passende Steine oder Eisenteile zu suchen. Heute kam ich aber sehr vorwärts. Nun fehlt mir noch eine Tür zur Feuerstelle. Dann kann das Mauern beginnen. Inzwischen wärmt Frau Mietusch, die einen Kohleherd hat, mir mein Essen, wenn sie einmal aus dem Keller herauf kommt. Sie ist überhaupt rührend, kauft für mich mit ein in den jetzigen Schlange-Steh-Ausverkäufen. Ergebnis gestern anderthalb Pfund Fleisch (die mir auf meine Karten noch zustanden), heute ein Pfund Margarine, frei verkauft, wofür die Ladeninhaberin nachher denunziert und von der Polizei abgeholt wurde. Andere Leute, die den ganzen Tag nichts anderes tun, sammeln sich in dieser Zeit noch Schätze.

In allen Seitenstraßen, vor allem in den baumbestandenen, stehen Panzer, Kanonen, LKWs, Pferdewagen; daneben die Soldaten kochend, schlafend, mit den Mädchen poussierend, Tauschgeschäfte machend. Über den Krieg wird nicht geredet. Daß alle ihn satt haben, ist trotzdem klar. Gestern das erste Beispiel von Werwölfen in unserem Viertel: ein Professor (Frau Mietusch kannte ihn) wollte in der Nacht seine Amtswalteruniform im Lietzensee ertränken, wurde dabei erwischt und man schnitt ihm die Gurgel durch. Um die Stelle, wo die Blutlache war, 100 m von unserem Haus, wurde ein Kreis gezogen und hineingeschrieben »Verräter«. Herr Mietusch hat heute auch den ersten Menschen an einem Galgen baumeln sehen. Er mußte mit dem Volkssturm an einem Bahnhof Munition verladen, dann damit im LKW durch die Stadt fahren; an der Bahn gingen 3 Treffer in ihrer Nähe herunter; während der Fahrt eine Bombe 20 m vor ihnen; nur durch geistesgegenwärtiges Bremsen des Fahrers entgingen sie der Explosion. Dies bringt mich dazu, anzunehmen, daß die Bomberei und Schießerei doch einen gewissen militärischen Sinn hat. Dem Laien, der den Eindruck hat, daß beide Parteien nach allen Richtungen nutzlos losknallen, und der die Granaten scheinbar ohne geeignetes Ziel durch die Luft schwirren hört und manchmal in der Nähe einschlagen sieht, ist das etwas beruhigend. Das meiste Knallen scheint mir aber immer noch ganz sinnlos zu sein, vor allem das unserer Flak.

Wehrmachtsbericht, 26. April 1945: »... Amerikanische Vorstöße aus dem Elbe-Brückenkopf bei Barby führten trotz zäher Gegenwehr zum Verlust einiger Ortschaften.

Bei dem für die Zukunft des Reiches und für das Leben Europas entscheidenden Kampf um Berlin wurden gestern von beiden Seiten Reserven in die Schlacht geworfen. Im Südteil der Reichshauptstadt toben schwere Straßenkämpfe in Zehlendorf, Steglitz und am Südrand des Tempelhofer Feldes. Im Osten und Norden leisten unsere Truppen, tapfer unterstützt von Einheiten der Hitler-Jugend, der Partei und des Volks-

sturmes, am Schlesischen und Görlitzer Bahnhof sowie zwischen Tegel und Siemensstadt erbitterten Widerstand. Auch in Charlottenburg ist der Kampf entbrannt. Zahlreiche Panzer der Sowjets wurden in diesen Kämpfen vernichtet. Aus Ketzin vorgestoßene Sowjetpanzer drangen in Brandenburg ein. Auf Rathenow vorgehender Feind wurde durch Gegenangriffe noch vor der Stadt aufgefangen. Bei Fehrbellin geführte Vorstöße blieben für den Gegner erfolglos. Südlich der Stadt wurden einige Ortschaften wieder von unseren Truppen genommen.

An der Oderfront wurden starke Angriffe aus dem Brükkenkopf zwischen Gartz und Stettin in wechselvollen Kämpfen, in denen der Gegner besonders am Südrand von Stettin hohe blutige Verluste erlitten hat, nach einigen Kilometern Geländeverlust aufgefangen. Starke Jagd- und Schlachtfliegerkräfte griffen in die Abwehrschlacht ein und vernichteten zahlreiche Panzer, motorisierte Fahrzeuge und Geschütze . . .

Heute habe ich, auf dem Balkon sitzend, Briefe geordnet und gelocht, darunter auch Ihre, die in Karten und 2 Telegrammen vom März enden. Wann werde ich den nächsten bekommen? Oder werde ich keine mehr bekommen? Das erscheint mir unerträglich. Bei jeder solchen zivilen Beschäftigung werde ich genau so schmutzig wie beim Herdbau. Denn durch die vielen Einschläge und Erschütterungen ist die Luft mit Staub und Mörtel erfüllt. Gestern hat es mir wieder eine Tür kaputt gehauen. Sie ist schon wieder repariert. — Daran, daß sich hier Weltgeschichte abspielt, denkt von uns, glaube ich, niemand. Das unmittelbar nächstliegende ist das, was die Gedanken in Anspruch nimmt und vornean der Wunsch, daß unser Haus erhalten bleiben möge. Über das Nachher nachzudenken ist überhaupt keine Zeit und Neigung. Und da die Zeitungen mit den täglichen Vergewaltigungsgeschichten ausbleiben, hat auch dieses vorher so beliebte Thema seine Anziehungskraft verloren.

27. April 1945 [Freitag]. Heut Nacht als ich gegen 2 h aufwachte, war es plötzlich so still, daß es ganz beängstigend war. So sehr sind wir schon an das dauernde Knallen gewöhnt. Ich ging auf meinen Balkon. Die Straßen unter mir waren leer. Am dunstigen Himmel stand der Vollmond, schon hoch, aber noch so rot als ginge er eben auf. Gegen 6 h begann dann das Knallen ganz in der Nähe, wohl Geschützfeuer und dazwischen MG-Geknatter, aber nichts aus der Luft. Keine Flugzeuge. Ich schätzte nach Klang und Richtung, daß die MGs am Kaiserdamm seien. Es zog mich, die Sache zu besichtigen. Aber im Bett wars weich und warm, und so blieb ich noch liegen. Als ich dann aufstand, war heftiger Aribeschuß, und ich fand, es wäre peinlich, wenns einen gerade beim Waschen träfe. Vorne fand ich ein Fenster kaputt, einige Gegenstände umgestürzt, viel Mörtel. Glücklicherweise hatte ich schon in jedem Vorderzimmer ein Glasfenster ausgehängt und dafür einen Holzverschlag eingesetzt.

Da es seit gestern kein Wasser mehr gibt, zog ich mit einem Eimer los; fand die Straße voller Glassplitter, Ziegelbrocken und abgebrochene Baumäste, fand den Bäcker geschlossen und ging dann mit meinem Eimer zum See in den Park. Leider ist das Wasser recht dreckig, grünlich, aber fürs Klo und die Blumen, eventuell auch zum Waschen geht es. Der Park war ganz leer, aber die Reste des gestrigen Soldatenlagers lagen verstreut umher, — auch ein kleines Soldatengrab mit Holzkreuz und Fliederstrauß, gefallen am 25.4. — Auf dem Weg in den Park traf ich einen müden Soldaten von einem Baubataillon, der mich nach dem Weg fragte. Er sollte sich am Opernhaus (Charlottenburg) sammeln; die ganze Gruppe war versprengt. Aus dem Weggespräch entnahm ich, daß die Russen wirklich am Kaiserdamm sind. So liegen wir also zwischen einer Zufahrtstraße (Kaiserdamm), die teils in russischer

Hand ist und einer (Kantstraße) in deutscher Hand und haben den Aribeschuß von zwei Seiten. Die Vorderfront wird deutsch bedacht, die Rückseite russisch. *Wehrmachtsbericht, 27. April 1945: ». . . Im Mittelpunkt der Kämpfe stand auch gestern die Schlacht im Raum Berlin. Schulter an Schulter mit allen waffenfähigen Männern führten unsere Truppen einen heldischen Kampf gegen den bolschewistischen Massenansturm, verteidigten jedes Haus und warfen den Feind durch Gegenangriffe aus dem inneren Verteidigungsring der Stadt wieder zurück. Aus dem Raum südlich Fürstenwalde stießen unsere Verbände im Angriff nach Westen in die tiefe Flanke der im Süden von Berlin operierenden Bolschewisten und durchbrachen deren Hauptnachschubverbindungen auf der Straße Baruth–Zossen. Unsere von Westen schwungvoll angreifenden jungen Divisionen erreichten den Raum von Beelitz und stehen dort in schweren Waldkämpfen mit den Sowjets.*

Angriffe auf Brandenburg und Rathenow wurden verlustreich abgewiesen. Beiderseits Oranienburg brachen Übersetzversuche der Bolschewisten über den Rhein- und Hohenzollernkanal verlustreich für den Feind zusammen. Dagegen konnten die Sowjets südwestlich Stettin auf Prenzlau weiter vorstoßen . . .«

In diesem Bericht werden zum ersten Mal die »vom Westen schwungvoll angreifenden jungen Divisionen« des Generals Wenck, auf deren Erscheinen die Gläubigen hofften, offiziell erwähnt.

Als ich mit meinem Eimer zurückkam und ihn im Hof abstellte, stürzte sich einer von 3 Soldaten darauf. Ich sagte: nicht trinken! Er war kaum davon abzuhalten, wusch sich dann aber nur die Hände und das Gesicht, sagte, man habe sich seit acht Tagen nicht rasieren können. Während wir standen, kam Herr Mietusch blaß vom Nebenhaus, nahm uns aber gar nicht einzeln war, sagte nur allgemein in die Gegend: »Nebenan sind Frau Kaminsky und Frau Ahlsen tot.

Splitter.« Herr Sperling (Parterre), dem ich gerade ein Streichholz fürs Frühstücksfeuer für die Kellerleute gegeben hatte, sagte: »Man muß eben immer im Keller bleiben.« Ich sagte: »Ich gehe wieder in meinen 4. Stock!« Der Soldat, der kräftig und gar nicht ängstlich wirkte, sagte: »Sie haben Nerven.« Ich frage mich allmählich, ob ich vielleicht nicht ganz normal bin. Aber wenn ich die Leute über die Straße rennen sehe, sage ich mir wieder: sie wissen ja gar nicht, ob nicht einen Meter vor ihnen, wo sie jetzt so eilig hinlaufen, die Granate oder der Splitter herunterkommen wird. Ich gehe jedenfalls immer gemächlich.

Ich machte also mein Frühstück und genoß es auf dem Balkon. Bevor ich ganz fertig war, kam schwerer und anhaltender Aribeschuß von den Russen. Ein Geschoß ging ins Rückgebäude und bei mir waren die Hinterfenster kaputt, in Küche und Schlafzimmer alle und eins im Berliner Zimmer. Danach wollte ich einen Rekognoszierungsspaziergang machen, wurde aber mehrmals von Militärs angerufen, ich solle in Deckung gehen und schließlich von einem übellaunigen Uniformierten (der bestimmt keine »Nerven« hatte) aufgefordert, sofort die Straße zu verlassen, sonst werde er auf mich schießen. Ich hatte immerhin gesehen, daß unsere Witzlebenbrücke noch bewacht wird und daß sie nun den Knauerschen Möbelwagen, der bisher daneben stand, quer davor gestellt hatten. Mein Eindruck war, daß die Soldaten und ihre Anführer reichlich nervös waren. Heute bin ich mehr denn je davon überzeugt, daß der meiste Teil des Krieges, mindestens in einer Stadtschlacht, durchaus sinn- und planlos vor sich geht. Beide Teile schießen. Die Soldaten laufen da, wo es hinschießt, weg. Später kommen sie wieder. Gezielt wird bei dieser Art des Kampfes offenbar nicht. Das gibt es vielleicht nur beim sog. Handgemenge, das ich noch nicht erlebte.

Zwei Stunden hatte ich zu tun, die neuen Glasscherben und Mauerbrocken wegzuschaffen, — man müßte aber dauernd kehren, denn nach jedem nahen Einschlag rieselt es von Decken und Wänden. Dann machte ich meinen Herd so weit, noch ungemauert, daß ich einen Risotto kochen konnte; dazu gab es Büchsenerbsen (gestern geöffnet) und eine alte gewärmte Suppe. Nach Tisch war längere Zeit Beschuß, und ich spielte »Wohltemperiertes Klavier«. Dann ging ich wieder mit zwei Eimern zum See; grad als ich unten war, ging der Aribeschuß wieder an, diesmal in den Park. Das hätte gestern einen Sinn gehabt, als er voller Fahrzeuge und Soldaten war. Heut war er leer.

Gestern abend las ich noch einmal den Heeresbericht, ersah daraus, daß in Zehlendorf, Steglitz, Tempelhof, Charlottenburg gekämpft wurde und fürchte, daß die verschiedenen Freunde sich rechte Sorge machen, ebenso wie ich um die anderen Stadtteile. Im Ganzen ist aber festzustellen, daß Artillerie gar nicht zu vergleichen ist mit Fliegerbomben. Es geht dabei immer nur ein Stück von einem Haus aufs Mal kaputt, und da muß man halt hoffen, daß man in dem Augenblick nicht gerade in dem Stück ist, — so wie ich vorne war, als hinten die Scherben durch die Räume flogen.

Der schöne Frühlingstag hat sich mit dem vielen Geschieße und den Bränden bewölkt, und nun hat es sogar angefangen zu regnen, und es bläst ein starker Wind durch die großenteils fensterlosen Zimmer. — Die anderen Hausbewohner sind alle im Keller, heute auch am Tag. Da es unten kein Licht gibt außer vereinzelten selten angezündeten Kerzen, muß es bei den vielen Menschen recht ungemütlich sein. Ich ginge so gerne auf Besichtigungsspaziergänge, aber ich fürchte, die eine oder die andere Seite würde mich verhaften, und das möchte ich doch vermeiden.

29. April 1945 [Sonntag]. Kennen Sie dieses aus den Sonetten an Orpheus:

Singe die Gärten, mein Herz, die du nicht kennst, wie Glas
eingegossene Gärten, klar, unerreichbar.
Wasser und Rosen von Ispahan oder Schiras,
singe sie selig, keinem vergleichbar.

Zeige, mein Herz, daß du sie niemals entbehrst.
Daß sie dich meinen, ihre reifenden Feigen.
Daß du mit ihren zwischen den blühenden Zweigen
wie zum Gesicht gesteigerten Lüften verkehrst.

Meide den Irrtum, daß es Entbehrungen gebe
für den geschehnen Entschluß, diesen: zu sein!
Seidener Faden, kamst du hinein ins Gewebe.

Welchem der Bilder du auch im Innern geneigt bist
(sei es selbst ein Moment aus dem Leben der Pein)
fühl, daß der ganze, der rühmliche Teppich gemeint ist.

Letzten Winter hab ichs entdeckt und heute abend mir wieder hervorgesucht. Ich bin froh, daß ich wieder soweit bin, lesen zu können. Denn gestern war ein böser Tag. Ich wachte nach einer ziemlich ruhigen Nacht zum üblichen Morgen-Aribeschuß um halbsechs Uhr auf, der wie mir schien, recht sehr auf uns gezielt war, blieb also im verdunkelten Zimmer liegen, — die Verdunkelung als Teilschutz gegen Splitter gedacht — und beschloß, im Ernstfall mit dem Kopf unter die Bettdecke zu gehen. Einige Male klapperten Ziegel und Balken über meinem Haupt, und es gab die schweren Erschütterungen, an die ich nun schon gewöhnt bin. In meinen Überlegungen, während dies vor sich ging, fand ich aber doch, daß Artillerie mir hauptsächlich gegen die Nerven gerichtet zu sein scheint. Gemessen am Schußaufwand scheinen mir die Menschen, die dabei umkommen, sehr gering, vor allem im Vergleich mit Terrorangriffen. Und der Zufall scheint mir eine sehr große Rolle zu spielen. Als ich aufstand und nach vorne kam, sah ich immerhin, was der Zufall und die Zerstörkraft bei mir angerichtet hatten: ein Treffer war einen halben Meter über dem rechten Fenster meines Musikzimmers in die Mauer gegangen, hatte den größeren Teil des Dachs weggerissen, mein Zimmer voller Mauerwerk gestreut, alle verbliebenen vorderen Fenster kaputt; Scherben und Mörtel überall; der Balkon mit Mauerstücken bedeckt; die Scheibe über meinem Mistbeetkasten kaputt; Pflanzen kaputt; die Löcher in der Tür zum Berliner Zimmer wieder aufgerissen. Aber die viel geringere Kraft war doch auch sichtbar: alle Vasen und Töpfe und Möbelstücke standen wie vorher; dagegen die Bombe vom 3. 2., die ja nur ins Haus gegenüber ging, hatte als Luftdruckwirkung alles umgehauen und alle Türen gesprengt. Bis nachmittags habe ich Schutt geschaufelt und geputzt, zuletzt die Böden auf den Knien und Teppich gebürstet. Es ist merkwürdig, daß ich in all dem Dreck mehr denn je das Bedürfnis habe, es um mich herum hübsch und sauber zu haben. Ich verstehe jetzt auch besonders gut den Peter Manholt und seine Sehnsucht nach »Kultur«, und daß er sich im Feld den Tisch mit hübschem Porzellan und Blumen decken ließ. Trotz der Putzerei frage ich mich, ob ich je wieder zu einer echten Sauberkeit kommen werde. Mit jedem neuen Einschlag in der Nähe kommt eine neue Wolke Mörtel und Staub herunter. Ohne Fenster ist auch alles offen. Und da es trotz Frühling erbärmlich kalt ist, habe ich überall die Holz- und Pappverschläge herein gemacht. Wenn alle zu sind, ist es natürlich finster. Fürs Arbeitszimmer holte ich mir aus der verlassenen Wohnung nebenan ein Glasfenster, das glücklicherweise paßt. Trotzdem hat es im Zimmer nur 9°. Als ich nachmittags mit meinem Eimer zum Lietzensee ziehen wollte, sagte jemand, es gebe auch Trinkwasser, weiter straßabwärts, wo eine Rotkreuzfahne hänge. Ich holte bei der Familie Sperling meinen zweiten Eimer. Dort saß auch Frau Mietusch, weil sie dem Keller entfliehen und doch nicht im 3. Stock weilen wollte. Sie sagten, zum Rotkreuzhaus könne man nicht gehen, da lägen zwei tote russische Panzer. Ich sagte: »Das ist mir wurst« ohne darzulegen, daß es tote Panzer gar nicht gibt. Tatsächlich stand dort ein kaputt geschossenes deutsches Rotkreuzauto. Der Wasserhahn war in einem Hof, dahinter lag ein improvisiertes kleines Lazarett; in der Garage stand ein wiehernder Fuchs, im Hof ein kaputtes und ein ganzes Auto. Man mußte Schlange stehen. Ich hörte bei den dortigen Gesprächen, daß vorn um die Ecke am Kaiserdamm zwei russische Panzer stünden. Die wollte ich natürlich gerne sehen, aber mit den vollen schweren Eimern ging das nicht. So beschloß ich, ein zweites Mal zu gehen, was auch für die Wasserversorgung günstig war. Diesmal kam auch Frau Mietusch mit. Sie schwenkte in den Hof. Ich ging weiter zur Ecke, wovon mich ein paar in die Türen gedrückte Leute abhalten wollten. Die Panzer sah ich nicht, wohl aber hinter umgestürzten Bäumen zwei Geschützrohre über Trümmern und Barrikaden, die vielleicht von Panzern waren. Außerdem: daß unsere Kartenstelle brannte und das Ladeneckhaus ganz ausgebrannt war. Als ich zurückkam, war die Wasserschlange endlos lang. Inzwischen waren auch Vater und Tochter Sperling eingetroffen. Wir errechneten, daß wir über eine Stunde stehen müßten, da jeder Mensch ein bis zwei Minuten brauchte. Tatsächlich standen wir frierend fast zwei Stunden, denn das Wasser lief immer dünner. Und dazwischen holten Soldaten Wasser für ihre Kranken. Gespräche: zu spät zum Brotkauf gekommen, Frieren, Schmutz, Einschläge usw. Ferner vereinzelte, die erzählten, die Divisionen aus dem Westen seien nun schon ganz nahe, angeblich in Rathenow, was aber die Mehrheit mit Schweigen hinnahm. Nicht so Herr Sperling. Als ich sagte: »Ich glaube nicht daran«, sagte er: »Aber dann hätten wir ja den Krieg verloren!« Noch ist er vom Gegenteil überzeugt. Woher die Waffen für diese sagenhaften Divisionen kommen sollen, überlegt offenbar niemand.

Der Heeresbericht vom Vortag, der mir unbekannt blieb, gab den Gerüchten über Entsatz aus dem Westen neuen Auftrieb mit der Erklärung, die deutschen Truppen hätten den Amerikanern den Rücken gekehrt, um von außen die Verteidiger Berlins zu entlasten.

Wehrmachtsbericht, 28. April 1945: ». . . In dem heroischen Kampf der Stadt Berlin kommt noch einmal vor aller Welt der Schicksalskampf des deutschen Volkes gegen den Bolschewismus zum Ausdruck.

Während in einem in der neuen Geschichte einmaligen, grandiosen Ringen die Hauptstadt verteidigt wird, haben unsere Truppen an der Elbe den Amerikanern den Rücken gekehrt, um von außen her im Angriff die Verteidiger von Berlin zu entlasten.

In den inneren Verteidigungsring ist der Feind von Norden her in Charlottenburg und von Süden her über das Tempelhofer Feld eingebrochen. Am Halleschen Tor, am Schlesischen Bahnhof und am Alexanderplatz hat der Kampf um den Stadtkern begonnen. Die Ost-West-Achse liegt unter schwerem Feuer.

Fliegende Verbände unterstützen die Kämpfe unter aufopferndem Einsatz der Besatzungen. Trotz stärkster Jagd- und Flakabwehr wurden bei Tag und Nacht Eingreifreserven gelandet und Munition abgeworfen.

Unsere Jagd- und Schlachtfliegerverbände vernichteten in den letzten vier Tagen 143 Flugzeuge, 58 Panzer und über 300 Fahrzeuge.

Im Raum südlich Königs-Wusterhausen setzten die Divisionen der 9. Armee den Angriff nach Nordwesten fort und wehrten während des ganzen Tages konzentrierte Angriffe der Sowjets gegen die Flanken ab. Die von Westen angesetzten

Divisionen warfen den Feind in erbittertem Ringen auf breiter Front zurück und haben Ferch erreicht.

Westlich Berlin wurde der Raum Brandenburg-Rathenow-Kremmen gegen alle feindlichen Angriffe behauptet.

Im Raum von Prenzlau warfen die Sowjets neue Panzer- und Infanterie-Verbände in den Kampf und erzwangen unter starkem Schlachtfliegereinsatz tiefe Einbrüche

Nordwestlich Bautzen, wo bei Meißen die Verbindung mit der Westfront an der Elbe hergestellt wurde, sind unsere Truppen zum Angriff nach Norden angetreten ...«

Als wir hereinkamen, wars schon fast dunkel und ich richtete die Wohnung für den nächtlichen Beschuß. Außer dem Treffer bei mir ist ein Stück einer großen Granate im 1. Stock auf den Küchenbalkon gefallen, ferner ein Einschlag im Dach auf der Mietusch-Seite, drei Löcher in der Straße vor unserm Haus und viele Einschläge im Nachbarhaus.

Später im Bett. Inzwischen hab ich eine Orgie gefeiert: Waschen mit warmem Wasser bei Kerzenlicht. Kerzen sind natürlich auch äußerst rar. Ich hab mir welche gemacht, aber der Docht war nicht fest genug gedreht, und das Wachs tropft schnell weg. Also muß ich neue machen, wozu auch wieder der Herd notwendig ist. An diesem habe ich heute vormittag nach vielen Vorkonstruktionen gebaut. Es erwies sich leider, daß der gestohlene Wehrmachtszement nichts taugt. Und da die Türchen, die ich mit soviel Aufwand herbeischaffte, nur funktionieren können, wenn die Eisenstifte, auf denen sie sich drehen, festgemauert sind, ist haltbarer Zement absolut notwendig. Als ich in dem Stadium war, das wohl jeder handwerkende Laie kennt, daß alles anfängt schief zu gehen, aß ich zu Mittag. Dann saß ich noch ein wenig im kalten Wind auf dem Balkon und genoß die wenigen Minuten als die Sonne zwischen den Wolken durchkam. Als ich später gerade wieder neuen Zement angerührt hatte, klopfte es;

Herr Mietusch kam und sagte: »Jetzt brechen sie durch« (nämlich die Russen), was er von meinem Balkon aus sehen wollte. Ich mochte meinen Zement nicht hart werden lassen, glaubte auch nicht so recht an den historischen Augenblick, obwohl vor unserer Witzlebenbarrikade eine gewisse Bewegung war. Also baute ich weiter, — und sie sind auch bis jetzt noch nicht durchgebrochen. Dafür geht das Feuerungstürchen, wenn es zart behandelt wird, während die Rohrtüre neu verankert werden muß.

Herr Mietusch hatte seinen Bruder in der Suarezstraße besucht. Dort brannten mehrere Häuser. Dann ging er in sein Stamm-Restaurant, Ecke Kaiserdamm. Dort waren die Russen schon gewesen, hatten versucht, den Weinschrank aufzubrechen mit Schüssen aufs Schloß, waren aber bald wieder abgezogen. Ich komme zum Schluß, daß nicht nur der Artilleriebeschuß, sondern der ganze Kampf eine sehr unübersichtliche Sache ist. Die Tatsache, daß die Russen wo sind oder waren, bedeutet noch nicht, daß sie da schon auf die Dauer sind. Ich frage mich, ob sie keinen Stadtplan von Berlin haben; ich meine, dann könnten sie sichs leichter machen. Sie sind nun an der Nordschleife der Avus, etwa 10 Minuten von uns zu Fuß; andererseits weiter unten am Kaiserdamm (oder nur gewesen?); dazwischen sind zwei Brücken, die über die Ringbahn führen, von denen die breitere am Kaiserdamm mir nicht allzuschwer zu überwinden zu sein scheint. Außerdem sollen sie in einem Haus, das diese Brücke beherrscht, ein Nest haben. Aber darüber sind sie offenbar noch nicht.
Wehrmachtsbericht, 29. April 1945: ». . . Tag und Nacht tobte der fanatische Häuserkampf um den Stadtkern von Berlin. Die tapfere Besatzung verteidigte sich in schwerem Ringen gegen die unaufhörlich angreifenden bolschewistischen Massen. Trotzdem konnte ein weiteres Vordringen des Feindes in einzelnen Stadteilen nicht verhindert werden. Längs der Pots-

damer Straße und am Belle-Alliance-Platz sind heftige Straßenkämpfe im Gange. Von Plötzensee aus zwängte sich der Gegner bis zur Spree durch.

Südlich Berlin führten die Sowjets neue Verbände gegen unsere im Angriff befindlichen Divisionen heran, mit denen wechselvolle Kämpfe im Gange sind. Beelitz wurde genommen und östlich Weder die Verbindung mit dem Verteidigungsbereich von Potsdam hergestellt. Angriffe gegen die Ostflanke dieses Vorstoßes wurden nordwestlich und südwestlich Treuenbrietzen blutig abgewiesen.

Die tapferen Verteidiger von Breslau schlugen starke Angriffe an ihrer Westfront unter Verlusten für den Gegner ab.

Im Kampfraum Bautzen–Meißen drang unser Angriff weiter nach Norden vor. Kamenz und Königsbrück wurden wieder genommen. Die Sowjets wurden unter hohen Verlusten zurückgeworfen . . .«

Wir kümmern uns immer weniger um den Krieg, schauen nur, wenn es etwas Besonderes gibt, etwa der brennende Funkturm — nicht der Turm, aber das Aussichtshäuschen, was sicher ein glänzender Beobachtungsposten war — oder brennende Ausstellungshallen oder besonders große Brände in unserer Nähe. Nicht zu wissen, was in der übrigen Stadt vor sich geht, ist schlimm. Vorgestern ging ich noch einmal wegen Wehrmachtsbericht zu jener Parteistelle; es war nichts angeschlagen. Ein paar Soldaten sagten sarkastisch: »Die Partei ist getürmt. Wir haben eine Reihe von Amtswalteruniformen zu vergeben.« Die Soldaten hören offenbar nie den Wehrmachtsbericht. Sie wissen gar nichts.

Frau Mietusch war heute früh sehr beunruhigt wegen der Leichen. Die beiden Frauen nebenan lagen noch in ihren Kleidern. Eine Zahnärztin war aber dabei, für sie Säcke zu nähen, — Särge gabs in Berlin schon seit Monaten nicht mehr. Die Leiche des vom Werwolf getöteten Herrn Wrazke liegt in der Kantstraße in den

Trümmern eines zerbombten Ladens. Tote Russen liegen auch herum.

Die Frauen nebenan sind inzwischen in ihrem Hinterhof begraben worden, da sich die Leute wegen der Schießerei nicht in den Park trauten. Ein studierter Mann sprach ein Vaterunser.

30. April 1945 [Montag]. Ich schreibe heut früh gleich weiter, um einmal nachzukommen. Nachzutragen ist, daß am Freitagmittag [den 27. April] eine Kompanie Pioniere vor unserm Haus lagerte. Solches freut uns an sich nicht; denn es zieht Beschuß auf uns (oder wir bilden es uns wenigstens ein). Es war aber wieder reges Leben und Geselligkeit. Ich sprach lange mit einem sehr netten Fahrer aus Kassel und dessen Kameraden, der aus Marburg war. Beide sehr bitter darüber, wie wir betrogen worden seien. Dafür habe man nun 6 Jahre gekämpft, daß hier die Russen seien und daß man nicht wisse, ob die Familie noch lebe, und wo sie sei. Sie schenkten Frau Mietusch und mir gegen Zigaretten zwei Büchsen Fleisch und sagten, sie hätten in Neukölln riesige Lebensmittellager in die Luft gesprengt. Das hört man gern. Der Fahrer sagte, sie wollten nach Westen durchbrechen, um nicht in die Hände der Russen zu fallen. Ihr Kommandeur sei gerade fortgefahren, um auszukundschaften, ob das gehe. Andere Pioniere um die Ecke in der Riehlstraße hätten die Brücken am Teltowkanal gesprengt. Da sie alle nicht aus Berlin waren, wußten sie nicht, wo sie überall gekämpft haben, konnten nur einzelne Straßen nennen, z. B. die Mecklenburgische und die Brandenburgische, woraus zu schließen war, daß in Schmargendorf schon alles vorbei war. Ein Rheinländer kam dazu, ein schwerlebiger Typ, der überzeugt war, daß die Russen (die Soldaten sagen immer Iwan) fürchterlich hausen würden. Wer sich das Schlimmste vorstelle, ahne immer noch nicht, wie schlimm es kommen werde.

Alle Frauen zwischen 14 und 30 Jahren würden vergewaltigt. Ich erlaubte mir einige Zweifel. Er sagte, er habe den ganzen Krieg in Rußland mitgemacht. »Das sind ganz ›unwillkürliche‹ Menschen (bedeutet wohl primitiv, — das Wort gebrauchte er immer wieder). Sie haben gar kein Schamgefühl, schlafen zu vielen zusammen usw.« Kurz darauf wurde aus einem geschlossenen Wagen gegenüber ein junges Mädchen in grauer Hose und braunem Pelzmantel heruntergehoben, sichtlich wohlig ermüdet von ihren Taten mit dem zurückgebliebenen Soldaten; und ich fand, so sehr viel Schamgefühl sei hier auch nicht aufgewendet.

Wir verabschiedeten uns sehr herzlich, und ich wünschte alles Gute zum Durchbruch. Daß der Kommandeur, offenbar ein sehr beliebter Oberleutnant, nicht zurück war, beunruhigte sie sehr. Auch der Leutnant war beliebt, hatte eine angenehme Art, lässig-witzig einen Befehl zu erteilen (nämlich Benzin aus einem fremden zerschossenen Wagen zu organisieren); und ich machte mir klar, wie sehr so ein Mann zugleich Gott und Theater für seine Leute ist. Jede Redewendung wird zum Gesprächsthema. Dabei dachte ich an Peter Manholt und wie gut der das alles sicher gekonnt hat. — Als ich schon im Bett war, kam der Befehl zur Abfahrt, aber nicht wie erhofft nach Westen, sondern zurück in die Stadt zur Knesebeckstraße. Einige wollten nicht. Es gab Geschrei und ein paar Schüsse in die Luft. Dann zogen sie doch alle ab. Heut nacht sind sie wieder gekommen. Etliche, die am Freitag da waren, inzwischen tot oder verwundet. Unser Freund, der Fahrer, hatte einen Leichtverwundeten mitgebracht, den er nicht im Zoo-Bunker lassen wollte. Der wurde bei Sperlings gebettet und verbunden. — Der Fahrer erzählte, um den Zoo-Bunker werde schwer gekämpft, die Russen kämen aus der Berliner Straße (Charlottenburg). Ich fragte nach dem Durchbruch nach dem

Westen. Es sei schon zu spät gewesen. Aber gestern seien noch welche durchgekommen durch die russischen Linien, hätten auf der andern Seite nur Hitler-Jugend gefunden. Dies mit Betonung, als Gegenargument zu den nicht endenden Gerüchten über die anmarschierenden Divisionen aus dem Westen. Davon hatte ein junger Soldat bei Sperlings wieder gefaselt. Der hatte auch erzählt, er habe Hitler selbst gesehen, in der einen Hand eine Maschinenpistole, in der anderen eine Panzerfaust. Bei näherem Befragen ergab sich, daß nicht er es sah, sondern daß ein Leutnant es erzählt hatte. Die älteren Soldaten waren skeptisch. *Wehrmachtsbericht, 30. April 1945: »Das heroische Ringen um das Zentrum der Reichshauptstadt hält mit unvermittelter Heftigkeit an. In erbitterten Häuser- und Straßenkämpfen halten Truppen aller Wehrmachtsteile, Hitler-Jugend und Volkssturm den Stadtkern, leuchtendes Sinnbild deutschen Heldentums. Am Anhalter Bahnhof, entlang der Potsdamer Straße und in Schöneberg eingebrochener Feind wurde von den tapferen Verteidigern zum Stehen gebracht.*

Fliegende Verbände warfen unter aufopferungsvollem Einsatz den Besatzungen erneut Munition über der Reichshauptstadt ab.

Südlich der Stadt stehen unsere zum Einsatz herangeführten Verbände im Kampf mit starken bolschewistischen Verbänden, die unter hohen blutigen Verlusten abgewiesen wurden.

Zwischen Berlin und der Ostsee hat sich die Front in der Linie Kremmen–Neustrelitz–Neubrandenburg–Anklam zusammengeschlossen.

In Nordwestdeutschland brachen alle Anstrengungen des Gegners, seinen Brückenkopf bei Leer zu erweitern, verlustreich zusammen. Auch westlich Oldenburg und nordwestlich Delmenhorst wurden die Briten abgewiesen ...«

An diesem Tag war, ohne daß wir davon etwas ahnten, Mussolini ermordet worden. Im Süden verhandelte der SS-Obergruppenführer Wolff mit den Engländern und Amerika-

nern über eine Teilkapitulation an der italienischen Front. In der Gegend von Wendisch-Buchholz-Teupitz vollendeten, laut ›Times‹-Bericht aus Moskau, die Truppen der 1. Weißrussischen und der 1. Ukrainischen Front »die Liquidierung der umzingelten Deutschen« (s. S. 164).

Gestern abend war ungewöhnlich starker und langer Aribeschuß. Heut vormittag ist die Schießerei mit einigen Ausnahmen in größerer Entfernung. Ich träume in diesen Nächten mehr als sonst in einem Jahr. Wenn ich jeden Tag 3- oder 4mal die Mörtel- und Staubschichten wegkehre, denke ich an Herrn Sisiphus. Und als ich gestern nachmittag eine Bachfuge spielte und überlegte, daß ich sie, auch wenn der Durchbruch an unserer Brücke erfolgen würde, zu Ende spielen würde, wunderte ich mich nicht mehr über den Archimedes und seine nicht zu störenden Kreise. Krieg und Belagerung ist etwas sehr Monotones bei aller Aufregung, vor allem, wenn das Ohr sich gegen die Knallerei, das Dröhnen der Flugzeuge und das Zischen der Granaten abgestumpft hat. Mit Goethe bin ich jetzt in Frascati und immer neu entzückt von der Natürlichkeit der Beschreibungen. Nur die Betrachtungen über die Kunst sind mir zuweilen weniger einleuchtend.

Heute will ich eine Kochkiste machen, ferner Kerzen, und Wäsche waschen. Was ich an habe ist schwarz. Die Winterwäsche ist bei Frau Becker zum Waschen. Die Sommerwäsche in einem Koffer im Keller.

Trotz der korrekten Haltung der Amerikaner und Engländer gegenüber dem Himmlerschen Angebot hatte sich Stalins Mißtrauen verstärkt, zumal die Kapitulation der deutschen Front in Italien nur unter formaler Einbeziehung eines sowjetischen Vertreters vollzogen wurde. Zum 1. Mai erließ Stalin einen Tagesbefehl, mit dem offenbar versucht werden sollte, auch auf die Stimmung der Deutschen einzuwirken. Darin hieß es: »Hitlerische Abenteurer benutzten alle Arten von Tricks bis hinab zu einem Umwerben der Alliierten im Be-

streben, Zwist im Lager der Alliierten hervorzurufen. Diese neuen Tricks sind zum Scheitern verurteilt ... Lügnerische faschistische Propaganda jagt der deutschen Bevölkerung mit absurden Geschichten Schrecken ein und behauptet, die Armeen der Vereinten Nationen beabsichtigten, das deutsche Volk auszurotten. Die Vereinten Nationen haben sich nicht die Aufgabe gestellt, das deutsche Volk zu zerstören. Die Vereinten Nationen werden den Faschismus und den deutschen Militarismus zerstören, sie werden Kriegsverbrecher bestrafen und die Deutschen zwingen, den Schaden, den sie anderen Ländern zufügten, zu ersetzen. Aber die Vereinten Nationen werden Deutschlands friedensliebende Bevölkerung nicht belästigen, wenn sie ehrlich die Forderungen der alliierten Behörden erfüllt.« Dieses Dokument, von dem wir nichts wußten, ist interessant, weil Stalin sein Land hier noch ganz mit den Vereinten Nationen identifiziert.

2. Mai 1945 [Donnerstag]. Es ist von den letzten zwei Tagen so viel zu berichten, daß ich wieder einmal nicht weiß, wie es zu bewältigen. Gestern schrieb ich nicht, weil es über einen jungen Panzermann zu erzählen gab, dem ich nicht schaden wollte, für den Fall, daß dieser Brief doch noch in Nazi-Hände gelangen sollte. Nun aber zur Chronologie. Die Kochkiste ist ein Meisterwerk geworden, im Gegensatz zum Herd, dessen Hauptfehler darin besteht, daß der Abstand zwischen Rost und Herdplatte zu groß ist, so daß das Feuer immer sehr stark brennen muß, damit es oben zum Kochen kommt. Was natürlich wieder eine Verschwendung von Brennmaterialien bedeutet. Durch diese Arbeit und das Waschen kam ich sehr spät zum Essen, Spülen, Tee. Ging gestern abend noch einmal zum Wasserholen an den See. Als ich zurückkam, sah ich einen Panzer an unserer Straßenecke stehen, ließ meine Eimer stehen und stellte mich dazu. Ein unrasierter rundgesichtiger Leutnant gab eben noch seine Befehle und ging ab. Die Panzerbesatzung von 5 Mann war

schwarz, unrasiert, ungewaschen. Ich redete mit dem, der am intelligentesten aussah, ließ mir erzählen, wo er alles war: Frankreich (Arras), Afrika, Rußland (Sewastopol und Stalingrad), Aachener Front, Stettin. Von da an immer als letzter Panzer aus den bis zuletzt gehaltenen Stellungen raus. Nach Stettin eine längere Ruhepause in Eberswalde. Dann Müncheberg, Strausberg, Adlershof, Mahlsdorf, Grunewald, Charlottenburg. Seit drei Wochen nicht geschlafen. Ich: »Und im Panzer können Sie nicht liegen?« Er: »Im Panzer können wir nicht einmal richtig sitzen.« Ich: »Habt Ihr einen Eimer?« — »Wir hatten einen, der ist kaputt geschossen.« Ich: »Ich leihe Euch einen zum Wasserholen und Waschen.« Er: »Wir waschen uns nimmer bevor der Krieg zu Ende ist.« Nach einer Weile fragte ich, ob ich mir den Panzer von innen besehen könne. Er: »Eigentlich ist es verboten. Aber wenn Sie hinaufkommen, können Sie.« Ich kletterte also über die Ketten und stieg oben ein, und nachdem ich mich eine Weile umgesehen hatte, winkte ich ihn mir herauf zum Erklären. Das tat er dann ganz ausführlich, und es war sehr interessant: etwa das Fernrohr, in das man unten hineinsieht und damit um die Ecke oben über den Rand sieht, das eine Tabelle hat, wonach dem Richtschützen gesagt wird, wie er zielen muß. Und dann die Kurbel, mit der der Turm gedreht wird, die Bedienung der Granaten usw. Wir saßen ganz gemütlich nebeneinander, er auf dem Platz des Kommandanten. Ich sagte: »Hier sitzt Ihr Leutnant!« Er sagte: »Nein, ich bin Kommandant.« Bis vor ein paar Wochen war er, als Rang Unteroffizier, Richtschütze, und der Leutnant, den ich gesehen hatte, und den er offenbar sehr gern mag, war der Kommandant des Panzers. In Müncheberg hatte die Kompanie 10 Panzer. Jetzt war dieser der letzte.

Er sagte: »Heut nacht muß ich einen Nachtangriff fahren. Das ist wie Öl auf Wasser. Man sieht nichts.

Man kann sich nicht bewegen.« Ich sagte: »Ihr Leutnant weiß doch sicher auch, daß das ein Unsinn ist. Warum befiehlt er es dann?« Er sagte: »Der kann auch nicht wie er will. Da ist mir mal was passiert, das war in . . ., mal nachsehen.« Und dann holte er sein Tagebuch heraus, blätterte, fand die Stelle, machte mir eine Zeichnung von dem Stand der Russen, Fahrtrichtung, Deckung usw.; erzählte, wie er von einem Major angehalten wurde, einen unsinnigen Befehl erhielt, sich weigerte, ihn auszuführen (mit sachlicher Begründung), worauf der Major die Pistole zog und auf ihn schoß, er aber den Kopf schon eingezogen hatte und weiterfahren ließ. Und zurück zum Ausgangspunkt: der Leutnant werde eben auch erschossen wegen Feigheit, wenn er vernunftsgemäß handle. — Dann sah er mich plötzlich an. »Wie lang dauert der Krieg noch?« Ich: »Vielleicht 8 Tage.« Er: »Das ist zu lang.« Ich: »In Berlin vielleicht nur noch 2 Tage, aber im übrigen Deutschland noch etwas länger« (dies nachträglich abtippend, staune ich, wie recht ich hatte). Später fragte er: »Was glauben Sie, daß die Russen mit uns machen werden?« Ich sagte zögernd: »Es sind schließlich auch Menschen (wozu er beistimmte). Es wird viel darauf ankommen, ob Stalin weise oder rachsüchtig ist. Wir haben uns ja in Rußland auch nicht lieb benommen.« Worauf er mit Heftigkeit: »Das war nur die SS.« — Immer wieder kam seine Wut auf die SS heraus, er habe in Rußland nie ein Mädchen angerührt, und auf der Krim habe es sehr hübsche Mädchen gegeben. »Ich hatte ein Mädchen in der Petersburger Straße« (das ist im Norden von Berlin, und da stammt er auch selbst her). Immer wieder sagte er: »Ich komme durch« — es war wie eine Selbstbeschwörung. Er zeigte mir das Riesenspeckstück unter seinem Sitz, dazu 10 eiserne Rationen. Er und sein Richtschütze wollten sich zusammen durchschlagen nach dem

Westen; die Schwestern seien alle im Westen ansässig, die Eltern bei der einen Schwester in Bernkastel. Ich sagte: »Da kommen die Franzosen hin.« Er sagte: »Ist alles gleich, die backen auch Brot.« Ich sagte: »Ja, aber weißes, und unser schwarzes schmeckt mir besser.« Das fand er auch. — Er wollte einst Orgelbauer werden, war ein paar Jahre am Gymnasium, lernte dann als Vorbereitung Autoschlosserei und Tischlerei, hatte 1938 eine Lehrstelle bei einem Schweizer Orgelbauer, bekam keine Ausreisegenehmigung mehr, ging zum Kommiß, um seine zwei Jahre abzudienen. Seitdem ist er Soldat. »Alles hin.« Dann erzählte er, wie er am Tag zuvor noch einen russischen Panzer in der Suarezstraße (4 Straßen von uns entfernt) fertig gemacht hat, einen vom Typ Sherman, kam auf Panzermodelle zu sprechen, Stalin, Tiger usw. — und wieder die Wut auf die SS, die allein die ›Tiger‹ zu Propagandazwecken bekommen habe und nicht damit umzugehen wußte, während sie nur die alten P4s bekamen, in denen immer die ganze Besatzung verbrannte, wenn sie angeschossen waren. Im ganzen habe er 5 Russenpanzer abgeschossen, — »Wir haben eine solche Wut auf die Kerle, wenn wir an unsere deutschen Mädchen denken.« Ich fragte, ob er denn wirklich authentisch Schlimmes wisse. Er begann einen Fall aus Berlin zu erzählen, hörte dann plötzlich auf: darüber könne man gar nicht reden. Ich fragte: »Haben Sie es selbst gesehen?« Er: »Nein, aber zwei unserer Leute haben sich vorgepirscht und die sind zuverlässig.« — Dann stieg ich wieder aus, und wir verabschiedeten uns herzlich, er zog seinen Handschuh aus, um mir die Hand zu geben, dann sah er, wie dreckig die Hand war und wollte sie wieder zurückziehen; ich sagte: »Das macht mir nichts.« Er war, glaub ich, ein hübscher Kerl. Das sah man unter dem Schmutz nicht so, nur was für schöne große Augen er hatte, blau in ganz klaren weißen Augäpfeln mitten in dem schwarzen Gesicht. Ich werde ihn nicht vergessen. Hoffentlich kommt er gut durch.

3. Mai 1945 [Freitag]. Inzwischen habe ich eine erste Rundfahrt gemacht und Erschütterndes gesehen, in Dahlem. Aber ich will doch chronologisch fortfahren. Der Tag nach dem Gespräch mit dem Panzerjüngling war der 1. Mai. Den hatten sich die Russen wohl eigentlich für den Sieg in Berlin ausgedacht. In der Früh stand vor uns mehr Wehrmacht denn je, Panzer, LKWs und Motorräder und kaputte Räder. Ich kümmerte mich nicht darum, sondern putzte einige Stunden lang so gründlich wie möglich. Dann sägte und hackte ich Holz (aus Ruinenbrettern). Die Kocherei mit Rauch, Ruß und nachherigem Spülen ohne genügend Wasser war auch zeitraubend; das Rohr meines Herdes hatte die Tendenz, die vier Stock (vom Küchenbalkon) in den Hof herunterzufallen, war aber zum Schluß mit Draht festgebunden. Ich wischte sogar die Küche auf, aber als es trocken war, war es doch nicht sauber. Die Frau Becker hätte gelacht. Frau Mietusch brachte mir ein Tellerchen Erdbeerkompott, was sehr tröstlich war; sie bringt oft so was, eine Tasse Brühe oder ein Stück frischgebackenen Kuchen. Wir teilen im übrigen was wir ergattern, und jeder berichtet, was er Neues erfahren hat, was immer viel Zeit in Anspruch nimmt. Er, Mietusch, mußte übrigens nach den ersten zwei Tagen nimmer zum Volkssturm; er schlief auch nach den ersten zwei Nächten im Keller wieder oben, erst vorneraus, wo ihn bei dem Einschlag ein kleiner Glassplitter traf, dann hintenheraus. Nachts hielten die Männer abwechselnd Brandwache. Denn das war ja unsere größte Sorge, daß unser Haus auch in Brand geschossen oder gesteckt würde.

Als ich an dem Tag nach Tisch mit dem Mülleimer in den Hof ging, sah ich Frauen und Soldaten schwer beladen ankommen, fragte was und wo, hörte: an der neuen Kantstraße auf der andern Seite der Lietzenseebrücke; rannte mit meinem einen Wassereimer los, da ich bisher bei solchen Gelegenheiten immer zu spät gekommen war, traf noch Herrn Bölcke (1. Stock) schwer beladen mit Dextropur und stolperte eilig in einem Strom von Männern und Frauen dahin. Es handelte sich um ein Grossistenlager mit chemischen und pharmazeutischen Artikeln. Da die Russen in der Nähe durchgebrochen waren, war er geöffnet worden. Nun wurde geplündert. Das muß man erlebt haben. Die Leute stiegen zu Türen und Fenstern ein, rissen die Sachen von den Fächern, warfen zu Boden, was sie nicht wollten, trampelten sich gegenseitig nieder, — »wie die Wülden«, sagte ein Österreicher neben mir. Dextropur, was allein mich interessierte, war natürlich längst weg; ich ergriff noch ein paar Sachen: Formamint, Hustensaft, Papierrollen, ließ aber das meiste sein: Farbstoffe und Fotoartikel und Kosmetica. Auch Seifensachen waren natürlich schon alle weg. So kam ich betrübt zurück und teilte was ich hatte mit Frau Mietusch.

Dann gingen wir zum See Wasser holen. Auf dem Weg trafen wir einen nicht endenden Zug von Flüchtlingen. Das ist ja in vielen Ländern schon beschrieben worden, — ein immer gleich trauriger Anblick. Dann wollten wir Trinkwasser holen, aber der Hahn am Roten Kreuz lief nicht. Es hieß, auf der andern Seite des Kaiserdamms sei eine Pumpe. So weit waren wir noch nie gewesen. Es ging bis zum Ende des Parks, der dort in einer spitzen Ecke zuläuft. Dort saßen im Baumwerk versteckt unsere MG-Schützen und schossen über den Kaiserdamm. Von der andern Seite, vom Norden her, kamen nämlich die Russen, manchmal auch Schüsse. Unsere Leute winkten uns, wir könnten jetzt schnell hinüber gehen, so lange schossen sie nicht. Hier waren alle Häuser ausgebrannt und zerschossen.

In der Verlängerung der Wundtstraße hingen viele weiße Fahnen in den Fenstern (nachträglich eingefügt: sie war am Tag zuvor von den Russen besetzt gewesen). Den Kaiserdamm aufwärts, wo man sonst die Siegessäule in der Ferne sieht, war dicker gelber Qualm; — ich vergaß zu schreiben, daß die Soldaten immer erzählt hatten, am Zoo-Bunker und am Knie seien besonders heftige Kämpfe. (Ich hatte übrigens auch den Panzerfreund gefragt, ob sie Weisung hätten, die Örtlichkeiten des Kampfes zu verschweigen; er sagte, nein, sie wüßten wirklich nichts; er glaube, auch die Offiziere hätten längst keinen Überblick mehr.) Auf der Straße am Pumpbrunnen lagen die Gedärme eines großen Tiers. Wir waren ganz allein. Als wir rückwärts die Straße überquerten, fing eine Straßenecke weiter südlich das MG-Geknatter an. Es war eine gewisse Nervenprobe.

Vor unserm Haus trafen wir Frau Bölcke, deren alter Mann bis zur Lehninerstraße gegangen war und mitbrachte, die Russen gingen in die Wohnungen, gäben den Leuten 20 Minuten Zeit zum Einpacken und Abziehen und sagten, ihre eigenen Familien kämen aus Rußland nach. — In unserem Haus waren inzwischen auch schon derartige Flüchtlingsfamilien eingezogen. Im Hauseingang kam eine Frau und sagte, der Luftschutzwart, Herr Folkmar [siehe Ausführungen S. 57], bitte alle, in den Keller zu kommen. Da ich von ihm nichts halte, sagte ich, ich ginge nicht und bat Frau Mietusch, mir zu berichten. Sie kam dann später ganz niedergeschlagen und erregt und erzählte, Folkmar habe gesagt, es gebe nun keine Weisungen mehr von oben (!), und wir müßten uns überlegen, ob wir türmen wollen. Er sei jedenfalls entschlossen zu gehen. Morgen früh um 8 h ziehe er ab. Die Aufregung, erhöht durch den Anblick des an uns vorbeiziehenden Flüchtlingsstroms, könnt Ihr Euch vorstellen. Ich sagte: ich bleibe, bis ein Wehrmachtsangehöriger oder ein Russe mich packt und hinausbefördert oder bis es brennt; — das hatte ich schon seit Wochen beschlossen und mir ausgemalt, daß es nicht leicht sein werde, mich fortzuschleifen (nachträglich: seitdem bin ich allerdings zur Überzeugung gekommen, daß die Russen mich kurzerhand die Treppe oder zum Balkon herunter geworfen hätten). Frau Mietusch sagte, sie wollten auch bleiben. Dann kam Herr Mietusch, der immer angenehm ruhig ist, und sagte: »Auf alle Fälle bleiben, solange wir können.« Dann kam noch ein Frl. Parey aus dem Hinterhaus, die seit 30 Jahren im Innenministerium angestellt ist. Die wollte auch bleiben.

Folkmar hatte noch gesagt, man solle vorbereitend Rucksäcke und Koffer packen. Da meine bisherige Packerei nur auf anglo-amerikanische Bomben eingestellt war, nicht auf etwaige weite Fußmärsche, beschloß ich umzupacken, da ich Koffer doch nicht hätte schleppen können. Ich stopfte etwas an Wäsche, Kleider usw. in meinen großen Wäschesack, den ich bei Brand aus dem Fenster werfen wollte; den Rucksack wollte ich erst im Keller mit Lebensmitteln vollpacken. Dann packte ich noch meine Ledermappe mit Wohltemperiertem Klavier, 1 Band Rilke, 1 Band Jünger, 1 Band Goethe, Briefpapier, Kouverts. Dies alles hoffte ich mit Hilfe meines Rads befördern zu können, wenn auch mühselig. Inzwischen war es dunkel. Ich ging noch einmal zu Mietuschs. Wir überlegten wohin, wenn wir doch fort müßten. Ich sagte, ich auf alle Fälle zuerst nach Dahlem, bei meinen Freunden könnten sie sicher auch unterkommen. Sie wollten dann weiter nach Lichterfelde. Diese Nacht schlief ich kaum, denn dauernd gingen mir alle Möglichkeiten im Kopf herum, was man tun könne, was man noch mitnehmen müsse, ob ich zu Fuß neben dem Rad unter Umständen bis Höfen käme (da das Rad zwar repariert, aber nicht richtig heil war). Im Keller muß es auch gräßlich gewesen sein, da alle Frauen nur an die morgige Flucht dachten. — Mietusch hatte übrigens auch berichtet, daß Keitel in der Nähe sei und die Wehrmacht nach Westen durchbrechen wolle. *Wehrmachtsbericht, 1. Mai 1945: »Im Stadtkern von Berlin verteidigte sich die tapfere Besatzung, um unseren Führer geschart, auf engstem Raum gegen die bolschewistische Übermacht. Unter schwerstem feindlichen Artilleriefeuer und rollenden Luftangriffen dauert das heroische Ringen an. Südlich der Reichshauptstadt haben die Verbände unserer 9. Armee den Anschluß an die Hauptkräfte gefunden und stehen mit diesen in der Linie Niemegk–Beelitz–Werder in harter Abwehr gegen die pausenlos anrennenden Sowjets. Auch zwischen Rathenow und Fehrbellin behaupten sich unsere Truppen gegen starke feindliche Angriffe. In Mecklenburg richtet sich der Hauptstoß der Bolschewisten gegen den Raum zwischen Müritz und Demmin. Heftige Kämpfe sind hier im Gange. Teilkräfte des Gegners drehten nach Nordosten ab und versuchten vergeblich, über die Peene-Enge westlich Anklam überzusetzen. Nördlich davon behauptete sich der Stützpunkt Wolgast gegen alle Angriffe. Von Osten her gegen die Dievenow-Enge geführte Durchbruchsversuche brachen verlustreich für die Bolschewisten zusammen.*

In Nordwestdeutschland lag der Schwerpunkt der Kampfhandlungen gestern zwischen der Weser und der Elbe, wo es den Engländern im schweren Kampf gelang, unsere Truppen über die Eisenbahnlinie Bremervörde–Stade zurückzudrängen. Zu heftigen Kämpfen kam es wiederum in dem feindlichen Elbe-Brückenkopf westlich Lauenburg, den der Gegner nach wechselvollem Ringen nur wenig erweitern konnte. Südlich Boitzenburg gelang es dem Feind, unter starkem Feuerschutz mit schwächeren Kräften auf das Nordufer der Elbe überzusetzen . . .«

Abends waren die Straßen und Plätze bei uns ein wahres Heerlager, — und wieder diese merkwürdige

Stimmung: schäkernde Mädchen, erzählende Soldaten, Umarmungen im Gebüsch. — Ein Mädchen vom Hinterhaus, die im 6. Monat ist, unehelich, ergatterte sich sogar einen 22jährigen Bräutigam, der ihr schriftlich bestätigte, daß das zu erwartende Kind von ihm sei (nachträglich: er ist zurückgekehrt, sie haben geheiratet und beim Kellerplündern mitgewirkt).

In der Nacht schoß es noch, und die Brände kamen immer näher. Und dann rumpelten die schweren Gefährte an unserm Haus vorbei durch die Witzleben-barrikade. Ich stand nicht auf, es mir zu besehen. Am anderen Morgen erzählte Frau Mietusch, von Mitternacht bis nach 3 h morgens sei ununterbrochen Wehrmacht an uns vorbei gerauscht, nach Westen heraus (nachträglich: der Durchbruch ist mißlungen, es muß in den Spandauer Wäldern noch ein furchtbares Gemetzel gegeben haben). Am Morgen standen noch ein paar Soldaten auf unserer Straße. Es fielen auch noch Schüsse. Aber wir dachten nun doch, der Krieg sei für uns wohl aus. Es wurde erzählt, Hitler sei gefallen, Dönitz habe das Kommando übernommen und lasse weiter kämpfen. Keitel sei in der Postdirektion gewesen, 4 Häuser entfernt von uns. Daher wohl auch die großen Heeresansammlungen.

Wehrmachtsbericht, 2. Mai 1945: »An der Spitze der heldenmütigen Verteidiger der Reichshauptstadt ist der Führer gefallen. Von dem Willen beseelt, sein Volk und Europa vor der Vernichtung durch den Bolschewismus zu retten, hat er sein Leben geopfert. Dieses Vorbild, getreu bis zum Tod, ist für alle Soldaten verpflichtend. Die Reste der tapferen Besatzung von Berlin kämpfen im Regierungsviertel, in einzelne Kampfgruppen aufgespalten, erbittert weiter.

In Mecklenburg drängte der Feind unsere Truppen bis zur Linie Neuruppin–Müritzsee–Rostock zurück. Jagd- und Schlachtfliegerverbände griffen mit guter Wirkung in die Kämpfe in Mecklenburg ein. In Nordwestdeutschland halten die Kämpfe mit den Engländern und Kanadiern in den bisherigen Schwerpunkten an. Unter Einsatz weiterer Verbände griff der Gegner aus seinem Brückenkopf nordwestlich Lauenburg an und gewann mit vorausgeworfenen Abteilungen den Raum nordwestlich Mölln. Aus dem Brückenkopf südöstlich Boitzenburg stießen amerikanische Panzer bis Schwerin vor.

In Sachsen verhielten sich die Amerikaner weiterhin ruhig und setzten sich im Fichtelgebirge einige Kilometer nach Westen ab . . .«

Bevor ich noch gefrühstückt hatte, rief Frau Mietusch: »Es gibt Haferflocken« — und ich raste mit meinem Eimer die Treppe hinunter, kam aber wie immer zu spät. Sich balgende und beschimpfende Frauen umlagerten ein Wehrmachtsauto. Frau Mietusch bekam noch den leeren Sack, aus dem sie immerhin noch ein Pfund herausholte und später mit mir teilte. Ich sah indessen an der Straßenecke eine Frau mit einem großen Stück Fleisch, fragte, woher das komme und bekam die Antwort, da vorne gebe es Pferdefleisch. Ich dachte, es werde verteilt, rannte hin und fand ein halbes, noch warmes Pferd auf dem Trottoir und drum herum Männer und Frauen mit Messern und Beilen, die sich Stücke lossäbelten. Ich zog also mein großes Taschenmesser, eroberte mir einen Platz und säbelte auch. Einfach wars nicht. Ich bekam ein Viertel Lunge und ein Stück von der Keule, woran noch das Pferdefell war und zog blutbespritzt ab. Da wir im letzten Krieg vom Metzger auch Pferdefleisch bekommen hatten und es gut fanden, war ich hochbefriedigt, wollte mit Frau Mietusch teilen, — die aber wandte sich schaudernd ab. Nun begann eine scheußliche Arbeit in der Küche. Alles war voll Blut, ein außergewöhnlich hellrotes, fast rosa Blut — und ich kann mir jetzt lebhaft vorstellen, wie schwer es einem Mörder fällt, die Blutspuren zu entfernen. Irgendwo bleibt doch ein Fleck. Ich erkannte bald, daß das Fleisch erst abhängen müsse, zog durch jedes Stück eine Schnur und hing beide auf. Das Fell war abgeschnitten. Von der Lunge trieb ich doch schon die Hälfte durch und machte mit Zwiebel, Thymian und einer Einbrenn eine sehr köstliche Lungenblutwurst, womit ich nun wieder einen Brotaufstrich habe. Während diese Metzelei noch im Gang war, rief Herr Mietusch, der erste russische Wagen fahre durch unsere Straße. Dies historische Ereignis mußte ich mir entgegen lassen, denn sonst hätte ich das Blut auch in die Vorderzimmer gebracht. Außerdem hatte ich Angst, ein Russe könne mich sehen und denken, ich hätte einen seiner Kameraden umgebracht.

Aber bald darauf mußte ich noch einmal Schlange stehen nach meinem letzten Viertelpfund Butter, und da standen die Russen schon um uns herum. In der Schlange hatten die meisten Leute weiße Binden um den Arm. Es wurde jetzt offen auf die Partei geschimpft, wozu ja nun kein Mut mehr gehörte. Eine Frau hatte mit Detektor im Radio gehört, sagte, Bremen und München seien gefallen, nach der Ankündigung von Hitlers Tod hätten sie das Deutschland- und das Horst-Wessel-Lied gespielt. Bin gespannt, zu erfahren, wie es wirklich war, die wenigsten Leute scheinen sich im klaren darüber zu sein, daß dieser Mann bewußt noch so viel zerstören ließ wie er konnte. Da sie selbst an den Sieg glaubten, glaubten sie, er glaube auch. Das tat er nicht. — In den wochenlangen Debatten, die wir im Januar, Februar und März hatten, als alle meine männlichen Freunde mich immer wieder beschworen, Berlin zu verlassen, hatten wir uns immer wieder gefragt: wie lange wird es dauern? Viele dachten, die Arbeiterschaft wird sich erheben, ob kommunistisch oder nicht, und die Sache in drei Tagen zu Ende bringen. Sethe, der geflohen ist, hatte recht: er meinte, es werde mit den noch verfügbaren Machtmitteln länger dauern. Und nachdem ich es miterlebte, kann ich sagen, daß der einzelne hilflos war und daß ein Sich-Organisieren schon wegen der fehlenden Verkehrsmittel unmöglich gewesen wäre. Der Werwolf soll auch immer noch tätig sein.

Nachmittags gingen Frau Mietusch und ich wieder den weiten Weg zur Kaiserdammpumpe, wo inzwischen ein toter Russe lag, gerade in der Schußrichtung von den MGs in der Parkecke. Nun fuhren aber auch die lebenden Russen ein wenig prahlerisch umher, meist in deutschen Wagen, die sie gefunden hatten. Ich beschloß, ein Motorrad, das mit kaputten Hinterreifen auf der Straße lag, mitzunehmen, schob immer ein Stück das schwere Rad, dann hielt es Frau Mietusch, während ich die Wassereimer nachholte. Dann sah ich einen kleinen verlassenen Fiat, dem nur der Zündschlüssel fehlte, und schob den mit Frau Mietuschs Hilfe nachhause. Leider mißlang es mir, eine Garage zu finden. Wir stellten ihn also fürs erste in den Hof. Das Rad tat ich in den Abstellkeller unterm Treppenhaus, wo auch meine Vorratsschränkchen und Schrankkoffer stehen, da ich keinen eignen Keller habe. Mittags war übrigens großes Geschrei gewesen: »In Mietuschs Keller ist eingebrochen« — alles war durcheinandergewühlt, auch meine beiden kleinen Koffer erbrochen, aber es fehlten nur seine beiden Anzüge. Lebensmittel, Frauenkleider waren geblieben. Erst hieß es: die Russen. Nun nimmt man an: deutsche Soldaten, die Zivil suchten. Frau Mietusch, deren Mann abwesend war, als sie es entdeckten, war sehr deprimiert. Ich erzählte ihr also zur Ablenkung Geschichten aus meinem Leben. — Als Mietusch heimkam, brachte er mit, Schwerin-Krosigk sei Außenminister geworden. Dies schien mir ganz unwahrscheinlich, aber es setzte doch in einer wieder ziemlich schlaflosen Nacht eine ganze Reihe von Gedanken über eine mögliche deutsche Außenpolitik in Bewegung. *Schwerin-Krosigk hatte am 2. Mai eine erste Rundfunkansprache an das deutsche Volk gehalten, die mit den Sätzen begann: »In der schwersten Stunde Deutschlands wende ich mich an die Öffentlichkeit. Noch hallt die Welt wider vom Lärm der Waffen. Die Welt kann aber nur befriedigt (sic befriedet?) werden, wenn die bolschewistische Welle Europa nicht überschwemmt.« Der Tagesbefehl des 2. Mai 1945 lautete: »Als Oberster Befehlshaber der Wehrmacht richtete Großadmiral Dönitz folgenden Tagesbefehl an die deutsche Wehrmacht:*

Deutsche Wehrmacht! Meine Kameraden!

Der Führer ist gefallen. Getreu seiner großen Idee, die Völker Europas vor dem Bolschewismus zu bewahren, hat er sein Leben eingesetzt und den Heldentod gefunden. Mit ihm ist einer der größten Helden deutscher Geschichte dahingegangen. In stolzer Ehrfurcht und Treue senken wir vor ihm die Fahnen. Der Führer hat mich zu seinem Nachfolger als Staatsoberhaupt und als Oberster Befehlshaber der Wehrmacht bestimmt. Ich übernehme den Oberbefehl über alle Teile der deutschen Wehrmacht mit dem Willen, den Kampf gegen den Bolschewismus so lange fortzusetzen, bis die kämpfenden Truppen und die tausenden Familien des deutschen Ostraumes vor der Versklavung und Vernichtung gerettet sind. Mit den Engländern und Amerikanern muß ich den Kampf so weit und so lange fortsetzen, wie sie mich in der Durchführung des Kampfes gegen die Bolschewisten hindern. Die Lage erfordert von Euch, die Ihr schon so große geschichtliche Taten vollbracht habt und die Ihr jeder das Ende des Krieges herbeisehnt, weiteren bedingungslosen Einsatz.

Ich verlange Disziplin und Gehorsam. Nur durch vorbehaltlose Ausführung meiner Befehle werden Chaos und Untergang vermieden.

Ein Feigling und Verräter ist, wer sich jetzt seiner Pflicht entzieht und damit deutschen Frauen und Kindern Tod und Versklavung bringt.

Der dem Führer von Euch geleistete Treueid gilt von jedem einzelnen mir als dem vom Führer festgesetzten Nachfolger.

Deutsche Männer, tut Eure Pflicht, es gilt das Leben unseres Volkes!«

Das war also nun die erste Nacht, in der im Grund alle Vorbereitungen gegen Bomben und Granaten umsonst waren, — das kann man sich immer noch nicht so ganz klarmachen. Die Nacht zuvor hatte ich mein einziges Glasfenster ausgehängt, am Morgen im Zimmer 6° C, jetzt beim Schreiben 8°, vielleicht eine gute Vorübung auf den nächsten Winter. Sorge muß man nun nimmer um die Fenster haben, sondern um die Uhren und dergleichen. Gestern hatten schon drei aus dem Haus ihre Uhren abgeben müssen. (Eben beim Aufsehen vom Schreiben sehe ich, daß hinterm Park das Haus brennt, wo mein Glaser wohnt. Ach, es werden noch den ganzen Tag Häuser angezündet. Vielleicht zum Spaß?)

Als ich heute [3. Mai] am Aufstehen war, rumpelte es im Hof. Herein kamen russische Pferdewagen, etwa 20 Pferde, 30 Mann, 3 Gulaschkanonen, 3 weißschwarz gefleckte Kühe. Dies gefiel mir weniger, und ich kürzte meine Wäsche ab, um für alles gerüstet zu sein. Da auch meine Schränkchen mit meinen ganzen Lebensmitteln hinter einer halbkaputten Tür im Abstellkeller durchaus einladend vor Augen der Soldaten lagen, fürchtete ich, dies nun zu verlieren, machte eine Mülleimerexpedition nach hinten und füllte dann am Raufweg den Eimer mit Konserven. Da aber alles friedlich wirkte und da ich schon am Tag zuvor beschlossen hatte, nach Frau Becker und Manholts zu sehen, fuhr ich etwa um halbzehn los, mit etlicher Angst, denn am Tag zuvor hatten die Russen viele Räder geholt. Ich fuhr zuerst nach Friedenau, weil ich Frau Becker für die gefährdetere hielt. Da unsere Witzlebenbrücke noch verbarrikadiert war, mußte ich den inneren Weg über Kurfürstendamm, Bahnhof Halensee wählen: unbeschreibliche Szenen der Verwüstung, dazwischen die kaputtgeschossenen Panzer und Autos, Munitionskästen; dazwischen reitend, fahrend, gehend, singend, stehend die Russen. Dazwischen die bepackten, sich schleppenden Flüchtlinge. Dazwischen frei laufende Pferde. Dazwischen lange Schlangen mit Wassereimern vor den Pumpen. Manche riefen mich an: »Ist Ihnen Ihr Rad noch nicht abgenommen?« — »Nein, noch nicht«, — ich betonte das »noch« mit Sorge und Aberglauben, sagte aber auch: dem Mutigen gehört die Welt.

Das hintere Ende von Frau Beckers Odenwaldstraße sah wüst aus. Wo sie wohnte, war alles intakt. Sie redete aufgeregt wie ein Wasserfall über die Gemeinheit, was die andern alles geholt haben, und sie kam zu spät; und die deutschen Männer sind alle feige; und Kartoffelflocken und Keks habe sie doch gekriegt; und noch nie habe sie etwas gegen die Juden gehabt, aber dieser Saujude am Güterwagen, der verhindern wollte, daß sie den Sirup bekommen, den ...

Inzwischen ist das Feuer gegenüber so besorgniserregend geworden, daß ich mit Frau Mietusch hinüberging in die Kuno-Fischer-Straße, um zu sehen, wie es dem Glaser geht. Ich wollte ihm anbieten, eventuell zu mir zu ziehen. In der Kuno-Fischer-Straße trafen wir außer russischen Soldaten Einwohner als Flüchtlinge auf der Straße mit ihrem Bettzeug beschäftigt. Wir fragten eine Frau; sie sagte, sie mußten ihre Wohnungen räumen, die Russen zögen ein. Dann hörten wir einen aufgeregten Mann aus einem Haus kommen, der sagte: »Sie bringen uns alle um«, und aus dem Haus hinter ihm kamen zwei Russen mit blanken, aber unblutigen Dolchen. Zwei Häuser weiter war das Haus, wo der Glaser wohnte. Das Hinterhaus war tatsächlich das, was brannte. Wir stiegen zu seiner Wohnung hinauf; alle Wohnungstüren waren angelehnt, die Wohnung leer, nur die leeren Schränke und

Regale. Im ganzen Haus kein Mensch. Keine gemütliche Atmosphäre, vor allem nach dem, was ich vormittags gesehen hatte. — Jetzt wieder an den Schreibtisch zurück, sehe ich, wie das Feuer aufs Nachbarhaus übergreift. Alles brennt lichterloh. Es sind andere Brände als die von anglo-amerikanischen Brandbomben. Wahrscheinlich brennt es von unten, während die von oben brannten. Es ist an sich ein prächtiger Anblick, wenn man nicht dazu das viele Leid und Elend wüßte. Und es trifft ja nicht die Schuldigen oder nur in den seltensten Fällen. Schießen tut's auch immer noch, auch nachts. Aber das ist wohl mehr zum Vergnügen.

Zurück zu Frau Becker. Ich liege inzwischen im Bett, und von unten aus dem Hof muht die russische Kuh. Als ich Frau Becker von den Details über die Lebensmittel und das Benehmen von Hildchen und Inge und den Geschmack der Salzkohlrabi, die man lange wässern muß, abgebracht hatte, erzählte sie mehr im Großen. Wir wanderten unterdes zur Wohnung von Hildegard v. Weber, um deren Rad für Frau Becker zu bekommen. Bei Frau Becker waren die Russen gar nicht. In andere Wohnungen kamen sie korrekt und anständig. In einer andern haben sie geplündert, aber eine Frau, die russisch konnte, lief zum Kommissar, der ging mit ihr in die betreffende Wohnung, gab den Russen Backpfeifen und verjagte sie, sagte aber auch der Frau, sie könnten sich nicht wundern, die Deutschen hätten es in Rußland nicht anders getrieben. Der Kommissar sei sehr anständig. — Mitten im Erzählen unterbrach sie sich, deutete in eine Querstraße: dort seien die Frauen Schlange gestanden, als die Bombe herunterkam, 17 Frauen tot. Die Russen seien im übrigen schon abgezogen. Das Stabskommando sei in der Stubenrauchstraße. Morgen kämen die Amerikaner. Nun hätten alle Angst vor den Amerikanern.

[Im Angesicht des Stimmungsumschwungs, der sich inzwischen in Berlin ereignet und festgesetzt hat, ist es bemerkenswert, festzustellen, daß es Stadtteile in Berlin gab, in denen sich die Russen beliebt gemacht hatten.]

Indessen sahen wir schon jemand, die Hände über dem Kopf zusammenschlagend, auf uns zukommen, das war Hildegards Frl. Margarethe, — die Hildegard ist übrigens vor etwa drei Wochen, ohne vorher jemand etwas mitzuteilen, nach Hamburg geflohen, nachdem sie vorher immer nur gemeinsam handeln (und flüchten) wollte. Also die Margarethe, eine gezierte faule Kuh, war ganz außer sich, wie bei ihnen geplündert worden sei, alle Lebensmittel weg, alles drunter und drüber, das müsse ich mir ansehen. Ich sah es mir an. Das Telefon war zerschlagen und viel Durcheinander. Und die Frl. Margarethe, die aus Danzig stammt und früher ein Nazi war, sagte: »Ich habe immer gesagt: nicht so mit dem Essen sparen. Es kommen die Russen und nehmen alles. Und so ist es gekommen.«

Nun trennte ich mich von Frau Becker, die das Rad nicht bekam, weil die Wehrmacht es schon von Hildegards Freundin Kalli v. Dehn beschlagnahmt hatte. Ich fuhr gen Dahlem und wollte zuerst den jungen Mann vom A. A. [Alexander Werth] aufsuchen, um zu hören, was am Schwerin-Krosigk-Gerücht sei. Ich sah aber von weitem johlende Russen vor seiner Straße [Podbielsky-Allee – Ecke Im Dol] tanzen und bog schleunig in eine andere Straße ein. Hier in Dahlem schien mir schon im Durchfahren die Stimmung überhaupt viel unsachlicher und für die Deutschen ungemütlicher, und ich machte mehrere Umwege auf dem Weg zu Manholts, um einige besonders übermütige und bösartig aussehende Gesellen zu umgehen. Ein Glück, daß ich die Gegend so gut kenne. Fast hätte ich das Anwesen nicht erkannt; die Steinpfosten des Tors lagen in Trümmern, alles war fremd, da rief Bobs Stimme aus dem Garten »die Maicheret«, und es kam mir eine alte Frau entgegen, mit blutunterlaufenen Augen und schwarzen Flecken im Gesicht und einem Loch im Schädel in der Stirn. Nach zwei Sekunden wußte ich: das ist die Elsbeth. Die Vorderzähne sind ihr eingeschlagen. Es stehen nur noch ausgezackte Stümpfe wie bei einer uralten Bauernfrau. Sie sieht schrecklich aus. Das Haus ist völlig verwüstet, alles herausgerissen, das meiste geplündert, der Rest zertrampelt. Das geschah schon vor einer Woche. Seitdem räumen sie am Tag, aber jede Nacht kommen die Russen wieder. Der Garten lag voller Gegenstände — ich holte drei Spitzentaschentücher von einem Gebüsch, und trotz Räumen ist es noch so, daß man nirgends hintreten kann. Die Treppe in den ersten Stock kann man noch gar nicht betreten, eine Lawine zerhauener und zerrissener Gegenstände kommt herunter. Die Vitrine oben mit Elsbeths geliebten gesammelten Sächelchen ist zerschlagen. Auf meiner Bratsche sah ich einen zertrümmerten Empire-Spiegel. Meine zwei Koffer im Keller, einer mit Kleidern, einer mit Lebensmitteln, ganz ausgeraubt. Bob hat keinen Anzug, Elsbeth kein Kleid mehr.

Die ersten Russen waren noch nett, obwohl sie auch plünderten, beschäftigten sich mit der Eisenbahn, machten Peters gläserne Dampfmaschine, mit der wir Weihnachten 1939 noch so glücklich gespielt hatten, kaputt. Später kam ein Verbrecher mit einigen anderen auf einem Lastauto. Er wurde schon tätlich. Manholts riefen den Kommissar oder Offizier um Hilfe. Der war sehr anständig und schimpfte den Verbrecher zusammen. Abends kamen dieselben aber wieder, Elsbeth meint als Rache fürs Geschimpftwerden — vorher war sie von anderen dreimal vergewaltigt worden — die Einzelheiten weiß ich nicht. Manholts flohen ins Haus der befreundeten Familie Giese gegenüber. Dort fielen in einem engen finstern Gang drei Männer über Elsbeth her. Der eine schlug ihr mit zwei Faustschlägen die Zähne aus; dann schlug er in die Augen. Der andere schlug mit einem Eisen ein Loch in die Stirn. Sie blutete stark, und die Männer waren daran, sie zu erwürgen. Es gelang ihr aber mit Bärenkräften sich zu entwinden, sie weiß heute noch nicht wie, und in der Dunkelheit zu entkommen. Bob und sie und Petra flohen ins Gebüsch, wo sie die Nacht verbrachten, Bob auch blutig geschlagen, Petra vergewaltigt, — Bob mißhandelt, weil sein Auto, das sie holen wollten, keine Reifen mehr hatte. Inzwischen haben sie das Auto auch ohne Reifen abgeholt. Als die drei am Morgen wieder in das Giese-Haus zurückkamen, hörten sie aus dem Keller Wimmern: Frau Giese und ihre vier reizenden Töchter und eine Frau v. Sydow und deren Tochter waren erhängt im Keller. Dazwischen lag ein schnarchender Russe. Die Frauen waren aber nicht durch das Erhängen getötet worden, sondern vorher vergewaltigt und übel zugerichtet worden, wohl Lustmord; die Leichen schleiften am Boden, — die vier Mädelchen zwischen 8 und 14 Jahren hatte ich zuletzt beim Ostereiersuchen gesehen, da waren sie so vergnügt und lebenslustig. (Nachträglich: es gab noch einige weitere Mordfälle in Dahlem, ich berichte aber nur über den einen, von dem ich am meisten weiß.) [Einzufügen ist, daß neben der Gieseschen Villa das große Haus des Admirals v. Dönitz lag, in dessen Keller sich bis zum Schluß eine kleine Funkabteilung befand, wo aber auch etwa 10000 Liter Wein und Spirituosen gelagert waren. In den meisten Fällen war übermäßiger Alkoholgenuß der Auftakt zu den Gewalttaten.]

Während ich dort war, kam das Ehepaar Hertz, auch zum erstenmal, und es ist immer eine selige Begrüßung, wieder Freunde am Leben zu sehen. Bei Hertzens auch alles geplündert. Sie hat nur das Kostüm, das sie an hat. Er wurde die übliche Frage nach der Uhr gefragt, hatte keine, daraufhin Schlag seitlich auf den Schädel, blutendes Loch, das nun mit Pflaster verklebt ist. Auf dem einzigen Anzug trotz viel Reinigen noch Blutspuren. *Wehrmachtsbericht, 3. Mai 1945: »In der Reichshauptstadt setzen Reste der tapferen Besatzung in einzelnen Häuserblocks und im Regierungsviertel ihren heroischen Widerstand gegen die Bolschewisten immer noch fort.*

Ergänzend zum Wehrmachtsbericht erfahren wir von militärischer Seite: In der Reichshauptstadt brachten die Sowjets am Mittwoch noch einmal die ganze Fülle ihres Kriegsmaterials zur Anwendung, um den Widerstand der fanatisch kämpfenden Besatzung zu zerbrechen. Fortgesetzt rollten die Salven der Geschütze und Werfer; ununterbrochen gingen Bomben nieder, und pausenlos ratterten die Maschinengewehre. Durch die zusammenstürzenden Häuser der Altstadt schoben sich die feindlichen Panzer und Sturmbataillone schrittweise vorwärts. Hochgehende Sprengungen zerrissen Bunker und Untergrundbahnschächte. Ihre Trümmer begruben Verteidiger und Angreifer. Im Regierungsviertel erfüllen die Helden von Berlin mit letzter Kraft das Vermächtnis des Führers. Die zahlreichen, auf sich selbst gestellten Widerstandsnester machen dem Feind immer noch schwer zu schaffen.

Südwestlich und westlich Berlin kämpfen sich unsere Truppen nach Aufnahme der aus der feindlichen Umklammerung ausgebrochenen 9. Armee nach Nordwesten zurück. Sie schlugen schwere Flankenangriffe ab und hielten den Verbindungskorridor durch zähen Widerstand bei Brandenburg und Rathenow offen.«

4. Mai 1945 [Samstag]. Heute wollte ich gleich früh mit dem Schreiben fortfahren, aber es kam immer wieder etwas dazwischen. Es ist auch alles sehr zeitraubend, — etwa die 4–6 Eimer Wasser täglich von ziemlich weit her anschleppen, und dann noch die vielen Treppen hinauf. Wie einfach war im Vergleich

dazu das Wasserholen in Höfen! Die letzte Abhaltung war so um die Teezeit der Ruf, wir müßten schippen. Dies wußte man schon von anderen Stadtteilen, daß der Schutt und die Trümmer von den Straßen weggeräumt werden müssen, und jedes Haus ist für seinen Abschnitt verantwortlich. Dies sollte aber erst auf Befehl der zuständigen Kommandostelle erfolgen. Bei uns gab es noch keine offizielle Aufforderung. Jemand im Hinterhaus hatte aufgebracht, es müsse geschehen, und das ging von Mund zu Mund. Da keine Wagen zum Abtransport da waren, nur Eimer, Wannen, kaputte Kinderwagen, Mülleimer, war das unsinnig. Zuerst wurde ein Bombentrichter am Rand des Parks gefüllt. Der war schnell voll und die Schuttberge kaum kleiner. Dann wurde alles in die Ruine gegenüber geschleppt und geschüttet, wo aber noch Hohlräume mit guten Möbeln sind. Dies wurde bald vom Hauswart gegenüber verboten. Die Männer waren sich einig, daß das Weiterarbeiten unsinnig sei, Mietusch, Sperling und Folkmar, jeder separat; aber weder einzeln noch gemeinsam hatten sie den Mut, die Aktion zu beenden, obwohl inzwischen erkundet worden war, daß der neue Bürgermeister von Charlottenburg, mit Namen Kilian, angeblich Kommunist, verfügt habe, daß die Straßen, nicht aber die Bürgersteige freigemacht werden müßten. Sperling sagte: »Einer schiebts auf den andern, keiner will etwas sagen.« Ich sagte: »Ihr deutschen Männer, Ihr seid ein schönes Heldenpack.« Er sagte: »Ja«, und er mache jetzt Feierabend. — Während der Tage der Schlacht um Berlin hatte ich schon manchmal zweifelnd gedacht, ob am End die Engländer und Amerikaner doch recht haben mit ihrer Ansicht, daß alle Deutschen verdummt seien. Die Fähigkeit klarer Überlegung geht jedenfalls vielen unserer Hausgenossen ganz ab. So ein Mann wie Herr Sperling, der bis zum Schluß gläubig war, ist aber gleichzeitig von einer rührenden Hilfsbereitschaft; er organisierte mit Verstand die Bettenwirtschaft im Keller; seine sehr nette Frau und Tochter geben von allem, was sie bei den Plünderungen ergatterten, ein wenig ab; sie nahmen Verwundete und Soldaten auf. »Ein unpolitisches Volk ohne politische Führung«, hatte Schwarz van Berk mir letzten Herbst gesagt, was ich aus diesem Mund sehr bemerkenswert fand. — Aber wenn ich dann wieder an meinen jungen Panzermann denke, der Orgel bauen wollte, dann bin ich wieder von der Qualität der Deutschen ganz überzeugt. Der hatte auch die Fähigkeit zu denken. Bei den andern hört das Denken auf, sobald eine Anordnung von oben kommt, oder auch nur das Gerücht einer Anordnung von oben.

Am 3. Mai meldete der Moskauer Korrespondent der ›Times‹: »Im blendenden Licht der Scheinwerfer strömten während der ganzen vergangenen Nacht und bis weit in den Morgen hinein Kolonnen deutscher Gefangener vom Zentrum des eroberten Berlin zu den Lagern in den Außenbezirken. Die Mehrzahl der Männer, die auf Befehl des Generals der Artillerie Weidling gestern nachmittag das Feuer einstellten, werden als Folge der Qualen, die sie durch Beschuß und Bombardierung durchmachten, als halb wahnsinnig geschildert. Zerzaust, bärtig und schmutzig kamen sie mit weißen Armbinden aus Bunkern, Kanalisationsröhren, U-Bahnstationen und Trümmerbergen hervor. Manche warfen ihre Waffen mit zornigen, verbockten Gesichtern fort; andere zeigten sich gefügig und stellten, wie ihnen befohlen wurde, ihre Schußwaffen zusammen. Viele lachten hysterisch und konnten mit Lachen auch nicht aufhören, als sie durch die zerstörte Stadt zogen. Die Russen sollen sich sehr angestrengt haben, sich des Augenblicks würdig zu erweisen. Der Gegensatz zwischen dem besiegten Feind und den frisch rasierten Männern im Glanz ihrer Orden, in frisch gebügelten Anzügen und gewichsten hohen Stiefeln war auffallend. Die Schlacht um Berlin hat 17 Tage gedauert.«

Ich kann mich immer noch nicht beruhigen über das, was Elsbeth passierte. Gerade sie, die immer nur Gutes tat und die so vielen Juden das Leben rettete, indem sie sie verstecken half. Bis vor ein paar Wochen hat noch eine Jüdin bei Manholts gewohnt, monatelang, seit vor Weihnachten.

Als ich noch vor der Haustür stand, sitzen konnte man nirgends, denn es gab keine Stühle, kamen Prof. Hertz und Frau, die auch in Dahlem wohnen, — aber das habe ich wohl schon geschrieben. Tucki, die Tochter von Lotti Hertz aus erster Ehe, wohl kanpp 20 Jahre alt, die am Tiergarten an der Front im Arbeitsdienst war, war an diesem Morgen zurückgekommen; einem Russen, der sie überwältigen wollte, hatte sie die Pistole entwunden und sie ihm, rückwärts gehend, in den Rücken gehalten. Die Kämpfe im Tiergarten müssen schlimm gewesen sein.

Die Fahrt von Manholts weg zwischen gröhlenden Soldaten durch war mir recht ungemütlich. Da ich in der Nähe vorbei kam, beschloß ich, auch noch Frau Holsten zu besuchen. Die kam mir nach lautem Rufen ihres Namens intakt aus ihrem Haus entgegen, und da bei ihnen alles in schönster Ordnung war, Blumen auf den Tischen und Gepflegtheit, dachte ich: hier kanns nicht schlimm gewesen sein, obwohl sie gleich anfing: »Wir haben durchgemacht!« Als sie aber dann zwei Stunden erzählt hatte, mußte ich zugeben, daß sie viel durchgemacht haben, nur es anders aufgenommen haben, wobei sich, glaub ich, auch die Gewohnheit im Umgang mit fremden Völkern, Türkei, Persien, bewährte. Wieviele russische Visitationen sie hatten, kann ich nimmer aufzählen. Es waren genug. Die erste suchte offiziell nach Wehrmacht: »Nix Soldat, nix Mann«, durchwühlte und plünderte, insbesondere nach Schmuck und Rauchwaren, Alkohol, und einer von den dreien vergewaltigte Frau Zetterberg, während

Frau Holsten den ihren abzulenken wußte. Da Frau Zetterberg etwas weinte, habe der Soldat, der sich ihrer bemächtigt hatte, sie dann freundlich an den Schultern genommen und gesagt »alles gutt«. Nach diesem Erlebnis, wobei sie alle Koffer und Schubladen aufgeschlossen hatten und beim Durchwühlen immer daneben waren, beschlossen sie, in Zukunft immer einen gedeckten Tisch zu haben — Mittagessen, oder Tee, oder Abendessen — und als Damen da sitzen zu bleiben und die Russen machen zu lassen, was sie wollten — daher auch die in diesem Verwüstungsdurcheinander wahrhaft imponierende Gepflegtheit ihrer Räume. So geschah es, als zwei schneidige Offiziere kamen. Da aßen sie mittag. Ob die viel nahmen, weiß ich nimmer. Jedenfalls setzten sie sich dann mit an den Tisch und versuchten mit ihrem wenigen Deutsch Konversation zu machen. Erkundigung nach Büchern. Dann Erzählung, was mit den Naziführern sei: »Gimmler« habe kapitulieren wollen, aber nur gegenüber England und Amerika. »Gitler« sei tot. »Bubbelbubbelbubbel« (gemeint ist Goebbels) sei mit dem Flugzeug nach Spanien (unsere Version dagegen: er hat sich mit Familie vergiftet — das hatte er jedenfalls vor. Frau Beckers Version: er hängt samt Göring unter den Linden; die spätere DNB-Version: er kam in der Nacht vom 1. auf den 2. noch in den Bunker des ProMi, sagte: »Der Führer ist tot. Ich werde ihm folgen«, welches die DNB-Leute die letzte Goebbels-Lüge nennen). Diese Erzählung der Russen muß sehr komisch gewesen sein. Alle lachten viel. Den Russen schmeckten die gelben Rüben nicht, die das Hauptgericht waren. »Deutsch-Essen nicht gutt. In zwei Urr ich komme. Brot. Portwein.« Damit gingen sie ab. Dazwischen gab es Ladenplündern unter freundlicher Mitwirkung der russischen Soldaten, — auch dabei sehr komische Episoden: ein Russe sagte Frau Zetterberg, sie solle den alten Portier von nebenan als Vater mit sich führen, dann werde ihr nichts geschehen. Der Metzger, der ein paar Tage zuvor sich geweigert hatte, die verordneten Zuteilungen zu verkaufen, behauptend, er habe nichts mehr, hatte im Keller zentnerweise Pökelfleisch, ein ganzes geschlachtetes Rind und einige Zentner verfaultes Fleischschmalz. Dann kamen einmal drei Russen, — sie glaubten, zwei Gemeine und ein Gefreiter, — der eine ging mit Frau Zetterberg und vergewaltigte sie, der andere vergewaltigte Frau Holsten. Auch dies klang nachträglich in der Erzählung sehr komisch: die anhängende Feldflasche und sonstige Ausrüstungsgegenstände als Hemmnis, die Ungeübtheit des jungen Mannes, die Schnelligkeit, mit der alles vorbei war. Aber als es vorbei war und dieser selbe nun auch noch ins Zimmer zu Frau Zetterberg ging, setzte sich Frau Holsten an den Tisch und weinte. Dies sah der Gefreite, klopfte ihr begütigend auf den Rükken, holte die beiden Soldaten und zog mit ihnen ab. Danach seien sie aber völlig fertig gewesen, hätten sich gerne vergiftet, hatten aber kein Gift, fanden Rasierklingen und wollten sich die Pulsadern durchschneiden, was aber fürs erste noch verschoben wurde. — Dann am Abend, ich weiß nicht, ob am selben Abend, draußen viel Johlen und Betrunkene, und große Angst. Dann kam eine Gestalt zur zerbrochenen Tür herein, sagte als erstes: »Ich russ Offizier, nix fick fick.« Der sei dann sehr nett gewesen, gab ihnen russischen Unterricht, aß mit ihnen zu Abend, blieb dann zu ihrem Schutz über Nacht, mit Frau Zetterberg schlafend und ihr, wenn sie wegen Johlen, Klopfen, Schießen aufschreckte, die Hand drückend (in der Nacht aber dann doch einmal fick fick, — ich bitte um Verzeihung wegen der Ausdrücke; aber so ist es jetzt eben bei uns). Früh am Morgen schwang er sich auf Frau Zetterbergs Rad und fuhr zum Dienst. Später am Tag kam er wieder, aber nur auf eine Viertelstunde, um sich zu verabschieden. Das Rad behielt er. Sie ließen sich von ihm einen Zettel schreiben, daß er ständig bei ihnen Quartier habe. Den zeigten sie allen späteren Russen, die bei ihnen eindringen wollten, und die zogen daraufhin auch wirklich ab. — Am Abend, nach Einbruch der Dunkelheit, drei Reiter hoch zu Roß. Großer Schrecken. Frau Zetterberg schob den Zettel durch die mit Brettern reparierte Tür. Die draußen lasen es laut vor. Sie machte dann die Tür doch auf, um den Zettel wieder zu kriegen und erkannte zu ihrem Erstaunen die beiden Offiziere vom Vortag in anderen Uniformen. Lud sie ein, hereinzukommen. Die waren aber versteinert. Fragten, ob der andere Offizier da sei. Nein, sie sollten nur kommen. — Sie blieben trotzdem draußen stehen. Ruf nach Frau Holsten. Die holte sie dann rein. Ein Kommißbrot, zwei Flaschen Sekt, 1 Flasche Henkell, 1 Flasche Mosel, dazu ein Abendessen, und das ergab offenbar einen sehr angeregten Abend. Der eine war ein Kollege, Hauptschriftleiter einer Zeitung in Maikop. Diese Offiziere erklärten die Abmachung mit den Anglo-Amerikanern: Solange gekämpft wird, bleiben die Westmächte an der Elbe; nachher wird ein Korridor zwischen Elbe und einer Nordsüdlinie Stettin–Berlin–? gebildet, wo oben Sowjets und Engländer, unten Sowjets und Amerikaner gemeinsam regieren. Was östlich dieser Linie liegt, wird rein sowjetisch verwaltet. Angeblich durchschneidet diese Linie Berlin auf der Höhe der Friedrichstraße. *Es sei schon hier darauf hingewiesen, daß die sowjetischen Offiziere nicht nur die künftige Demarkationslinie, über die im Westen geschwiegen wurde, richtig angaben, sondern auch überzeugt waren, in den nächsten Tagen würden die Amerikaner und Engländer in Berlin einrücken, um die vereinbarungsgemäß von ihnen zu verwaltenden Stadtteile zu besetzen. Frau Becker wußte, daß die Amerikaner Friede-*

nau besetzen würden; Holstens erfuhren, daß Grunewald britisch werde. In den nächsten Tagen verschärfte sich jedoch der Konflikt zwischen den Westmächten und der Sowjetunion immer stärker — am 4. Mai sandte Truman in der Polenfrage ein hartes Telegramm an Stalin, das am 6. Mai von diesem ebenso hart beantwortet wurde.

Ich aß noch im Menage Holsten-Zetterberg ein schönes Plünderessen. Brühe, Pökelfleisch, geröstete Kartoffeln und Pökelfleischsülze; Griespudding nur mit Wasser gekocht, aber ausgezeichnet. Frau Holsten war als gute Journalistin schon dabei, alles aufzuschreiben. Die Russen betrachten aber beschriebenes Papier mit Mißtrauen. Ich fand wieder, wie so oft, daß unser Beruf uns befähigt, die Dinge besser zu überstehen, weil im Hintergrund doch immer der Gedanke ist, »wie werde ich das schreiben?«, — selbst wenn man genau weiß, daß man es nicht »schreiben« wird. Aber es ist doch schon alles gleich objektiviert.

Dieses alles vernommen habend, war ich in rechter Sorge, wie ich nun zuhaus alles finden würde. Denn ich war ja etwa zwei Stunden nach Einzug unserer Russen fortgefahren, bevor sie sich noch wirklich »eingerichtet« hatten. Übrigens hat mir diese Fahrt wohl mein Rad gerettet. Fast alle Räder der Nachbarschaft wurden gestern weggeholt; und das von mir aufgelesene Motorrad haben die Russen aus dem Keller geholt, vergeblich zu reparieren versucht und mit einem anderen auseinandergenommenen liegen gelassen. »Mein« Auto verursachte Herrn Sperling, weil er Parterre wohnt, rechten Ärger, man verlangte von ihm den Schlüssel und durchsuchte seine Wohnung danach. Daraufhin schoben die Hausbewohner es leider wieder auf die Straße. Da fand ich es noch vor. Wenig später wurde es aber abgeschleppt. Mein Fahrrad ist für den Moment wieder dahin [soll heißen: kaputt], sehr traurig, denn ich möchte Manholts einen Lebensmitteltrost bringen. Daß mir dort nun mein ganzer Teevorrat verloren ist, ist mir das Bitterste, schlimmer als Fett- und Fleischkonserven. Also, ich kam nachhause, fand alles in Ordnung, erzählte meine Erlebnisse und verteilte das mir von Frau Holsten mitgegebene Pökelfleisch. Unsere Russen waren ausgesprochen »vom Land«, meist bärtige Männer, alle vom Train. Ihre Einbruchsversuche waren dilettantisch, so auch beim Schloß meines Archivschränkchens in jenem Abstellkeller. Sie waren wie die Kinder in ihrer Freude über die neuen Uhren. Der eine schaute immer abwechselnd auf die Armbanduhr und zog eine Taschenuhr heraus und hielt sie ans Ohr; — wir hingegen, wir Uhrenlosen, schätzen nur noch wieviel Uhr es ist. Sie sangen und tanzten und spielten Mundharmonika und Ziehharmonika (von Sperling geholt), und dann spielten sie auf einem gestohlenen deutschen Koffergrammophon uralte deutsche Platten. Die ganzen Szenen da unten im Hof erinnerten mich sehr an die Beschreibung der Kosaken in den ›Erinnerungen eines alten Mannes‹, was ich jetzt gern nachlesen würde. Aber das Buch ist in Würzburg mit verbrannt. Als Fazit kann man sagen: vorläufig haben wir in unserem Haus unerhörtes Glück gehabt. Es kann natürlich noch anders kommen. Rings um uns war es schon anders, wenn auch nicht ganz so schlimm wie in Dahlem. Ich traf heute meinen Freund, den Elektriker und half ihm, eine verbeulte Tonne Karbid abzutransportieren, eine Wehrmachtskostbarkeit, die andere als solche nicht erkannten, weil es wie Steine aussieht. Bei ihm, sechs Häuser von uns entfernt, waren die Russen die letzten beiden Nächte, holten alles aus seinem Laden, seine beiden Räder, die Matratzen von den Betten, alles übrige Bettzeug, alle Kleider. — Ein Teil unseres Glücks kommt wohl daher, daß wir in dem Stadtteil waren, wo bis zuletzt gekämpft wurde; wir waren wohl die letzte von der Wehrmacht besetzte Ecke Berlins. Dabei hatten wir, wenn die Granaten einschlugen und die Splitter flogen, immer gesagt: »Wenn nur der sinnlose Kampf aufhörte und endlich die Russen kämen.« Einen andern Teil unseres Glücks verdanken wir dem vorangegangenen Leid durch die amerikanischen und englischen Bomben: Um uns herum viele Ruinen. Unsere eigene Fassade so ramponiert, daß das Haus unbewohnt und alles andere als einladend aussieht. Die Wohnungen über und unter Mietusch seit Monaten unbewohnt, ebenso unter mir, und »in den leeren Fensterhöhlen wohnt das Grauen«. Bei Meyer, Kalisch, Bölcke, Sperling eingedrückte Pappe und kaputte Scheiben; die zweite Parterrewohnung unbewohnt und erst von den deutschen, dann von den russischen Soldaten versaut. Was das an Gestank bedeutet, muß man gerochen haben, um es zu glauben. Am anständigsten noch die Mietusch-Wohnung und meine. Ich ließ immerhin vorsorglich in drei von meinen vier Vorderfenstern die Bretterverschläge. Bei Mietusch sind viele ganze Scheiben, aber auch Pappe und kaputte. Unsern beiden Stockwerken sieht man eben an, daß jemand da ist und sorgt. Aber das übrige ist um so schlimmer, und die Russen scheinen immer nur ganze Häuser, nicht einzelne Wohnungen zu beschlagnahmen, — und zwar viele in unserer näheren Umgebung. Der Kommandant ist in oder hinter dem Postdirektorium, wo vorher angeblich der Keitel war. Ein Teil unseres Glücks kam auch daher, daß im Nebenhaus eine Jugoslawin war, die mit russischen Offizieren Verhältnisse hatte, wovon auf die unmittelbare Nachbarschaft Wohlwollen ausstrahlte.

Heut nach Tisch sind unsre Russen mit ihren Wagen, 21 Pferden und drei Kühen wieder abgezogen. Ich sauste sofort hinunter und sicherte mir das demontierte Motorrad, — eine elende Schlepperei bis in den

4. Stock, bei der mir Herr Mietusch half. Dann holte ich eine Schaufel Pferdemist für die Pflanzen, die ja bei dem Granattreffer sehr gelitten hatten.

Nachdem Berlin gefallen war und Dönitz in Flensburg die Regierungsgewalt übernommen hatte, wurde nochmals ein Versuch gemacht, bei fortgeführtem Kampf gegen die Russen einseitig gegenüber den Westmächten zu kapitulieren. Schwerin-Krosigk appellierte in einer Rede für den gemeinsamen Kampf gegen die bolschewistische Gefahr. Im Heeresbericht des 5. Mai heißt es: »5. Mai 1945. Nach Vereinbarung mit dem Oberbefehlshaber der 21. britischen Heeresgruppe, Feldmarschall Montgomery, besteht seit heute früh acht Uhr in Holland, in Nordwestdeutschland von der Ems-Mündung bis zur Kieler Förde sowie in Dänemark (einschließlich der diesen Gebieten vorgelagerten Inseln) Waffenruhe. Hiervon werden auch die gegen England gerichteten Operationen der Kriegsmarine und Handelsmarine aus und nach den Häfen der genannten Räume betroffen. Diese Waffenruhe wurde nach fast sechsjährigen, ehrenvollen Kämpfen auf Befehl des Großadmirals Dönitz vereinbart, da der Krieg gegen die Westmächte seinen Sinn verloren hat und nur zum Verlust kostbaren deutschen Blutes, vor allem durch den Bombenkrieg, führt. Der Widerstand gegen die Sowjets aber wird fortgesetzt, um möglichst viele deutsche Menschen vor dem bolschewistischen Terror zu bewahren. Alle nicht von der Waffenruhe betroffenen Streitkräfte der Wehrmacht setzen den Kampf gegen jeden Angreifer fort ...«

6. Mai 1945 [Montag]. Ich muß schon sagen: das nächtliche Warten auf Bomben oder Granaten finde ich viel weniger nervenaufreibend als das auf fremde Männer. Ich habe halt vor explodierendem Eisen viel weniger Angst als vor explodierenden Menschen. Zwei Nächte habe ich mit Schlafmitteln durchgeschlafen und daher nichts gehört und erst am Morgen erfahren, was passierte: Frau Hartmann im Hinterhaus viermal vergewaltigt: Frl. They, die ich gar nicht kenne, eine

200%ige Nazi, der es alle von Herzen gönnen, einmal; beim Elektriker jede Nacht eingebrochen, Matratzen, Betten, Wäsche, Anzüge geholt usw. Bei mir haben sie nachts auch geklopft, erzählte Frau Mietusch, aber bescheiden, und da ich in meinem Schlafzimmer am Ende eines schlauchartigen Ganges nichts höre, so wußte ich es nicht einmal. Heut nacht fand ich aber, ich müsse auch einmal wieder ohne Schlafmittel schlafen, und da hörte ich dann einen rechten Krawall: Klopfen, Rufen, Gegen-die-Türen-Schlagen; dann wieder Pause; Schritte auf den Treppen. Dann wieder Klopfen. Man hält den Atem an nach allem, was man erfahren hat. — Eine russische Kommandantur mit Anhang hat das ganze Quartier um den Südteil des Lietzenseeparks besetzt; die beiden Straßen links und rechts der Postdirektion sind für unsereinen gesperrt, wohl auch die hintere Querstraße. Die besseren Russen wohnen in den Häusern, die Soldaten mit einigen Pferden im Park (ohne Zelte). Die kommen dann zu den nächtlichen Besuchen.

Wissen tun wir immer noch nichts. Gestern als ich auf dem Weg zu Manholts bei Holstens hereinschaute, sagte Frau Holsten plötzlich: »Wir wissen ja gar nicht, ob nicht schon ›V-Day ist‹.« Dazu ist man also in Berlin geblieben, um am Zentrum der Ereignisse alles mitzuerleben. Teils bin ich ja auch geblieben, weil der Rest meiner Habe hier ist; teils, weil ich das Flüchten der andern feige fand. — Die Holstens haben sich inzwischen mit ihrem Offiziersschrieb weiter gut gehalten.

Ich bin mehrmals unterbrochen worden. Zuerst erfreulich durch Besuch der Frau Becker, die sagte, daß bei ihnen nach 10 Tagen Manierlichkeit das Plündern nun erst angehe. Sie kam zufuß. Ich konnte ihr zum Heimweg mein inzwischen repariertes Rad mitgeben, da ich inzwischen ein anderes, von den Russen gestohlenes organisiert hatte. Daß ich mein Rad noch habe, hab ich wohl nur dem Umstand zu verdanken, daß ich an jenem Donnerstag (3. 5.) mutig damit losgefahren war (nachträglich abtippend kann ich noch melden, daß die Mehrzahl der Berliner sich erst etwa Anfang Juni über ihre eigenen Stadtviertel hinaus wagte). [Erst sehr viel später erfuhr ich, daß die sowjetische Kommandantur schon in den ersten Tagen der Berliner Bevölkerung verboten hatte, sich von einem Stadtteil in den anderen zu bewegen. Solange die Stadt noch ohne Strom war, gelangten solche russischen Anordnungen nur durch Zufall zur Kenntnis der Bevölkerung, was ein zusätzlicher Grund für Zwischenfälle gewesen sein dürfte. Die lebens- und todeswichtigen Neuigkeiten sprachen sich am schnellsten herum: daß ein neues Kartensystem eingeführt werde oder daß der Besitz von Waffen mit dem Tod bestraft werden könne. Ich versenkte deshalb betrübt meinen von W. C. Röntgen geerbten Revolver im Lietzensee. Ein weiterer Befehl war ebenfalls rasch bekannt (s. S. 130): daß alle Rundfunkgeräte, Schreibmaschinen und Telefonapparate abzuliefern seien. Ich beschloß, dem nicht nachzukommen, versteckte meine Apparate zwischen allerlei von der Familie Bier hinterlassenem Gerümpel im hintersten verstaubten Zimmer der großen Wohnung und hatte vor, zu erklären: dies seien Besitztümer der evakuierten Wohnungsinhaber, über die ich nicht verfügen könne.] Die meisten Russen können noch nicht radeln, und es gibt also komische Fahrübungen auf den Straßen, wobei ein großer Teil der Räder ganz oder halb kaputt geht.

Die zweite Unterbrechung nach Tisch war sehr betrübend. Frau Mietusch wollte versuchen, mit mir an einem Güterbahnhof Kohle zu organisieren. Dazu mußten wir zuerst in den mehrfach erwähnten Abstellkeller, um ein Wägelchen zu holen. Ich sah als erstes, daß meine Schränke erbrochen waren, als zweites, daß mein schwerer Schrankkoffer weg war. Nachforschungen ergaben, daß die Portiersfrau sogar mitangesehen hat, wie die Russen ihn abtransportierten, aber mich nicht gerufen hat! Darin waren mein schöner schwarzer Pelzmantel, Silberfuchscape, Kostüm, ein paar Kleider, Wäsche, Seife, Schuhe, Sommermantel. Letzterer wird mir fürs erste am meisten fehlen. Aber traurig ist alles, nachdem schon meine Sachen bei Manholts dahin sind. Dort wurde mir übrigens bei meinem zweiten Besuch eine Schachtel präsentiert, in der — vom Boden aufgekehrt — Tee, Seifenflocken und Reis durcheinander waren.

Bei Manholts waren fünf Leute am Räumen. Im untersten Zimmer kann man schon wieder sitzen, die Treppen sind auch frei, aber nun sieht man erst das Ausmaß der sinnlosen Zerstörung, das kostbare Cello in Stücke geschlagen und in diesem Sinne weiter. Einiges findet sich wieder. Sie wohnen noch bei Dietrichs, Auf dem Grat. Jede Nacht wird noch bei ihnen eingebrochen. Die Stimmung war nun wieder ganz vergnüglich. Die blauen Flecken in Elsbeths Gesicht verblassen; die Zahnstümpfe und der entstellte Mund bleiben schrecklich. Sie wird nun aber daraufhin netter behandelt, ist überhaupt der Meinung, die meisten Russen seien gutmütig wie die Kinder. Vereinzelte eben Sadisten. Man erfährt auch allmählich mehr Einzelheiten. Es waren bei Manholts wie bei Holstens verschiedene Wellen, die über sie hinweggingen. Im Lazarett den Holstens gegenüber werden jede Nacht alle Schwestern vergewaltigt. Die Russen leuchten Bett für Bett die Verwundeten ab, ob sich eine dort versteckt hält. Die Ärzte sagen, es wird schlimme Geschlechtskrankheiten geben; unsre Soldaten haben die Gonorrhoe aus Frankreich mitgebracht und im Osten eingeschleppt; von dort kommt sie nun mit Syphilis hierher. Allgemein wird erzählt, die Russen seien sehr sauber, was durch den äußeren Anschein allerdings nicht bestätigt wird. Frau Holsten stellte auch fest, daß sie blütenweiße feste Wäsche haben, viel besser als je die deutschen Soldaten. Andre sagen, das sei geplünderte deutsche Wäsche. Es ist sehr komisch, worüber »man« jetzt spricht. Sogar die Elsbeth, die trotz ihres Mannes und ihrer beiden erwachsenen Söhne im Grund noch eine Unschuld war, hat einen Teil ihrer Zurückhaltung vorübergehend abgelegt. Und es gibt natürlich viel zu lachen.

Von Manholts fuhr ich in die Miquelstraße. Da war die Privatadresse des jungen Mannes vom A. A. Das betreffende Haus war in Grund und Boden geschossen, das daneben war noch größtenteils da, auch noch Möbel durch die kaputten Türen und Mauern zu sehen, aber kein Mensch zum Befragen zu erblicken. Daneben zwei ganz intakte Häuser mit eleganten Berliner Autos davor, — von den Russen besetzt. Sobald ich die sah, machte ich mich aus dem Staub. In Dahlem hörte ich auch, daß mein einstiger BT-Kollege Molkenthin vor drei Tagen abgeholt wurde und zwar, wie man annimmt, auf Grund eines im Verlag gefundenen Lebenslaufs, wo er als Mitglied der NSV und unterstützendes Mitglied der SS aufgeführt war. Letzteres war ein reines Sich-Loskaufen vom Parteiwesen mit Geld ohne jegliche Aktivität. Einen unpolitischeren und ängstlicheren Menschen [als Molkenthin] kann man sich nicht denken. Unterwegs wollten mir zweimal Soldaten das Rad abnehmen. Der zweite war so nah, daß er fast nach mir griff. Ich trat fest los und entkam um die Ecke.

Eine der Aufräumhelferinnen bei Elsbeth, Melanie Steinmetz, war 1½ Jahre im Gefängnis gewesen, weil sie Juden geholfen hatte. Die bat mich, in der Wundtstraße nach einer Belgierin zu sehen, die im selben Gefängnis war und jetzt am 24. 4. herausgelassen wurde. Ich ging gestern abend hin; es war das Haus, wo wir während der Kampftage Wasser holten, das sog. katholische Haus, wo es lauter Ein-Zimmer-Wohnungen mit Bad gibt. Ich fand sie bei einer Gefängnisfürsorgerin untergekommen. Wir unterhielten uns lange. Sie war Direktorin einer Schule bei Liège, man hat sie vor drei Jahren verhaftet und gefangengesetzt, ohne Beweise gegen sie — sie ist rabiat monarchistisch. — Nun sitzt sie in der fremden verwüsteten Stadt unter desorientierten Menschen und wartet auf eine Gelegenheit, ihrem Mann Nachricht zu geben und heimzukommen.

8. Mai 1945 [Dienstag]. Gestern war ich von früh bis spät unterwegs, was meinem großen Zeh nicht gut bekommen ist. Ich muß ihn vor 5–6 Wochen im Keller, als ich in der Dunkelheit 1,50 m in die Tiefe fiel, bös verstaucht oder leicht gebrochen haben. Das erste am Morgen war ein Gang mit Frau Mietusch zur Kommandantur, wo ich meine Schreibmaschine anmelden und mich nach dem Abliefern des Radios erkundigen wollte (auf Grund russischer Befehle). Außerdem wollte ich sehen, ob ich etwas in bezug auf meinen Schrankkoffer tun könne. Die Schlange vor der Kommandantur war aber so lang, daß keine Aussicht war, anzukommen. Wir zogen ab, erst in die Bayernallee, wo ich mich nach der Blesch (Würzburgerin am A. A.) umsehen wollte. Die wurde aber von den Ereignissen am Wolziger See überrascht; ist noch nicht zurück; das Haus, wo sie wohnt, ganz unberührt; das Mädchen ungläubig erstaunt, daß irgendwo geplündert worden sei. Auf dem Rückweg sprach ich ein paar Italiener an, die dort in einer Schule untergebracht sind. Sie sagten, sie warten auf die Amerikaner für den Heimtransport. Die Russen kümmern sich um nichts. Von

der Botschaft sei tags zuvor einer dagewesen und habe gesagt, die Amerikaner kämen »fra giorni«. Daraufhin gingen wir an den Karolinger Platz, um festzustellen, ob das Gerücht wahr ist, daß für einen amerikanischen Stab ein Haus dortselbst beschlagnahmt ist. Stimmte nicht. Dafür gab es schöne Rhododendron zu pflükken.

Dann holte ich mein Rad herunter — immer eine rechte Prozedur aus dem 4. Stock — und fuhr zum erstenmal in die Stadt, auch zum erstenmal in einem Kleid statt der schmutzstarrenden Hose, die ich seit Wochen anhatte. Je näher ich dem Zoo kam, desto wüster wurde es. Die Gedächtniskirche sieht von der Kantstraße her direkt komisch aus. Sie ist doch auf spitzturmig gedacht; aber durch die vielen Einschläge ist der Hauptturm ganz gerundet, die kleineren auch abgeflacht. Mein Ziel war die Jägerapotheke in der Kleiststraße, Besitzer eine Familie Krauss aus Würzburg, die ich erst kennenlernte, als wir Würzburger uns nach der Zerstörung Würzburgs zusammen taten, um die Nachrichten von dort zu sammeln und weiterzugeben — Leute, die ich sofort in mein Herz schloß. Es gab sie noch, aber auch in sehr dezimiertem Zustand. Ein russischer Sanitätswagen nach dem andern hatte die Apotheke geplündert und alles auf den Kopf gestellt. Das Haus nebenan war abgebrannt. Sie hatten 24 Stunden gelöscht. Die üblichen Vergewaltigungen, — eine Nachbarin, die sich weigerte, wurde erschossen. In einem Geschäft gegenüber hatten die Russen 8000 Liter Wein gefunden, was natürlich zu einer entsprechenden Sauferei mit den bekannten Folgen Anlaß gab — aber für Deutsche war es die ganze Zeit vorher unmöglich gewesen, Wein zu bekommen. Frau Krauss war nicht vergewaltigt. Sie behauptet, an Frauen mit Brillen gingen die Russen nicht. Möchte wissen, ob das wahr ist. Es ist übrigens merkwürdig, daß man gar keine Russen mit Brillen sieht. Die Krauss' wußten, daß Bayern sich ergeben habe, mit 1,7 Millionen Mann, ferner Lübeck gefallen, Hamburg eingeschlossen. Und wir in unserer Charlottenburger Einfalt hatten angenommen, der Krieg sei schon aus. Latrinengerücht: Hitler habe eine halbe Stunde vor seinem Tod seine Sekretärin geheiratet.

Nach Tisch wollte ich mit meinen zwei Eimern Wasser holen gehen, war in dem untern Hauseingang, der in den 1. Hof führt, da kamen zwei junge russische Soldaten mit Rädern herein, gingen zielbewußt im Hof zur Tür der Hintertreppe, polterten mit den Rädern hinein und stiegen die Treppe hinauf. Ich rief Frau Mietusch vom Hof aus zu: »Aufpassen« und schlich die Vordertreppe hinauf, während die beiden hinten hinauf trapsten. Ich war kaum in meiner Wohnung und mit Verriegeln der Türen, Verstecken meines Rads [im Bett] beschäftigt, da kamen sie übers Dach schon die Vordertreppe herunter, klopften an der leeren Wohnung gegenüber und gingen weiter. Ich lief in mein Schlafzimmer, das auf den Hof geht. Keine Antwort auf das Rufen nach Frau Mietusch. Aber beobachtende Köpfe aus dem Hinterhaus meldeten, sie seien in der Mietusch-Wohnung. Ich beschloß also, wenn auch ungern, hinunter zu gehen und Hilfestellung zu leisten. Inzwischen waren sie aber schon von Herrn Mietusch auf die Treppe komplimentiert worden. Es kam Herr Teikowsky aus dem 2. Hinterhaus, der ein wenig russisch kann; dem erklärten sie, sie wollten junge Mädchen. Wenn er ihnen welche verschaffe, würden sie ihm Schnaps, Zigaretten und Brot geben. Sie waren ziemlich besoffen, machten aber doch einen Unterschied zwischen alt und jung, was schon ein Fortschritt ist. Dann hauten sie bei Frau Kalisch (1. Stock) die Haustür ein, obwohl Teikowsky ihnen gesagt hatte, daß Frau Kalisch über 80 ist. Schließlich verzogen sie sich ins zweite Hinterhaus. Dies war der Moment, auf den ich gewartet hatte. Ich sagte: »Jetzt müssen wir die Räder holen« — Herr Mietusch wünschte sich nämlich eins, und mein Versuch am Vortag, ihm eines zu bringen, war gescheitert, weil das in Aussicht genommene inzwischen weg war. Ich lief also wieder die Hintertreppe hinunter, die beiden Männer halfen. Erst kamen die Räder auf den Speicher, dann in die leere Wohnung mir gegenüber. Herr Mietusch war etwas ängstlich zumute, aber es ging dann genau so wie ich erwartet hatte: als die beiden von ihren Taten zurückkamen, gingen sie zur Hintertreppe, schauten sich erstaunt nach ihren Rädern um und schoben dann wortlos ab. Das zweite Rad will ich für Bob oder Herrn Becker reservieren. Die meisten von den Russen gestohlenen Räder sind innerhalb von wenigen Stunden kaputt. Diese waren beide noch gut, eins wohl fabrikneu.

Dann kam der Gang zur Kaiserdammpumpe. Als ich mit meinen Eimern müd zurückkam und mich auf meinen Tee freute, kam aufgeregt Frau Bölcke und sagte, die Einzeichnung in die Lebensmittellisten müsse noch heute erfolgen. Also machten wir uns nochmals auf den Weg. Am Eingang des Wirtschaftsamts war tatsächlich eine Mitteilung: heut müsse alles erledigt sein. Oben aber war furchtbares Gedränge, Geschimpfe, die Formulare ausgegangen, die registrierenden Frauen am Ende ihrer Kräfte, und immer neu versichernd, es habe noch die ganze Woche Zeit. Außer Beruf mußte man angeben, ob in der Partei gewesen; — nun plötzlich gehörte niemand mehr zur Partei (nachträglich: Wesemann erzählte, in Wannsee habe es bei dieser ersten Registrierung nur noch 80 Parteimitglieder gegeben; jetzt, Anfang Juli, seien sie wieder auf über 1 000 angeschwollen; dies wohl zumeist auf Grund von Denunziationen oder Angst vor Denunziationen; neuester

Witz: Pg — Pech gehabt; Vg — vorsichtig gewesen). — Heimgekommen, Besuch der Belgierin mit einem Zettel, den ich versuchen solle via Schweizer Gesandtschaft an ihren Mann gelangen zu lassen. Anschließend längeres Gespräch. Sie war mit vielen Menschen vom 20. Juli zusammen. Soweit sie noch lebten, kamen sie alle mit ihr frei, auch die zum Tod Verurteilten. [Diese Mitteilung war nur zum Teil richtig.] — Während sie noch da war, kam der Elektriker, dem ich das mottendurchsetzte Biersche Mädchenzimmerplumeau gab. Er wollte noch ein Kissen zum Zudecken für das Baby. Das mußte ich erst in einer leeren Wohnung organisieren und ihm bringen. Er gab mir ein Stück Margarine. [Es fällt auf und ist ein weiteres Zeichen dafür, wie stark ich damals dem Geist kollektiver Berliner Abwehr unterworfen war, daß ich für die Russen die Ausdrücke stehlen, plündern usw. verwandte, während ich das eigene Stehlen nur organisieren nannte oder überhaupt schamhaft überging. Dabei war uns im Zustand allgemeinen Besitzdurcheinanders noch lange selbstverständlich, zu nehmen, wo zu finden war, und zu geben, wo gebraucht wurde. Die Empörung der späteren Rückkehrer, die nichts miterlebt hatten, darüber, daß wir ihre Weckgläser leergegessen, ihre Eßzimmerstühle verheizt hatten und noch lange an öffentlichen Orten Elektrobirnen stahlen, fanden wir unsererseits geradezu lächerlich.]

Heut früh wollte ich den Vorstoß zur Schweizer Gesandtschaft versuchen. Vorher mein Mittagessen vorgekocht, da ich gestern wenig und schlecht gegessen hatte. Nach jedem Kochen auf meinem Herd bin ich schwarz von Ruß. Ich wasche mich also immer nachher. Das Robinson-Dasein ist ja überhaupt ungeheuer beschmutzend. Kuchenteig angerührt, denn wir bekommen kein Brot mehr. In den letzten zwei Wochen bekam ich zweimal 500 Gramm Brot. Ich denke an

Herta und die 1½ Zentner Brot, die sie getrocknet hat. Im übrigen habe ich, als ich vorgestern meine Vorräte vom Keller herauf brachte, festgestellt, daß ich einen, zur Not fast zwei Monate durchhalten kann, vorausgesetzt, daß ich noch etwas Brot und Kartoffeln bekomme.

Gegen 10 Uhr kam ich los. Jede solche Unternehmung ist ja ein Wagnis. Man paßt mit geschärften Sinnen auf, einerseits auf den Ausdruck in den Gesichtern der entgegenkommenden Russen, andererseits auf Löcher, Drahtseile, Granaten usw. in der Straße. Mir entgegen kamen etwa 30 russische Panzer, fliedergeschmückt, mit Soldaten und Russenmädchen darauf. [Sie feierten, ohne daß ich das ahnte, die Tatsache der deutschen Kapitulation, während die offizielle Siegesfeier erst am 9. Mai stattfand.] Hinter dem Knie rief mir eine Frau aufgeregt zu, ich dürfe nicht die Ost-West-Achse fahren (die ich fuhr); vorne sei eine Kontrolle, die nehme einem die Räder ab. Ich bog also hinter der Stadtbahn in die Händelstraßen-Gegend ab, mußte aber immer wieder umkehren, weil kein Durchkommen war. Bäume über die Straßen, zerschossene Panzer, der Tiergarten ein aufgewühltes Schlachtfeld, kein Weg zu begehen. Ich kehrte also zum großen Stern zurück. Am Fuß der Siegessäule lagerten viele unordentliche Russen; am Straßenrand spielte ein Grammophon deutsche Tanzplatten aus dem Jahr 1930; an einer anderen Ecke des Platzes aßen und tranken Soldaten und lümmelten sich herum. Dann kam ich ans Schlieffenufer, mußte immer wieder absteigen und über Berge klettern. Alle Häuser zu Klump geschlagen. Kaum Deutsche zu sehen, die in anderen Straßen meist zahlreich schleppend, ziehend, schaufelnd an der Arbeit sind. Dafür viele Russen. Nicht gemütlich. Ich bog in die Moltkestraße ein. An der Ecke, unmittelbar vor dem Haus der Schweizer Gesandtschaft, gings nicht mehr weiter, weil die Russen damit beschäftigt waren, mit einem Stahlseil an einem Trecker ein Gebäude vollends einzureißen. Ich dachte, die Gesandtschaft sei sicher auch hin, versuchte es aber mit einem Umweg von der anderen Seite noch einmal. Und siehe da: vor einer Ruine flatterte die Schweizer Fahne. Davor stand ein Grüppchen Menschen, wohl der Portier und ein Sekretär an Schweizern; alle anderen Rat und Schutz Suchende. Einer Belgierin sagte der Sekretär gerade: »Wie sollen wir Sie schützen, wenn wir uns selbst nicht schützen können?« Sie (und übrigens auch die anderen neutralen Gesandtschaften) sind genauso geplündert worden wie die deutschen Häuser. Im übrigen sagte er, sie hätten noch keine Verbindung mit der Außenwelt, seien über ihren Häuserblock noch nicht hinausgekommen. Die Ausweichstelle der Gesandtschaft sei aber in Kladow, Nähe von Potsdam.

Wie oft mich auf meinen Fahrten Deutsche anrufen, mir werde mein Rad genommen, zähle ich nimmer auf. Bei russischen Gesten in dieser Richtung mache ich ein böses Gesicht und fahre schneller. Das böse Gesicht macht sich übrigens ganz ohne mein Dazutun.

Heut nachmittag machte ich mich auf den Weg nach Kladow. Fuhr eine Strecke weit mit einem verschmutzten netten Mädchen. Sie sagte: »Wenn die Propaganda nicht gewesen wäre, wären wir alle zuhause geblieben.« Stammt von einem Bauernhof in der Nähe von Fürstenwalde; die Familie fuhr mit allem Besitz los; Mutter verloren gegangen; sie selbst kam zur Wehrmacht, war 14 Tage in russischer Gefangenschaft, wurde da zwar vergewaltigt, aber gut ernährt, hat eine Bescheinigung, daß sie nach Hause darf und bekam unterwegs von einem Russen das ramponierte Herrenrad, auf dem sie fuhr.

Die zweite Brücke, die wir überqueren mußten, war gesprengt. Man konnte sich auf einer schiefen Ebene auf schmalen Balken weiter balancieren. In der Mitte Stockung und Schimpfen, da von beiden Seiten die Züge aufeinander trafen und nicht aneinander vorbei kamen. Ein Mann von der anderen Seite trug, balancierend, sein Rad auf der Schulter und sagte, anders komme man weiter hinten nicht vorwärts. Dies war mir doch etwas viel für einen Tag, und ich beschloß, umzukehren, da ich an dem Nachmittag vor der Polizeistunde doch nimmer heimgekommen wäre. Meine Umkehr vermehrte die Stockung und das Schimpfen. Es gelang mir aber, mich weiter abwärts auf ein paar Schienen zu begeben und den anderen auszuweichen. Rückwärts fuhr ich mit einem jungen Mann, der ein Kofferradio hat und der das Neueste wußte: Unterzeichnung der Kapitulation durch Jodl in Reims; Portugal hat die Beziehungen zu Deutschland abgebrochen; Japans Protest wegen Bruch des Dreimächteabkommens; — das alles kommt uns in unserer Situation einigermaßen lächerlich vor. Im Lauf des Gesprächs ergab sich, daß der junge Mann täglich in ein Haus kommt, wo ein Handelsredakteur der FZ, Herr Miksch, wohnt, dem er jeweils die Nachrichten erzählt. Dahin kann ich also jetzt fahren und in groben Zügen hören, was los ist. Leider ist es ziemlich weit weg, und der junge Mann glaubt alles, was er hört. *Wehrmachtsbericht, 8. Mai 1945, Sondermeldung: »Am 9. Mai 1945, 0.00 Uhr, sind auf allen Kriegsschauplätzen von allen Wehrmachtteilen und von allen bewaffneten Organisationen oder Einzelpersonen die Feindseligkeiten gegen alle bisherigen Gegner einzustellen.*

Jede Zerstörung oder Beschädigung von Waffen und Munition, Flugzeugen, Ausrüstung, Gerät jeder Art sowie jede Beschädigung oder Versenkung von Schiffen widerspricht den vom Oberkommando der Wehrmacht angenommenen und unterzeichneten Bedingungen und ist im Gesamtinteresse des deutschen Volkes mit allen Mitteln zu verhindern. Diese

Bekanntmachung gilt für jedermann als Befehl, der auf dem militärischen Dienstwege einen solchen nicht erhalten haben sollte.

Vom 9. Mai, 0.00 Uhr ab, ist ferner auf sämtlichen Funklinien aller Wehrmachtsteile nur mehr offen zu funken. Im Auftrag des Großadmirals gez.: Jodl, Generaloberst«

Auf meine Weise fungiere ich doch weiter als Journalist, — als fahrender, denn ich bin fast die einzige Nachrichtenquelle in unserem Viertel.

(Nachträglich: der junge Mann ist, wie ich später bei Miksch erfuhr, ein Rabbiner, jetzt beim Rundfunk, der sich die ganze Zeit erfolgreich unter falschem Namen versteckt hielt; seine Schwiegereltern, ebenfalls reine Juden, wohnten unter falschem Namen im Haus von Miksch. Das finde ich doch sehr interessant. Wir wußten zwar von den uns bekannten Versteckten, daß es viele solcher Fälle geben muß, aber doch nicht, wie sich jetzt herausstellt, daß es Tausende waren. Es ist also auch kein Wunder, daß es jetzt überall von Juden in leitenden Stellen wimmelt; sie sind einfach aus der Verborgenheit hervorgekommen. Zuzug soll aber auch aus Osteuropa kommen, vor allem aus Polen, — solche, die sich mit den Flüchtlingszügen hierher schmuggelten.)

9. Mai 1945 [Mittwoch]. Heut früh wieder zur Kartenstelle. Hunderte Menschen kamen uns entgegen. Es werden noch keine Karten ausgegeben, nur registriert. Andre Menschen haben gestern und vorgestern schon Karten gekriegt, — bis sie ausgingen. Alles jammert nach Brot.

Dann wollte ich sehen, wie die Bürgermeisterei funktioniert; sie war noch geschlossen. Dort muß ich die Genehmigung bekommen, nach Teupitz zu fahren. — Dann das Rad herunter geholt, unterwegs die aufgeregte Frau Mietusch getroffen: es seien drei deutsche Männer gekommen, hätten gesagt, bei Mietusch seien zwei Räder, die wollten sie abholen; Frau Mietusch sagte: Nein, nur eines, — welches sie abgab, statt es zu verleugnen; denn es stand in der leeren Wohnung, wo niemand es gefunden hätte. Mit dem ersten war Herr Mietusch unterwegs. Ich fuhr los, begegnete vor dem Ausstellungsgebäude Herrn Mietusch ohne Rad: Russen hatten es ihm abgenommen. Er war ganz eingeschüchtert. Ich sagte: »Sie hätten sagen müssen, wir gehen zusammen zum Kommandant.« Aber es war zu spät. Mich hat heute einer schon am Arm gepackt, um mir mein Rad zu nehmen. Ich schrie: »Niet, niet, Kommandant«, gab ihm einen Puff und fuhr weiter. War zuerst bei Manholts, Bob in großer Sorge, weil Elsbeth seit Stunden fort war, sie war aber nur vergebens nach Brot angestanden. Dann bei Frau Molkenthin. Sie hatte eine Amtsstelle in Zehlendorf aufgesucht; dort sagte ihr ein Dolmetscher, alle Verhafteten kämen bald frei. Sie sagte: »Mein Mann ist Schriftleiter«; daraufhin sagte der Dolmetscher, dann werde er nicht so bald kommen und meinte, es werde eine neue Zeitung aufgemacht, was natürlich sehr interessant wäre. Dann nach Zehlendorf zu Scharps. Ich sah Frau Scharp und Lore schon von weitem Wasser tragend. Sie gaben aber auf Rufen keine Antwort, bis ich ganz nah und erkennbar war. Ich sagte: »Wie geht's?« — Sie: »Schlecht, mein Mann ist verhaftet.« Ich dachte nach dem Molkenthinfall, er sei auch in seiner Eigenschaft als Schriftleiter verhaftet worden. Aber er war freiwillig zu Aufräumungsarbeiten gegangen; und während er arbeitete, setzte sich ein Offizier mit einem Mädchen auf eine Bank und schaute der Arbeit zu; rief dann plötzlich Scharp, ließ sich seine Papiere zeigen, nahm ihn mit. Große Sorge und viele vergebliche Nachforschungen seitens Frau Scharp. Gestern kam ein russischer Soldat und ein Zivilist, sagten, Scharp lasse grüßen, er wolle seinen Mantel haben, sie dürfe ihn besuchen. Sie ging hin, fand ihn mit sieben anderen Herren, Bankdirektoren und dergleichen, in einem Garten, wo sie sich tagsüber aufhalten. Nachts schlafen sie in einer feuchten Waschküche auf Stroh. Die Ernährung sei glänzend. Er sei sehr gründlich ausgefragt worden, war ganz vergnügt und hoffte, »heut oder morgen« nach Hause zu kommen. Frau Scharp hatte graue Haare bekommen, und die 15jährige Lore, obwohl erfolgreich vor den Vergewaltigern versteckt, ist so verschreckt, daß sie zittert, wenn sie nur einen Russen von weitem sieht. Von da fuhr ich zum Menage Holsten-Zetterberg, die inzwischen Schlimmes und Gutes erlebt hatten, seit gestern einen neuen, sie schützenden Zettel an der Haustür hatten und zum Mittagessen zwei Offiziere von der Siegesparade erwarteten. Im Haus nebenan war am Tag zuvor alles ausgeräumt worden. Während alles bisherige Plündern »illegal« war, geht jetzt eine Requirierungskommission von Haus zu Haus und nimmt, was ihr gefällt. Während wir sprachen, kamen der Hauptmann und der Leutnant mit einem Eimer Kartoffelsuppe mit Schweinefleischbrocken und Kascha, was wir gemeinsam verzehrten und gleichzeitig versuchten, uns mit Hilfe des Lexikons zu unterhalten. Ich bekam vom Leutnant auch einen Zettel ausgeschrieben, daß man in meiner Wohnung nichts nehmen soll. Die Offiziere sagten, im Grunewald kämen alle Offiziere weg und nur Amerikaner hin. Was in Charlottenburg wird, wußten sie nicht. Das sind Fragen, die uns brennend interessieren. Vor allem das: Wann. Überall gab es neue schlimme Geschichten, die ich aber hier nicht wiederholen will. Zurückgekehrt fand ich Herrn Mietusch von dem, was er bei seinen Kunden erzählt bekommen hatte, völlig niedergeschlagen.

Als ich gestern in der Tiergartengegend durch die Stadt fuhr, dachte ich mir: von diesem Mai 1945 wird man einmal erzählen wie vom Sacco di Roma. Natürlich war zum Unterschied von 1527 Berlin schon vorher halb kaputt, und wenn nicht der Irrsinn des Verteidigens gewesen wäre, wäre nicht noch so viel zum Schlachtfeld geworden. Aber erst an dem, was die Russen nun wegholen, ermessen wir, wie reich wir im Grund noch waren. Vorläufig kann man sich gar nicht vorstellen, wie auch nur äußerlich die Sachen wieder in Ordnung kommen sollen, vom Wiederaufbau der Häuser gar nicht zu reden.

Am 9. Mai wurde in Karlshorst die Kapitulationsurkunde unterzeichnet. Anwesend auf der deutschen Seite Feldmarschall Wilhelm Keitel, Admiral Hans v. Friedeburg und Luftwaffen-Generaloberst Stumpf, auf alliierter Seite Marschall Schukow, Marschall Tedder, General Spaatz, General Lattre de Tassigny. Die Deutschen mußten, laut Bericht der ›Times‹, einige Stunden lang warten, bis die Amerikaner und Russen sich über den Text einig waren. Nachdem die Deutschen gegangen waren, festliches Zusammensein bis morgens um 4 Uhr.

In meinem Goethe bin ich jetzt in der Kampagne in Frankreich, wo es parallele Vorgänge gibt und weise Bemerkungen über das Plündern, welches damals die Preußen betätigten. Auch eine herrliche Stelle über die Gelehrten: »Wie ich denn immer bemerkt habe, daß sich mit Geschäfts- und Weltleuten, die sich gar vielerlei aus dem Stegreif müssen vortragen lassen und deshalb immer auf ihrer Hut sind, um nicht hintergangen zu werden, viel besser auch in wissenschaftlichen Dingen zu handeln ist, weil sie den Geist frei halten und dem Referenten aufpassen, ohne weiteres Interesse als eigene Aufklärung; da Gelehrte gewöhnlich nichts hören als was sie gelernt und gelehrt haben, und worüber sie mit ihresgleichen überein gekommen sind. An die Stelle des Gegenstandes setzt sich ein Wort-Credo, bei welchem dann so gut zu verharren ist als bei irgendeinem anderen.« Besser kann man, finde ich, die Beschränktheit einer bestimmten Sorte Wissenschaftler gar nicht kennzeichnen.

12. Mai 1945 [Samstag]. Eine Auswahl von Gerüchten:

In der Rönneburgstraße, um die Ecke von Frau Bekker, wird ein Haus für Stalin gerichtet, er kommt zur morgigen Siegesparade. Stalin wohnt schon im Sanssouci. Von heut (Samstag) um 3 Uhr bis Montag früh darf kein Deutscher auf die Straße. Wer in die kommunistische Partei eintritt, bekommt doppelte Lebensmittelration. Die Amerikaner kommen am 14. (vorher hieß es am 10., vorher und seitdem täglich hieß es auch: morgen). Die Amerikaner kommen gar nicht (ich finde es übrigens sehr bezeichnend, daß in diesen Reden das Volk nie von den Engländern spricht, — die beiden Großmächte sind eben nun: Amerika und Rußland). Berlin, Bremen, Hamburg und Konstanz sind seit heute internationales Settlement, wie einst Schanghai. Göring sei vor einiger Zeit Hitler und der Gestapo entflohen und habe die Kommandeure der 7. amerikanischen Armee eingeschlossen. Die Russen ziehen aus Berlin und der ganzen Provinz Brandenburg ab. Die morgige Siegesparade ist nur eine kleine Parade. Stalin kommt erst zu einer späteren. — Wir hatten im übrigen schon am Mittwoch [9. Mai] eine mit viel Schießerei aus der Flak, aufsteigenden Leuchtkugeln und in manchen Stadtteilen starker Betrunkenheit mit den üblichen Begleiterscheinungen.

[Die Frage der Siegesparade, die an mehreren Stellen auftaucht, war uns überaus wichtig. Eine gemeinsame alliierte Siegesparade, für die die Sowjets mehr als einmal Vorbereitungen trafen, sprach für Entspannung zwischen ihnen und den Westalliierten und ließ die Hoffnungen, daß wir nicht abgeschnitten bleiben würden, wieder hochschießen. Einige der anderen Gerüchte spiegeln in sehr vergröberter Form wider, daß über alliierte Truppenverschiebungen damals verhandelt wurde, vermischen aber verfälschend die Wunschträume der Bevölkerung mit den Tatsachen.]

An sich will ich seit drei Tagen nach Kladow zu den Schweizern fahren. Aber ich sagte mir, es hat keinen Zweck, wenn ich nicht früh um 8 h aus dem Haus fahre, da es so weit ist. Es kam aber immer etwas dazwischen. Vorgestern mußten wir nach Lebensmittelkarten anstehen, ich mit Klappstühlchen und Buch. Die Schlange ging um zwei Straßenecken, schätzungsweise 1500 Menschen bis zu mir. Wir waren dort von 8 bis halbelf Uhr. Dann erfuhr man, daß einer vom Haus für alle übrigen gehen kann; wir sammelten die Karten der übrigen, gaben sie der zuvorderst stehenden und gingen heim. Als ich eben mein Feuer anzünden wollte, klopfte es fremd — wir haben nämlich im Haus ein bestimmtes Klopfzeichen, und wenn es anders klopft ist man sehr im Ungewissen. Ich fragte also: wer ist da? — bereit, im Notfall meinen russischen Schutzzettel zu ergreifen. Es antwortete: Elvira Zitzewitz, das ist eine Cousine von Jakob und eine Freundin von Teddy Goetz, von der ich [aus Zensurgründen] noch nie geschrieben habe: Sie ist die Cousine von Adam von Trott, einem der Männer des 20. Juli, mit dem ich befreundet war, und wir sind uns im letzten Jahr auf dieser traurigen Basis recht nahe gekommen. Also, Elvira suchte bei mir einen ruhenden Punkt, den sie auch fand. Fast alle ihre Freunde und Bekannte sind weg. Nachdem wir uns gegenseitig unsere Schicksale erzählt hatten, lud ich sie zum Essen ein, das aber erst gekocht werden mußte. Sie war sehr belustigt über meinen Herd und rührte auf demselben Suppe, die mit der Brühe angemacht wurde, in der ich meine Pferdelunge gekocht hatte. Eine sehr gute Suppe. Danach Pellkartoffeln und einen Rest pasta-e-piselli; zum Schluß »Speise« aus Puddingpulver und ein wenig gegorenem Kirschenkompott. Ein Göttermahl. Sie hatte Spaß an meinen Robinson-Verhältnissen, fand es gleichzeitig bei mir noch so »kultiviert«. Wir fanden die gleichen Sachen komisch, was zur Abwechslung in dieser Charlottenburger Umgebung für mich sehr nett war. Während ich die ›Kampagne in Frankreich‹ lese und von Tag zu Tag schöner finde, liest sie ein Buch über die Belagerung von Paris im Jahre 1870/71. Es gibt gegenwärtig wenig Menschen, die lesen. Die, die Tätigkeit gewohnt sind, verzehren sich in zielloser Ungeduld.

Zu berichten hatte sie: Heinrich George erschossen, Gründgens verhaftet, was uns beide wundert, da er sehr anti-Nazi war (nachträglich: er kam auch bald wieder frei und soll am Theater tätig sein). Sie sagt, er sei denunziert worden, nachdem er selbst denunzierte. Das sei nun das Gefährlichste, daß man gezwungen werde, zu denunzieren, bzw. über andere Aussagen zu machen. Ein Regierungsrat im ProMi sollte angeben, wo der Ministerialdirektor Brauweiler sei; wenn er es nicht sage, werde er erschossen. Er wußte es nicht und wurde abgeführt. Seitdem hörte man nichts von ihm. Brauweiler hatte das Referat Auslandspresse, war, wenn ich mich recht erinnere, einst Demokrat, ein eitler, im Grund aber harmloser Mann. Die Zitzewitz war Sekretärin im Auslandspresseklub, das war eine Gründung des ProMi. Es gab einen Konkurrenzklub der Presseabteilung des A. A. In beiden gab es besser zu essen als normal, große Weinvorräte, Tabak, Kaffee. Ich ging weder in den einen noch in den anderen, einerseits, um derartiger Vergünstigungen nicht teilhaftig zu werden, andrerseits, um möglichst wenig gesehen zu werden. Das erfüllt mich jetzt natürlich mit um so größerer Genugtuung, wie auch, daß ich nicht nur nicht in der Partei, sondern auch in keiner anderen Organisation war, nicht einmal in der NSV, obwohl es immer hieß, ohne das gehe es nicht. Es gibt auch zu diesem Punkt viele Gerüchte: die Pgs von vor 1933 müßten im Zentrum die schwersten Räumungsarbeiten machen, bei Wasser und Brot.

An jenem Nachmittag sollte ich mit Mietuschs zu Lettré, dem berühmten Goldschmied, der in der Nähe ein selbstgebautes Haus hat. Ich wollte mit Rücksicht auf meinen großen Zeh mit dem Rad nachkommen; auf der Straße war der eine Reifen platt; ich dachte: Ventil und ging zum Elektriker. Er sagte: Loch, — und da ihm am Tag zuvor zwei zu reparierende Räder von den Russen geholt worden waren, hinterließ ich ihm nur das Vorderrad und schleppte den Rest wieder nach Hause. Bei Lettré wars friedlich, — im Garten mit Blick auf grünen Rasen, Buchen und blühende Bäume (nachträglich: als Pg bekam Lettré im Juni keine Lebensmittelkarten. Es gelang Mietusch aber, ihn von der Liste streichen zu lassen. Um das zu erreichen, muß man mehrere antifaschistische Taten nachweisen können.)

Abends bis fast 10 h beim Elektriker. Er hatte Gummistücke, ich hatte Gummilösung (auf der Straße von einem von den Russen ausgeraubten Militärauto aufgelesen). Er aß zu Abend, ich arbeitete unter seiner Anleitung. Als das eine Loch zu war, sagte ich, man müsse sehen, ob nicht noch eins sei. Es gab aber kein Wasser. Und er behauptete fest, es sei nur das eine gewesen. Heimgekommen war das Rad wieder luftleer, inzwischen auch das Hinterrad. So verbrachte ich gestern vormittag vier Stunden damit, die beiden Schläuche zu flicken und die Räder ab- und anzumontieren. Jetzt kann ich's. Hatte es früher als »höhere Tochter« nie gelernt.

13. Mai 1945 [Sonntag]. Es ist ein friedlicher Sonntagmorgen, kein Schießen, keine Reiter oder Fahrzeuge, kein Geschrei, — ich sitze auf dem Balkon in

einer schon sehr schwülen Sonne, vom Park kommen Flieder- und Heudüfte; die morgendliche Drecksarbeit hab ich hinter mir; in einer Stunde will ich nach Dahlem fahren. Hoffentlich klappt alles wie geplant: Die Holstenschen bat ich, bei Herrn Miksch die Radionachrichten des jungen Mannes zu holen; nach ihnen fahre ich zu Manholts, wohin die Scharps kommen sollen, um zu berichten, wie es dem Mann geht. Bei der Telefon- und Verkehrsmittellosigkeit ist das die einzige Möglichkeit, in Verbindung zu bleiben. — Morgen in aller Frühe wollen Frau Becker und ich nach Teupitz radeln, davor habe ich etwas Angst, erstens vor der Strapaze — für sie 60, für mich 65 km in dieser schwülen Hitze — dann die Angst vor dem, was wir dort finden werden; schließlich die Gefahr, daß jemand uns die Räder abnehmen will. Wir beide versuchten, Genehmigungen zu erlangen, weil auf dem ersten russischen Befehlsanschlag stand, man dürfe die Stadt nicht verlassen. Man darf aber nun fahren, allerdings auf eigene Gefahr (in bezug auf die Räder). Ich ging in dieser Sache an unsre neue Bürgermeisterei. Am Mittwoch waren es noch leere Zimmer im ehemaligen Militärgericht; am Donnerstag kamen schon Leute zum Arbeiten in Zimmern mit Tischen und Stühlen (dazwischen hatte die Bevölkerung zwangsgeputzt). Ich fragte einen ankommenden Herrn im Gang; er besah eine Liste, um zu sehen, wer für mich zuständig sei, sagte dann: »Genosse Peters; in Zimmer 203« und wiederholte dann auf meinen unwillkürlich erstaunten Blick: »Herr Peters, und fragen Sie dort nach Frl. Dr. Hendrick.« Diese war ein freundliches sachliches älteres Fräulein, bei deren Anblick ich an Käthe Kollwitz dachte.

Es ist erstaunlich, wie schnell alles in Gang kommt. Das Abtragen der Schutthaufen von den Straßen, von den Bürgern selbst besorgt, viele derselben auch in den Dienst größerer Räumungsarbeiten gezwungen; die

Versorgungsbetriebe von den Angestellten und Arbeitern in Angriff genommen, die ja bei den Luftangriffen Übung im Reparieren bekamen. In Friedenau gibt es in manchen Straßen schon wieder Wasser und Licht; vier Straßenbahnen sollen auf Teilstrecken wieder gehen; wir hören auf unsrer Ringbahn nachts Dampflokomotiven pfeifen; in unserem Keller gab es schon zweimal stundenweise Wasser. In Friedenau bekommen die Leute übrigens Sonderrationen, weil Friedenau sich kampflos ergeben hat. Auch Zehlendorf hat sich selbst ergeben und wird besser behandelt. — Tat des Bürgermeisters, der sich nachher erschoß. Das ist ein Mann, der mir gefällt. Hier wäre solches nicht möglich gewesen, denn die Wehrmacht herrschte, nicht die Zivilbehörden.

Da ich selbst außer den Teupitzern keine Parteileute kannte, weiß ich darüber wenig zu berichten, nur was Frau Mietusch erzählte. Viele sind geflohen (und teils wieder zurückgekehrt). Andre haben sich das Leben genommen. Ein paar wurden verhaftet. Die hiesige Frauenschaftsführerin, die besonders unangenehm gewesen sei, ist erst geflohen, hat dann versucht, sich das Leben zu nehmen, liegt jetzt im Krankenhaus.

Zur Frage Vergiften ist auch noch ein Wort zu sagen. Es war ja schon seit einem Jahr ein häufiges Gesprächsthema; teils im Hinblick auf unerträgliche Lagen, verschüttet, verbrüht im Keller nach Luftangriffen, teils im Hinblick auf die Möglichkeit, verhaftet und zu sehr mißhandelt zu werden. Religiös bestimmte Leute wie Elsbeth und Hildegard beteiligten sich an solchen Gesprächen nicht. Ich hatte ja schon seit letzten Juli ein Büchschen Strychnin, strebte aber immer nach Cyankali, welches zu erringen mir diesen Februar auch gelang (es gibt doch auch noch mutige Männer). Ich wollte noch rechtzeitig bei den Apothekerfreunden mich erkundigen, wie das mit der Säure sei, damit Blausäure entsteht, zum Einatmen für einen schmerzlosen Tod. Dazu kam es nimmer, da ich die letzten Wochen vor der Schlacht keine Verkehrsmittel mehr benutzen durfte und mein Rad kaputt war. An jenem Abend des 1. Mai, als Folkmar die Flucht anriet und viele aus der Nachbarschaft gezwungenermaßen schon loszogen, las ich im Mietuschschen Konversationslexikon unter Blausäure und Cyankali nach, fand aber nicht das Gewünschte. Beim Besuch in der Kleiststraße erkundigte ich mich nun. Mein Quantum genügt nur zum Einnehmen mit Wasser, wobei Säurezusatz beschleunigend wirkt.

(Nachträglich: auf dem Land ist die Zahl der Selbstmorde noch viel größer als in Berlin; viel vom Adel, soweit er nicht schon von den Russen umgebracht wurde. Sehr tragische Geschichten darunter: eine junge Mutter, die weder Gift noch Revolver hatte, versuchte, sich und ihren zwei kleinen Kindern mit dem Küchenmesser die Pulsadern durchzuschneiden. Das eine Kind ist tot; sie und das andere leben, — aber ihr sind an jeder Hand Daumen, Zeige- und Mittelfinger auf Lebensdauer gelähmt, bei dem kleinen Kind hofft man, daß sich mit dem Größerwerden die Beweglichkeit der Finger wieder einstellt. Dann der Fall einer Gräfin, deren Tochter beim Trecken schon verlorenging, die mit der anderen ausmachte, sie werde sie erschießen, sobald ein Russe an sie herangehe. Also geschah es, die Mutter schoß aber daneben; die Tochter rief: »Noch einmal«, die Mutter schoß wieder, der Russe dachte begreiflicherweise, das gelte ihm, und erschoß seinerseits die Mutter. Die Tochter wurde in ein Krankenhaus eingeliefert. Jetzt ist sie mit anderen in einer Taglöhnerstube ihres Guts, muß von früh um sieben bis abends sieben ohne Mittagspause arbeiten, mit nur Brot zum Essen. Wenn jemand krank ist und im Bett liegt, kommt sofort jemand und sperrt sie in den Keller. — In anderen Gegenden ist es nicht ganz so schlimm. Es kommt immer auf den jeweiligen Kommandanten an.)

[Eine der im Brief nicht erwähnten Besucherinnen, die sich an den Stadtrand Berlins in ländliche Gegend verlagert hatte, erzählte folgendes: nach einem Überfall der Russen hatte sie beschlossen, sich das Leben zu nehmen. Nach einigen religiös gestimmten Abschiedsgedanken nahm sie in gefaßter Haltung ihr Cyankali ein. Es geschah nichts. Als Erklärung hat ihr jemand gesagt, durch die Körperwärme habe sich das Pulver chemisch verändert und sei unwirksam geworden. Da ich mein mit Korken verschlossenes Glasröhrchen auch immer an einer Schnur an der Brust getragen hatte, hätte das Pulver bei mir vermutlich auch nicht mehr gewirkt. Erst viele Jahre später erfuhr ich, daß die berühmten Vergiftungspillen der führenden Nationalsozialisten kleine Phiolen waren, in denen sich, voneinander gesondert, eine Flüssigkeit und einige Kristallkörnchen befanden. Solange die Kristalle noch erkennbar waren, wußte man, daß das Gift noch wirke. In den letzten Tagen vor der Kapitulation habe es noch umfangreiche Tauschgeschäfte gegeben: Panzerfäuste gegen Gift.]

Ferner: an jenem Sonntag kam anstelle der Frau Scharp das flämische Mädchen Maria und berichtete, Frau Scharp sei zusammengebrochen. Ich fuhr dann doch hin. Frau Scharp lag im Bett. Sie hatte ihren Mann noch ein paar Mal besuchen können. Einmal war sie dort, als er seine Papiere ausgehändigt bekam und glaubte, in kurzer Zeit loszukommen. Dann trat eine plötzliche Verschlechterung ein (nach Trinken und folgendem Wutanfall des Majors); die Gefangenen durften nimmer in den Garten, sondern mußten den ganzen Tag in der Waschküche bleiben. Besuche waren verboten. Ein netter russischer Soldat ließ aber die Frauen in sicheren Momenten doch in die Waschküche. Am Samstagnachmittag war Frau Scharp um halbeins auf diese Weise noch einmal bei ihrem Mann, der guten Muts und optimistisch war; um halbdrei wurde ohne Voranküngigung der ganze Stab verlegt und fuhr mitsamt den Gefangenen in Richtung Stadt. — Seitdem ein ein Kassiber aus einem Lager, von Mitte Mai. Seitdem nichts. *Scharp mußte in verschiedenen Lagern, darunter Buchenwald, Schweres erdulden, wurde 1950 in Waldheim zu einer hohen Zuchthausstrafe verurteilt und ist 1952 durch die Intervention des einstigen Reichskanzlers Dr. Wirth freigekommen. Er wußte aus den Kontakten, die die Gefangenen gelegentlich mit Waldheimer Arbeitern hatten, von den Wunschträumen zu berichten, die in Gerüchtform damals vom bevorstehenden Einmarsch amerikanischer Panzer bei der Bevölkerung der DDR bestanden.*

Während meines waghalsigen Unternehmens mit Frau Bekker in Teupitz erfuhr die Weltöffentlichkeit zum ersten Mal etwas Genaueres über die Absichten der Alliierten in Deutschland. In großer Aufmachung berichtete die ›Times‹ unter den Schlagzeilen »Strenges Militär-Regime in Deutschland — Amerikanischer Kontrollplan — Dönitz Kriegsgefangener der Alliierten — Flensburger ›Regierung‹ nicht akzeptiert — Künftiger Regierungssitz — Mögliche Abänderung des Jalta-Plans« über eine *Pressekonferenz im amerikanischen Hauptquartier in Paris, auf der ein »Entwurf« für die Besetzung und Kontrolle Deutschlands erörtert wurde. Der vorgesehene Militärgouverneur General Eisenhower befand sich an diesem 16. Mai in London, anwesend war jedoch sein soeben ernannter Stellvertreter General Lucius Clay, der auch als amerikanisches Mitglied der alliierten Koordinierungskommission vorgesehen war, von der »man hoffte«, daß sie bald zusammentreten werde. »Doch können«, erklärte der Pariser Korrespondent weiter, »aus dem Schmelztiegel, in den Deutschland verwandelt wurde, die wesentlichen Tendenzen erst in Erscheinung treten, wenn die Besatzungszonen präzis abgegrenzt sind* *und wenn eine feste Entscheidung über den künftigen Sitz der alliierten Regierung getroffen wurde. Es ist zu erfahren, daß innerhalb der nächsten Tage in einer Erklärung des Beratenden Europa-Ausschusses* die Besatzungszonen festgelegt werden, die, grob gesprochen, Nordwest- und Südwestdeutschland für Großbritannien und Amerika vorsehen. Es besteht auch die allgemeine Erwartung, daß die russische Zone sich ein gutes Stück weiter westlich über die Elbe hinaus erstrecken wird, an der die westlichen und östlichen Armeen zur Zeit stehen. General Clay hatte jedoch nichts über die französische Zone zu sagen, die, wie mitgeteilt wurde, nicht notwendigerweise mit dem Gebiet im Südwesten zusammenhängt, das zur Zeit von der ersten französischen Armee, die der (amerikanischen) 6. Armeegruppe untersteht, besetzt ist.*

Keine Besucher in Berlin

»Was den Regierungssitz angeht, so war Berlin der Ort, auf den sich die Mächte für diesen Zweck geeint hatten, doch mag im Hinblick auf die so gut wie vollkommene Zerstörung der Stadt ein anderer Platz gewählt werden. Britische und amerikanische Divisionen, die zum Schutz der Kontrollkommission dienen sollen, stehen schon seit einigen Tagen bereit, um nach Berlin vorzurücken, doch scheint zur Zeit die ganze Frage in der Luft zu hängen. Wiederholte Anträge auf die Genehmigung zum Besuch der deutschen Hauptstadt durch alliierte Korrespondenten sind in Moskau unbeantwortet geblieben. Es ist tatsächlich zur Zeit unmöglich, die Elbe zu überqueren.

Im Lauf der heutigen Diskussion erklärte Mr. Robert Murphy, der bisherige politische Berater General Eisenhowers für Deutschland, der jetzt der politischen Abteilung des amerikanischen Gruppen-Rats ist, daß Dönitz und sein ›Außenminister‹ Schwerin-Krosigk von den Alliierten nie als eine Art

* Es handelte sich um das Komitee, das seit Januar 1944 in London tagte, um die notwendigen Abmachungen für die Zeit nach dem Sieg zu treffen. Vertreter für USA: John Winant, für Großbritannien: Sir William Strang; für die UdSSR: Fedor Gusew.

deutscher Regierung anerkannt worden seien. Dönitz bediente sich seiner De-facto-Macht als Vertreter des deutschen Oberkommandos, aber es wird, wie Mr. Murphy feststellte, in Zukunft keine Funksendungen in seinem Namen von Radio Flensburg geben. Mr. Murphys Erklärung wird bestätigt durch eine Mitteilung dieses Abends vom Obersten Hauptquartier, daß Dönitz und andere ausgewählte deutsche Offiziere zeitweilig unter dem Befehl der alliierten Kommandeure benutzt werden, um Aufgaben in Zusammenhang mit der Ernährung, Entwaffnung und ärztlichen Versorgung der deutschen Streitkräfte zu erfüllen.«

Die Rüge des Oberbefehlshabers

»General Clay sagte im Laufe seiner Erklärung, daß Dönitz sich auf der Liste der Kriegsverbrecher befinde, die als Kriegsgefangene behandelt würden, bis sie von der einen oder anderen alliierten Regierung angefordert werden. Der Tadel, den der Oberste Befehlshaber dieser Tage gegenüber höheren amerikanischen Offizieren aussprach, von denen es hieß, sie hätten berüchtigte deutsche Gefangene mit zu großer Freiheit behandelt, hatte, wie der General hinzufügte, eine sofortige Wirkung. ›Kriegsverbrecher werden‹, wie General Clay sich ausdrückte, ›mit ihrem Leben, ihrer Freiheit, ihrem Schweiß und Blut für ihre Verbrechen bezahlen.‹ . . .

General Clay erklärte, daß die amerikanische Anwesenheit in Europa voraussichtlich lange dauern werde . . . ›Es wird eine Militär-Regierung sein, und die Deutschen werden merken, daß es eine Militär-Regierung ist . . .‹

Was die Ernährung angehe, so werde es höchst schwierig (tight squeeze) sein, die vorhandenen Vorräte bis zur Ernte zu strecken. Eine magere Ration von 1150 Kalorien werde eingerichtet, doch seien große Schwierigkeiten zu erwarten, und viel werde von der Geschwindigkeit abhängen, mit der die deutschen Gefangenen vor der Ernte aufs Land entlassen würden. Eine vollständige Übersicht über die Lage werde ausgearbeitet; Hungersnot in großem Ausmaß werde noch nicht erwartet.

›Unter keinen Umständen‹, sagte Clay, ›würden amerikanische Lebensmittel nach Deutschland geschafft, bevor ausgesprochene Hungersnot bestehe.‹«

Der Militär-Korrespondent der ›Times‹ beschäftigte sich in derselben Nummer mit dem »sogenannten Dönitz-Regime«, das in Wirklichkeit nur aus Dönitz, Schwerin-Krosigk und einem Mikrophon bestanden habe, wobei das Mikrophon das Wichtigste gewesen sei. Es müsse verhindert werden, daß es den deutschen Militärs, wie schon einmal nach 1918, nochmals gelinge, ihren Generalstab durchzuretten. »Auf der anderen Seite«, heißt es dann, »dürften die Alliierten für ihre eigenen Zwecke eine deutsche Verwaltung, mit der sie umgehen können, benötigen. Und trotz der Ungeduld, die mancherorts bei dieser Aussicht geäußert wird, ist es klar, daß es Beziehungen zu irgendeiner Form militärischer Hierarchie geben muß, damit die lebenswichtige Arbeit der Entwaffnung, der Sammlung von Ausrüstungs- und Lagerbeständen, der Demobilisierung derjenigen Gefangenen, die zu entlasten sind, der Benutzung deutscher Häfen und Installationen ausgeführt werden kann. Auf dem Verwaltungssektor wird Chaos entstehen, wenn die Alliierten nicht bis zu einem gewissen Grad mit dem vorhandenen Apparat arbeiten . . .«

Obwohl in diesen Berichten die schweren Differenzen zwischen den Großen Drei nicht erwähnt sind, war für den Wissenden doch viel über das Tauziehen herauszulesen, das unter Ausschluß der Öffentlichkeit zwischen London, Moskau und Washington über die Machtverteilung im Niemandsland im Gange war. Die Tatsache, daß die Amerikaner allein mit einem Plan für die Kontrolle Deutschlands, die gemeinschaftlich von den Alliierten ausgearbeitet und ausgeübt werden sollte, vor die Öffentlichkeit traten, bewies, daß mit der Gemeinsamkeit der Großen Drei nicht alles in Ordnung war. Im übrigen ist die verborgene westöstliche Auseinandersetzung schon in den Schlagzeilen und dem Hinweis auf Jalta zu erkennen. Im Text ist von einer Abänderung des Jalta-Abkommens nicht die Rede. Sie konnte sich nur auf einen möglichen Beschluß beziehen, den Sitz der alliierten Regierung an eine andere Stelle als Berlin zu verlegen. England und Amerika, die mancherlei Gründe für den Wunsch hatten, die Abmachungen von Jalta abzuändern, waren daran interessiert, frühzeitig auch die Sowjets vor der Welt in bezug auf das Krim-Abkommen in die Defensive zu versetzen.

Ein Kernpunkt des Konflikts, die Unerreichbarkeit Berlins, wird mit dem gesperrten Elbübergang und der »Hoffnung« auf das Ingangsetzen des gemeinsamen Kontrollapparats vorsichtig-diplomatisch zu einem Junktim mit der genauen Festlegung der Zonengrenzen verknüpft. Dabei lagen die Zonengrenzen auf Grund von Beschlüssen des Beratenden Europa-Ausschusses schon längst fest. Es hatte ja in den letzten Monaten des Kriegs zwischen den Engländern und den Amerikanern auch fortgesetzten Streit darüber gegeben, das heißt über das Tempo und die Richtung des beiderseitigen Vormarschs. Die Briten, die an die Politik nach dem Krieg dachten, wollten möglichst viel Gebiet in östlicher Richtung jenseits der vereinbarten Zonengrenzen einnehmen, während die Amerikaner mit dem alleinigen kurzfristigen Ziel, die deutsche Militärmacht niederzuzwingen, politische Erwägungen bei militärischen Entscheidungen ablehnten. Daher die oft zitierte Antwort Eisenhowers an General Marshall vom 30. März: »Darf ich darauf hinweisen, daß Berlin aufgehört hat, ein besonders wichtiges Ziel zu sein ...« Und am 1. Mai, nachdem sowohl Eden und Churchill als auch das State Department auf die Besetzung Prags durch amerikanische Truppen drängten, lautete der Schlußsatz von Eisenhowers Antwort: »Sollte ein Einmarsch in die Tschechoslowakei dann (nämlich nach Vernichtung aller noch organisierten feindlichen Kräfte) noch wünschenswert sein, würde unser Stoß logischerweise in Richtung Pilsen und Karlsbad erfolgen. Ich werde keine Operationen einleiten, die ich für militärisch unklug halte.«

Nachdem aber sowohl die Engländer wie die Amerikaner tatsächlich über die vereinbarten Zonengrenzen vorgestoßen waren, bedrängte Churchill den amerikanischen Präsidenten wiederholt mit der Forderung, diese Gebiete als Faustpfand in der Hand zu behalten, um die dringendsten Wünsche Englands und Amerikas — Berlin, Wien und Österreich, Triest, Kontrollregierungen in Deutschland, osteuropäische Regime — bei den Sowjets durchsetzen zu können. Eine Entscheidung darüber fiel in Washington, wie auf S. 195 dargelegt wird, erst sehr spät.

In bezug auf die Dönitz-Regierung und den kameradschaftlichen, teils sensationshungrigen Umgang mit hohen deutschen Offizieren und führenden Nationalsozialisten befanden sich Engländer und Amerikaner den Sowjets gegenüber in der Defensive, daher die Rüge Eisenhowers. Die Moskauer Presse sprach in jenen Tagen vom »Flensburger Idyll«, veröffentlichte die Aufnahme eines amerikanischen Journalisten in Süddeutschland, der Göring bewundernd gegenüberstand, und beklagte die bevorzugte Behandlung von Guderian, Busch und anderen »Nazi-Verbrechern«. Der ›Rote Stern‹ sah schon Anzeichen dafür, daß die Sympathie zwischen den Kapitalisten und der Junkerklasse im Wiederaufleben sei und daß Freunde Deutschlands zugunsten des besiegten imperialistischen Feindes mobilisiert würden. Die Frage der Kriegsverbrecher müsse schleunigst angegriffen werden, wenn die internationalen Beziehungen sich nicht noch weiter verhärten sollten. Dies waren frühe Hinweise auf einen Konflikt, der im Zusammenhang mit den internationalen Wurzeln des Kalten Kriegs nochmals auftauchen wird.

Der Moskauer Verdacht in bezug auf die internationale Solidarität des Kapitalismus war nicht ganz unbegründet. John McCloy, der damalige Staatssekretär im amerikanischen Kriegsministerium, der im Zivilberuf Bankier war und durch seine Frau eine deutsche Verwandtschaft besaß, hatte schon in den letzten Wochen des Kriegs eine ausgedehnte Erkundungsreise durch Westdeutschland gemacht. Er war mit dem designierten Militärgouverneur, General Clay, zusammengetroffen, der damals im Begriff stand, seinen Mitarbeiterstab für die Militärregierung zusammenzustellen, und der sich später als amerikanischer Hoher Kommissar bereit zeigen sollte, anläßlich der Blockade Berlins den kalten in einen heißen Krieg zu verwandeln. Die Wende, die mit dem Auftreten dieser beiden Männer eingetreten war, ist aus dem Bericht schon zu ahnen, den McCloy am 26. April dem Präsidenten vorgelegt hatte, von dem Truman unter anderem schrieb, er habe sich »mit der Notwendigkeit, Deutschland mit Lebensmitteln, Brennmaterial und Transportmitteln zu versorgen« befaßt. »Die Zerstörung in den Städten und der Zusammenbruch aller öffentlichen Dienste sei ungeheuer; die riesige Zahl der Entwurzelten bilde ein gewaltiges Problem; der Zerfall der Gesellschaft und ihrer Organe sei entsetzlich.«

McCloys Vorschlag, in Deutschland auf- statt abbauend zu wirken, fiel auf fruchtbaren Boden. Schon als Senator hatte Truman den Morgenthau-Plan abgelehnt. Am selben 16. Mai, an dem Clay in Paris seine erste Pressekonferenz abhielt, besprach sich der Präsident in einer Sitzung mit Kriegsminister Stimson über den Wiederaufbau Europas. Beide gingen von der Überzeugung aus, daß die Sicherheit der Vereinigten Staaten von einer Stabilisierung der Verhältnisse in Europa abhänge und daß diese nicht zu erreichen sei, wenn Deutschland ein Krisenherd bleibe. Stimson, im bürgerlichen Beruf Wallstreet-Anwalt, der unter Hoover als Außenminister eine wichtige Rolle in bezug auf die Genfer Abrüstungsverhandlungen und die japanische Aggression in China gespielt hatte, dürfte im damaligen amerikanischen Kabinett der verantwortungsbewußteste Kenner der internationalen Politik gewesen sein. Truman fand seine Zustimmung, als er feststellte, »daß ich den sogenannten Morgenthau-Plan, das heißt die Umwandlung Deutschlands in einen reinen Agrarstaat, nicht billige«. Am Vorabend der Abreise zur Konferenz von Potsdam, als Morgenthau erklärt hatte, »seine Anwesenheit in Potsdam sei unerläßlich«, nahm Truman den Rücktritt seines Schatzkanzlers an und kommentierte: »Das war das Ende der Unterhaltung und das Ende des Morgenthau-Plans.« So schnell wie im Kopf des Präsidenten kam das Ende in der Praxis allerdings nicht. Der ganze Militärapparat war unter der Direktive JCS 1067 auf den Grundsätzen des Plans aufgebaut; die ausnührenden Personen hielten ihn für berechtigt, was nicht wunderfehmen kann angesichts der Entdeckungen, die in jenen April- und Mai-Tagen in Buchenwald, Belsen und Dachau die Alliierten entsetzt hatten.

Wenn nicht in Deutschland, so hatte man damals doch in Moskau schon erfaßt, daß in Washington in bezug auf die Nachkriegsfragen ein anderer Wind wehte als unter Roosevelt, dessen Bild denn auch auf den Berliner Siegesparaden neben den Bildern Churchills und Stalins noch prangte, als Truman schon lange seine Nachfolge angetreten hatte. Während mit McCloy einer der einflußreichsten Wirtschaftskenner Amerikas sich frühzeitig in Deutschland umgesehen hatte, entsandte auch der Kreml bald seinen hervorragendsten wirtschaftspolitischen Sachverständigen, den damaligen Vizepräsidenten des Rats der Volkskommissare, Anastas Mikojan. Die ›Times‹ brachte am 21. Mai einen Auszug des Interviews, das Mikojan über seine Erkundungsfahrt nach Berlin und Dresden einem Vertreter der ›Prawda‹ gegeben hatte: »Wir haben die Hitler-Armeen in wilden Schlachten zerschlagen und haben Berlin eingenommen, doch unser moralisches Bewußtsein (moral sense) und unsere Traditionen erlauben uns nicht, die Entbehrungen und Leiden der deutschen Zivilbevölkerung zu ignorieren. Die Bevölkerung von Berlin hat sich von toten Pferden, allen Arten von Gräsern und der Rinde von Bäumen ernährt. Aber das Sowjetkommando hat sowohl in Berlin wie in Dresden angefangen, für Zufuhren und Vorräte zu sorgen.« Radio Moskau fügte hinzu: »Die Bevölkerung dieser Städte, die durch die faschistische Propaganda verschreckt war, hat nun selbst feststellen können, daß unsere Truppen der Zivilbevölkerung gegenüber für die ungeheuerlichen Verbrechen der Hitlerianer auf sowjetischem Gebiet keine Rache ausüben, sondern daß sie die Zivilbevölkerung mit Großmut behandeln. Viele Einwohner Berlins erklären aufrichtig, daß diese Haltung seitens des Sowjetkommandos sie überrascht; denn im

Grunde ihres Herzens wissen die Deutschen, daß sie nicht großmütige Behandlung, sondern Strafe verdienen.«

Zwei Tage später veröffentlichte die ›Times‹ folgenden Reuter-Bericht aus Moskau: »Das Berliner Varieté-Theater ist wieder geöffnet worden, und in einem gegenüberliegenden Kino wird ein russischer Film, ›Dr. Mamlock‹, gespielt. In der Frankfurter Allee, der Straße, auf der die ersten russischen Einheiten in Berlin einzogen, haben die Russen einen Triumph-Bogen errichtet, der mit den Flaggen der Drei Großen Mächte geschmückt ist. In der Charlottenburger Chaussee wurde eine Tribüne aufgestellt mit Gemälden von Marschall Stalin, Mr. Churchill und dem verstorbenen Präsidenten Roosevelt, der letztere mit einem Trauerrand umgeben.

Wilhelm Furtwängler dirigierte ein Konzert in Berlin, in dem das Orchester zum ersten Mal seit vielen Jahren Musik von Mendelssohn spielte. Seine Werke waren wegen seiner jüdischen Herkunft unter dem Nazi-Regime verboten.

Der Berliner Stadtrat hat unter dem Vorsitz von Dr. Arthur Werner, dem Oberbürgermeister, und dessen erstem Stellvertreter, einem Arbeiter namens Karl Moran (sic!) seine erste Sitzung abgehalten. Jeder Platz in der Stadthalle war besetzt mit Vertretern des Geschäftslebens und der Industrie, mit Arbeitern, Wissenschaftlern und Schauspielern. Die Versammlung entbot dem sowjetischen Kommandanten von Berlin, Generaloberst Bersarin, einen herzlichen Willkommensgruß.«

In meinen Aufzeichnungen nach der Rückkehr aus Teupitz sind einige dieser Ereignisse verzeichnet. Bei der Isolierung der einzelnen Stadtteile und dem Mangel an Verkehrsmitteln wußten wir allerdings damals nichts von dem Furtwängler-Konzert und von anderen kulturellen Ereignissen in der Innenstadt. Doch wurde »Kultura« auch in allen Außenbezirken von den Russen gefördert, und das gehörte zu ihren besten Taten. Einer meiner stärksten Eindrücke, der wohl in die Zeit fällt, als ich zu Brief-Eintragungen keinen Mut mehr hatte, war mein erstes Konzert nach Kriegsende — ein

Chorwerk Bruckners, aufgeführt in einem ramponierten Saal in Zehlendorf. Ähnliche tiefgehende Erschütterungen haben in jener Periode wohl viele Berliner erlebt. Sie ereigneten sich nicht in den ersten Tagen nach der Kapitulation, als alles noch in erschöpfter Hochspannung fieberte, sondern erst später in Augenblicken, in denen ein Minimum an äußerer Ruhe den inneren Raum für Selbstbesinnung schuf. Musik und Ströme von Tränen wirkten nach Jahren unterdrückter oder versteckter Gefühle und angespannter Selbstbehauptung damals lösend, ja geradezu erlösend.

[Undatiert: Ende Mai]. Nach der Fahrt nach Teupitz [am 14. Mai] war ich so deprimiert, daß ich an diesem Brief nicht weiter schrieb. Auch schien alle Aussicht, daß er je an eine Adresse gelangen könne, zu schwinden. Diese Aussicht ist inzwischen nicht gewachsen, und deprimiert bin ich immer noch; aber andrerseits fühle ich die Verpflichtung, das Erlebte aufzuzeichnen. Es ist doch eine ungeheuerliche Sache, die hier vor sich geht, dieses Ende von Berlin und wohl von ganz Preußen. Und das steckt mir offenbar tief im Blut, das Gefühl, für die anderen Menschen, die es nicht miterlebten, diese Vorgänge festhalten zu müssen. Genau so empfand es der Goethe in seiner ›Kampagne in Frankreich‹ — wieder ein Zug mehr, der mich verwandschaftlich berührte, womit ich nicht, wie Thomas Mann oder Gerhard Hauptmann, mich mit ihm vergleichen will. Und was stehen sonst für herrliche und auf heute genau anwendbare Dinge drin: auch in der Belagerung von Mainz, wo zur kriegerischen Auseinandersetzung die innerdeutsche zwischen Bürgern und Klubbisten und die ausbrechende Rachsucht gegen die letzteren kommt. Da fand ich besonders schön und bezeichnend, wie Goethe vor dem Platz des herzöglichen Quartiers einen solchen Volksausbruch verhinderte und Ordnung hielt; schön, weil da wirklich einmal ein Mann den Mut hatte, in einer gefährlichen

Situation aufzutreten, der Mann, den ich hier vergeblich suchte und der mir imponieren würde; — bezeichnend der Unterschied zwischen dem Engländer Gore, der empört war, weil durch dieses Ordnunghalten wahrscheinlich eine Ungerechtigkeit zugelassen wurde, und dem Deutschen, der sagte, das entspreche seiner Natur, daß er es lieber ertragen kann, wenn eine Ungerechtigkeit geschieht, als daß Unordnung einbricht. — Ob das ein wesentlicher Unterschied zwischen der westeuropäischen Mentalität und der deutschen ist? Es sieht mir so aus, als werde nun Europa um der geglaubten Gerechtigkeit willen in die größte Unordnung gestürzt, etwa das belgische Gesetz, daß alle Belgier, die mit den Deutschen zusammenarbeiteten, ihre Staatsangehörigkeit verlieren; und hier die vielen tausend Belgier, die bis zum 1. Juni fort müssen und die dann dort wohl nicht aufgenommen werden; denn während bisher in der alliierten Presse nur von »forced labour« und »slave labour« die Rede war, scheint nun die Meinung zu sein — heftig vertreten durch meine Belgierin —, daß der größte Teil freiwillig kam und bestraft werden müsse. Ein Holländer, den ich bei Elsbeth traf, ist tatsächlich auch freiwillig gekommen, hat inzwischen Frau und ein Baby und möchte nicht zurück. Er erzählte, 180000 seiner Landsleute seien unter fürchterlichen Umständen mit Läusen und Wanzen in einem Lager in Luckenwalde bis zum Abtransport. Sie dürfen das Lager nicht verlassen. Einer ist entkommen und hat berichtet.

Damit bin ich aber schon mitten im heutigen. Und zuerst müssen doch die letzten drei [sic] Wochen nachgetragen werden. Die Fahrt nach Teupitz will ich kurz machen. Wenn ich gewußt hätte, wie schlecht die Frau Becker radelt, hätte ich das Ganze gar nicht unternommen. Sie kann nur an einer Bordschwelle aufsteigen, hält sich mit dem linken Fuß, bis sie im

Sattel sitzt und trampelt dann los. Wenn ein Wagen nah vorbeikommt, springt sie ab. Außerdem fährt sie sehr langsam, ich mußte also immer wieder warten.

Wir fuhren auf die große Ausfallstraße nach Zossen, zuerst über eine gut konstruierte Notbrücke, wo die Brücke über den Teltowkanal ins Wasser hing. Diese Zerstörung überall. Jeder dritte Satz müßte davon handeln und würde doch keinen ausreichenden Begriff davon geben. Die Straße war sehr belebt, meist russisches Militär, aber auch Flüchtlinge, vereinzelt, zu dritt, in Zügen; Franzosen und Italiener, die südostwärts zogen; Deutsche in beiden Richtungen; verwundete deutsche Soldaten in heruntergekommenen Uniformen in Richtung Berlin. — Auf der Brücke über die Reichsautobahn machte ein Russe eine Geste auf mein Rad; ich fuhr schnell weiter. Auch Frau Becker, obwohl abgestiegen seiend, kam durch; ein Deutscher half ihr wieder auf. In Dahlewitz bogen wir von der Hauptstraße nach links; kurz vor Mittenwalde hielten wir Rast; das war noch ganz gemütlich. Ein scharfer Wind blies zur Frühlingssonne. Hinter Mittenwalde war unsere Straße völlig zerstört, ein Bagger stand bei den tiefen gesprengten Löchern; mit dem Rad kam man vorbei; bald begegneten wir aber Lastwagen und wunderten uns, wie die durchkommen wollten. Es braucht wohl nicht angeführt zu werden, daß in allem, was fährt, ob Auto, Lastwagen, Motorrad oder Pferdewagen, nur Russen sitzen (vereinzelt neuerdings auch Zivilisten, und diese fast immer Juden). In der Gegend von Motzen kam uns neben einigen kleineren eine breite Straßenwalze entgegen, davor ein Russe auf einem wackligen Rad, der mir winkte anzuhalten. Ich fuhr weiter, und er pfiff sofort einem Russen auf der Walze; ich versuchte in dem tiefen Sand neben der Pflasterstraße an der Walze vorbeizukommen; es wäre mir wohl auch gelungen, aber ich dachte, ich muß doch nach Frau Becker sehen, schaute zurück, sah sie in Auseinandersetzung mit dem ersten Russen. Diese Sekunden des Zögerns genügten, daß der von der Walze Heruntergesprungene mich fassen konnte. Er wollte das Rad nehmen. Ich wehrte mich und sagte: »Niet, niet, Kommandant.« Aber es war ja kein Kommandant in der Gegend. Er zog die Pistole. Ich sagte, er solle ruhig schießen und zeigte auf meine Brust; dahinter beschwor mich die inzwischen angekommene Frau Becker, nachzugeben. Der Russe, ein riesenhafter Kerl, zog sein Taschenmesser und säbelte wütig alle Riemen durch, mit denen meine Sachen [mit den lebenswichtigen Ausweisen] am Rad befestigt waren; ich griff daraufhin nach meiner Schultertasche, wo meine wichtigsten Papiere drin sind. Das Rad war im Handgemenge etwas kaputt gegangen. Als er es ergriff — mir einen letzten Puff versetzend — ging das Vorderrad ab; da er damit der weiterfahrenden Straßenwalze nachrennen mußte, hatte ich noch eine Sekunde die Hoffnung, er werde es doch liegenlassen. Aber nein. — Da standen wir also. Das schlechte Rad vom ersten Russen war uns auch verblieben. Anstelle der zerschnittenen Riemen wurden Schnüre gesetzt. Ich wollte nun neben Frau Becker herschieben. Aber bald tat der große Zeh, der inzwischen geröntgt wurde, immer mehr weh, und Frau Becker fand, ich müßte vorausfahren; sie werde zu Fuß nachkommen.

Diese Fahrt war nun kein Vergnügen. Erstens das miserable Rad und zweitens Scharen und Scharen von Russen, auf der Straße marschierend, am Straßenrand lagernd, essend, schlafend, in den Wäldern umherlaufend. Die meisten Marschierenden in meiner Richtung, aber nicht in Formation, sondern regellos durcheinander laufend. Da sie nach vorn blickten, sahen sie immerhin nicht, daß hinter ihnen »Zivilist« mit Rad kam; aber die hinteren riefen es den vorderen zu.

Zweimal floh ich in den Wald, erkundigte mich auch in einer Laubenkolonie, ob es nicht einen Fußpfad gebe. Es gab keinen. Zurück auf die Straße, und ich gelangte schließlich auch nach Teupitz. Der Ort schien ausgestorben, obwohl die meisten Häuser äußerlich heil waren [auf dem Platz lagen einige Tote in Uniform herum, steif, wie riesige Marionettenpuppen]; das Haus, hinter dem wir zum Gang ins Städtchen immer mit dem Boot anlegten, ganz in Trümmern, ebenso das daneben. Auf Kohlgarten (unserer Halbinsel) sprach ich nur einen Mann an. Er sagte: »Mein Kind ist tot, meine Frau im Krankenhaus.« Bei meinem Häuschen fand ich das übliche Bild der Verwüstung: alles erbrochen, zerschlagen, geplündert, die drei Boote fort. Kleider usw. alle weg, ebenso alle Lebensmittel bis zum letzten Salzkorn; dies letztere natürlich von den lieben Volksgenossen geholt. Meine Archivmappen lagen zerstreut umher. Die Ölfarbe zum Hausanstreichen war ausgeleert, alles klebte davon. In den Beeten hatten Kühe und Pferde geweidet, und zum erstenmal war also echter Mist bei uns zu finden. Ich begab mich ans Aufräumen. In den vier Stunden, bis Frau Becker kam, hatte ich die Ecke mit dem Bett in Ordnung; dann arbeiteten wir zusammen weiter.

Abends besuchten wir Herrn Lochner, einen alten zittrigen Baumeister, bei dem unser einer Schlüssel immer war; dann besuchte uns Herr Reich, der Kneipier von gegenüber, von jeher Kommunist, als solcher von den Nazis schlecht behandelt, nun aber auch völlig ausgeraubt. Teupitz hatte sich am 21.4. ergeben; dann brach aber noch einmal Wehrmacht und SS durch; der Nazibürgermeister wurde verhaftet, weil er nicht mit Volkssturm verteidigt hatte; bevor er aber wegen Feigheit erschossen werden konnte, waren die Russen wieder da; nun ist er wieder als Nazi verhaftet und wohl schon tot. Die ganzen Teupitzer mußten vier

Tage lang von früh bis spät in Halbe Tausende von Leichen »einbuddeln«, Soldaten und Zivilisten, alle unidentifiziert [es handelte sich um die Opfer der sechstägigen Kesselschlacht bei Halbe. Die eingeschlossene 9. Armee unter General Busse soll anfangs noch einen Bestand von 80000 Mann gehabt haben; einem Teil gelang unter Busse der Durchbruch nach Westen zur Armee Wenck. Außer Heeresangehörigen fanden auch Einwohner der Umgebung und Zivilisten auf flüchtenden Trecks den Tod]; in Halbe und Wendisch-Buchholz stehe kein Haus mehr; — und in Wendisch-Buchholz wohnt die Schwester von Frau Becker, wo wir einige Koffer stehen hatten. So kam also für Frau Becker noch diese Ungewißheit und seelische Belastung hinzu.

In dieser Nacht schliefen wir bei offenen, d.h. erbrochenen Türen und Fenstern. Frau Becker lehnte ein paar Bretter an, daß wir es wenigstens hören würden, wenn jemand käme, denn die Russen kamen immer noch bei Tag und Nacht (mit den Teupitzer Vergewaltigungsgeschichten verschone ich Euch, obwohl die Variationsmöglichkeiten auch bei einem so eng umrissenen Vorgang erstaunlich groß sind). Das Bettzeug war natürlich auch alles weg. Zu unserer Erwärmung bedeckten wir uns mit den noch vorhandenen Fleckerlteppichen, was sehr gut ging. Der nächste Tag war ein ungeheurer Arbeitstag: Bretter vor Fenster und Türen (wobei Herr Lochner freundlich half); Bohnen, Kohlrabi, Weißkraut, Blaukraut, Blumenkohl setzen, Gurken aussäen usw. Die Pflanzen mußten erst beim Gärtner geholt werden, dem man seine ganzen Sämereien (3000.– RM) geholt hatte; Versuche, eines der drei fortgeholten Boote wieder zu kriegen. Es lag halb unter Wasser am Ufer gegenüber. Vormittags hatten die Russen die Motorboote, die in einem Bootsschuppen gegenüber lagen, herausgeholt und brausten damit ab. Sie holen alles und machen es sofort kaputt. Sie beschäftigten sich auch mit meinem versoffenen Kanadier, ließen ihn aber dann liegen. Als wir ihn nachmittags so weit hatten, daß wir ihn umstülpen und ausleeren konnten, entdeckten wir, daß er ein großes Loch im Boden hat.

Ich machte drei Expeditionen in die Stadt, trotz großem Zeh zu Fuß, um uns das Rad zu erhalten (es lag versteckt unter den Fleckerlteppichen in einer Grube); ich war entschlossen, mir ein Rad zu stehlen. Das gelang nicht; die Russen waren nun so weit, daß sie in die Häuser kamen und auch die einzelnen Radteile holten, die sich die Leute inzwischen wieder am Straßenrand zusammengeholt hatten. Bei einem meiner beiden Vorstöße zum Schloß kam ein Lastwagen heraus, beladen mit gestohlenen Rädern. Kommandant gabs in Teupitz nicht — das ist hier immer die Stelle, an die man sich bei Übergriffen wenden kann, manchmal mit, manchmal ohne Erfolg — daher die absolute Gesetzlosigkeit. Dafür gibt es einen kommissarischen Bürgermeister, Herrn Susmann, der auch nichts zu lachen hat, obwohl Jude und Mitglied der KPD; ihm wurde schon dreimal das Rad genommen, obwohl er einen Ausweis hat, daß er für seine Amtshandlungen das Rad braucht. Er eröffnete mir, daß zwei Wohnsitze in Zukunft verboten seien, entweder Teupitz oder Berlin. Ich sagte, in dem ausgeplünderten Haus könnten wir nicht wohnen, wir kämen wieder, sobald wie möglich, wenn wieder der Bahnverkehr eröffnet sei, und dann für ganz. — Wir dachten nämlich, Herr Bekker werde bald aus Treuen im Vogtland, wohin er mit seiner Fabrik verlagert war, zurück sein und dann erst einmal für 4–6 Wochen hinausziehen.

Ich war mir bewußt, daß ich an Teupitz nie mehr Freude haben würde, aber des Gemüses wegen ist es uns so wichtig. Ich ertappte mich übrigens beim Aufräumen dabei, wie ich immer vor mich hersagte: »An Euren Gürteln werdet Ihr sie erkennen« — nämlich die Kleider, die Ihr nimmer habt.

Ich suchte auch schon nach jemand, der vielleicht das Häuschen beziehen würde, denn es kursierten die üblichen Gerüchte: ganz Kohlgarten wird für die Russen beschlagnahmt, ganz Baumgarten wird beschlagnahmt usw. Tatsächlich wird das Schloß, nachdem es ausgeplündert wurde, zum russischen Lazarett gemacht. Die Schloßbewohner sind geflohen. Sie werden wohl nimmer am Leben sein. In drei Besuchen brachte ich Herrn Reich so weit, daß er uns ein uraltes Rad mit platten, unflickbaren Reifen für die Heimfahrt lieh. Frau Becker meinte, darauf werde sie gut fahren können, denn uns waren viele Menschen begegnet, die mit platten Reifen oder gar nur den bloßen Felgen fuhren. Ich, die ich die Strapazen des morgigen Tages besser voraussah, beschwor sie immer wieder, nicht zuviel zu arbeiten, genug zu schlafen. Lieber keinen Kürbis aussäen und eine schmutzige Küche hinterlassen, aber morgen frisch sein, war meine Devise. Unsere Sämereien waren übrigens auch alle weg.

Wir standen um halb fünf Uhr auf, hoffend, daß es so früh noch keine Russen unterwegs gebe. Aber es gibt sie immer und überall. Die ganze Nacht hatten sie im Schloß gegröhlt und Grammophonplatten gespielt, und nun hörten wir den Gesang in den Wäldern. Man horcht und wittert wie ein Tier, bevor man sich aus der Deckung der Bäume auf die Landstraße begibt. Das Fahren mit platten Reifen fiel natürlich Frau Becker sehr schwer. Ich hatte geplant, daß wir immer abwechselnd eine Stunde auf dem einen, dann auf dem anderen Rad gefahren wären, wobei sich eine Abwechslung in der Tortur ergeben hätte. Aber es erwies sich, daß sie auf meinem Rad überhaupt nicht fahren konnte. So fuhr ich also immer ein Stück voraus, vor allem wenn jemand das Rad haben wollte, sauste ich davon, und dann wartete ich wieder. In den Wäldern rechts und links Tausende von Russen und anderen Gestalten. Einmal, als es bergab ging, wartete ich, um Frau Becker aufs Rad zu helfen, damit sie sich abwärts ausruhen könne. Zurückblickend sah ich, wie sich oben eine Kolonne gebildet hatte und von der einen Waldseite in die andere singend über die Straße marschierte. Frau Becker schlüpfte durch. Sie kam mir tränenüberströmt entgegen. Es ist das erstemal in unserer langen Bekanntschaft, daß ich sie weinen sah, denn sie ist ja eine sehr tapfere und willensstarke Person. Die lange Kolonne bestand nämlich aus deutschen Zivilgefangenen, und diejenigen, die zu erschöpft waren, um weiterzukommen, wurden mit der Peitsche traktiert.

Mein Plan war, möglichst bald aus der Waldgegend weg und auf die große Ausfallstraße nach Dresden zu kommen, trotz Umweg, weil ich das Gefühl hatte, daß es dort gesetzlicher zugehe. Also bogen wir in Toepchin links ab. Da großer Lastwagenverkehr war, schickte Frau Becker mich wieder voraus — Treffpunkt Wühnsdorf. Ich sah eine Stelle, wo offenbar das ganze Mobiliar eines Ortes zusammengetragen worden war, Stühle, Bänke, Tische, Schränke, um verbrannt zu werden. Nun waren die Leute mit Handwagen dabei, sich die noch verwendbaren Stücke herauszuholen. Als ich einen recht steilen Berg hinaufschob, kam ein Pferdewagen mit Russen hinter mir her. Sie riefen: »Stoi« — das ist der Auftakt zum Radabnehmen. Ich stieg auf und keuchte bergauf. Sie trieben ihre Pferde mit lautem Geschrei zum Galopp an und kamen immer näher. Ich hatte nur eine Idee: bis hinauf kommen! Mir war vor Anstrengung schon ganz schwarz vor den Augen, aber es gelang. Unten sah ich Häuser liegen und dachte: »Nun bin ich gerettet.« Aber es waren lauter ausgebrannte Ruinen. Immerhin war ich durch eine baumbestandene Kurve den Russen aus den Augen gekommen, sprang ab und raste hinter die entfernteste Ruine, wo ich mich, ohne sie gleich gewahr zu werden, in die Brennesseln warf. Dies als Episode von der Fahrt.

In Wühnsdorf wartete ich das erste Mal auf Frau Becker, in Zossen das zweite Mal. Mir wäre es lieber gewesen, wir wären zusammengeblieben, aber auf ihr Rad mit den Latschen erhob niemand Anspruch, während meinst trotz seinem schlechten Zustand dauernd gefährdet war.

Es ist merkwürdig, daß ich das, was mich am stärksten deprimiert hatte, in meiner Niederschrift gar nicht erwähnte: auf der Fahrt begegnete ich zweimal russischen Wagen mit Ölfarbe; sie fuhren von Straßenschild zu Straßenschild, löschten die deutschen Ortsnamen aus und ersetzten sie durch Worte in kyrillischen Buchstaben. Ich schloß daraus, daß der von den Russen besetzte Landstrich nicht Besatzungsgebiet bleiben, sondern der Sowjetunion einverleibt und vollkommen russifiziert werden solle. Dies führte zu meinem Entschluß (s. S. 190), Berlin zu verlassen, den ich aufgab, sobald ich meinen Irrtum erkannte. Im Wiederlesen des Briefes fiel mir erst auf, daß der Ton, in dem ich schrieb, sich seit der Fahrt nach Teupitz entscheidend verändert hat. Vor der Reise war schon eine gewisse Zufriedenheit zu spüren, Erstaunen darüber, wie schnell das Leben der Stadt nach den unvermeidlichen Schrecknissen wieder in Gang kam. Nach der Rückkehr wird alles kritischer betrachtet, manches sarkastisch. Es fragt sich, ob der Schock des Teupitz-Abenteuers allein diese Wandlung bewirkt hat oder ob mit dem Wiederauftauchen der Elektrizität und der Möglichkeit, westliche Sender zu hören und sich von ihnen beeinflussen zu lassen, ein kollektiver antirussischer Stimmungsumschwung eintrat, der nur zum Teil durch die Erlebnisse der ersten Maitage bedingt war.

31. Mai 1945. »Du Papier, ich Pistol« — dies ist mein neuester prägnanter Russensatz, den wir alle

wunderschön finden. Das »Papier« ist die Bescheinigung eines höheren Zehlendorfer Magistratsbeamten, daß er das Auto für seine Amtsfahrten braucht. Mit der Pistole wird es ihm von den Russen trotzdem abgenommen. Unsere Sprache ist durchsetzt von diesen Ausdrücken unserer Lieblinge: »Urr, Urr«, wenn einer so unvorsichtig ist, an der Öffentlichkeit seine Uhr sehen zu lassen. »Frau komm« oder »Frau komm mit« in rauhem Ton mit rollendem »r«. »Du lügst«, wird auf jede Antwort bei Verhören gesagt. »Du gesund?« — und auf bejahende Antwort: »Ich Syphilis.« — Wir haben ja auch in den schwärzesten Tagen das Lachen nicht ganz verlernt, aber nun kommt es doch wieder öfter und natürlicher. Aber wir haben festgestellt, daß wir nun zum ersten Mal Angst vor Menschen haben, regelrechte Angst mit Herzklopfen. [Als ich dies niederschrieb, war die Angst vor der Gestapo, die wir vorher gehabt hatten, offenbar aus meinem Bewußtsein verdrängt.] Und so erkennen wir, wie falsch der Spruch war, der im März hier umlief: »Lieber ein Russe auf dem Bauch als eine Bombe auf dem Kopf«, — gar nicht zu reden von den Witzen, die das Greuelgeschrei der Zeitungen und das Vergewaltigungsgedudel des Rundfunks lächerlich machten. Doch zurück zu meiner Fahrt. In Zossen kam Frau Becker mit einem Soldaten in Zivil an, der abwechselnd mit ihr radelte und ihr den schweren Rucksack trug, und da ich sie nun in guter Hut wußte, trennten wir uns. Kurz danach drehte sich mein Hinterrad überhaupt nicht mehr. Ich schob also bis zum Ort Mahlow, ging dort von Haus zu Haus, um einen Schraubenschlüssel oder mindestens eine Zange zu kriegen. Alle ausgeplündert. Schließlich kam ich zu einer freundlichen Bäckersfrau, wo das Rad notdürftig gerichtet und mit schwarzer Schuhcreme geschmiert wurde. — Das Rad heißt »Die Tortur« und die Fahrt unter einer starken

Sonne war eine Tortur. In Dahlewitz beschloß ich zu rasten. Um nicht zu sichtbar zu sein, ging ich in den Kirchhof unter herrliche alte, blühende Kastanien. Da saß ich zwischen umgestürzten Grabsteinen und verbrannten und zerrissenen Notenblättern und sah durch die Kirchtür das zertrümmerte Kirchengestühl. Zum Schluß mußte ich alle halbe Stunde aufpumpen. Gegen vier Uhr nachmittags war ich zu Hause und blieb bis zum anderen Morgen im Bett.

Nun begann die Periode, in der mir langsam dämmerte, daß die Amerikaner nicht kommen, während wir doch bis dahin sie von Tag zu Tag erwartet hatten: am 10., am 12., am 17. und am 20. Mai. Das erste Anzeichen war mir die Einziehung der soeben erst verteilten Lebensmittelkarten mit russischer Beschriftung und die Ausgabe von Karten mit weit höheren Rationen (die es aber längst nicht alle zu kaufen gibt.) Ich sagte mir, wir sollen offenbar geködert werden. Also besteht wohl eine Krise zwischen den Alliierten. *Die Vermutung wird bestätigt durch ein Bild in der ›Times‹ vom 30. Mai, auf dem Säcke mit Mehl und Zucker aus russischen Beständen abgebildet waren, mit deren Hilfe die Rationen erhöht werden sollten. In diesen Tagen, in denen ein freundliches Verhalten der Russen zu spüren war, begegnete ich auch zum ersten Mal dem Stalinschen Spruch: »Die Hitler kommen und gehen, das deutsche Volk bleibt bestehen.«* Dies wurde am Tag nach meiner Rückkehr bestätigt, als ich nach Frau Becker sehen wollte und — in ihrem Haus auf sie wartend — mit Trude Köhn, einer begeisterten Kommunistin, sprach. Was die von sich gibt, spiegelt zum mindesten immer die Pläne der einen Seite wider; oft werden sie verwirklicht, manchmal nicht: daß die Mark ihren Wert behält, bis der Rubel eingeführt wird — nach der Abstimmung darüber, daß wir russisch werden; daß die Siegesfeiern verschoben sind (die Siegesfeiern sind für uns das Symbol alliierter Einigkeit, zweimal schon die Ostwest-Achse dafür rot ausgeschlagen und mit Riesenbildern von Stalin, Roosevelt, Churchill geschmückt. Die dafür requirierten Lorbeer- und Lebensbäume sind inzwischen eingegangen); daß es nun erst eine Serie von großen Konzerten für das Volk geben werde, — panem et circenses; daß sämtlicher Haus- und Grundbesitz in Berlin enteignet werde.

In jenen Tagen gab es auch die ersten Zeitungen angeschlagen: ›Tägliche Rundschau‹, von den Journalisten ›Klägliche Rundschau‹ genannt, mit vielleicht insgesamt 10 Zeilen außenpolitischer Meldungen, im übrigen Artikel über die Segnungen des russischen Erziehungssystems, der Kolchosenwirtschaft, dazu lokale Meldungen, wonach viel mehr Wasserleitungen, Elektrizitätsversorgungen usw. funktionieren als in Wirklichkeit. Dann mehrten sich die Berichte vom Abtransport aller Maschinen, Apparate, Mobiliare von Siemens, Telefunken, Osram, Telefonzentralen, S-Bahn, Straßenbahn, Schreibmaschinen, einfach alles. Dann kam der junge Mann, der die stark bombengeschädigte Wohnung mir gegenüber mieten wollte. Wir kamen in ein Gespräch. Er war am Tag zuvor aus einem Flüchtlingslager aus Lindau bei Zerbst nahe der Elbe eingetroffen. Ich erkundigte mich nach dem Elbübergang. Er sagte: »Auf beiden Seiten Stacheldraht. Auf Menschen, die durchschwimmen wollen, wird von beiden Seiten geschossen, kein Hinüberkommen.« Ähnliche Berichte von der Elbe weiter südlich, wo Wälle gebaut wurden. Angebliche Radioansage im russisch-berliner Radio: die alliierte Kontrollkommission kommt nach Leipzig. Nun sah ich die hermetische Absperrung gegen Westen bis zur Elbe und Mulde vorgeschoben, — so hermetisch, wie ich sie ja von Rußland und aus den Erfahrungen von Tussias Verwandten kannte.

Wir versuchten, uns von der internationalen Lage ein Bild zu machen. Wie schwierig das hier ist, könnt Ihr Euch gar nicht vorstellen. Es gibt wohl hier und dort einen Straßenzug mit Elektrizität oder einen unpolitischen Physikprofessor, der mit Detektor Nachrichten hören kann, aber es gibt kaum einen Menschen, der das, was er hörte oder las, präzis wiedergeben kann. Da kann man sich wirklich nur auf die Kollegen verlassen. Es gehört offenbar eine besondere Schulung dazu. So haben wir versucht, uns aus hier einem Satz aus zweiter Hand, dort einem aus vierter Hand und einer halben nichtssagenden Spalte in der ›Täglichen Rundschau‹ einen Begriff vom Inhalt der Churchill-Rede zu machen, die offenbar auf dem Höhepunkt der Krise gehalten wurde (daß nicht geduldet werden könne, daß an die Stelle einer Despotie eine andere tritt). Noch sind wir nicht soweit, uns über alle Gründe der Krise klar zu sein, aber in unserer Aufzählung befinden sich: Triest und Kärnten (Tito); Österreich; russisches Vorgehen in Berlin (aber was da vor allem Anstoß erregte, wissen wir nicht); ob die Behauptung, die Russen hätten Malmö besetzt und sich wieder zurückgezogen, stimmt oder nur ein Gerücht war, wissen wir nicht. Auch ist uns nicht ganz klar, was zu der teilweisen Entspannung geführt hat, die wir seit einiger Zeit (vielleicht 10 Tagen) zu erkennen glauben.

Die tatsächlichen Ursachen der schweren interalliierten Krise lassen sich heute einigermaßen rekonstruieren:

Auf dem militärischen Gebiet bestand bei den Russen schon seit dem deutschen Einfall in Rußland gegenüber den dadurch gewonnenen Alliierten beträchtliches Mißtrauen. Sie kannten vermutlich die Hoffnungen, die konservative westliche Staatsmänner, wenn auch privat oder im kleinen Kreis, gelegentlich äußerten — die Hoffnung, daß die beiden Totalitären sich gegenseitig zerfleischen würden. Sie waren immer überaus empfindlich gegenüber einseitiger Waffenstrekkung im Westen, während im Osten um jeden befestigten Ort und jeden Brückenkopf schwer gekämpft werden mußte. Die vorzeitige Kapitulation der Deutschen in Italien ist auf S. 94 erwähnt worden. Die Tatsache, daß der Kriegsminister Stimson auch Teilkapitulationen für »rein militärisch« erklärte und sie als vergleichbar mit Stalingrad ansah, weshalb darüber keine vorherigen Absprachen mit den Sowjets nötig seien, mag zur russischen Erbitterung in den letzten Wochen des Kriegs beigetragen haben. Sie kam mit verteilten Rollen in der sowjetischen Presse zum Ausdruck. Am 12. April klagte Ilja Ehrenburg im ›Roten Stern‹ darüber, daß der deutsche Widerstand im Osten viel stärker sei als der im Westen. Dort würden die Städte durch Telefonanrufe eingenommen, im Osten nur durch blutigen Kampf. Im übrigen finde man in der katholischen Presse Englands und Amerikas schon Zustimmung zu der Erklärung des Bischofs von Münster, daß die Russen vom deutschen Boden ferngehalten werden müßten. Der Versuch des Militärsachverständigen der ›Times‹, die russischen Vorwürfe zu entkräften, dürfte die Moskauer Ansicht eher bestätigt haben. Er nannte als Grund für die schnellere Kapitulation der Städte in Westdeutschland, daß die Armeen, die sie hätten verteidigen sollen, schon in Gefangenschaft gewesen seien; im übrigen sei telefonische Übergabe nur wenige Male vorgekommen. Der Informationschef des Zentralkomitees der kommunistischen Partei, Alexandrow, behauptete dagegen, es seien 44 Divisionen von der West- an die Ostfront verlegt worden. Er erklärte: Der Grund für den eigensinnigen deutschen Widerstand im Osten sei nicht die Furcht vor den Russen, sondern der Wunsch der deutschen Führung, zwischen den Alliierten Mißtrauen zu säen.

Wir wissen seit 1954, daß Churchill in den Tagen der deutschen Kapitulation den britischen Oberstkommandierenden, Feldmarschall Montgomery, telegraphisch anwies, die deutschen Gefangenen nicht zu entwaffnen, damit sie zur Verfügung stünden, falls es notwendig werde, den Krieg mit einer

Wendung gegen Rußland weiterzuführen. Montgomery hat den Empfang des einstigen Telegramms bestätigt. Die zuständigen Ämter in London konnten diskreterweise keine Spur davon finden.

Im Hinblick auf den hervorragenden Informationsapparat, den die Sowjets auch in den Reihen ihrer Alliierten mit Hilfe zahlloser »Sympathisierender« und »Mitreisender« aufgebaut hatten, ist zu vermuten, daß Stalin von diesen Vorgängen schon im Mai 1945 Kenntnis erhielt. Seit den Veröffentlichungen über den Spionagefall Philby im ›Observer‹ und in der ›Sunday Times‹ (1967) wissen wir im übrigen, daß der Chef der Abteilung Gegenspionage gegen die Russen im britischen Geheimdienst eben jener »Kim« Philby war, der erwiesenermaßen seit 1934 für die Sowjets gearbeitet hat. Die Tatsache, daß diese gegen den Verbündeten gerichtete Abteilung schon 1944 gegründet worden ist, kommentierte der ›Observer‹ mit dem Satz: »Lange vor dem Ende des Kriegs bereiteten sich weitsichtige Männer auf den Tag vor, an dem Rußland sich aus einem Alliierten in einen Feind verwandeln mochte.«

Da man aber offiziell nicht ausplaudern darf, was man nur inoffiziell durch seine Spione weiß, konnte die publizistische Polemik in diesem Fall nur »durch die Blume« geführt werden. Daher die dauernden Ausfälle der sowjetischen Presse gegen die gute und kameradschaftliche Behandlung der hohen deutschen Offiziere in Flensburg, auf die S. 155 hingewiesen wurde. Zu den russischen Klagen äußerte sich der nach Nordwestdeutschland entsandte Sonderkorrespondent der ›Times‹ mit dem Hinweis darauf, daß enorme Schwierigkeiten zu überwinden seien. Die Briten hätten die Verantwortung für 2,5 Millionen Gefangene, für 500000 Verwundete, für die täglich sich mehrenden Massen von Flüchtlingen aus dem Osten, bei denen Hungersnot herrsche. Die einzige Möglichkeit, das Chaos zu meistern, sei, sich der noch bestehenden Teile des deutschen Stabs zu bedienen. »Feldmarschall Busch ist verantwortlich für die Ausführung der Befehle Mont-

gomerys; die Generäle Blumentritt und Blaskowitz wurden unter den Befehl der zuständigen britischen und kanadischen Kommandeure gestellt.« Die Methode habe sich ausgezahlt, dank der unbezweifelbaren Kooperation und Disziplin der Deutschen selbst.

Nach der Rüge Eisenhowers und der Erklärung Clays über die Dönitzgruppe (s. S. 152) entstand allerdings in Flensburg eine Atmosphäre freundlicher Zusammenarbeit mit den Vertretern Schukows, die als Beobachter der Abwicklungsarbeit im deutschen Hauptquartier entsandt worden waren. Am 24. Mai erfolgte die Verhaftung von etwa 300 hohen deutschen Offizieren in Formen, die jede Kameradschaftlichkeit vermissen ließen. Der Admiral Friedeburg, ein Mitunterzeichner der Kapitulationsurkunde, nahm sich das Leben. Die Abschiedsparty mit den Russen am 28. Mai verlief allseits in bester Laune, doch gelang es den westlichen Offizieren nicht, von den Abgesandten Schukows etwas über die Vorgänge in Berlin und in anderen europäischen Hauptstädten zu erfahren, abgesehen von dem Lob, das die Russen der ausgezeichneten Arbeit der alliierten Luftflotten zollten.

Damit war der Ärger auf dem militärischen Gebiet noch nicht überwunden. Schon am 1. Mai führte der sowjetische Bevollmächtigte für die Kriegsgefangenenfürsorge, Oberst Golikow, Klage gegen die amerikanische und britische Regierung, daß sie gegen die Vereinbarungen der Krim-Konferenz in bezug auf die Rückführung der Kriegsgefangenen handelten. Von 150000 russischen Gefangenen in Westdeutschland seien nur 35000 zurückgeschickt worden, wogegen die Rote Armee sämtliche amerikanischen und britischen Kriegsgefangenen retourniert habe. Später wurde in der sowjetischen Presse und im Radio behauptet, russische Gefangene müßten in drei Lagern unter deutscher Verwaltung Zwangsarbeit leisten; es herrschten unerträgliche Zustände; gefangene Russen würden von Deutschen umgebracht.

Jedenfalls fühlten sich die Westalliierten in der Rückführungsfrage in einer Zwangslage, die mit Rücksicht auf den östlichen Verbündeten öffentlich kaum diskutiert werden konnte. Stimson äußerte sich darüber mit der ihm eigenen Vorsicht: »Die Russen zeigten ein intensives Interesse an der ›Repatriierung‹ vieler Männer in amerikanischer Hand, die nicht den geringsten Wunsch bezeugten, in die Kontrolle der Russen ausgeliefert zu werden. Die Amerikaner sahen sich der unangenehmen Alternative gegenüber, entweder einen großen Verbündeten zu beleidigen oder das große Prinzip des politischen Asylrechts aufzugeben« (›On active Service in Peace and War‹, New York 1937–1948).

Der schlimmste Konfliktsgrund im militärischen Bereich war aber die Tatsache, daß die westlichen Armeen größere Gebiete in der Zone, die den Russen zufallen sollten, besetzt hatten und sich überlegten, ob sie sie als Faustpfand behalten sollten, wobei Churchill gegenüber Truman die treibende Kraft war.

In den Vereinigten Staaten hielt man im allgemeinen mehr von wirtschaftlichen Druckmitteln als von geographisch-militärischen. Averell Harriman, der amerikanische Botschafter in Moskau, war wenige Tage nach Roosevelts Tod in Washington eingetroffen und hatte in einer Reihe von Gesprächen die wichtigsten Berater Trumans — den Stabschef Leahy, den Marineminister Forrestal, den Kriegsminister Stimson, den Außenminister Stettinius und dessen einflußreichen Staatssekretär Grew — davon überzeugt, daß die Russen sich den amerikanischen Wünschen beugen müßten, »weil sie unsere Hilfe bei ihrem Wiederaufbauprogramm brauchen«. Es war nicht schwer, den Präsidenten für die Notwendigkeit einer Kraftprobe zu gewinnen. Von der harten Auseinandersetzung mit Molotow am 23. April (s. S. 59) erwarteten die meisten Berater Trumans, sie lasse der Sowjetunion nur zwei Möglichkeiten offen: entweder sich der amerikanischen Politik in bezug auf Polen anzupassen, oder auf die Mitgliedschaft in den Vereinten Nationen zu verzichten. Das war eine Täuschung. Und auch Stettinius erreichte Ende April in San Franzisko nichts, als er mit deutlichem Hinweis auf die zahl-

reiche polnischstämmige Bevölkerung Amerikas Molotow erklärte, eine künftige amerikanische Wirtschaftshilfe werde völlig »von der Stimmung und dem Gewissen des amerikanischen Volks« abhängen. Als auch das nichts half, wurde am Tag der deutschen Kapitulation der Beschluß in Kraft gesetzt, ohne vorherige Ankündigung die Pachtleihhilfe zu beenden. Schiffe, die schon unterwegs nach Rußland waren, wurden zurückgerufen, das Beladen von Schiffen in amerikanischen Häfen wurde eingestellt und die Güter, die sich schon an Bord befanden, wurden wieder ausgeladen. Es spricht, wie Alperovitz nachweist, viel dafür, daß Truman sich genau bewußt war, was dieser schroffe Schritt bedeutete, doch war die Reaktion so stark, daß er seinen Fehler einsah und durch eine Milderung der Anordnung korrigierte. Truman bemerkt dazu in seinen Memoiren: »Völlig unabsichtlich hatten wir Stalin ein Argument in die Hand gespielt, dessen er sich nun bei jeder Gelegenheit bedienen konnte. Andere europäische Regierungen beklagten sich über die Plötzlichkeit dieses Schrittes.«

Mit den Druckmitteln, die sie in diesem ersten Versuch einer Kraftprobe anwandten, wollten Truman und Churchill im Grunde eine völlige Umkehrung der Machtverhältnisse erreichen, die durch den Verlauf der beiderseitigen militärischen Operationen in Europa entstanden waren. Es ging um die Neugestaltung des gesellschaftlichen Lebens in den befreiten Ländern, wobei die westlichen Sieger das System parlamentarischer Demokratie als das selbstverständliche Modell ansahen. Niemand hatte daran gedacht, den Sowjets ein Mitspracherecht in Italien, Holland oder Belgien einzuräumen — Stalin selbst stellte denn auch in Potsdam, als es um eine Friedensregelung für Italien ging, sarkastisch die Frage, wieso denn Italien so demokratisch sei, da doch auch dort noch keine Wahlen stattgefunden hätten. Was in Osteuropa mit Stalinschen Methoden durchgeführt wurde, war allerdings eine andere Form »einseitigen« Vorgehens, und die Tatsache, daß von der Lübecker Bucht bis zum Schwarzen Meer west-

liche Beobachter nicht zugelassen waren, konnte die mißtrauischen Phantasien im Westen nur beflügeln.

Die befreiten Länder östlich der Demarkationslinie waren der Art nach durchaus verschieden. Es gab echte und halbechte »Opfer des Faschismus«, die Tschechoslowakei, Polen, Jugoslawien, Griechenland, Österreich; es gab Verbündete der Achsenstaaten: Ungarn, Rumänien, Bulgarien. Es gab Länder, die sich durch Partisanenkämpfe selbst befreit hatten — Jugoslawien, bis zu einem gewissen Grad auch Griechenland. Es gab Finnland, das in vorbildlicher Weise verstanden hatte, gegen die russische Übermacht zu kämpfen; aber auch: rechtzeitig freiwillig aus dem Krieg auszuscheiden, um wie kein anderer europäischer Nachbarstaat Rußlands mit den Sowjets in guter Nachbarschaft zu leben, ohne auf eine westlich-demokratische Lebensform zu verzichten.

Stalin hatte seine eigene Methode der Klassifizierung. Er rechnete mit der Zahl der Divisionen, die die einzelnen Staaten gegen die Sowjetunion ins Feld geführt hatten, und wünschte, vor allem was Reparationen anging, ihre Behandlung danach bemessen zu sehen.

England fühlte sich hauptverantwortlich für die Zukunft der Befreiten. Denn London war der Sitz der Exilregierungen geworden, darunter zwei Könige, Peter von Jugoslawien und Michael von Rumänien. Die Vereinigten Staaten unterhielten bei diesen »legalen« Regierungen Botschafter. Nachdem es Churchill nicht gelungen war, Roosevelt zum Angriff auf den Kontinent aus dem Südosten, »on the soft underbelly of Europe«, zu gewinnen, hatte er 1943 versucht, mit den Sowjets Vereinbarungen über die Verteilung der Einflußsphären in den Donauländern zu treffen. Amerika, damals noch in starrer Wilson-Ideologie gegen Einflußsphären befangen, lehnte ab. Im Oktober 1944 hatte Churchill auf eigene Faust noch einen letzten Versuch gemacht, indem er Stalin einen Zettel mit folgendem Angebot hinschob: 90% Einfluß in Rumänien, 75% in Bulgarien für die Sowjetunion; fifty-fifty in Jugoslawien für beide und 90% in Griechenland für

Großbritannien. Daran brauchte Stalin sich nicht zu halten, und so hatten die Russen in den von ihnen eroberten Ländern freie Hand. Pro forma wurden, solange der Krieg noch im Gang war, in den Hauptstädten unter Führung des sowjetischen Oberstkommandierenden alliierte Kontrollkommissionen gebildet, so etwa in Ungarn im Januar 1945. Die ungarischen Waffenstillstandsbedingungen wurden jedoch in Moskau diktiert und unterzeichnet; die westlichen Offiziere erhielten weder ein Mitspracherecht noch Bewegungs- oder Beobachtungsfreiheit. In Wien wurden sie, ebenso wie in Berlin, schon gar nicht in die Stadt gelassen. Es zeigte sich, wie berechtigt die Warnungen der führenden Militärs, der Generäle Eisenhower, Marshall und Sir Hastings Ismay, gewesen waren, die sich von vornherein entschieden gegen die anglo-amerikanische Besetzungsfaustpfand-Politik ausgesprochen hatten.

In den südöstlichen Staaten, die ans Meer grenzten, war der britische Einfluß aber auch ohne schriftliche Vereinbarungen durchaus lebendig. Griechenland hatten die Engländer zurückerobert. Dort stand die von ihnen eingesetzte Regentschaft allerdings in schweren Kämpfen mit den kommunistischen Partisanen. Während sich in Jugoslawien der erfolgreichste Bandenführer, genannt Tito, in Belgrad etabliert hatte, residierte in London das Königliche Kabinett. In den langausgedehnten Verhandlungen zwischen den beiden übte das Foreign Office mit Erfolg auf König Peter Druck aus, einem Kompromiß zuzustimmen. Die Auseinandersetzung darüber zog sich monatelang hin.

Am glattesten schien sich der Fall der Tschechoslowakei zu lösen. Kein Wunder — denn Präsident Benesch hatte in den dreißiger Jahren gute Beziehungen zu Moskau unterhalten und militärpolitische Abmachungen getroffen, die einst Hitler in seiner Absicht bestärkten, diesen Staat zu liquidieren. Sobald die sowjetischen Truppen die Grenzen der Tschechoslowakei erreicht hatten, drängten Benesch und sein Außenminister Jan Masaryk, nach Hause zu kommen. Am

15. Februar 1945 machten sie ihren Abschiedsbesuch im Buckingham-Palace. Doch so schnell reagierten die Russen nicht. Erst am 12. März konnte die ›Times‹ mitteilen, Benesch und Masaryk hätten England verlassen, um in ihr Heimatland zurückzukehren. Am 19. März waren die beiden in Moskau, und nachdem dort eine Einigung erzielt war, konnten sie am 6. April auf tschechischem Boden von der Bevölkerung mit Brot und Salz bewillkommt werden. Drei Tage später war die Interims-Regierung Zdenek Fierlingers mit Vertretern aus vier Parteien und vier Nichtparteimitgliedern, darunter General Swoboda und Außenminister Masaryk, gebildet. Oberstes Gesetz: enge Zusammenarbeit mit Moskau. Die Krise der Tschechoslowakei sollte erst drei Jahre später mit dem Prager Fenstersturz ihren Höhepunkt erreichen.

Kern der Krise im Frühjahr 1945, der symbolische Testfall nach Ansicht der Amerikaner wie der Engländer, war Polen. Rückblickend muß man sagen, daß selbst bei bestem Willen auf allen Seiten die polnische Frage damals nicht zu lösen war. Alle Parteien hatten auf ihre Weise recht. In solchen Fällen ist eine einseitige Lösung unvermeidabar. Ihre Ungerechtigkeit und Tragik kann sich nur in der Zeit lösen, wenn die Bitterkeiten überlebt sind.

Polen, bis zum Ausbruch des Ersten Weltkriegs dreimal geteilt, war nach der kurzen eigenständigen Existenz von zwei Jahrzehnten 1939 ein viertes Mal geteilt worden. Nun sollten den Polen durch die Akzeptierung der Curzon-Linie angestammte Gebietsteile im Osten abgenommen werden, wofür sie im Westen mit Gebieten zu entschädigen waren, deren Grenzen in Jalta unbestimmt blieben.

Die Engländer waren Polens wegen in den Krieg eingetreten, eine Maßnahme ihrer Verteidigungsstrategie gegen Hitler. Sie hatten aus denselben Gründen die polnische Exilregierung unterhalten, die polnische Armee ausgerüstet und finanziert und die Aufstandsbewegung in Polen selbst unterstützt. Die Sowjets dagegen hatten nicht vergessen, daß ihr junger Staat im Krieg mit Polen 1920 aufs schwerste gefährdet und ein endgültiger polnischer Sieg nur durch unvorhersehbare Umstände verhindert worden war. Sie waren sich bewußt, daß für jeden Angriff aus dem Westen die polnischen Ebenen immer das Aufmarschgebiet sein würden. Sie wünschten, in der Zukunft ein ihnen freundlich gesinntes Polen als Nachbarn zu haben, und glaubten dies nur durch die Konstituierung einer kommunistischen Regierung erreichen zu können. Dies dürfte der Grund gewesen sein, warum sie den Warschauer Aufstand im August 1944 nicht unterstützt hatten, ein Akt, der in England bei den Polen wie bei einer Mehrheit von Briten als Verrat ausgelegt wurde und das seit den Enthüllungen über Katyn ständig wachsende Mißtrauen nachhaltig steigerte. Als die Großen Drei in Jalta tagten, bestand der Ansatz zu einer kommunistischen polnischen Regierung schon in Lublin. Die Krise des April und Mai entzündete sich von Mal zu Mal erneut über der Frage, wie die Abmachung von Jalta, wonach die Lubliner Regierung durch Londoner Exilpolen zu demokratisieren sei, ausgelegt werden müsse.

Die Auseinandersetzungen wurden für den Westen um so dramatischer und schwieriger, als auch die Exilpolen untereinander in heftiger Fehde lagen. Der Führer der Bauernpartei, Stanislas Mikolaiczýk, den die Engländer für den einzig befähigten Regierungschef hielten, der nicht aus Neigung, aber aus realpolitischer Einsicht bereit war, eine Koexistenz mit der Sowjetunion anzustreben, gehörte der Regierung nicht mehr an. Sie wurde angeführt von Tomas Arciszewski, der erst 1944 aus dem polnischen Untergrund nach London gekommen war und der die Sowjets verabscheute. Ein weiterer Russenhasser, nicht ohne Grund, war der General Wladislaw Anders, dem die polnische Armee in Italien unterstand. Der polnische Adel, der die antikommunistische Pilsudski-Politik mitgemacht hatte, war durch den einstigen polnischen Botschafter, Graf Edward Raczynski, vertreten.

Unglücklicher konnte, wenn man einen Ausgleich mit den Sowjets wünschte, die Personalverteilung an der Spitze der exilpolnischen Ämter nicht sein. Bliss Lane, der designierte amerikanische Botschafter bei der umzubildenden Regierung in Warschau, hat in seinem Buch ›I saw Poland Betrayed‹ (Indianapolis, New York 1948) die Rolle des amtierenden Exilkabinetts beschrieben: »Für die Sowjetregierung, die offenbar die Absicht hatte, um jeden Preis eine kommunistische Regierung innerhalb Polens aufzustellen und die polnische Exilregierung zu liquidieren, bedeutete die Regierung Arciszewski eine Gottesgabe. Erstens war Arciszewskis Haltung ein bequemes Angriffsziel. Zweitens würde die eigensinnige Weigerung Arciszewskis und seiner Mitarbeiter, mit der Sowjetregierung einen Kompromiß einzugehen, die Krise beschleunigen, die nun unvermeidbar erschien. Drittens erleichterte die Ausschließung der Bauernpartei, die sechzig Prozent der polnischen Wählerschaft vertrat, aus der Londoner Regierung den Sowjets, die politische Herrschaft über Polen zu erlangen.«

Die ›Times‹-Berichterstattung, die abwechselnd »einen polnischen Korrespondenten« und ihren diplomatischen Kommentator zu Worte kommen ließ, spiegelte das innerpolitische Gegeneinander und die vergeblichen Versuche des Foreign Office, sich in einer polenfreundlichen, aber doch nicht sowjetfeindlichen Haltung durchzulavieren. Als zum Beispiel General Anders anläßlich eines Besuchs in London von Raczkiewitz zum Oberstkommandierenden der gesamten polnischen Streitkräfte ernannt wurde, erklärte der diplomatische Korrespondent: Die Ernennung sei ohne Wissen und ohne die Zustimmung der britischen Regierung erfolgt. Die antisowjetischen Berichte polnischer Offiziere, die am Warschauer Aufstand teilgenommen hatten, wurden kommentarlos abgedruckt.

Eine neue Phase der Bitterkeit war erreicht, als die Exilregierung Anfang April eine nicht sehr klare Darstellung über die Reise mehrerer polnischer Politiker veröffentlichte, die angeblich von sowjetischen Offizieren aufgefordert worden waren, zu politischen Gesprächen nach Polen zu kommen. Sie waren im März abgereist, und man hatte nie mehr ein Wort von ihnen gehört. Diese sechzehn, später waren es achtzehn, Polen bildeten von nun an den Kern des Streits zwischen London und Washington einerseits, Moskau andrerseits, nachdem die Dreierkommission, bestehend aus den Botschaftern Harriman, Clark Kerr und Molotow, die in Moskau die polnische Frage klären sollte, auf dem toten Punkt angelangt war. Die ständig wiederholte Frage: Wo sind die Sechzehn? wurde in Moskau mit Schweigen beantwortet.

Nachdem Harriman am 16. April 1945 zur Unterrichtung des neuen Präsidenten von Moskau nach Washington geflogen war, schuf Stalin eine Reihe von faits accomplis, die äußerst provozierend wirkten. Er ließ am 20. April die herbeizitierte »provisorische« Lublin-Regierung mit großen Ehren empfangen und unterzeichnete am 22. mit ihr einen 20jährigen polnisch-russischen Beistandspakt. Am 23. fand daraufhin die schon erwähnte böse Auseinandersetzung zwischen Truman und Molotow statt (s. S. 59) Den vergeblichen Bemühungen der Außenminister Eden und Stettinius, in Washington mit Molotow in ein Gespräch über die Polenfrage zu kommen, setzte »die Bombe« ein Ende, die Molotow bei einem gemeinsamen Diner am 3. Mai explodieren ließ, als er erklärte, die sechzehn Polen seien wegen subversiver Tätigkeit im Rücken der sowjetischen Armee verhaftet worden. Das war das Ende der Dreiergespräche über Polen. Die ›Times‹ notierte melancholisch, die Freude am gemeinsamen Sieg sei verdorben.

In diesen Tagen glückhafter Siegesfeiern passierte noch etwas anderes, an sich von untergeordneter Bedeutung, doch in der entstandenen Atmosphäre gesteigerten Mißtrauens als neues Alarmzeichen gewertet. Russische Truppen hatten die dänische Insel Bornholm besetzt, die Verbindung zum Festland war unterbrochen. Dänemark war an sich von den Engländern befreit worden, Bornholm gehörte also eigentlich zu ihrem Gebiet. Die Deutschen auf der Insel, so wurde erklärt, hätten sich geweigert, zu kapitulieren, daher die Befreiung der

Insel durch insgesamt 7000 Russen. Was bis zur Klärung der Lage Anfang Juni erschreckte, war die Tatsache, daß Bornholm in der Ostsee östlich der Linie lag, die auf dem Festland russische Zone war.

In der festgefahrenen Lage, die sich Mitte Mai ergeben hatte, gab es nach Ansicht sowohl Churchills und Edens wie der außenpolitischen Berater Trumans nur einen Ausweg: die schleunige Einberufung einer Konferenz der Großen Drei, um mit Stalin in offener Konfrontierung sich über die Konfliktsfälle auseinanderzusetzen. Doch der amerikanische Präsident gab dem allseitigen Drängen nicht nach. In diesem Fall folgte er dem Rat Stimsons, der schon im April vor der harten Haltung und dem »symbolischen Entscheidungskampf« gewarnt hatte. Stimson befürchtete, daß ähnlich wie einst mit dem Völkerbund in idealistischer Begeisterung eine internationale Organisation aufgezogen werde, die sich als hohl erweisen müsse, wenn nicht im voraus die politischen Realitäten geklärt würden. In einem Memorandum, das er unmittelbar vor der Konferenz von Jalta verfaßt hatte, hieß es: In bezug auf die Treuhänderschaften nach dem Krieg müßten auch die Interessen der Sowjetunion berücksichtigt werden. »Sie wird behaupten, daß angesichts ihrer bitteren Erfahrungen mit Deutschland ihre Selbstverteidigung als Garant des Weltfriedens abhängig sei von der Form ihrer Pufferstaaten wie Polen, Bulgarien und Rumänien, und es ist klar, daß deren Beziehungen von völliger Unabhängigkeit weit entfernt sein würden.«

Der Grund, warum Stimson für einen Aufschub der Konferenz der Großen Drei und für eine Verzögerungstaktik in bezug auf alle Streitfälle eintrat, lag aber darin, daß er als Kriegsminister für die Entwicklung der Atombombe verantwortlich war und dem Präsidenten am 25. April darüber einen ersten Vortrag gehalten hatte. Er wünschte diese Trumpfkarte in der Hand zu haben, bevor die Westmächte in Verhandlungen mit der Sowjetunion eintraten. Zu diesem Zweck mußte aber die erste Versuchsexplosion stattgefunden haben. Sie wurde von den Atomphysikern, die er zu höchster

Eile antreiben ließ, für Anfang Juli versprochen. Truman schrieb deshalb dem immer heftiger drängenden Churchill, der auch an die britischen Wahlen am 5. Juli denken mußte, er könne sich keinesfalls vor Juli für eine Konferenz freimachen. Was für große Hoffnungen die wenigen Eingeweihten auf das Druckmittel Atombombe setzten, zeigt ein Satz von James Byrnes, den Truman in seinen Memoiren zitiert: »Das neue Kampfmittel werde Amerika in die Lage versetzen, nach dem Kriegsende seine Bedingungen zu diktieren.« Byrnes, ein gegenüber Roosevelts Nachgiebigkeit kritischer Teilnehmer der Konferenz von Jalta, der in seinem Mißtrauen dort dauernd insgeheim mitstenographiert hatte, wurde von Truman vor der Abreise nach Potsdam zu seinem Außenminister ernannt.

Vorher hatte der Präsident durch ein genial anmutendes Manöver die Voraussetzungen dafür geschaffen, daß die Konferenz der Großen Drei am Rande eines gemeinsam besetzten Berlins in einer annehmbaren Atmosphäre überhaupt stattfinden konnte. Er wählte den engsten Vertrauten Roosevelts, Harry Hopkins, den Mann, der im Sommer 1941 die ersten Verhandlungen mit Stalin geführt hatte und immer für eine kräftige Unterstützung der Sowjetunion eingetreten war, für eine Mission nach Moskau aus. Wenn Polen das Symbol für den Konflikt war, so war Hopkins das Symbol für die Versöhnungsbereitschaft. Das Vorhaben wurde im Hinblick auf die Scharfmacher im State Department und im Weißen Haus unter Ausschluß der Öffentlichkeit vorbereitet — Polens Freund Bliss Lane war voller böser Vorahnungen und verzeichnete in seinen Memoiren: »Plötzlich und geheim reisten in den letzten Mai-Tagen Harry Hopkins und Bohlen nach Moskau.« Das Telegramm, in dem Truman Stalin die Entsendung von Hopkins ankündigte, ging am 20. Mai ab. Publik wurde die Sache am 24. Die erste Begegnung mit Stalin fand am 26. Mai statt. Dies war der Auftakt für die Entspannung, die wir spürten, ohne ihren Grund zu kennen.

Mietuschs hatten mich bei der Besitzerin einer Herren-Schneiderei eingeführt, die Strom hatte, und wohin ich mein Radio im Rucksack trug. Aber das gefiel ihr offenbar nicht, und als ich das zweitemal wiederkam, machte sie nicht auf. Dann war ich zweimal bei einem Geschäftsfreund von Mietusch, der Strom und Radio hat, hörte sehr interessant, gerade zur Zeit der englischen Kabinettsumbildung, aber seit vier Tagen ist der Strom dort zu Ende, kommt auch nicht wieder. Nun hoffe ich, organisiert zu haben, daß Gerwin, ein Kollege vom B. T. her (Wirtschaftskorrespondent in London, später außenpolitischer Korrespondent in Stockholm), ein Radio von Manholt-Freunden in Zehlendorf geliehen bekommt und damit zur Kneipe gegenüber geht, wo Strom ist und notiert. In Zehlendorf haben leider die meisten Menschen ihr Radio abgeliefert, bevor dieser Ablieferungsbefehl nach zwei Monaten Unsicherheit zurückgenommen wurde. Zurückgegeben wurde aber nichts. Die meisten abgelieferten Radios sind nämlich kaputt, da sie rücksichtslos auf Lastwagen geworfen und abgefahren wurden. Nun muß aber noch organisiert werden, wie Gerwins Nachrichten aus Zehlendorf zu uns kommen, da Gerwin noch zu Fuß ist. — Er las übrigens einen Tag lang Telefonbuch, um zu sehen, wer an ihm bekannten Menschen hier sein könne. Dann begann er von Zehlendorf aus seine Kreise immer weiter zu ziehen. Vor 8–10 Tagen erschien er zum erstenmal bei mir.

Wir erfuhren auch, daß die sämtlichen Gesandtschaften, schwedische und schweizerische inbegriffen, über Rußland abtransportiert wurden. Und dann gab es den Anschlag, daß alle Ausländer bis zum 1. Juni die Stadt verlassen haben müssen, weil sie nachher keine Lebensmittel mehr bekommen. Und die Italiener, die ich daraufhin am Kaiserdamm ansprach, sagten, sie müßten sich in einem Lager in Biesdorf sammeln, von dort gehe es via Odessa nach Italien! Inzwischen scheint es aber via Österreich zu gehen. Alles dies bestätigte immer erneut, daß Ost und West feindliche Lager seien und daß zwischen ihnen so gut wie kein auch nur offizieller Verkehr besteht.

Die Schweden waren offenbar die ersten, die in ihrer Heimat anlangten. Am 4. Juni konnte die ›Times‹ einen Bericht aus Stockholm veröffentlichen, der auf den Erzählungen der zehn Schweden fußte, die nach der Kapitulation drei Wochen im Luftschutzraum der schwedischen Gesandtschaft verbracht hatten und dann über Moskau und Helsinki nach Stockholm gereist waren, darunter auch der Korrespondent von ›Dagens Nyheter‹, Ivar Westerlund. Dies war der dritte Bericht über die Verhältnisse in Berlin, den die ›Times‹ druckte, bevor es ihrem Sonderkorrespondenten gelang, am 12. Juni einen eigenen Bericht zu veröffentlichen. Die ersten beiden stammten aus Moskau (s. S. 117 und S. 158). Die Schweden beschrieben die Betäubung, in der sich die Bevölkerung Berlins befunden habe, die Schnelligkeit, mit der die Russen den Apparat der Stadt wieder in Gang gebracht, Restaurants, Lebensmittelgeschäfte, Kinos und Konzerthallen eröffnet und eine Zeitung mit den wichtigsten Nachrichten herausgebracht hätten, erklärten aber, die Ernährungslage sei äußerst schwierig. Es werde nichts unternommen, um die Russen vom Fraternisieren mit den Deutschen abzuhalten, man sehe deutsche Frauen oft zusammen mit Offizieren wie mit Mannschaften. Die Entschlossenheit der Russen, alle Spuren des Nazismus auszurotten, wurde betont; die Angehörigen der Wlassow-Armee seien sofort erledigt worden; einzelne Nationalsozialisten, die beweisen konnten, daß sie Juden geholfen hätten, seien freigelassen worden.

Die Schweizer waren Ende Juni noch nicht zu Hause angelangt (s. S. 249). Eine Gruppe Italiener traf ich im September auf der Fahrt nach Bayern (s. S. 331). Sie hatten die Zwischenzeit in Lagern verbracht.

Nach dem Einzug der Engländer berichtete der ›Times‹-Korrespondent am 6. Juli, im britischen Sektor sei man eines schwierigen Problems enthoben, da die Displaced Persons fast vollkommen verschwunden seien. »Von etwa 200 000 deportierten Arbeitern seien nur noch 5000 vorhanden. Viele mögen Russen gewesen sein. Aber wohin die Westeuropäer gingen, weiß niemand.«

Verhaftet waren nun von Kollegen: Molkenthin (ein harmloser Nachrichtenredakteur, nicht in der Partei, aber unterstützendes Mitglied der SS, was eine reine Loskauf-Aktion war); Scharp, 1939 in Prag gezwungen, in die Partei einzutreten; Sparing, echter Nazi; Wirths, bekannt als anti-Nazi, dem die Russen nicht glauben, daß er nicht in der Partei war, weil er stellvertretender Hauptschriftleiter am ›Reich‹ war; John Brech, Wirtschaftsredakteur, anti-Nazi, aber seit 1938 in der Partei, auch gezwungen; sehr viele vom DNB, deren Namen ich großenteils nicht kenne, darunter etliche anti-Nazi; Seibert vom ›Völkischen Beobachter‹; alle anderen vom VB scheinen sich rechtzeitig verflüchtigt zu haben. Überhaupt sind natürlich die, die wirklich aktiv waren, spurlos verschwunden, und die Leute sind ja so dumm und unterscheiden nicht; einziges Kriterium ist, ob Pg oder nicht. Was zuerst über die Behandlung durchsickerte, klang ermutigend: höfliches Ausfragen, gute Ernährung, schlechte Unterkunft. Viele Verhaftete aus anderen Berufen, Bankdirektoren etwa, kamen nach 2–3 Wochen wieder heraus. Drei Mädchen vom Auswärtigen Amt wurden drei Tage eingesperrt, geschlagen, an den Haaren gezerrt. Sie sollten sagen, wo der Ges. v. Bergmann (Personalabteilung) und Herr v. Marschall seien. Sie wußten es nicht. Dann wurden sie fortgeschickt. Sie sollten die beiden suchen. Sie liefen zum Geheimrat Günther (Kurierabteilung). Der ging selbst hin, sagte, er wisse aber auch nicht, wo die beiden seien; wurde ein paar Tage festgehalten, aber höflich behandelt. Dann ward Bergmann gefunden, verhaftet, ausgefragt, wieder entlassen; von Marschall nimmt man an, daß er nimmer lebt. Überhaupt haben so viele Menschen Selbstmord verübt, auch die Familie Trendelenburg (Staatssekretär). Schmidt-Dumont, lange Zeit Presseattaché in Ankara, ist schon lange verhaftet; er ist offenbar bisher der einzige, den sie haben, der etwas über die deutsche Vord. Orient-Politik weiß. Soviel man hört, werden alle vor allem nach SS und Gestapo ausgefragt, weil die Russen das Gefühl haben, daß sie davon nicht genug erwischten. Dieses Gefühl ist sicher richtig. Aber es ist naiv zu glauben, daß die Verhafteten ihnen auf die Spur helfen können. Ebenso werden auch die am 21. und 24. April aus den Gefängnissen und KZs entlassenen Überlebenden vom 20. Juli immer wieder vorgenommen und ausgefragt. Auch sie wissen nichts. Übrigens sind in den letzten Tagen vor der Entlassung noch 60 Leute vom 20. Juli erschossen worden (nachträglich: die Zahl ist leider noch viel höher); wenn ich mich recht erinnere, in der Albrechtstraße; ein einziger entkam lebend; es wurden nämlich immer drei aufs Mal erschossen, von hinten mit Genickschuß; dieser eine bewegte im Schußmoment ein wenig den Kopf, bekam den Schuß nur ins Ohr, fiel hin, vermochte sich hinter eine Tonne zu wälzen, hörte dann, wie die Männer sagten: »Wo ist denn die dritte Leiche? Hier waren doch drei Leichen.« Aber sie begnügten sich mit zwei. Albrecht Bernstorff, der schon seit Sommer oder Herbst 1943 saß, ist nun auch tot.

Einige Tage lang war die »Tortur« ganz kaputt. Ich blieb zu Hause und dachte nach. Es war die Zeit, in der ich jede Hoffnung, daß durch Ankunft der Amerikaner eine Verbindung mit der Außenwelt hergestellt werden könne, mir aus dem Herzen gerissen hatte, ein sehr schmerzlicher Prozeß. Ich machte mir folgendes klar: Zwar bin ich immer weiter überzeugt, daß die Zukunft bei den Russen liegt, weil sie eine Politik haben und wissen, was sie wollen, während die Westmächte keine konstruktive Politik haben und nur wissen, was sie nicht wollen, wozu noch kommt, daß sie bisher wenigstens als Ersatz für eine Politik zwei Männer hatten, wovon aber nun Roosevelt gestorben ist und Churchill in Gefahr steht, in den Wahlen besiegt zu werden. Aber trotzdem ich, auf lange Sicht gesehen, das aufbauende Prinzip im Osten sehe, so habe ich doch erkannt, daß ich selbst der alten Welt angehöre und in ihr sterben will. Auch zieht auf der Waage der menschlichen Beziehungen nun die Westseite tief hinunter — Mama, Dohrns, Gert, alle Freunde in Süddeutschland, Büd — während hier noch die Manholts sind, die zu verlassen allerdings sehr traurig sein wird. Jedenfalls, ich beschloß mich aufzumachen, wenn möglich zu Rad, sonst zu Fuß. Andere beschlossen dasselbe. Seitdem ist unser Studium ganz auf Grenzverhältnisse, legalen und illegalen Übertritt, Bescheinigungen und ihren Wert, Straßenverhältnisse, Radfallen usw. gerichtet, und man versucht, möglichst viel Augenzeugenberichte zu sammeln und daraus seine Schlüsse zu ziehen.

1. Juni 1945.

»Weißt Du wieviel Sternlein stehen?
Denn Du mußt sie schleunigst nähen.«

Ich habe aus einem alten Kopfkissenbezug 96 weiße Sterne ausgeschnitten. Mein Zeigefinger ist von der eiligen Arbeit taub. Gestern abend kam Befehl, daß jedes Haus in Berlin je eine Sowjet-, USA-, britische und französische Flagge anzufertigen hat. Größe: 1.80 mal 0.85 m. Stoffe sind zu liefern (ein Bürgermeister, der sagte, das könne er der Bevölkerung nicht zumuten, bekam die berühmte Pistole vorgesetzt). Wer nicht Fahnen nähte, mußte schippen. Eigentlich mußten das alle Frauen unter 50 Jahren, aber weil sich in unserem Haus zu wenig zum Nähen meldeten, kam ich noch mit in die Nähabteilung. (Schippen bedeutet entweder Aufräumungsarbeiten an den Ruinen oder Abmontieren von Maschinen zum Abtransport, oder das Abtragen von Barrikaden mit schweren Eisenträgern, eine böse Arbeit. Ich hab bisher viermal Ruinen geschippt, freiwillig, was aber vom Hausobmann kontrolliert wird; Alternative: Zwangsarbeit.) Dreizehn Streifen, 7 rote, 6 weiße, ein blauer Fleck und auf jeder Seite 48 Sterne in 6 Reihen zu acht, das war die Fahne, die wir machen mußten. Das Muster holten wir aus dem Konversationslexikon. Das Rot verdankten wir einer Frau, die zu sparsam war, ihre Hakenkreuzfahne zu verbrennen, weil sie Putzlumpen daraus machen wollte, das Weiß aus einem Damasttischtuch vom Hinterhaus, das Blau war das schwierigste. Die Sternchen schnitt ich nach einer Pappdeckelschablone nach einem Christbaumschmuck; und alles erzählte sich gegenseitig: »Heute, morgen, übermorgen kommen die Amerikaner.«

Und ist das alles nicht furchtbar komisch, daß es nun in der ganzen Stadt nur ein Gesprächsthema gibt: »Wie mache ich die schmalen weißen Streifen an das Kreuz des ›Union Jack‹? Wie schneide ich Hammer und Sichel?« Und vor Begeisterung über ihr gelungenes Werk hingen schon viele am Abend die Fahne zum Fenster hinaus, ohne daran zu denken, was dieses Hissen der fremden Fahnen bedeutet. Es sah bunt und fröhlich aus, und gleichzeitig bekommen Männer die Köpfe glatt geschoren und auf den Hals hinten eine Nummer zum Abtransport nach Osten, und alle Verwundeten aus den Lazaretten wurden abtransportiert und sollen nun weiter östlich wenig Nahrung und keine ärztliche Behandlung mehr bekommen. Also werden sie wohl langsam eingehen, wie so viele. Ein Arzt aus Hermsdorf sagte, bisher seien dort 500 Selbstmorde.

Vermutlich war das plötzlich anbefohlene Anfertigen alliierter Flaggen in ganz Berlin Schukows Vorbereitung für das Treffen der vier alliierten Kommandeure, die den Kontrollrat bilden sollten. Er mochte den Befehl erhalten oder es selbst für richtig befunden haben, Vorsorge zu tragen, damit für den Fall einer Einigung zwischen Washington und Moskau am Tag des Treffens, dem 5. Juni, eine öffentliche Demonstration alliierter Einigkeit hätte stattfinden können.

Dazu kam es nicht, obwohl durch die Hopkins-Mission in den letzten Mai-Tagen ein erstaunlicher Grad von Entspannung an allen Fronten fühlbar wurde. Schon am Tag von Hopkins Abreise hatte Truman vor der Presse erklärt, die Pachtleih-Güter würden gemäß den bisherigen Vereinbarungen nun alle ausgeliefert (ein Entgegenkommen, das allerdings befristet war); außerdem konnte Hopkins Stalin in der ersten Sitzung mitteilen, daß einer der vornehmsten sowjetischen Wünsche erfüllt werde: Frankreich bleibe aus der Reparationskommission der Großen Drei ausgeschlossen, und der amerikanische Vertreter in dieser verspätet zusammentretenden Kommission werde demnächst nach Moskau reisen. Daß Truman anstelle Isidor Lubins, den Roosevelt für die Reparationsprobleme ausersehen hatte, inzwischen einen Vertreter der harten Schule, Edwin Pauley, ernannt hatte, sollte in seinen für Rußland nachteiligen Folgen erst später erkannt werden. Auf der anderen Seite gab es entsprechendes Entgegenkommen in den Randgebieten: Die Gespräche über die gemeinsame Besetzung Österreichs machten die ersten Fortschritte, so daß die anglo-amerikanischen Truppen am 5. Juni in Richtung Wien in Marsch gesetzt werden konnten. Tito erklärte sich am 22. Mai zu Gesprächen mit den Alliierten und am 24. Mai zum Rückzug aus Istrien bereit. Elf hohe Offiziere der russischen Besatzung auf Bornholm nahmen am 2. Juni an einem alliierten Siegesfest in Kopenhagen teil, und sogar die polnische Frage näherte sich einer Lösung. In San Franzisko, wo die UNO gegründet wurde, war auf Betreiben Amerikas gegen den Widerstand Stalins, der nicht zu Unrecht die Großmacht China für aktionsunfähig hielt, aus den bisherigen Großen Drei die Großen Fünf geworden. Für die Behandlung der Deutschland-Frage hatte man sich auf die Einbeziehung Frankreichs zu einer Großen Vier geeinigt. Doch die eigentliche Auseinandersetzung in der politischen Begegnung mit Stalin wollte Truman zur Empörung de Gaulles auf den alten Rahmen der Drei beschränkt sehen. Auf einer Pressekonferenz am 1. Juni gab der amerikanische Präsident zur großen Erleichterung der Weltöffentlichkeit bekannt, daß als Ergebnis der Hopkins-Mission ein Treffen mit Churchill und Stalin nun in Aussicht stehe.

In bezug auf Deutschland und Berlin war zu diesem Zeitpunkt eine Einigung mit Stalin noch nicht erzielt worden, und deshalb fand die Sitzung der vier höchsten alliierten Generäle trotz den vorsorglichen Schukowschen Festvorbereitungen in einer gespannten Atmosphäre statt. Am 7. Juni konnte die ›Times‹ über den Verlauf des Treffens aus dem Nachrichten-Zentrum Paris berichten, man habe gehofft, die noch ausstehenden Fragen zu besprechen, so den Einmarsch der wartenden amerikanischen und britischen Streitkräfte in Berlin und die Frage, ob Berlin wirklich Sitz des Kontrollrats werde. Doch habe sich gezeigt, daß Schukows Auftrag streng auf die Unterzeichnung der vorbereitenden Dokumente über die Errichtung eines Kontrollrats beschränkt gewesen sei und daß er erklärt habe, in weitere Diskussionen könne er nicht eintreten, bevor die britischen und amerikanischen Streitkräfte aus der russischen Zone abgezogen seien. Die Sitzung habe deshalb ein abruptes Ende genommen, Eisenhower und Montgomery seien sofort in ihre Hauptquartiere zurückgekehrt.

Der Meister im Glätten aller vorkommenden unangenehmen Situationen, Dwight D. Eisenhower, hat den Vorgang in seinen Memoiren viel harmloser dargestellt. Er läßt zwar ahnen, daß er über eine mehrstündige Wartezeit so verärgert war, daß er im Begriff stand, mit seiner sofortigen Abreise zu drohen. Als aber die Sitzung samt Unterzeichnung der Dokumente glücklich beendet war, zeigte sich, wie er mit freundlichen Worten beschreibt, »daß Marschall Schukow ein glänzendes Bankett für seine Gäste bereitet hatte, doch war ich nicht bereit, die Nacht in Berlin zu verbringen. Außerdem hatte ich so vielen Leuten erlaubt, mich nach Berlin zu begleiten, daß es keine Möglichkeit gab, in dem uns zugewiesenen engen Quartier für sie zu sorgen. Ich erklärte Schukow also, daß ich früh genug nach Frankfurt zurückkehren müsse, um vor Einbruch der Dunkelheit zu landen. Er bat mich, wenigstens für einen Trinkspruch und zum Anhören zweier Lieder eines Chors der Roten Armee zum Bankettsaal zu kommen und versprach mir eine schnelle Fahrt durch die Stadt zum Flugplatz, wobei er persönlich dafür sorgen werde, daß es keine Verzögerung gebe« (›Crusade in Europe‹, New York 1948).

Nicht alle Begleiter der westlichen Kommandeure verließen Berlin noch am selben Abend. Es kam zu einem regelrechten Trinkgelage. Sir William Strang, der zum politischen Berater Montgomerys ernannt worden war, blieb noch einige Zeit, um die Lage zu studieren, desgleichen einige auserwählte Journalisten, denen es gelungen war, die Gelegenheit für das Eindringen in die verbotene Stadt zu benützen (s. S. 199).

Immer noch beharrte Churchill aber darauf, die englischen und amerikanischen Truppen in der sowjetischen Zone zu lassen, bis sämtliche Fragen in einem für die Westmächte befriedigenden Sinne geklärt seien. Eisenhower hatte diese Taktik von Anfang an für falsch gehalten und sprach sich erneut gegen ihre Fortsetzung aus, ebenso sein politischer Berater, Robert Murphy. Hopkins telegrafierte auf seiner Rückreise aus Moskau, der »gegenwärtige Zustand der Ungewißheit über das Datum des Abzuges alliierter Truppen aus den den Russen zugestandenen Gebieten werde sicherlich bei den Russen wie in der Heimat Anlaß zu Mißverständnissen geben«.

Am 12. Juni teilte Truman Churchill mit, er könne den Abzug der amerikanischen Truppen nicht länger aufschieben; am 14. schlug er in einem mit Churchill vereinbarten Text Stalin vor, daß Befehle für den gleichzeitigen Truppenabzug in Deuschland und Österreich gegeben werden sollten. Am Tag zuvor waren aus London Mikolaiczýk und Jan Stancyk nach Moskau abgeflogen, um mit den Mitgliedern der neuen Warschauer Regierung und einigen nicht-kommunistischen Politikern aus Polen über die künftige Regierungsbildung zu beraten. Die Bahn für die Konferenz in Potsdam war frei.

5. Juni 1945. Ich bin jetzt fast mehr in Dahlem als in Charlottenburg. In der Zeit als die »Tortur« kaputt war, mußte ich auf eine mysteriöse Bestellung hin einmal plötzlich nach Dahlem; da das ein Fußmarsch von gut anderthalb Stunden ist, und ich meinem großen Zeh an einem Tag nicht drei Stunden zumuten wollte, beschloß ich, bei Manholts zu übernachten und am nächsten Tag zurück zu wandern. Dies gefiel uns allen so viel besser als die kurzen Besuche, daß ich es seitdem oft wiederhole. Außerdem ist mein Bestreben, einen Umzug nach Dahlem zu bewerkstelligen, teils weil ich ja in Charlottenburg völlig fremd bin und fast alle meine Bekannten in der Dahlem-Zehlendorf-Gegend sind, teils weil ich, wenn ich einmal auf die Wanderschaft gehe, meine Möbel lieber in der Nähe von Elsbeth weiß und womöglich von einem bekannten Menschen bewohnt. So ein Umzug ist aber nahezu ausgeschlossen. Die Russen haben nämlich angeordnet, daß alles kommunal aufgezogen wird, sogar die Post (die natürlich noch nicht funktioniert, aber 90% der Postbeamten sind entlassen). So zerfällt Berlin in eine Reihe von Republiken, die von einander ganz unabhängig sind. Die Regierungssitze sind die Bürgermeistereien Charlottenburg, Schmargendorf, Wilmersdorf usw. Die Verordnungen sind überall verschieden. Es besteht keine Freizügigkeit in bezug auf den Wohnungswech-

sel. Wer an einem Stichtag im Februar in einem Stadtteil war, muß bis an sein Lebensende dort bleiben. Nun ist der Bürgermeister von Zehlendorf, welches der Regierungssitz für Dahlem ist, offenbar ein vernünftiger, vielleicht auch ehrgeiziger Mann namens Witgenstein, der Zehlendorf zu einem Zentrum der Künste und Wissenschaften machen will, — das sind nämlich die zwei Sparten, die von den Russen gefördert und mit Schwerarbeiter-Lebensmittelkarten ausgezeichnet werden. — Heinz Rühmann, ein, wie ich glaube, höchst mittelmäßiger Filmschauspieler, ist an der Spitze der Kultur. Film und Kabarett werden überhaupt besonders gepflegt, aber auch die Philharmonie soll gefördert werden, und Herr Glum (einst Generaldirektor der Kaiser-Wilhelm-Gesellschaft) bemüht sich mit einigen Professoren, eine Universität aufzuziehen. Da aber der Inhalt aller Institute schon abtransportiert wurde, ist das nicht einfach; man wartet nun mit Spannung, ob auch alle Bibliotheken ostwärts rollen werden (nachträglich: die Bemühungen in der hiesigen Gegend wurden schon wieder eingestellt. Im Zentrum bemüht sich nun Spranger altmodisch und langsam).

Jedenfalls, unter dem Zeichen der Künste und Wissenschaften gedachte ich, mein neues Nest zu bauen, lieh mir zu diesem Zweck mein Mittelmeerbuch aus und suchte sonst einiges Gedruckte von mir zusammen. Dieser erste Versuch mißlang jedoch, da der Kommandant von Zehlendorf verfügt hatte, daß überhaupt niemand zuziehen darf und auch der Bürgermeister ohne Genehmigung des Kommandanten keinen Zuzug gestatten darf (Kommandant ist immer russisch). Mein Gang zur Kommandantur führte mich nur bis zu einer dicken, pampigen Dolmetscherin, die sagte, wenn der Bürgermeister mich nach Zehlendorf haben wolle, möge er sich gefälligst selber zum Kommandanten bemühen. Die Russenmädchen sind überhaupt ein

Kapitel für sich. Sie haben ausnahmslos dicke, runde Busen, dicke hervorstehende Popos und dicke runde Beine. Sie versehen, schwer bewaffnet und mit Fähnchen ausgerüstet, die Verkehrsregelung mit einem übertriebenen Aufwand an schneidig erscheinen sollenden Gesten. Daß die Berliner Frauen und Mädchen selbst in ihrer Verkommenheit nach sechs Jahren Krieg, selbst mit 60 und 70 Jahren, wie die Creme raffinierter Eleganz und verführerischer Weiblichkeit auf die Russen wirken müssen, ist uns ganz klar. Gerwin sagte neulich, es sei ein Glück, daß im Gegensatz zu den Soldaten die Russenmädchen nicht in die Häuser kämen, um sich die Männer zum Verlustieren zu holen. — »Mann komm mit«, das wäre den Männern eigentlich auch zu gönnen.

Da die neue Bürokratie und Fragebogenwirtschaft noch unendlich viel komplizierter ist als die der Nazis, gibt es aber auch um so vielfältigere Wege, ein Ziel zu erreichen. Seit heute versuche ich einen neuen Weg, über den ich mich noch nicht äußern will. [Da ich im Sommer 1942, als ich eine zweimonatige Arbeitszeit bei den Manholts verbrachte, in Dahlem polizeilich angemeldet war, mich aber nicht abgemeldet hatte, versuchte ich mit der Behauptung, ich habe immer in Dahlem gewohnt, die Umzugssperre zu überwinden.] Bei diesem Unternehmen radle ich von Behörde zu Behörde und sehe und lerne viel. Gestern stand ich z.B. lange in einer langen Schlange von Ärzten vor einer Amtstüre, fast lauter Männer und Frauen in guten oder gut gewesenen, viel zu weiten Anzügen, mit intelligenten, teils gütigen Gesichtern. Sie waren alle schon einmal registriert worden und hatten alle Fußmärsche von ein bis drei Stunden hinter sich. Der Fragebogen, in den ich einen Blick tat, bezog sich vor allem auf Zugehörigkeit zur Partei, SS, SA, Frauenschaft usw. Leiter des neuen Gesundheitsamtes in

Zehlendorf ist eine nichtarische Frau Dr. Hussels, offenbar eine sehr anständige Person, die ihre Arbeit ernst nimmt. Von den meisten Beamten, mit denen ich zu tun hatte, habe ich den Eindruck, daß sie ebenso wenig an das neue Regime glauben wie die früheren Beamten an das Nazi-Regime. Ihr Pessimismus ist grenzenlos, ihr Amtseifer gering. Meist sind sie aus ganz anderen Berufen. Ich würde sagen, daß etwa 80% der berufstätigen Menschen, die ich kenne, bei solchen Magistraten untergeschlupft sind, — die Journalisten meist in der Kultur, die Ingenieure in der Technik, Geschäftsleute im Arbeitsamt, Wohnungsamt usw. Vorläufig besteht die Hoffnung, daß dies Stellungen sind, wo die Gehälter bezahlt werden. Noch sind jedoch offenbar keine bezahlt worden. Außerdem müssen die Leute, die im Magistrat sitzen, nicht schippen. [So gering der Amtseifer, so groß der Pessimismus dieser improvisierten Beamten gewesen sein mag, als gute Deutsche waren sie eben doch tüchtig und schufen Teilbezirke, wo die Dinge wieder zu funktionieren begannen — eine Leistung, die ich damals unterschätzte.]

9. Juni 1945. Bitterstraße 15. Heute in einer Schlange nach Fleisch stehend, fragte eine nette ältere Dame, ob jemand vielleicht einzelne Handschuhe habe; — daraufhin bot ich einzelne Handschuhe an, da ich fünf linke habe. Es stellte sich heraus, daß alle anderen Frauen auch nur linke haben; nun mag man sich fragen, ob die Russen absichtlich oder auf Befehl nur rechte zerschnitten oder verschleppt haben, so wie sie auch in dem Haus, in dem ich einziehen möchte, alle Schlösser zugesperrt und die Schlüssel mitgenommen haben, so daß jetzt keine Tür oder Schublade zu öffnen ist. In den ganzen Dahlemer Villen haben sie auch sämtliche Wasserhähne aufgedreht (das Wasser ging damals nicht) und in den Häusern, die noch unbewohnt waren, gab es

natürlich nach Wiederingangsetzen der Wasserzuleitung fürchterliche Überschwemmungen.

Meine Umsiedlungsaktion hat die ganze Woche in Anspruch genommen. Montag, Dienstag, Mittwoch war ich nur bei den Behörden; am Mittwoch nach drei Stunden Schlange vor Antifa gab ich meine Sache schon verloren. Antifa (-schistische Partei) ist die neue verkappte KPD, in die die Leute gelockt oder gezwungen werden.

Die Beiläufigkeit, mit der ich hier die Antifa erwähne und auch gleich als verkappte KPD vorstelle, scheint mir typisch zu sein für die Selbstverständlichkeit, mit der wir die neuen Verhältnisse hinnahmen, und die Schnelligkeit, mit der wir sie, nicht immer richtig, interpretierten. Die Antifa-Bewegung, die in den Kriegsgefangenenlagern in der Sowjetunion bei der dort versuchten Umerziehung eine große Rolle spielte, war wohl ursprünglich vom Kreml gedacht als eine zu erzeugende breite Strömung sowjetfreundlicher Deutscher, in der Elemente der einstigen Linken, Unpolitische, aber auch Konservative zusammenfließen sollten, ähnlich wie das später auf engerer Grundlage noch einmal bei dem versuchten Zusammenschluß der SPD und der KPD geplant war. Bei den damals herrschenden Stalinschen Methoden des Zwangs und der engherzigen Ausrichtung aller spontanen Regungen mußten beide Versuche scheitern. Leidtragend blieb das gespaltene Deutschland.

Besser als durch mich ist die damalige Rolle der Antifa von dem Sonderkorrespondenten der ›Times‹ geschildert worden, dem es gelungen war, anläßlich des Treffens Eisenhowers, Schukows, Montgomerys und Lattre de Tassignys nach Berlin vorzudringen. In einer Meldung, die am 12. Juni veröffentlicht wurde, erklärte er, die Russen erhielten von den Antifaschisten bei ihrer Regierungsarbeit wertvolle Hilfe. Die Antifaschisten »nehmen ihnen einige der Verwaltungslasten ab und dienen als Führer durch die Labyrinthe unterhalb der glatten Oberfläche bürgerlichen Lebens im besetzten Deutsch-

land. Sie bilden einen wichtigen Bestandteil im Überwachungssystem, das eingerichtet wurde.«

Ein großer Artikel desselben Autors über die Verhältnisse in Berlin unter sowjetischer Verwaltung, der einen Tag später erschien, enthält in bezug auf dieselben Antifaschisten eine Warnung an die Westmächte: »Diejenigen, die mit den Russen die Aufgabe teilen, über diese betäubte und verwirrte Bevölkerung zu regieren, könnten sich in Schwierigkeiten finden, falls sie die politischen Strömungen nicht berücksichtigen, die jetzt in Berlin zu spüren sind. Politische Ideen besitzen die Eigenschaft, Grenzen zu überspringen, und die künstlichen Linien, die die Besatzungszonen trennen, dürften keine Ausnahme bilden. Der Drang nach großen Veränderungen, der über das ganze östliche Europa hinwegfegt, entspringt Verhältnissen, die in Deutschland ebenso herrschen wie anderswo. Es wäre nicht überraschend, wenn die Forderung nach einer gerechteren Verteilung des Reichtums, nach der Verdrängung einer Klasse, die den gemeinen Mann durch die Agonie des Kriegs führte, aus den Positionen der Macht — eine Forderung, die heute vom Baltikum bis in die Ägäis erklingt — auch im politischen Programm der deutschen Antifaschisten eine Rolle spielen würde. Sie sammeln sich jetzt, nachdem sie aus Konzentrationslagern entlassen wurden und aus ihren Verstecken hervorkamen. In Ost-Deutschland bedeutet Reichtum Landbesitz; und schon beschäftigt sich die Berliner Presse mit der Frage der Landreform. — Ich nahm dieser Tage an einer Diskussion in einem halbzerstörten Haus in einem Vorort Berlins teil. Sie fand zwischen einer Reihe von Deutschen statt, die wegen politischer Vergehen verfolgt worden waren. Diese Männer und Frauen sprachen nicht als geschlagene, sondern als befreite Menschen, obwohl jeder — wenn auch in verschiedenem Grad — die einstigen politischen Fehler der deutschen Linken zugab. Die Rückkehr zu einer Demokratie nach Weimarer Muster wünschte keiner von ihnen.«

Ohne politische Unbedenklichkeitsbescheinigung der Antifa kein Umzug, auch nicht von Zimmer zu Zimmer. Vorgang dauert drei Wochen. Man muß zwei Bürgen nennen, die dann von Vertrauensleuten der Antifa geprüft werden. Frl. Steinmetz, mit der ich zusammenziehen will, die wegen Hilfe für Juden anderthalb Jahr Zuchthaus hatte und die ihre Gefängnisbescheinigung samt Anklageschrift bei Antifa vorlegte, mußte trotz dieser unübertrefflichen Vergangenheit auch Bürgen nennen, — und gerade an dem erwähnten Mittwoch kam ein Mann zu Elsbeth, der einen genannten Bürgin, zum Ausfragen, zog aber dann befriedigt ab. Bürgen hätte ich ja hier genug ausgezeichnete gehabt, darunter nichtarische, aber bei dieser Herumfragerei hätte sich vielleicht ergeben, daß ich nicht so dauernd in Dahlem in der Bitterstraße gewohnt hatte, wie aus meinen Worten zu entnehmen war. Also hätte ich gerne alles ohne Rückfragen erledigt, was ganz aussichtslos erschien. Ich kam schließlich zu einem Antifa-Mann in ein Zimmer, nannte meinen Namen, zog mein Mittelmeerbuch heraus. Der Mann stammelte: »Was, Sie sind die Margret Boveri? Ist das möglich? Das kann ich gar nicht glauben. Bitte zeigen Sie mir Ihren Personalausweis. Ich kenne Sie von der Hochschule für Politik und Ihre Bücher.« Er war seit 1934 »verschütt« gegangen und hatte illegal gelebt. Ich werde mir einmal erzählen lassen, wie das war, denn er sagte: »Selbstverständlich brauchen Sie keine Bürgen«, und statt in drei Wochen war die Unbedenklichkeit in zehn Minuten erledigt, und er hatte nur die eine Bitte, daß er mich einmal besuchen dürfe.

Der Besuch kam zustande und hat viel zu meinem Urteil über die Ereignisse des Sommers beigetragen. Da der einstige Antifa-Mann, nachdem er einige Erfahrungen in Ostberliner Stellungen gemacht hat, in die Bundesrepublik geflüchtet ist und heute eine angesehene, öffentlich sichtbare Stelle hat, verschweige ich seinen Namen. Schon damals erklärte er mir, er sei Kommunist, aber deutscher Kommunist. Das hinderte ihn nicht, mich davor zu warnen, nach dem Einzug der Westalliierten mit diesen zusammenzuarbeiten. Das werde nämlich denen, die westlich kollaborierten, schlecht bekommen, so bald die Sowjets in Berlin wieder allein herrschten. Es wird Aufgabe der historischen Forschung sein, festzustellen, wieweit die Vorstellung von der Vertreibung der Westalliierten aus Berlin nur in den Köpfen der deutschen Kommunisten spukte und wieweit sie von den führenden sowjetischen Offizieren und Politikern — Männern wie Semjonow und Tulpanow — geteilt wurde.

Damit war die Behördenwirtschaft zwar noch nicht fertig, aber auf einem guten Geleise angelangt. Nachmittags fuhr ich zu Knauer, dessen Lagerhaus mit einigen restlichen Besitztümern von mir nun vollends abgebrannt ist, und der einen mageren, von Kartoffelschalen ernährten Schimmel und einen Bauernwagen für seine Möbeltransporte hat — dies einst das größte Möbeltransportunternehmen Berlins. Glücklicherweise bin ich dort als gute und freigebige Kundin bekannt. So wurde mir ein Transport auf Montag in Aussicht gestellt. Am Donnerstag räumte ich im neuen Haus, Thielallee 13, um die Ecke von Manholts. Es gehörte der Marine, war bewohnt von einem Admiral Schuster, dessen Dienststelle zuletzt in Koburg war; drin sind jetzt eine ausgebomte Frau Funk (entfernt verwandt mit Schusters) und die Portiersfrau Block und deren Freundin Peters. Außerdem die Möbel und Gegenstände, die die Russen nicht weggeschleppt haben. Man stolpert über verbogenes Silber, Marinekompasse, Spielzeug und zerrissene Vorhänge, alte Familienbriefe, Scherben von einst schönem Porzellan. Wir sind uns einig, daß niemand, der diese Verwüstungen nicht selbst mitangesehen hat, sich eine Vorstellung davon machen kann. Das Haus ist auch fast abgedeckt, und drei Viertel der Fenster sind kaputt. Ich gedenke, unten zwei riesige Zimmer zu beziehen (da mein Verehrer von Antifa, als ich sagte, die Steinmetz und ich wollten zusammen drei Zimmer, statt dessen für jede von uns zwei aufschrieb) und die Steinmetz zwei oben. Bei mir ist ein schöner Wintergarten mit kaputten Scheiben dran, bei ihr ein hinreißend riesiger Balkon mit Aussicht auf Gärten und einige entfernte Ruinen. Kein Mensch weiß, wieviel Miete zu zahlen sein wird. Wir leben ja überhaupt in den Tag hinein. Es gab einmal eine Bestimmung, daß die Häuser und Wohnungen, deren Bewohner bis zum 1. Juni nicht zurück sind, beschlagnahmt werden (bei den gegenwärtigen Reiseverhältnissen könnten die Bewohner nur zu Fuß zurück sein). In solche Wohnungen kann man sich dann vom Wohnungsamt einweisen lassen. Die Familie Schuster wird aber auch nicht zurückkommen, da ihr eigentlicher Wohnsitz in Kiel ist.

Es waren viele viele schwere Möbel in den ersten Stock zu transportieren, da ich ja die für mich bestimmten Zimmer für meine Möbel freimachen mußte, wobei ich ein paar Schustersche Stücke, auch den Flügel stehen lasse und meinen Flügel zu Mietuschs stellen lasse. Wir haben zwei große Schränke auseinandergenommen und transportiert; zufällig war Gerwin gekommen, um Bericht zu erstatten, und der wurde mit Petra gleich angestellt.

Als ich nachmittags um 5 Uhr, ermattet von diesen Taten und der Fahrt auf der »Tortur« und einer schwülen Hitze, nach Hause kam, fand ich an meiner Haustür ein Zettele: »Knauer kommt morgen (8.6.) um 11 Uhr; bis dahin muß alles gepackt sein.« Ich stürzte mich in die Arbeit, fuhr abends noch zu Frau Becker, um zu fragen, ob sie kommen könne, weil ich mich dem Geschirr- und Gläserpacken nicht gewachsen fühlte. Es paßte ihr nicht, denn sie geht wieder in ihren Betrieb; aber sie kam. Wir arbeiteten wie die Wilden; es war schwierig, weil die Kisten nicht reichten und ich Bretter verwenden mußte. Aber es gelang. Wer nicht kam, war Knauer. Ich hoffe nun auf Montag.

15. Juni 1945. Thielallee 13. Hier bin ich also in meiner neuen Wohnung, wenn auch noch ohne Bett, Chaiselongue, Kleiderschrank, Geschirr, einen Teil der Bücher und Bücherregale. Denn am Montag kam zwar ein Transport zustande, aber mit dem kleinen Wagen konnte nur etwa die Hälfte abtransportiert werden. Nun fahre ich alle zwei Tage zu Knauer und beknie ihn, daß er den Rest folgen läßt; der Tabak, der für diese Fahrten sehr notwendig wäre, wird immer knapper. Auch die russischen Soldaten scheinen kaum mehr welchen zu haben. Nun ist mir der Schlußtransport auf morgen versprochen worden; ich habe noch meine Zweifel; denn wer bei Knauer zuletzt bittet, kommt in die Vorhand.

Es gab immer weiter viel zu tun; bis heute wehte ein so starker Wind durch meine Räume, daß sogar leichte Möbel umfielen. Nun habe ich, teils mit Glas, teils mit einer honigfarbenen durchscheinenden Pappe, die meisten Löcher zu, und die Temperatur in dieser neuen Kältewelle ist im Zimmer von 11 auf 15 Grad gestiegen. Ich bin zugleich beglückt und entsetzt darüber, wie hübsch alles wird — beglückt über die großen Zimmer (15 m Länge ohne den anschließenden Wintergarten zu rechnen) und das viele Grün; erschreckt, weil es für die heutige Zeit viel zu feudal wird und ich die Rache der Götter fürchte, vielleicht in Form einer Beschlagnahme des Hauses durch die Amerikaner, auf die wir immer weiter warten. Ein Riesenstrauß aus Rittersporn, Fingerhut, Jasmin steht in meinem großen römischen Kupferkübel frei im Zimmer. Er stammt von Petra, die eine japanische Mutter hat und mit Blumen besonders schön umzugehen versteht. Gestern half sie mir, von den zwei Beeten, die ich im Garten bekomme, eines umzugraben, — schwere harte, von

Panzern gepreßte Lehmerde; darein wurden Erbsen, Bohnen, Gurken gepflanzt; denn auf Teupitz besteht nach allen Berichten, die wir vom Land bekommen, wenig Hoffnung. Ein Ersatz ist dies natürlich nicht, aber ein Zuwachs zur mageren Küche.

Teupitz konnte doch noch einmal belebt werden, vor allem durch die Arbeit von Herrn Becker, der ab 1946 die meisten Sommerwochen draußen verbrachte, während ich im allgemeinen nur auf zwei bis drei Tage schwer bepackt hinausfuhr, das erste Stück mit dem Rad, dann Stadtbahn bis Mahlow, das schon in der Zone lag, und von dort mit einem uralten Autobus, der auf dem Marktplatz Teupitz haltmachte. Auf diese Weise war es möglich, zu verfolgen, wie sich die Verhältnisse langsam konsolidierten. Im Schloß, dessen ganzes Holzwerk, einschließlich Türen und Treppen, im Winter 1945/46 zu Heizzwecken herausgerissen worden war, richteten sich Flüchtlinge ein. Bald machten im Städtchen wieder die Läden auf, und es gab sogar markenfreie Schrippen zu kaufen. Sowohl Beckers wie ich hatten uns polizeilich angemeldet, mit Teupitz als zweitem Wohnsitz. Doch das half uns nichts, als im Juni 1952 die freie Fahrt über den Stadtrand Groß-Berlins hinaus für alle West-Berliner gesperrt wurde. Anlaß war die Unterzeichnung des EVG-Vertrags (Europäische Verteidigungsgemeinschaft) in Paris, der nie ratifiziert worden ist, aber durch den Beitritt Deutschlands zur NATO ersetzt wurde. Jeder deutsche Schritt in Richtung Aufrüstung und Eingliederung der westdeutschen Streitkräfte in die Organisationen der Westmächte hatte solche negativen Folgen, sei es für West-Berlin oder für West-Deutschland — eine Kausalkette, die dem westdeutschen Publikum infolge der Kalten-Krieg-Propaganda in der Presse und im Rundfunk nie richtig zu Bewußtsein gekommen ist.

Am Montagnachmittag, als Knauer gerade ausgeladen hatte und wir im großen Durcheinander werkten, stand plötzlich ein Russe im Zimmer; das war damals noch sehr einfach; denn obwohl die Tür zum Wintergarten verschlossen war, bedurfte es nur eines Sprungs von der Treppe durch das nicht vorhandene Fenster, um hereinzukommen (jetzt ist vor diesem Fenster Pappe, so daß man mindestens vorher durch den Lärm gewarnt wird). Ich hatte Angst und funkelte den Mann böse an, da es an sich einen Befehl gibt, daß keine Soldaten oder Offiziere in die Häuser kommen dürfen. Er sah die vielen Bücher und fragte, ob hier Schule sei. Dann fragte er in fast unverständlichem Deutsch, was ich tue. Ich sagte: »Auspacken.« Er verstand, ich hätte ihm »Pack« gesagt, — Schimpfwort — Schweinerei — und rabauzte in der Küche bei den anderen Frauen herum. Frau Peters als jung und hübsch war sofort versteckt worden. Ich sagte, ich ginge zur Kommandantur, von der ich nicht einmal wußte, wo sie ist. Er sagte, er gehe zur Kommandantur und komme mit fünf Soldaten zurück: »Such, such.« Dann sahen wir, wie er durch Nachbarsgärten zog, wohl mit dem Versuch, in die Häuser einzudringen. Schließlich verschwand er und kam nicht wieder. Zwei Tage vorher hatte ein ebenso plötzlich Dastehender aus dem an Manholts anschließenden Haus eine Silberkette geholt; die Nacht darauf hörte man Lärm und Hilferufe aus dem Bachstelzenweg, was um die Ecke der Bitterstraße ist, und heute morgen kam Petra, die wieder in ihrem eigenen Haus wohnt, ganz verstört in die Bitterstraße: in ihrem Mietshaus hatten die Russen in der Nacht fast alle Wohnungstüren erbrochen und waren bis aufs Dach gezogen; angeblich, weil geschossen worden sei. Petra und der Hauswart waren vom Balkon der einen Wohnung auf den einer anderen geklettert, alles in finsterer Nacht und in Nachtgewandung. Solche Vorfälle gehören nun natürlich schon zu den Ausnahmen, aber sie wirken nicht beruhigend. Und hier allein im Parterre zu schlafen, wird mir noch einige Schrecken eintragen.

15. Juni 1945

Als ich gestern im Zug der Behördenwirtschaft am hiesigen Bezirksamt in der Kaiserswertherstraße war, stand da ein Mann und gab Zettel mit Nummern ab: »Fahrradaufbewahrung«. Ich dachte, das sei ein intelligenter Weg, auf nicht anstrengende Weise zu Geld zu kommen und sprach ihn beim Abholen an, ob er selbst diese Idee gehabt habe. Er brummte: »Ich bin gezwungen und ohne Bezahlung.« Ich sagte: »Aber Sie dürfen doch wenigstens die Zehner behalten, die Sie einnehmen.« — »Nein, die muß ich abliefern.« Und diese Arbeit müsse er tun, bis er eine andere gefunden habe. Die hiesige Geldwirtschaft kommt in immer größere Unordnung. Die Banken sind geschlossen. Darüber, ob die Konten beschlagnahmt sind, gehen die Meinungen auseinander. Die Russen zahlen nichts. Sie geben Aufträge, Autoreparaturen usw., holen die Sachen ab und lassen sich nimmer blicken. Auch die Kommandanturen zahlen nichts. Auch die Magistrate nicht, soweit bisher zu erkennen ist. Die Mark ist also im Wert plötzlich sehr gestiegen. Die Russen plündern jetzt sogar schon Geldscheine, während sie zuerst nur Sachen holten. Andererseits hören wir, daß die Mark in Bayern 6 Pfennige, im Rheinland 10 Pfennige wert sei. Wie soll das denn werden, wenn die Engländer und die Amerikaner wirklich hierher kommen sollten? Gilt dann die wertvolle russische oder die wertlose westliche Mark?

Neben den Preisen der Lebensmittel, die einem auf den Karten zustehen, von denen man aber bisher immer nur einen Teil bekam, gibt es nun auch schon einen »freien« Markt; Erdbeeren, das Pfund 7.50 Mark; ein Kohlrabi 50 Pfennig; auch hier aber Schlangen, die sich drei bis vier Stunden vorher anzustellen pflegen, und in kürzester Zeit ausverkauft. Dann gibt es noch den schwarzen Markt, der aber wohl nicht sehr ausgedehnt ist, wo das Pfund Fleisch 100.– RM kosten dürfte (nachträglich: heute, Anfang Juli, kostet eine Kilobüchse Fleischschmalz schon 500.– RM); ferner einen russischen Tauschmarkt, z. B. in der Keithstraße, wo die Russen Uhren und Schmuck haben wollen, und dafür Fett und andere Lebensmittel geben. Aber dieses kenne ich nur aus Erzählungen. Während ich selbst, dank meinem Pferdegemetzel am 2. Mai und sonstiger Sparwirtschaft, lange mit Fleisch ganz gut versorgt war, war ich dann drei Wochen ganz ohne Fleisch. Letzte Woche bekam ich für einen 400-Gramm-Abschnitt 300 Gramm einschließlich Knochen. Heute (Elsbeth stand vier Stunden Schlange) gab es auf je 100 Gramm auf der Karte nur 60 Gramm, und zwar entweder Brühwurst, die sich nicht hält, oder eine Art offen verkauftes wenig gutes Corned Beef.

24. Juni 1945. Es ist Sonntagmorgen. Die Beete sind gesprengt; als erstes waren die Gurken da; seit gestern Bohnen und Erbsen sichtbar. Nun scheint auch das später ausgesäte Kleinzeug noch aufzubrechen. Gefrühstückt habe ich in meiner Veranda, die so groß ist wie ein Zimmer mit dem Blick auf den grünen kühlen Garten und zur Lektüre den ›Martin Salander‹, dessen Inhalt ich völlig vergessen hatte, so daß ich ihn genieße, wie ein neues Buch. Zwei Nächte habe ich schon hier geschlafen; ich zog erst ein, als die Kanalisation wieder in Ordnung war, — die ganzen Abflußrohre waren nämlich durch die Russenwirtschaft verstopft und was man an Wasser ablaufen ließ, quoll von unten her in Waschküche und Keller. Vor drei Tagen hatte ich einen großen Einweihungstee mit über 20 Personen. Petra und ich haben herrliche Blumensträuße gemacht. Es sah wirklich sehr reizend aus, trotzdem ja vieles noch nicht im Stand ist. Da ich einige Wochen zum Frühstück trockenes Brot gegessen hatte, einen Rest Honig sparend, konnte ich einen Honigkuchen backen, dazu einen Grieskuchen. Im übrigen war ausgegeben wor-

den, daß die Leute selber ihre Bröder mitbringen müßten; das taten aber nur vier in bescheidenem Umfang. Es war also gut, daß ich drei Pfund Schwarzbrot geröstet hatte, was wir alle gut finden. Viele, die das heutige klebrige Schwarzbrot nicht vertragen, essen nur solches geröstetes Brot. (Weißbrot gibts natürlich nur für die Russen.) Ruhr und Durchfall haben nämlich die Hälfte der Berliner Bevölkerung erfaßt, manchmal in scheußlichen Formen. Ich selbst hatte vier Tage darunter zu leiden, bin aber nun glücklich darüber hinweg. [In der zweiten Julihälfte hatten sich die Fälle von Typhus und Dysenterie — angeblich hundert Todesfälle am Tag — so vermehrt, daß den westalliierten Truppen das Betreten öffentlicher Lokale verboten wurde.]

Wenn ich das so schreibe, klingt es wohl, als seien alle Haushaltsvorrichtungen wieder normal. Das ist keineswegs der Fall. Fließendes Wasser gibt es zwar nun schon fast überall, und wer nicht selbst die Wasserträgerei und das Sparen mit jedem Tropfen lange Zeit durchgemacht hat, kann sich gar nicht vorstellen, was für ein Glück das ist, wenn man den Hahn aufdrehen kann und das Wasser zischt von selbst heraus.

In der Bitterstraße gibt es nun auch schon Elektrisch, aber die ersten Tage war es so schwach, daß das Rösten von zwei Stück Brot etwa eine halbe Stunde brauchte, — dies auf einem Toaster, dessen üble Eigenschaft es war, daß das Toast immer zu schnell verbrannte. Gas wird es auf lange Zeit nicht geben, wegen technischer Schwierigkeiten, aber auch, wie behauptet wird, damit die Zahl der Selbstmorde nicht noch jäher ansteigt. Das größte tägliche Problem ist also die Kocherei, da weder Holz noch Kohlen geliefert werden. Man sieht Männer und Frauen mit Taschen, Säcken, Wägelchen weit laufen, um Holzstücke aus den Ruinen oder verkohlte Bäume oder Äste und Bäumchen aus dem Grunewald zu holen. Da ich die letzte Zeit bei Manholts mitessen durfte, war ich eine Zeitlang des Problems enthoben. Ab morgen will ich aber hier kochen, was kein Vergnügen sein wird, denn obwohl es einen echten Herd gibt, wird auf diesem schon gekocht für die Portiersfrau, Frau Funk, Frau Flöter, eine Portiersfrau von zwei Häusern weiter und Frau Peters. Außerdem benützen diese die Küche als Wohnzimmer, essen darin, haben tagelang die Näherin mit Nähmaschine drin sitzen, empfangen ihre Besuche darin, weil sie zu faul sind, ihre Zimmer in Ordnung zu bringen. — Um für den Anfang gerüstet zu sein, habe ich meine diesmonatige Kaffeeration (60 Gramm) gegen 12 Briketts vertauscht, ein schlechter Tausch, der mir aber über die ersten 12 Tage hinweghelfen sollte.

Seit gestern wird der gegenüber unserem Haus stehende ausgebrannte Panzer von den Russen abmontiert — die Kanone zielte grad auf mein der Straße zugekehrtes Fenster, und ich betrachtete sie als eine Art Talisman. Diese Arbeit ist uns recht unerfreulich, da etliche Russen beteiligt sind, die sich zum Essen unter die Bäume lagern, die auf einem gestohlenen Koffergrammophon deutsche Schlager spielen, in unserem Garten herumstreunen und versuchen, ins Haus zu dringen (nachträglich: sie haben sich nur das Geschütz geholt und die übrigen Stücke kreuz und quer liegen lassen). Es wurde in den letzten Tagen in der näheren Umgebung wieder mehr geplündert; und noch mehr in Steglitz und Schmargendorf; aus meiner engeren Bekanntschaft sind schon wieder vier Fahrräder dahin. Es heißt, bis 25. 6. hätten die Russen nochmals Plünderfreiheit; dann kämen die Amerikaner. Vorher hieß es, die Amerikaner kommen am 20. 6. Andere sagen, sie kommen erst am 1. September.

So lange warte ich jedenfalls nicht, obwohl ich mir nicht vorstellen kann, wie ich die Fahrt unternehmen soll. Der Herr von Bertele, mit dem ich radeln wollte, ist jedenfalls nun schon allein losgezogen. Ich lernte ihn bei Hertzens kennen. Jene geheimnisvolle Ausrichtung, auf die hin ich mich zu Fuß nach Dahlem auf den Weg machte, lautete nämlich: »Prof. Hertz wird wahrscheinlich Ende der Woche eine größere Reise unternehmen und möchte Sie vorher gerne sprechen.« Damals lief ich jedem Menschen nach, der westwärts oder südwärts strebte oder von dort kam; denn wir wollten uns für unseren Treck möglichst genaue Daten über die Verhältnisse an der grünen Grenze (damals Gegend von Chemnitz) und den Elbübergang sammeln. Etliche unbekannte Leute wurden zu diesem Zweck interviewt; was sie zu erzählen hatten, klang wenig ermutigend; die große Frage war, ob man den sicheren Weg über die grüne Grenze wählen sollte, dafür aber viel länger auf russischem, außerdem gebirgigem Gebiet (Erzgebirge) mit der vervielfachten Gefahr des Radabnehmens bleiben, oder den näheren Elbübergang, wo gegen Tabak und Kaffee ein illegaler Fährverkehr bestand, aber auch geschossen wurde. Ich saß stundenlang über meinen Autokarten, und es wurden Routen geplant und wieder verworfen. Über die Behandlung auf der anderen Seite war verschiedenes zu hören; die einen sagten, die Engländer trieben die Herüberkommenden, nachdem sie ihnen Rucksäcke und Papiere abgenommen haben, wieder über die Elbe zurück. Andere sagten, Engländer und Amerikaner seien freundlich. Auch hier war es schwer, Wahrheit und Gerücht zu unterscheiden, selbst bei Erzählungen aus zweiter Hand (statt aus vierter oder fünfter, wie sie am häufigsten sind). Ein Beispiel: Ein Frl. v. Heimerdinger sagte: »Ich habe eine Dame gesprochen, die mit Tochter und Hund aus Nürnberg kam.« Ich ließ mir die Zehlendorfer Adresse geben und fuhr hin. »Mit Tochter und Hund« stimmte, aber nicht »aus Nürnberg«, was für uns ja besonders interessant gewesen wäre, sondern: aus der Gegend von Lippe. Nach dieser Erzählung ist es tatsächlich in der dortigen Zone verboten, von einem Ort zum anderen zu gehen. Diese Behauptung hielten wir bisher für einen Bestandteil der hiesigen kommunistischen Flüsterpropaganda, die z. B. auch besagt, daß die Amerikaner die Deutschen in den Städten mit der Peitsche von den Bürgersteigen treiben. Wie erfolgreich diese Propaganda ist, beweist ein Ausspruch der Frau Becker: »Nach Friedenau solln de Amerikaner kommen. Friedenau will keene Amerikaner. Wir wollen de Roten. Die Amerikaner sollen ja *so* jemein sein.« Dies nach etwa fünf Wochen Besetzung mit allen schon geschilderten Begleiterscheinungen! — Besser kann man es doch gar nicht machen. Die anderen machen es ja aber auch, soweit wir hier beurteilen können, besonders dumm. Schon allein die Befriedigung, mit der täglich die Amerikaner am Radio feststellen, daß im Winter in Deutschland die Hungersnot herrschen werde und daß die Alliierten nichts dagegen tun werden (»Die Stimme Amerikas ruft Deutschland«). Wohingegen die Russen den Professoren, die hier wieder eine Universität aufziehen wollen, neuerdings erklären: »In 14 Tagen kommen die Engländer und Amerikaner, dann wird hier die Hungersnot einbrechen. Kommen Sie also lieber gleich nach dem Osten.«

Nach den Maschinen werden nun nämlich auch die Menschen, Qualitätsarbeiter und Experten, nach dem Osten abgeführt, teils freiwillig, teils unfreiwillig. Und damit wären wir wieder bei Prof. Hertz, der keineswegs, wie ich dachte, westwärts zu ziehen gedachte, sondern gen Moskau. Er ist Nobelpreisträger, verlor wegen nicht ganz arisch seinen Posten an der T. H., hatte aber ein wunderbares Forschungslaboratorium bei Siemens, was gleich in den ersten Tagen abtransportiert wurde. Er bekam die verlockendsten Angebote von den Russen, Erbauung eines neuen Instituts, Wohnung in einem Schloß (später stellte sich heraus: mit nur 32 qm Wohnraum für ihn und seine Frau); Mitnahme seiner hiesigen Möbel usw. »Halb zog man ihn, halb sank er hin«, zumal er nicht wußte, was geschehen werde, wenn er nicht freiwillig zusage. Die Abreise mit dem Flugzeug erfolgte natürlich keineswegs schon Ende Mai, sondern erst vor etwa 8 Tagen; dazwischen gab es schon viel Hin und Her; Unterredungen mit einem russischen General; viele Besprechungen mit einem Oberst, der alle weiblichen Herzen gewann und den Lotti Hertz »mein Oberst« nannte. Er versprach, sie im Flugzeug nach Moskau zu begleiten, was ihnen den Entschluß sehr erleichterte; aber er kam dann in letzter Minute nicht mit. Es durfte auch niemand mit an den Flugplatz, auch nicht die Tucki; so sind sie also nun weg, und man weiß nicht, ob man je wieder von ihnen hören wird. Immerhin sind gerade jetzt viele prominente Naturwissenschaftler aus den Westländern in Moskau zum Jahrestag der Akademie der Wissenschaften; mit denen wird er wohl reden können, und sie können dann durch ihre diplomatischen Vertretungen sich nach ihm erkundigen lassen, was ja von deutscher Seite nie geschehen kann. [Wir hatten überlegt, ob wir einen einfachen Code ausmachen würden, damit die Hertz uns auch Dinge mitteilen könnten, die sie nicht zu schreiben wagten. Ich schlug abgewandelt das System vor, das meine Kollegin Lily Abegg bei ihren Telegrammen aus China verwendet hatte: wenn sie zweimal stop schrieb, bedeutete der vorangehende Satz das Gegenteil, also Sieg gleich Niederlage; reichlich zu essen gleich hungern. Hertz selbst hatte aber vor, sich ganz korrekt zu verhalten. Er schrieb dann überhaupt keine Briefe, und seine Frau wendete in ihren Briefen das System niemals an. Zu unserer großen Überraschung kamen nach einigen Monaten regelmäßig Briefe, auch Päckchen mit Rosinen und Nüssen, und für die nächsten Freunde sogar Schuhe aus Leder, nachdem die Fußgröße mitgeteilt worden war. Bekanntlich ist Prof. Hertz nach Ablauf von zehn Jahren nach Deutschland zurückgekehrt und hat bis zu seiner Emeritierung die Professur für Physik in Leipzig innegehabt.]

26. Juni 1945 [Dienstag]. Die Linden blühen und duften, und wenn ich so auf meiner »Tortur« unter den Bäumen her fahre, denke ich an Höfen und wie dort die Linden duften und das Getreide reift und auch an den Ausspruch der Großmama, die zur Zeit der Lindenblüte schon sagte: »Jetzt ist der Sommer schon fast vorbei. Dann fallen die Blätter und es ist Winter.« Vor dem Winter haben wir alle Angst. In Neukölln gingen Frauen mit kleinen Kindern zur Kommandantur und sagten, daß ihre Kinder ohne Milch sterben, worauf ihnen die Antwort ward: »Ob sie in einem Jahr sterben oder jetzt, ist doch einerlei.« Von der Domäne Dahlem wurden in der Nacht auf gestern alle Kühe bis auf vier fortgetrieben; es waren etwa 90. Ihre Produkte kamen zwar, abgesehen von Babys und Kranken, nur den Russen zugut, aber es war doch ein angenehmes Gefühl, daß sie noch da waren. Da sie die Maul- und Klauenseuche haben, war der hiesige Kommandant dagegen, sie abzutransportieren, aber der spezielle Kuhverwalter erklärte, er nehme sie mit und wenn auch nicht eine einzige Kuh lebend ankomme. Der Kommandant von Zehlendorf hat einen Abschiedsbesuch beim Pfarrer Dibelius gemacht, welcher jetzt der Bischof der Protestanten ist, weil die Nazis ihn nicht predigen ließen. Der Kommandant sagte, es sei ihnen gelungen, schon hundert prominente Professoren nach dem Osten Berlins zu ziehen. Er möge doch auch kommen. Daraus kann man schließen, daß nach dem Einzug der Westmächte auch mitten durch Berlin eine starke Grenze

laufen wird, und ich stelle mir schon vor, wie wir bei Nacht diese Grenze illegal überschreiten werden, um auf der anderen Seite Brot zu bekommen, während vielleicht die von der anderen Seite bei uns den Kontakt mit dem Westen suchen.

Vor allem versuche ich mir aber meine Fahrt nach Höfen vorzustellen. Und damit wäre ich wieder bei Herrn v. Bertele, den ich bei Hertzens traf. Er ist ein Österreicher aus der Südsteiermark und verwandt mit Doris' Vetter Philipovich, und er war Ingenieur bei Siemens, einer der bekanntesten Gleichrichterspezialisten oder so etwas Ähnliches. Er strebte zu seiner Frau und seinen sechs Kindern nach Kärnten oder Steiermark, und wir wollten gemeinsam streben mit noch einigen anderen, darunter Petra und Frl. Steinmetz. Auch Frau Holsten wollte mitkommen, hatte aber nicht nur kein Rad, sondern kann auch noch nicht radeln. Wir zählten unsere Lebensmittel zusammen und überlegten, was wir alles nicht würden mitnehmen können und wieviel Kilometer am Tag zu bewältigen seien. — Ich sagte 60, Bertele meinte 100, wo es flach ist. — Wir versuchten festzustellen, wo überall Fallen für Fahrräder sind, welche Strecken man also vermeiden muß; ich bin aber neuerdings der Meinung, daß sie täglich wo anders sind und das Vermeiden reine Glücksache ist. Erwogen wurde, ob wir den Elbübergang wählen, der natürlich trotz illegalem Fährverkehr schwieriger ist, dafür aber den Vorteil hätte, daß man nur etwa 200 km durch die russische Zone fahren müßte, wo einem — wie wir glauben — am ehesten alles abgenommen wird; oder ob wir in der Chemnitzer Gegend über die grüne Grenze gehen sollen. Und Petra und die Steinmetzin und Elsbeth, die bei so mancher Judenflucht mitgeholfen hatten, fanden es merkwürdig, daß nun wieder die gleichen Überlegungen, nur noch schwieriger, die Gedanken beherrschen.

Der Bertele, mit dem man sich über vieles gut unterhalten konnte, war zuerst für Fahrt Ende Juni. Ich war für Ende Juni oder später, da ich meine, man soll nichts Größeres unternehmen, bevor man die Situation einigermaßen überblicken kann. Bertele schien sich auch für das »später« entschlossen zu haben, zumal er auch die Ankunft der Westmächte abwarten wollte. Aber da er sich als Techniker eine sehr gute Position am Magistrat Schmargendorf geschaffen hatte, bekam er eine sehr gute Reisegenehmigung; das »gut« bestand darin, daß sie nicht nur von der Polizei oder dem Bezirkskommandanten unterzeichnet war, sondern vom Kommandanten von Berlin-West; ein Mann, der im Rang gleich hinter unserem inzwischen verunglückten General Bersarin kam. So erschien er also eines Tages und erklärte, er wolle nun doch schon am 15. Juni fahren, und da ich mitten im Wohnungsgeschäft war, hängte ich mich ab; und ebenso die übrigen. Bertele wollte nun kombiniert mit Zug und Rad fahren; mit dem Rad da, wo es keinen Zug gibt. Von dieser Zugfahrt hatten wir schon einiges gehört. Man fuhr auf Güterwagen oder Puffern in Richtung Jüterbog; und an irgendeiner Stelle, vielleicht in Luckenwalde, wurden alle Fahrenden heruntergeholt und mußten zwei bis drei Tage Schienen schleppen, — für den Abtransport nach dem Osten. Alle unsere wichtigen Bahnlinien werden nämlich nun eingleisig gemacht. Der Rest kommt nach Rußland, wird aber offenbar nicht auf Reparationskonto geschrieben, sondern gehört noch in den Bereich »Trophäenkommando«, das auch die hiesigen Fabriken ausleert. *Das Wort »Trophäenkommando« stammt noch aus der Nazi-Zeit. Nach der Niederlage Frankreichs erzählten sich die Wissenden allerhand über die Taten eines »Trophäenkommandos Künzberg« (soweit ich mich erinnere), das die in die Provinz evakuierten Akten des Quai d'Orsay und sonstige wichtige Archivbestände nach Paris zu bringen hatte, aber offenbar auch manches andere mitgehen ließ. Im Sommer 1945 kannte ich die Abmachungen von Jalta noch nicht im einzelnen, wußte daher auch nicht, daß Roosevelt den Sowjets in den vorläufigen Unterhandlungen Reparationen auf Grund von Demontagen in der Höhe von 10 Milliarden Dollar zugestanden hatte. Diese sollten nach genaueren Vereinbarungen über die Reparationspolitik im allgemeinen und die Aufteilung der Demontagegüter zwischen den Alliierten aus allen Zonen Deutschlands entnommen werden. Ich wußte also nicht, daß die Demontagen in Berlin und Umgebung auch nach der Auffassung der westlichen Alliierten (die in ihren Gebieten ähnlich verfuhren) zu Recht vorgenommen wurden, wenn auch als Folge der gespannten Lage ohne vorherige interalliierte Vereinbarung.* Wir sind natürlich nun sehr gespannt, ob wir etwas über Berteles Fahrt vernehmen werden. — Ein anderer Herr, der ähnliches unternahm, kam nach 14 Tagen ohne Rad und ausgeplündert zurück.

Auf dem Land muß es immer weiter arg zugehen. Das Junkertum ist nun wohl wirklich endgültig ausgerottet, und ich kann nur sagen: mir tut es sehr leid darum; es waren viele anständige Typen darunter, soweit ich beurteilen kann. Auf den Gütern scheinen die meisten Menschen tot zu sein, aber auch den kleinen Leuten wurde und wird furchtbar zugesetzt. Frau Becker war mit ihrer Spandauer Schwester in Wendisch-Buchholz, 17 km hinter Teupitz, wo die dritte Schwester wohnte und wo wir Kleider, Wäsche, Vorräte hatten. Sie kam ganz erschüttert zurück. Es steht vom ganzen Ort nicht mehr ein ganzes Haus. Den Leuten wurde alles genommen. Hier stammt die Hauptzerstörung aber von der SS, die die Leute aus dem Ort trieben, dann alles auf die Heide verschleppten, kaputtmachten und anzündeten. Die Wälder sind abgebrannt, die Gärten und Felder so zerstört, daß für dieses Jahr nichts zu ernten ist. [Das Leben ging weiter, und wir zogen im Blockadewinter 1948/49 aus den abgebrannten Wäldern noch großen, lebenserhaltenden Nutzen. Ein Teupitzer namens Fritze Schröder, ein Genie im Organisieren, im übrigen schon im Dritten Reich kommunistisch gesinnt, jedoch auch mit den Nationalsozialisten auf leidlichem Fuß, vom Schloß allerdings verachtet, von Herrn Becker gern gesehen, hatte es fertiggebracht, die angekohlten Baumstämme fällen zu lassen und einen Holzhandel zu eröffnen. Der Gärtnerin Petra und mir gelang es, mit Hilfe einer in der Zone ansässigen Gärtnerin und eines befreundeten Westberliner Hausmeisters, der kleine Fuhren machte, eine halbe Waggonladung dieses Holzes nach Westberlin zu organisieren, wobei natürlich alle Beteiligten, auch die Beckers, die mit Fritze Schröder verhandelten, ihren Teil abbekamen. Das Holz wurde, soweit ich mich erinnere, fünfmal verladen: zweimal von Teupitz zur Bahn und von der Bahn zu der Gärtnerei in Klein-Machnow, von dort auf einen Bauernhof, der an Berlin-Lichterfelde grenzte, von dort bei Nacht über die Zonengrenze nach West-Berlin. Diese Geschichte zeigt, was findigen Leuten in der sowjetischen Zone immer noch möglich war und auch heute in der DDR wohl möglich ist. Über Fritze Schröder war allerdings zu hören, daß er als Schieber verhaftet wurde und nicht mehr zurückkam.] Lebensmittelzuteilungen gibt es nicht. Die Leute gehen auf die Heide und sammeln das schimmelige Brot, das die Russen wegwarfen. Es wird auch immer weiter nach Lust und Laune vergewaltigt — und bei all den Geschichten kommt mir immer wieder der schwerfällige rheinländische Soldat mit seinen »unwillkürlichen« Menschen ins Gedächtnis. Die Beckersche Erzählung ist nun auch schon 3–4 Wochen alt, aber von anderen Orten in der näheren Umgebung hört man neueren Datums das gleiche. Die Elvira v. Zitzewitz, die auch bei meinem Einweihungstee war, fragte ich, ob sie nun von ihren Eltern gehört habe, die in

Templin waren. Seit einer Woche wußte sie, daß sie tot seien. Frl. v. Heimerdinger bekam Nachricht von ihrer Mutter, einer 70jährigen alten Dame: die Gutsbesitzer, bei denen sie lebte, seien tot. Sie selbst schlafe seit dem Einzug der Russen in einer Scheune auf Stroh. Die Curtius mußten in den Wald fliehen, sind aber wohl noch am Leben; einer der Schwiegersöhne Curtius' war der Haeften vom 20. Juni, der sich im Prozeß so gut gehalten hatte. Die Wahllosigkeit, mit der das Umbringen vor sich geht, hat etwas so Erstaunendes. Man hatte erwartet, daß es den führenden Nazis schlecht gehen würde, aber nicht denen genau so, die gegen den Nationalsozialismus gewirkt hatten.

28. Juni 1945 [Donnerstag]. Jetzt ist bei uns auch Strom. Großes Glück, denn ich kann nun wieder Radio hören, sooft ich will. Und der Strom ist auch für Kurzwelle stark genug. Ab 6. Juni hatte sich schon Frau Holsten am Radio Notizen gemacht und diese dann bei mir als einer Schreibmaschinenbesitzerin mit Durchschlägen abgetippt, so daß wir notdürftig auf dem laufenden waren. Aber das Selbsthören ist doch viel besser. Am verblüffendsten finde ich wieder einmal den Unterschied zwischen dem, was gesagt wird und was wirklich geschieht, obwohl mich das ja nicht erstaunen sollte. Erst hatte ich die Technik bei den Nazis eingesehen, dann war meine große und mich so erstaunende Entdeckung im demokratischen Amerika, daß es dort genau so ist, nur mit anderen und feineren Mitteln, mit dem Erfolg, daß noch viel mehr Leute darauf hereinfallen als in Deutschland. Und nun also geht alles wieder von vorne an. Da ist das Gefasel von der Weltsicherheitskonferenz und dem Glück, das sie der Welt bringen wird, und man möchte wirklich wissen, ob es in der Welt noch jemand gibt, der daran glaubt. Da hörte ich Mr. Wickham Steed, wie er auseinandersetzte, daß in der »Charter« die »United Nations« nicht mehr

mit »they« bezeichnet werden, sondern mit »it« — genau wie die Staaten der USA und daß das ein Beweis dafür sei, daß die Vereinten Nationen von nun an eine Einheit bilden. Und wir sehen hier Tag für Tag, wie die eine Vereinte Nation mit Beschleunigung die Forträumungsarbeiten vorantreibt und gleichzeitig die Ankunft der anderen drei verzögert, damit nur ja alles vor deren Ankunft verladen oder mindestens nach Ost-Berlin geschafft ist. Zu guter Letzt werden nun wieder aus den Häusern Lastwagen voll Möbel abgeschleppt. In Friedenau wurden alle Schreibmaschinen beschlagnahmt. Die Pgs, die am Bau der Verladerampen und beim Verladen arbeiten, wurden nachts nicht mehr nach Hause gelassen. Verpackungsmaterial wurde überall beschlagnahmt, wo man es irgend finden konnte. Bei Hollerith, der Firma von Bob, werden seit drei Tagen die Werkzeugmaschinen, Telefonzentrale, Schreibmaschinen abgeholt, wobei sich die Russen wieder ähnlich benahmen, wie in den ersten Wochen, ihre Häufchen setzten und Brünneli ließen (um mich zart auf Schweizerdeutsch auszudrücken), wo es ihnen gerade Freude machte. Dabei ist Hollerith amerikanischer Besitz (International Business Machines) und stand bis zur Ankunft der Russen unter Feindverwaltung.

Es ereignen sich aber auch höchst komische Dinge: in der Hoffnung und Sucht, Hilfe und Schutz bei den Amerikanern zu finden, äugten zahllose Leute nach den Amerikanern aus. Das Auftauchen eines Amerikaners war ein Ereignis ersten Grades, das, von Mund zu Mund gehend, sich immer vergrößerte. So waren ziemlich am Anfang in Charlottenburg in meiner Nähe amerikanische Autos gesichtet worden. Erst waren es zwei, bald waren es sechs. Sie verflüchtigten sich in nichts. Dann erzählte Bertele, daß einer seiner Kollegen im Magistrat, ein Schweizer namens Rindlesbacher, hinter 6 amerikanischen Offizieren hergelaufen sei und sie angesprochen habe. Als sie hörten, er sei Schweizer, forderten sie ihn auf, mit ihnen in die Schweiz zu fliegen. Sie flögen morgen. Da er aber angeblich den Transport von 1 000 Schweizern organisierte, lehnte er ab. Dann brachte Wesemann, der einzige Kollege am ›Reich‹ [abgesehen von den dort arbeitenden Kollegen der FZ], mit dem ich menschlich Kontakt hatte, die Kunde, daß in Karlshorst eine amerikanische Wirtschaftsdelegation sitze, die täglich ein von den Russen nicht kontrolliertes Flugzeug in die andere Zone habe, die im Bild sei über den Abtransport im Großen, den die Russen vornehmen und denselben aufs Äußerste mißbillige. Dies war für uns natürlich besonders aufregend, weil wir doch immer nach der Möglichkeit suchten, Post ins andere Gebiet zu bekommen. Wir überlegten uns, ob man nach Karlshorst radeln soll. Es ist weit im Osten Berlins, war früher durch Pferderennen bekannt und ist Sitz des russischen Oberkommandos. Wir fürchteten aber, bei einem solchen Vorstoß verhaftet zu werden. (Einigen Leuten soll derartiges passiert sein, und sie seien nicht wieder gesichtet worden.) Bei meiner Fahrt nach der Dame, die angeblich mit Kind und Hund aus Nürnberg gekommen war, erfuhr ich, daß die Nichte dieser Dame einem Juden eine Übersetzung gemacht habe, der mit dieser Wirtschaftsdelegation verhandelt habe. Bevor ich aber diesem Juden nachgegangen war, hörten wir, das Oberkommando in Karlshorst, wo die Amerikaner säßen, sei ausgebaut und bewacht wie eine Festung; und kurz darauf: die Amerikaner seien nimmer da. Wir nehmen jetzt an, daß sie nur in der Zeit da waren, als Eisenhower und Montgomery mit Schukow das Abkommen unterzeichneten.

Nun gab es aber auch eine amerikanische Handelskammer und darin einen Mr. Dunning, der die ganzen Kriegsjahre über frei und freundlich hier lebte und ein

Strohkopf erster Güte zu sein scheint, und der den Firmen, die sich an ihn wenden, törichte Ratschläge gibt. Dann kam etwas Neues auf: Mr. William Esch, ebenfalls seit Jahren in Deutschland, einst Mitglied der Mixed Claims Commission, die längst nicht mehr existiert, wovon er aber noch imponierendes Kopfpapier besitzt. Mit diesem stellt er für drei Mark das Stück Leuten, die in die andere Zone reisen wollen, Empfehlungen an die amerikanischen Behörden auf der anderen Seite aus (»to all whom it may concern«), wozu er autorisiert zu sein behauptet. Gerwin machte sich auf, diesen Mann zu untersuchen, nachdem Bourdin, meinend, er würde mich interessieren, mir schon von ihm erzählt hatte; ich hielt aber vom ersten Augenblick an nichts von ihm. Gerwin benützte den Vorwand, im Interesse des Hause Lachmann-Mosse zu kommen (er hat mit dem Verlag wieder ein Scheinverhältnis, das ihn vor dem Arbeitseinsatz bewahrt) und versuchte, die Vollmachten des Mr. Esch zu sehen. Die gibt es natürlich nicht. Esch behauptet, 1938 oder 1939 in USA gewesen zu sein — sein Bruder sei Senator in Wisconsin — er sei amerikanischer Beamter. Gerwin sagt, er sei ein amerikanisierter deutscher Jude, der seit dem Einzug der Russen noch keinen Kontakt mit den Amerikanern hatte. Esch versuchte darzulegen, wie wichtig er sei, indem er erzählte, die Firmen Singer, Hollerith und Heinz Ullstein hätten sich schon an ihn gewendet, und er ließe ihnen seine Hilfe angedeihen. Im übrigen sei er vor allem fähig, mit Hilfe seiner russischen Freunde Juden wieder zu ihrem Eigentum zu verhelfen. Kurz darauf hörte ich von Bob, daß die Firma Singer völlig ausgeräumt worden sei, und nun räumen sie ja auch Hollerith. Das braucht ja nicht im Zusammenhang zu stehen mit den Ratschlägen des Mr. Esch, aber da man andererseits hörte, es sei vorgekommen, daß bei Firmen, die sich auf Amerika berufen bzw. um Schutz an die amerikanische Handelskammer gewendet hatten, die Betriebsführer von der GPU abgeholt wurden, scheint es mir doch wahrscheinlich und ganz im Sinne der »Vereinten Nationen« zu sein.

Wie es seither Ullstein ergangen ist, weiß ich noch nicht, obwohl ich vor etwa drei Wochen eine Arbeit für ihn übernahm. Einer der wenigen unverhafteten Direktoren des Deutschen Verlags, ein alter Ullsteinmann, Paul Wiegler, besuchte mich nämlich gerade beim Auszug aus der Wundtstraße und erzählte mir u.a. die Geschichte der Familie Ullstein, die so kompliziert ist, daß ich sie schon wieder vergessen habe. Behalten habe ich, daß einige Onkel und Vettern Ullstein in Amerika sind, andere in London, wo es schon eine ›Ullstein Limited‹ gibt. Der Haupt-Ullstein, Hermann, der ›The Rise and Fall of the House of Ullstein‹ schrieb, ist letzten Herbst gestorben. In Deutschland war nur Heinz Ullstein geblieben, der vermöge seiner arischen Frau bis letzten Herbst unbelästigt blieb; dann wie die meisten verbliebenen Nicht- und Halbarier in die O.T. gezwungen wurde und Schwerarbeit leisten mußte; sich von dort, wie viele andere, rechtzeitig verflüchtigte, — es geht nämlich die Sage, die Nazis hätten in den letzten Kampftagen alle diese O.T.-Leute noch umgebracht. Heinz Ullstein tauchte jedenfalls als Vertreter des Hauses Ullstein hier auf, blitzte aber zuerst bei den Russen ab, die kaltlächelnd sagten, sie kennen den Abfindungsvertrag der Familie Ullstein. Damit sei der Fall erledigt. Er brachte es aber doch fertig, daß Bersarin erklärte, unter den Druckereien und Verlagen, die bestehen bleiben, solle auch Ullstein sich befinden, was nicht hinderte, daß die ganzen Maschinen abmontiert (aber noch nicht abtransportiert) wurden. Als ich vor 10 Tagen zuletzt Bericht hatte, waren gerade noch soviele Maschinen übrig, daß man einen winzigen Betrieb hätte in Gang setzen können. Es fehlt aber hier wie überall an den Tiefdruckmaschinen, die sind alle schon weg. Dies war aber vor der Entdeckung des Mr. Esch; also ist vielleicht inzwischen auch der Rest noch verlorengegangen. — Übrigens wird natürlich allerseits eifrig versteckt, vergraben in Gärten und Freiflächen. Da spießten dann die Russen mit ihren Säbeln hinein und fanden vielfach die Dinge; die Hollerith hatten z. B. ihre wertvollsten Sachen im Lift und diesen zwischen zwei Stockwerken stehen lassen, wurden aber von den Russen gezwungen, ihn herunterzuholen.

Ullstein plante, möglichst unpolitische, den Russen genehme Erzeugnisse herauszubringen, eine medizinische Zeitschrift, an der Sauerbruch mitarbeiten wollte, eine Wochenzeitschrift und vor allem: Buchübersetzungen. Zu diesem Zweck bat mich Wiegler, der die Romanabteilung unter sich hatte, eine Aufstellung über die wichtigsten englischen und amerikanischen Bücher zu machen, die seit 1941 erschienen sind, vor allem Belletristik. Daran sitze ich nun, es ist eine rechte Arbeit, aber auch ganz interessant, sich so im Zusammenhang die literarische Produktion der anderen Seite zu vergegenwärtigen. Auf Grund meines Materials bin ich wohl die einzige in Berlin, vielleicht sogar in Deutschland, die das kann.

Allerdings, der Teil des Archivs und der Bücher, die in Teupitz waren, sind nun wohl vollends dahin. Frau Becker war nämlich mit ihrer Berliner Schwester Sonntag vor 8 Tagen nochmals draußen, nun schon stückweise mit der Bahn, den Rest mit Handwägelchen zu Fuß. Sie wollten die Sachen holen, die sie in unserem, das erstemal unversehrten Versteck unter dem Dach hatten. Diesmal war auch dies erbrochen und fast alles weg. Darunter auch von mir noch ein letzter Rest Lebensmittel, Familienschmuck usw. Diesmal ist die Verwüstung noch größer, im Garten kein Beet mehr zu erkennen, im Haus alles verstreut, zerrissen, zerschlagen, die guten Teppiche auch noch weg, sogar den Pumpbrunnen haben sie noch abmontiert. Dies letztere finde ich besonders gemein. An Ernten ist nun nicht mehr zu denken. Frau Becker hat eine böse Auseinandersetzung mit Frau Susmann, der Frau des »Oberbürgermeisters« gehabt, der aber nun auch schon unter Verdacht steht und Teupitz nicht verlassen darf, während der stellvertretende Bürgermeister Dreyer, ein Oberschieber während der Nazizeit, nun schon im Loch sitzt. — Bücher seien noch da, sagt Frau Becker; die mit den Bildern aber großenteils weg. Ich sollte nun hinausfahren und retten, aber Bücher im Handwagen, dessen Räder gern abgehen, abzutransportieren, scheint mir ein aussichtsloses Unternehmen. Außerdem sind die Straßen voller Mongolen und Ostarbeiter, die alle Leute unterwegs ausplündern. Die Bauern tragen ihr Geld in den Schuhen. Frau Becker und Schwester entgingen der Ausplünderung, weil ein Mann sie bis Töpchin in seinem Fuhrwerk mitnahm.

Zur Ausplünderung Berlins möchte ich noch nachtragen, daß offenbar auch die Russen untereinander uneinig sind. Der Vorgang wiederholt sich immer wieder, daß Firmen aufgefordert werden, ihre Arbeit wieder aufzunehmen. Kaum haben sie die Instandsetzungsarbeiten beendet und die Maschinen in Gang gesetzt (etwa in der Textilindustrie), so kommen die Russen und montieren ab. Bei der kolossalen technischen Unbegabung der Russen ist das wohl in den meisten Fällen ein Trick, der bezweckt, die Maschinen erst wieder in Arbeitszustand zu bekommen, um sich in Rußland Arbeit und Kopfzerbrechen zu sparen. Aber es gibt auch eine Geschichte, wonach Bersarin mit größter Mühe unter Aufwand starken deutschen und russischen Arbeitseinsatzes eine elektrische Überlandleitung wiederherstellte, — und kaum war es fertig, wurde alles auf Befehl Moskaus fortgeholt. Wir fragen uns natürlich auch alle, ob Bersarin beseitigt wurde oder wirklich verunglückte. *Es wurden später noch andere Fälle bekannt, in denen Bersarin eingegriffen hatte, um den Wiederaufbau Berlins zu fördern. Zum Beispiel machte er die Rüdersdorfer Kalkwerke, die einzige Stelle, wo für die Bauwirtschaft noch Bindemittel herzustellen waren, Prof. Hans Scharoun zum persönlichen Geschenk. Erst allmählich erfaßten wir auch, wie gut die Personen ausgewählt waren, die gleich in den ersten Tagen an führende Stellen gesetzt wurden — zum Beispiel Scharoun für die Stadtplanung, Sauerbruch für das Gesundheitswesen, Furtwängler für die Musik, Spranger für die Universität. Die Überlegung, ob Bersarin eines natürlichen Todes gestorben sei, ist noch ein Nachklang aus der Endzeit des Dritten Reichs, in der man sich bei Todesfällen fragen mußte, ob sie »politisch« seien. Sie zeigt aber auch die Beliebtheit, der sich Bersarin schon nach kurzer Zeit in Berlin erfreute — um den Tod eines gleichgültigen Menschen kümmert man sich nicht weiter. Es hatte sich bald herumgesprochen, daß der General wirklich auf das Wohl der Berliner bedacht war. Unbeantwortet blieb die Frage, wie viele der führenden Russen noch in Kategorien der Bestrafung dachten.* Es spricht aber einiges für die Version, die gleich am ersten Tag von hohen Russen erzählt wurde (etwa an den Bürgermeister Witgenstein): Bersarin sei ein leidenschaftlicher Motorradfahrer gewesen; an einer Straßenkreuzung habe das fahnenschwenkende Russenmädchen gerade mit einem Soldaten geschäkert (solches war häufig zu beobachten); Bersarin habe gedacht, es gehe auch ohne Verkehrsregelung und sei in einen Studebaker gefahren. Es fällt jedenfalls auf, daß neuerdings die voluminösen Fahnenschwenkerinnen aus dem Straßenbild verschwunden sind. Vielleicht sind sie nach guter russischer Sitte verprügelt worden. Dann wäre die Sippenverantwortung auf die Berufsverantwortung ausgedehnt.

Von den Verhafteten hört man entweder gar nichts (so Scharp, Wirths, Brech, Molkenthin) oder Schlechtes; so durch Ent- oder Freigekommene über Schmidt-Dumont, der in einer luftlosen Waschküche mit anderen zusammengesperrt sei; ständige Verhöre, wenig Essen; mehrmals schon in Ohnmacht gefallen. Die Verhaftungen scheinen großenteils nach Lust und Laune vorgenommen zu werden oder weil man nichts Besseres fand, oder es ist so: ein Trupp von 10 Russen marschiert mit 67 Zivilgefangenen ostwärts einem Lager zu. Einigen gelingt es zu entkommen; daraufhin wird im nächsten Dorf die fehlende Zahl durch Verhaftung irgendwelcher Männer wieder wettgemacht, denn den 10 kommt es nur darauf an, dieselbe Zahl abzuliefern, die sie auch in Empfang genommen hatten.

Das Vorgehen gegen Pgs ist offenbar weniger von russischer als von deutscher Seite inspiriert. Die Antifa dürfte dabei eine beträchtliche Rolle spielen. In manchem Stadtviertel müssen die Pgs 10 Stunden am Tag schippen und bekommen außerdem keine Lebensmittelkarte. In anderen müssen sie schippen und bekommen die unterste Stufe Lebensmittel. Es gibt nämlich Lebensmittel für Schwerarbeiter, Arbeiter, Angestellte, Kinder und sonstige. »Sonstige« bestehen hauptsächlich aus Brot und Kartoffel, kaum Fett und Fleisch und Zucker; damit kann man verhungern, selbst wenn man die Ration zu kaufen bekäme. [Zu den »sonstigen« gehörten alle Ehefrauen.] Aber auch die Karten-Reichen, zu denen ich gehöre, haben noch nie ihre Rationen voll zu kaufen bekommen. Den Pgs werden auch die Möbel genommen, oft auch die Wohnungen beschlagnahmt. Dabei wird ganz wahllos vorgegangen. So haben etwa die Mietuschs eine Nichte, die beim Roten Kreuz war, und eines Tages hieß es: die ganze Gruppe von Pflegerinnen tritt geschlossen in die Partei ein. Sie mußte, als ich zuletzt von ihr hörte, jeden Tag

10 Stunden schwer arbeiten, bekam aber wenigstens Karten. Der Aufseher war besonders gemein, ließ sie im Regen durchnäßt weiterarbeiten usw. In allen Stadtteilen werden diese Dinge verschieden gehandhabt, wie ja auch die verschiedenen Republiken, in die Berlin zerfallen ist, in Rechtsprechung, Verwaltung, Ernährungswirtschaft völlig verschieden verwaltet werden, und ich nur auf den Augenblick warte, wo Zehlendorf einmal Wilmersdorf den Krieg erklärt. *Am 2. Juni berichtete die ›Times‹ über eine strenge Rundfunkwarnung an die Berliner. Oberbürgermeister Dr. Werner verkündete: Für jeden Anschlag auf das Leben eines Soldaten der Roten Armee oder eines Sowjet-Beamten würden fünfzig einstige Mitglieder der Nazi-Partei erschossen, ebenso für Brandstiftung aus politischen Motiven. Wer von einem geplanten Mord oder bevorstehender Brandstiftung wisse, ohne es der Polizei zu melden, erhalte dieselbe Strafe. Die Warnung sei vor allem an die Mitglieder der einstigen Hitler-Jugend gerichtet.*

Es gibt auch Leute, die glauben, alles werde wieder wie früher. Die einen scharen sich um Herrn Hermes vom Zentrum, die anderen um Herrn Lemmer, der der jüngste demokratische Reichstagsabgeordnete war und mit einigen anderen den Aufruf einer christlich-demokratischen Partei unterzeichnete. Die Kommunisten, die zwar auch ihren Aufruf kundtaten und die auch schon ihre Zeitung haben, die ›Deutsche Volkszeitung‹, halten sich öffentlich noch relativ zurück und betrachten alles dieses als Scheinbildungen, die hinweggefegt werden, sobald hier die eigentlichen russischen Ziele verwirklicht werden. Nach dem, was ich aus den verschiedenen Betrieben und Bezirken gehört habe, ist die Umorganisation der KPD wieder seit 1943 zielbewußt im Gang. Überall treten nun unter den Angestellten Leute hervor, die heimlich seit 1943 der KPD angehörten und nun führende Posten beanspruchen. Viele

Kommunisten waren auch in der [NS-]Parteiorganisation, um festzustellen, was da geschieht. Sie alle bekamen schon vor der Russenzeit irgendwie besser zu essen. Die Leute, die so in den Behörden sitzen, wirken im allgemeinen höflich und vernünftig. Sie sind allerdings alle von einem grenzenlosen Pessimismus erfüllt und glauben weder an ihre Arbeit noch an ihre Zukunft. Da die Bevölkerung in den letzten Jahren die Technik ausgebildet hat, die behördlichen Anordnungen zu umgehen, so kommen täglich neue Bestimmungen zum noch genaueren Erfassen aller Vorgänge und Gegebenheiten heraus, und die Fragebogenwirtschaft wächst ins Ungemessene.

6. Juli 1945 [Freitag]. Also, sie sind da, die Engländer und Amerikaner nämlich. Dieses wird Euch, falls Ihr den Brief je zu lesen bekommt, schon längst bekannt sein; aber für uns war es eine immer neue Quelle des Zweifels, bei manchen gar der Verzweiflung, denn nach den neuen Ankündigungen: am 21., am 28. usw. würden sie kommen, und nachdem die Russen mehrmals für uns schmerzhafte Vorbereitungen zum Abzug getroffen hatten, nahmen wir an, daß ein sehr fester Wille hinter all diesem Hinausschieben stand, nämlich der Wille Stalins; und daß er vielleicht versuchen werde, die gemeinsame Besetzung bis nach den englischen Wahlen hinauszuschieben, um dann vielleicht mit den Labourleuten leichter fertig zu werden und Alleinherr zu bleiben, zumal wir ja aus vorsichtigen Andeutungen von kommunistischer Seite wissen, daß er das für eine spätere Zeit sowieso anstrebt, wie auch die Machtausdehnung über ganz Deutschland und Europa (wobei auch schon ein Teilungsplan für die Schweiz vorliegt). Da wir aus dem Zurückweichen der Westmächte aus den von ihnen besetzten deutschen Zonen Sachsen, Thüringen, Mecklenburg auch noch sahen, daß auf der anderen Seite immer neue Nachgiebigkeit gezeigt

wurde, so schien es uns immer wahrscheinlicher, daß wir auch unserem Schicksal überlassen und hermetisch von der übrigen Welt abgeschlossen bleiben würden. Nur die immer umfangreicheren Abschleppaktionen, oft mit nachfolgender Sprengung der ausgeräumten Fabrikgebäude, fachten die Hoffnungen wieder an, so traurig sie auch für die wirtschaftliche Zukunft Berlins sind. Gerwins waren vor einer Woche sogar so weit, nimmer warten zu wollen und den Vorstoß nach Hamburg versuchen zu wollen. Wir wußten damals schon, daß die Konferenz der großen Drei in Potsdam sein würde, hielten es aber für möglich, daß es, ähnlich der Konferenz von Teheran, so sein werde, daß die Anglo-Amerikaner sich als Gäste auf Stalinschem Machtgebiet befinden würden. An dies letztere glaubte ich allerdings nie wirklich, höchstens daran, daß die Westler ihre Streitmächte eben nur in der näheren Umgebung Potsdams um sich versammeln würden; — und da gibt es noch Leute, die glauben, wir seien in einer fortgeschritteneren und erleuchteteren Zeit als im Mittelalter.

Am Samstag [30. Juni] hörte ich dann am englischen Radio, »senior officers« seien zu Verhandlungen über die gemeinsame Besetzung Berlins nach Berlin geflogen. »Perhaps«, dies sehr betont, werde sie schon am Sonntag beginnen, wie ursprünglich geplant. Am Tag zuvor hatte ich den Schluß einer von den Russen gestörten englischen Sendung gehört, wonach nicht nur Truppen, sondern auch Experten in Braunschweig für den Marsch nach Berlin bereitstünden. Alles wartete drauf zu hören: wann — »that is the burning question«. Sonntag vormittag hieß es dann, die Vorhuten, bestehend aus Quartiermachern, hätten sich schon in Bewegung gesetzt. Sonntag nachmittag fuhr ich zum Tee zu Holstens, unterwegs noch überall russische Lastwagen antreffend, die Möbel und Betten plünderten, während man als Radler aufpassen und Umwege machen mußte, um nicht zu guter Letzt noch sein Rad zu verlieren. (Aus Manholts Garten wurde am Montag noch das Rad Peter Glums gestohlen, das er 5 Minuten vor der Haustür hatte stehen lassen. Der Russe war über den Zaun geklettert.) Sonntag abend nach Dahlem heimkehrend, hörte ich bei Manholts, sie seien schon in der Kronprinzenallee, im Luftgau, welches ein großer Gebäudekomplex ist, in dem bis vor zwei Wochen, ihn versauend, die Russen nisteten.

Die ersten zwei Amerikaner waren sogar schon gegenüber bei Nerwigs. Das ist eine Familie, die ich noch nicht angeführt habe. Frau Nerwig, geschieden, eine reine Jüdin, hat im Jahr 1939 rechtzeitig pro forma einen Mr. Lind geheiratet. Die dadurch errungene englische Staatsbürgerschaft verhalf ihr zu einem ungeschorenen Leben während der ganzen Kriegszeit. Da sie eine wahrhaft geniale Begabung zum Tausch hat, vermochte sie durch Ringtäusche den ihr nötigen Kaffee, gut 10 Pfund Fleisch und etliche Pfund Fett die Woche zu konsumieren. Dabei war und ist sie gutmütig, freigiebig und hilfreich gegenüber anderen Leuten. Der Sohn Klaus, ein Schulfreund Peter Manholts, blieb als Mischling vom Kriegsdienst verschont, arbeitete erst in der chemischen Industrie, mußte dann zur O. T., von wo er sich rechtzeitig entfernte (während, wie er glaubt, die Mehrzahl seiner Arbeitskameraden in Sachsen in der folgenden Nacht in einer Munitionsfabrik in die Luft gesprengt wurden). Er kam gerade zur Schlacht von Berlin in Zehlendorf bei seiner Mutter an. Die Russen wollten den hübschen kräftigen Kerl als typischen SS-Mann in Zivilverkleidung umbringen; die Frau Mama zog aber den entscheidenden Russen zu sich auf eine Couch (»Mann komm mit«) und so blieb Klaus am Leben. Die Tochter Ursula, eine Freundin Peters, war auf dem Gut der Curtius, entfernte sich aber rechtzeitig, während ihre Freundin, die jüngste Curtiustochter, sich wenig später ertränkte. Sie gehört zu den wenigen Mädchen dieser Gegend, die nicht vergewaltigt wurden — dank englischer Flagge der Mutter. Nun sind sie in das leere Haus gegenüber Manholts eingezogen, und die dort herrschende Fröhlichkeit gibt der Elsbeth manchen wehen Stich, denn im Garten sind die Gräber der ermordeten Frauen und Kinder, mit denen sie so befreundet war, und der lebenslustige Klaus erinnert natürlich immer an den gefallenen Peter. Das Wohlleben bei Nerwigs geht aber auch in den jetzt so mageren Zeiten weiter, denn Klaus beschloß als erstes, ein Fotoatelier aufzumachen, wozu er im Nu alle nötigen Materialien organisiert hatte (obwohl die Russen Ablieferung aller Fotoapparate befohlen und im wesentlichen wohl auch erzwungen hatten). In den letzten Tagen vor dem Abzug wimmelte es von Russen, die sich noch fotografieren ließen und die dafür mit Fleisch- und Fettbüchsen und Zigaretten zahlten. An einem Tag passierte es sogar, daß am Vormittag Frau Nerwigs Rad von einem Russen geholt wurde und Klaus am Nachmittag für seine Fotoarbeiten ein fast neues Damenrad bekam.

An jenem Sonntagabend also waren eben zwei Russen mit ihren deutschen Bräuten zum Fotografieren dagewesen, und als sie zur Hintertür hinausgingen, kamen zwei Amerikaner zur Vordertüre herein, weil sie froren und naß waren. Sie sprachen besser deutsch als englisch und versprachen, am nächsten Tag wiederzukommen und auch Briefe nach USA zu befördern. Sie kamen aber nicht. Es kamen jedoch zwei andere, die weder deutsch noch englisch können, sondern spanisch und etwas französisch, und ich sehe schon, daß es mir mit der amerikanischen Armee ähnlich gehen wird, wie einst in New York, daß die Mehrzahl der Amerikaner weniger englisch können als ich, falls ich überhaupt je in ein Gespräch mit ihnen komme.

Nun gibt es für uns alle ein neues Zittern, nämlich, daß unsere Häuser beschlagnahmt werden. Ganz in unserer Nähe wurden schon viele beschlagnahmt; »Auf dem Grat« sind nur noch vier Häuser nicht besetzt. Vorgestern kam Bob in großer Aufregung und ließ sich von mir eine Sache auf englisch tippen, daß er assistant manager der amerikanischen Firma Hollerith sei und man bitte, ihm und Familie wenigstens einige Zimmer zu lassen, falls sein Haus requiriert werde. Dies wurde von Mr. Dunning unterzeichnet und mit dem Stempel der amerikanischen Handelskammer versehen. Gestern mußte Elsbeth plötzlich räumen, denn das Haus der Familie Dietrich, wo Manholts während der Russentage untergeschlüpft waren, war beschlagnahmt worden, und die Dietrichs wollten zu Manholts ziehen. Nachmittags hieß es aber, das Haus bleibe zwar beschlagnahmt, aber sie könnten noch drin bleiben. Es kommen wahrscheinlich Franzosen und ihre Damen hinein. Meistens müssen die Leute innerhalb von zwei Stunden heraus (manchmal auch sechs). Ihre persönlichen Sachen dürfen sie mitnehmen, die Möbel und Haushaltungsausstattung müssen sie lassen. Und so sieht man also nun wieder traurige Grüppchen von Koffer und Säcke schleppenden Menschen durch den unaufhörlichen Regen über die Straße ziehen. Zu unserem Glück — wir glauben wenigstens, es sei unser Glück — gießt es nicht nur täglich, sondern auch in furchtbaren Platzregen, und bei unserem lecken Dach ist schon in unserem Vorplatz dauernd ein See, abgesehen von den immer neu sich füllenden Eimern und Wannen. In den Zimmern regnet es an verschiedenen Stellen herein. Da, wo wir unbedingt trocken haben wollen, haben wir das Dach gedeckt unter Wegnahme von Ziegeln an anderen Stellen. Wir nehmen also hoffend an, daß jeder requirierlustige Amerikaner von den Fluten und dem abbröckelnden Mauerwerk abgeschreckt werde. Vorgestern, als es trocken war, traute ich mich kaum aus dem Haus.

Da sich viele Mädchen und Frauen schon in recht unwürdiger Weise den Amerikanern anschmeißen, habe ich meinen Vorsatz, einen anzusprechen und zu fragen, ob er einen Brief an die Mama befördern wolle, noch nicht ausgeführt und mit keinem geredet. Überhaupt — es geht nicht nur mir so; das Bedürfnis nach Zurückhaltung steigt, und das Nationalgefühl, oder wie man es nennen soll, wächst. Dies nicht nur bei mir, sondern bei Menschen, die bisher zu den ausgesprochenen Verehrern alles Ausländischen gehörten. Die Russen- und Kommunistenfreunde sind ja durch die Erlebnisse der letzten drei Monate gründlich kuriert; vielleicht bilden sich nun auch die kritiklosen Verehrer alles Englischen eine neue Meinung. Ich selbst muß sagen, daß die Engländer, die ich gestern auf einer Fahrt nach Charlottenburg sah, mir viel sympathischer aussahen als die Amerikaner, bewegliche, humorvolle Gesichter, während die meisten Amerikaner, die ich sah, stur und dick sind, viele das, was wir die rechten SA-Typen nannten. Aber sie brechen nicht in die Häuser ein und vergewaltigen nicht, und ich gehe nun zum erstenmal seit Monaten ins Bett, ohne meine Papiere, Füllfeder, Geld usw. griffbereit zu haben. [Berichtigend ist anzufügen, daß die Verallgemeinerungen nicht ganz stimmen. Es gab den Fall einer Gutsbesitzersfamilie am Rand Berlins. Als die Russen ankamen, waren die Eltern gerade spazierengegangen. Mit einigen Schrecken heimgekehrt, fanden sie ihre Töchter und deren Freundinnen wohlauf, kein Stück ihres Besitzes angetastet und einen russischen Offizier mit den höflichsten Umgangsformen, wogegen nach dem Einzug der Amerikaner eine der Töchter so brutal vergewaltigt wurde, daß sie sich jahrelang nicht von dem Schock erholen konnte. Auch hatte jeder Sektor Berlins die Überzeugung, seine Besatzungsmacht sei die schlimmste: die Grunewalder und Charlottenburger seufzten unter den Briten und beneideten Zehlendorf und Steglitz um die Amerikaner, die Leute in Frohnau und im Wedding hielten die Franzosen für die bösartigsten, doch war bald zu erkennen, daß die Franzosen in ihrem Sektor wie in ihrer Zone am großzügigsten und erfolgreichsten den kulturellen Aufbau förderten.]

Bei Wesemanns in Wannsee holten die Russen am Samstag noch das Radio und ein Rad. In dem Haus schräg gegenüber waren zur selben Zeit schon die ersten Amerikaner zum Tee. Als die Amerikaner die plündernden Russen aus Wesemanns Fenster aussteigen sahen, verließen sie den Tee und kamen nicht wieder. Wie man das interpretieren soll, wissen wir nicht. Nichteinmischung? Bei Versuchen der Russen, auch den Amerikanern gegenüber das schöne Spiel »urr, urr« zu spielen, seien sie aber mit gewaltigen Ohrfeigen abgefahren.

Zu Frau Dr. Hussels, Chef des Gesundheitsamtes Zehlendorf, kam der oberste Arzt der dortigen Amerikaner und verlangte 2500 Betten. Sie lachte ironisch und sagte, woher sie sie nehmen solle. Der Amerikaner sagte: »Aus den Krankenhäusern.« Frau Hussels erklärte, daß die Russen alle Betten abtransportiert haben. Das wollte er nicht glauben. Wir merken immer wieder, daß auf der anderen Seite offenbar keine Vorstellung davon besteht, was hier vorgegangen ist, im Gegenteil, eine Rot-Kreuz-Schwester, die sich von Baden-Baden hierher durchgeschlagen hat, erzählte, in der anderen Zone glaube man auf Grund der Berliner und russischen Radiomeldungen, wir führten hier ein paradiesisches Leben.

Diese Meinung war auf Grund der Berichte, die S. 157 erwähnt wurden, im ganzen Westen verbreitet. Der ›Times‹-Korrespondent schrieb nach dem Einzug der Westalliierten: »Alle Angaben, daß es in der Stadt keine Lebensmittelschlangen gebe, und das Bild eines heiteren Berlin mit Musik und Kabaretts ist pure Erfindung, obwohl man natürlich, wenn man lange genug sucht, auch das finden kann.« Er beschrieb, wie den unglücklichen Leuten, die aufs umliegende Land zögen, um zu hamstern, auf dem Heimweg alles von DPs aus dem Osten abgenommen werde, die überhaupt ohne Lebensmittelkarten existieren müßten. Andererseits waren, wie er mitteilte, die Engländer und Amerikaner aufs angenehmste überrascht von der Freiheit des Zugangs in den russischen Sektor durch das Brandenburger Tor. Hier lag die Hauptattraktion für die Schaulustigen von Churchill bis zum letzten G.I. Nach dem Ende der Potsdamer Konferenz holten die neuen Labour-Minister Attlee und Bevin noch schnell die Besichtigung der Reichskanzlei, des »Ausstellungsstücks unter den Berliner Ruinen«, nach.

Derselbe amerikanische Arzt ließ sich dann von Frau Hussels Berlin zeigen, im Auto. Als sie auf die Höhe des Potsdamer Platzes gekommen waren, sagte er, nun wollten sie doch zu einem Laden fahren, er habe einige Besorgungen zu machen. Sie sagte, das gebe es nicht. Er sagte, ein paar Fotofilme werde er doch wenigstens bekommen können?

Weil Optimismus eine unausrottbare Sache ist und weil die Amerikaner und Engländer den Kindern zu essen geben, knüpfen sich nun schon die übertriebensten Hoffnungen an ihr Erscheinen. Der Friseur sagte, sie würden nun Berlin mit ihrem Geld unverzüglich wieder aufbauen. Dabei kann Berlin, nachdem alles Arbeitsmaterial abgeschleppt wurde, ja nicht einmal die jetzige dezimierte Bevölkerung mit Arbeit versehen und ernähren. Ich selbst, obwohl keinen solchen Hoffnungen huldigend, habe schon geträumt, ich hätte in einem Schrank Schokoladestücke in Form von Briketts gefunden. Nach Schokolade haben natürlich alle Verlangen, und Briketts fehlen hier besonders zum Kochen. Ich gab Frau Nerwig meine Kaffeeration von 60 g, um dafür Briketts zu bekommen; ich rechnete mit 30–40 Stück (nach Friedenspreis gerechnet, da Kaffee noch rarer ist als Kohle); sie gab mir 12. Da ich vorher nichts ausgemacht hatte, konnte ich nichts dagegen sagen.

9. Juli 1945. Gegenwärtig beschäftigen wir uns in Gedanken vor allem mit dem amerikanischen Müll. Wenn wir ihn fänden, würden wir gut essen und uns wieder runden. Bei meiner Arbeit für Ullstein las ich die Besprechung eines amerikanischen Buchs über Rußland, in dem es hieß, was die russische Zivilbevölkerung konsumiere, sei wohl weniger, als was in Amerika in den Abfall geht. Ob das für Rußland stimmt, weiß ich nicht. In bezug auf die Berliner Bevölkerung und die amerikanischen Besatzungstruppen dürfte es wirklich richtig sein. Frau Flöter, die Portiersfrau von drei Häuser weiter, die mit unserer Frau Funk und Frau Block seit der Schlacht eine Schlaf- und Essensgemeinschaft bildete, ist nämlich neuerdings Köchin bei den Amerikanern. Von ihren Erzählungen wird es manchem buchstäblich übel. Alles Fett wird vom Fleisch abgeschnitten und weggeworfen. Und wir haben seit Wochen kein Fett, seit Monaten keine Butter mehr bekommen, aber die angestellten deutschen Frauen dürfen nichts, auch nicht vom Abfall, mitnehmen. Es wird streng aufgepaßt, daß alles in den Müll kommt. Die Frauen bekommen riesige Portionen zu essen, unglaubliche Portionen für unsere Begriffe, aber davon dürfen sie nichts mitnehmen, auch die nicht, die zu Hause hungernde Kinder haben. Gestern sammelte eine der Frauen dort Käsereste in eine Blechbüchse, stellte sie ans Fenster und wollte sie mitneh-

men. Die deutsche Aufseherin sagte: »Keine der Frauen verläßt das Haus, bevor ich nicht weiß, wer die Käsereste aufgehoben hat.« Die Frau meldete sich, und es gab einen großen Krach. Der übrigbleibende Bohnenkaffee wird auch jeden Abend weggeschüttet.

Elsbeth ist für den Dackel Batzi auf Müllsuche in den Grunewald gegangen. Sie kam heim mit herrlichen Dingen, nicht nur für Batzi, sondern auch für die menschliche Ernährung. Stücke so weißen Brotes, wie wir es längst nicht mehr kannten, Papier von Butter- und Margarinepaketen, die ausgekocht ein Näpfchen mit Fett ergaben, feste harte Zwiebeln, während unsere, falls noch vorhanden, längst üppig keimen. Leider wird aber der Müll nun offenbar versteckt vergraben, und mit diesen Entdeckerfreuden ist es vorbei. Fast niemand hat mehr Kartoffeln, ich vielleicht noch für sechs Tage. Das sind aber auch die alten, die keimen und zur Hälfte innen blau und schwarz sind. Unter diesen Umständen ist die Brotzuteilung, die sonst reichlich wäre, auch sehr knapp. Gemüse gabs auch die ganze Zeit noch nicht, d.h. einmal bekam ich fünf kleine Kohlrabi. Ich versuche mit Schnittlauch, Petersilie, Kresse, Zwiebeln Abwechslung ins Essen zu bringen. Heute gabs zu meinen Kartoffeln einen einzelnen gefundenen Champignon, der köstlich war.

Im übrigen wissen wir jetzt Einzelheiten über das Nichtfraternisieren, einerseits von einem Deutsch-Amerikaner, der heimlich den Leuten, in deren beschlagnahmter Wohnung er war, ihre Bettdecken und Kissen bringen wollte; andererseits von zwei Amerikanern, die Frau Gerwin auf der Straße nach einer Wäscherei fragten, worauf sie sagte, sie werde selbst waschen, wofür sie ein riesiges Stück Kernseife bekam, und es zu einem Gespräch kam. Auf dem Fraternisieren stehen Freiheitsstrafen von 6 Monaten. Sie dürfen uns nicht die Hand geben, keine Geschenke machen, sollen uns behandeln wie ein Kolonialvolk. Nun, das Fraternisieren hat zwei Seiten, und ich habe beschlossen, nichts anzunehmen, wenn mir einmal etwas geboten würde, nicht einmal die erträumte Schokolade in Brikettform. (Nachträglich beim Abtippen im August: nun ist das Fraternisierungsverbot zum Teil aufgehoben, und zu Frau v. Solf, die bei den Nazis zum Tod verurteilt war und über ein Jahr in Gefängnissen und KZ und die aussieht wie ein Skelett, Haut über Knochen, kommen jetzt, sie poussierend, viele Engländer und Amerikaner, aber es hat ihr noch keiner einen Bissen zu essen gebracht.)

Zu den Mißhelligkeiten zwischen den Russen und den Westalliierten gehörte die Durchführung des vereinbarten Fraternisierungsverbots. Es sowjetischerseits aufrechtzuerhalten wäre nach der Art, wie die russischen Soldaten in Berlin eingestürmt waren, unmöglich gewesen. Im übrigen spielte sich die Praxis des »Frau komm mit« vielfach viel freundlicher ab, als es in meinem Brief geschildert wird. Das galt vor allem im Zentrum und in den östlichen Teilen der Stadt, während der Westen, zumal die Villenbezirke von Zehlendorf und Wannsee, den Kommunisten naturgemäß wie die Hochburgen der Kapitalisten-Klasse vorkommen mußten, die man entsprechend zu behandeln hatte. Daß Russen sich vor dem Einzug der West-Truppen mit ihren deutschen Bräuten noch in Dahlem fotografieren ließen (s. S. 232), zeigt aber, daß es freiwillige Freundschaftsverhältnisse auch in West-Berlin gab. Im Jahr 1947 sagte mir ein Berliner aus dem Wedding: »Der Russe hat es gut gemacht« und meinte, die deutschen Frauen hätten ihre Männer allzulange entbehren müssen — er selbst war erst vor kurzem aus französischer Kriegsgefangenschaft zurückgekommen und noch ohne Frontstadtvorurteile. — Bei der langen Nachrichtensperre über die Vorgänge in Berlin merkte man im Westen erst langsam, daß es in der deutschen Hauptstadt das Problem nicht gab, schloß nur aus den Berliner Rundfunkmeldungen auf gute Beziehungen zwischen Russen und Deutschen. Am 6. Juli meldete die ›Times‹: »Es gibt jedenfalls keine Anzeichen für eine Nicht-Fraternisierungspolitik der russischen Streitkräfte.« Im Westen waren die Engländer die ersten, die das Verbot lockerten. Am 15. Juni wurde den britischen Soldaten das Fraternisieren mit Kindern erlaubt. Am 7. Juli nannte die ›Times‹ das Verbot einen Anachronismus. In der amerikanischen Zone wurde die Sache länger und strenger gehandhabt, doch war das Nicht-Fraternisieren auf der »Fräulein«-Ebene einfach nicht durchzuführen.

Leider haben viele Deutsche weniger Hemmungen als ich und rennen den Amerikanern sehr nach. So bedaure ich, ohne ihn zu kennen, sehr den Louis Lochner, der bis 1941 hier Associated Press-Korrespondent war und außerdem Präsident der amerikanischen Handelskammer. Allein aus dem Kreis von Menschen, die ich kenne, wollen Glum, Wesemann, Bob, Geheimrat Fellinger, Bourdin, ein Mann von Siemens ihn möglichst bald sprechen. Es ist eine Art von Fieber in die Leute gefahren und die Angst, daß ein anderer ihnen zuvorkommen könne, zusammen mit der, wie ich glaube, falschen Überzeugung, daß sich mit Hilfe der Amerikaner alles in eitel Freude auflösen werde. (Nachträglich: eine ihm unbekannte Dame besuchte den Lochner mit der Bitte, ihr eine Scheinehe mit einem Amerikaner zu beschaffen, damit sie hier heraus könne; — er war im übrigen bald für niemand mehr zu sprechen und hatte dann auch noch einen Zusammenstoß mit einem russischen Lastwagen.) — Nachricht an die Mama gelangen zu lassen, scheint legal nicht möglich zu sein. Vielleicht wird es in einigen Wochen anders. Auf der Stufe der Kocherln, sofern es die noch oder wieder gibt, und der Ladenmädchen, sowie der gemeinen Soldaten, ist gegen Abend auf den Straßen und im Gebüsch das Fraternisieren und wohl auch das

Paternisieren trotz allem schon im besten Schwung. Die Offiziere halten sich absolut zurück.

Es gibt natürlich schon viele Geschichten von Zusammenstößen zwischen Russen und Amerikanern. Mit angesehen hat Wesemann folgendes: in der Königstraße in Wannsee radelte eine Frau; es kam ein Russe, hielt in einiger Entfernung. Als der Russe das Rad hatte und die Frau weinend zurückgeblieben war, setzte sich der Jeep in Bewegung, befragte die Frau und sagte: »Einsteigen«, verfolgte dann den Russen, der behauptete, das Rad gehöre ihm, befahl ihm auch einzusteigen und fuhr dann zur amerikanischen Kommandantur. Bei Halle, so erzählte ein von dort Kommender den Krügers, sei sogar schon geschossen worden. (Nachträglich: nachdem sich eine Reihe solcher Zwischenfälle ereignet hatten, bekamen die Amerikaner und Engländer den strengen Befehl, sich nicht mit den Russen einzulassen. Sie fahren deshalb auch nicht in die Provinz.)

Nachdem wir uns jetzt in bezug auf äußere Einbrüche und grundlose GPU-Verhaftungen einigermaßen sicher fühlen (nachträglich: zu Unrecht), habe ich gewagt, in den letzten Tagen diesen versteckt gehaltenen Brief hervorzuholen und abzutippen. Dabei ist mir einiges eingefallen, was ergänzt oder weitergeführt werden sollte, was ich nun versuchen will. Übrigens ist mir im Mai, als ich ein Versteck für das Manuskript suchte, unter meinen großformatigen Büchern ein halb vergessenes in die Hände gefallen: ›Rußland – Europa – Amerika‹ von Erich Mendelsohn, dem ehemaligen übermodernen Berliner Architekten. Im Jahr 1929 erschienen und heute erschreckend, vielleicht erhebend aktuell. An Hand der Bilder ihrer Bauten beschreibt er den Unterschied zwischen den beiden großen Weltmächten Rußland und Amerika, — teils sehr eindrucksvolle Bilder, etwa vom russischen

Bauprojekt auf dem Papier, ultramodern und ganz technisiert, — und von der umständlichen, rückständigen Art der Verwirklichung (ein Wald muß erst gefällt werden, um die Baugerüste zu liefern); dagegen wie bei der amerikanischen Technik die Eisenträger und alles schon in richtiger Größe bereitliegen und nur wie in einem Baukasten zusammengefügt werden müssen, wohingegen aber im Amerikanischen wieder der Stil fehlt (was natürlich auch nur bedingt stimmt). Mendelsohn weist Europa die Rolle des geistigen Vermittlers zu zwischen den Beherrschenden in Ost und West, aber in dem Buch und in den gewählten Bildern, ebenso wie im Druck des Titels spielt es eine kümmerliche Rolle, wie ja wahrscheinlich auch in der kommenden Wirklichkeit. Das Buch ist also in mehr als einem Sinn prophetisch.

Den folgenden Nachtrag mache ich nicht nur, um die einzelnen Schicksale weiter zu verfolgen, sondern weil ich glaube, daß so ein Querschnitt doch auch typisch ist für die Vorgänge in Berlin überhaupt. Da ist also aus der Charlottenburger Zeit noch Herr Sperling, der am 30. April an das Herankommen der Entsatzdivisionen und an den Endsieg glaubte und der, wie wir wußten, Pg war. Am Abend bevor ich nach Teupitz fuhr, erschien er in meiner Wohnung als Hausobmann, um einen Fragebogen auszufüllen. Hausobmänner sind eine Einrichtung der neuen Zeit, mit ähnlichen Funktionen wie einst die Blockwarte, natürlich mit der entgegengesetzten politischen Einstellung. Herr Sperling, blaß und mager und von Natur ängstlichen Gemüts, war nun so nervös, daß er dauernd mit der Zungenspitze seine Lippen befeuchtete, und es war sofort zu sehen, wie er aus Angst vor den neuen Behörden kriechen würde. Er drohte mir auch gleich mit der russischen Polizei, als ich erklärte, ich verweigere meine Aussage, wenn er meine Angaben nicht so zu Papier bringe, wie ich es für richtig halte. Er erklärte Mietuschs und allen, die es hören wollten, daß er sich mit der Partei verkracht habe und seit 1945 keine Mitgliedsbeiträge mehr gezahlt habe. Eine Woche später hat er schon seit 1944 nimmer gezahlt und wieder eine Woche später seit 1943 nicht. Das alles hinderte nicht, daß er aus dem Hinterhaus denunziert wurde und den Posten wieder abgeben mußte. Es sollte ein neuer Obmann gewählt werden; bevor irgend jemand etwas von einer Wahl hörte, hieß es, Herr Folkmar sei gewählt worden. Herr Sperling plante dann, nach Rußland zu gehen, weil er hier keine Arbeit hat. Schließlich, so erzählte kürzlich Frau Mietusch, stellte er sich als Pg. Nun muß er wohl täglich arbeiten, aber die zusätzliche Angst ist vorbei, und das Züngeln hat aufgehört, und ein Gläubiger an das, was die jeweilige Obrigkeit sagt, wird er immer bleiben. *Neben den Episoden, in denen die Menschen aus Selbsterhaltungstrieb versuchten, ihre Vergangenheit, soweit sie mit der NSDAP verquickt war, zu verleugnen, gab es eine ebenso große, vielleicht noch größere Zahl von Beispielen gegenseitiger Hilfsbereitschaft. Das sind die Blüten, die in Zeiten schweren Drucks entstehen. Herr Sperling war in dieser Hinsicht vorbildlich. Vielleicht wäre manch ein Verwundeter ohne seine und seiner Familie Hilfe nicht am Leben geblieben.*

In Dahlem eingezogen, erkundigte ich mich nach dem Straßenbeauftragten (was dem Hausobmann in Mietshausvierteln entsprechen dürfte). Er war soeben abgesetzt. Man schickte mich zum Straßenobmann, einem Dr. Schatz. Als er meinen Namen unter dem ausgefüllten Fragebogen sah, sagte er, ich hätte doch im B.T. geschrieben, und wir kamen in ein Gespräch. Er war Verleger im Otto-Elsner-Verlag. Die ganze Familie Elsner ist tot. Zwei Tage später erschien bei mir der neuernannte Straßenbeauftragte, Herr Schabrack, ein kleiner, mißgünstiger Mann mit einem zerknitterten Gesicht, einst Goldschmied, dessen Existenz natürlich ruiniert ist. Ich fragte wegen meiner Eintragung in die Lebensmittelliste. Er sagte, das gehe nicht, das alles liege bei Dr. Schatz, der sei nimmer am Leben. Ich: »Aber ich habe doch vorgestern mit ihm geredet.« Er: »Ja, aber nun hat er sich das Leben genommen«, und es folgte eine Flut der Verwünschungen auf die Partei. — Herr Schabrack besucht uns fast jeden Tag, manchmal 3- oder 4mal. Ob wir im Garten ein russisches Soldatengrab hätten? Wenn ja, müsse ein rotangestrichener Zaun herum und eine Rasenbank und Blumen. Tatsächlich prangen auf Befehl des russischen Kommandanten in Gärten und auf Plätzen überall solche Gräber, teils mit pompösen Marmortafeln, immer mit viel Rot, während auf den deutschen Soldatengräbern oft sogar die Namen fehlen und höchstens ein bescheidenes, vertrocknetes Sträußchen daliegt. Oder Herr Schabrack verlangt Gegenstände für die »Opfer des Faschismus«, oder er schreibt Radios, Schreibmaschinen, Fahrräder auf, oder er teilt mit, daß die Straßen nicht genug gereinigt seien (eine städtische Reinigung gibt es nimmer) und befiehlt, daß früh um 6 Uhr Straße gekehrt werden muß, oder er befiehlt, daß an jede Haustür ein Schild muß mit dem Namen des Hauseigentümers und den gegenwärtigen Insassen. Und nachdem alle Häuser dies ausführten, kommt er zwei Tage später wieder und ordnet an, daß das Schild 21 × 14 cm groß und die Namen nach bestimmtem Muster angeordnet sein müssen; oder er befiehlt zum Arbeitseinsatz. Er ist dauernd unterwegs und glaubt wohl, er beweise mit solchem Eifer seine Existenzberechtigung.

Während der Wochen im Mai und Juni, als ich nicht schrieb [die falsche Zeitangabe ist typisch für unsere damalige Gedächtnisverschiebung. Die zwei Wochen des »Nachdenkens« im Mai nach dem Teupitz-Unternehmen kamen mir ungeheuer lang vor, wie überhaupt die Zeit, in der die Russen Berlin allein besetzt hielten, in der Erinnerung wie ein halbes Jahr statt nur zwei Monate verlängert zurückblieb], hatten die Holstenschen von den Russen noch Fürchterliches auszustehen. Der Höhepunkt war erreicht, als ein betrunkener Chauffeur Frau Zetterberg zwei Stunden lang so mißhandelte, daß sie nachher ins Lazarett eingeliefert wurde und längere Zeit brauchte, bis sie wieder beieinander war; dabei war Frau Holsten während der ganzen Zeit mit dem zweiten Russen redend im angrenzenden Zimmer geblieben, damit Frau Zetterberg rufen könne. Am Rufen wurde diese aber gehindert, indem der rabiate Chauffeur ihr den Mund zuhielt. Die Einzelheiten sind so widerlich, daß ich sie nicht wiedergeben will. Auch Frau Flöter hatte so ein schweinisches Erlebnis. Man wird erinnert an den Ausspruch der Kaiserin Theodora (so hieß doch die Gemahlin des Justinian?): es sei bedauerlich, daß Gott nicht mehr als vier Wege zur Befriedigung der Lust geschaffen habe. — Frau Zetterberg hat auch immer weiter Pech. Vor etwa acht Tagen radelte sie nach Buckow, wo ihre Dienststelle war und wo sie manchmal Gemüse und Obst ergattert. Bei der Rückfahrt rief ein russischer Offizier sie an; sie radelte weiter, er fuhr ihr nach und warf sie samt dem Rad so bös hin, daß sie blutete und das Kleid zerrissen war. Die Kirschen lagen im Staub. Ein Lastwagen fuhr darüber. Nun war der Russe tief bekümmert und hilfsbereit, las die 20 Kirschen auf, die nicht zermatscht waren und half das Rad in Ordnung bringen. — Das sind diese Stimmungsumschwünge, die uns so unbegreiflich sind. Köstlich finden wir ja auch folgende Geschichte: ein Mann, wohnhaft gegenüber einer Charlottenburger Friseuse, kam tief geknickt nach Hause. Er war in einer Lederjacke unterwegs gewesen. Ein Russe hatte ihn angehalten, ihn gezwungen, die Lederjacke herzugeben und dafür seine alte Windjacke dem Mann gegeben. Nach einer Weile hörte aber die Friseuse von gegenüber lauten Jubel: in der Tasche der Windjacke hatten sich nämlich zwei Uhren, ein Brillantschmuck und ein wertvoller Ring befunden.

So wie man die Eigenschaften einer Katze aufzählt und sammelt oder die eines fremden Tieres, so geht es uns mit der Spezies Russe. *Diese Sätze finde ich heute schockierend, obwohl mir bewußt ist, daß dieselbe Art von Verhaltensforschung in bezug auf die Mitmenschen alltäglich und selbstverständlich ist. Um mit dem Nachbarn oder dem Vorgesetzten auskommen zu können, ist es nötig, sich ein Bild seiner Art und seiner Reaktionsweisen zu machen. Neu war in unserer Lage, daß wir es nicht mehr mit Einzelpersonen zu tun hatten, sondern mit einer Art von Kollektiv-Person, und daß wir es mit der Aggressivität derjenigen taten, die sich in permanenter Unterlegenheit und Verteidigung befinden.* Ihre Stimmen, so laut und unbeherrscht, von weitem kenntlich, auch wenn man keine Worte, keine Sprache erkennt, nur den etwas schreienden Ton; ihr Gesang, immer dasselbe Lied, von nah und fern, ein Lied offenbar mit unendlich vielen Strophen; wir kennen es alle; manche könnten schreien, wenn sie es hören. Aber so gut ich es erkenne, so unmöglich wäre es mir, es nachzusingen. Es ähnelt in keiner Weise den russischen Liedern der Großmutter in Neapel, etwa dem otschi tschorniji, das ich so liebte; es ist offenbar ein Kriegslied, — das einzige Kriegslied. Dabei lieben sie Musik, stahlen ja alle Grammophone, die sie fanden und spielten unaufhörlich, bis sie sie ruiniert hatten. Überhaupt: der Russe und die Technik, das ist ein unerschöpfliches Kapitel. Es ist nicht vorstellbar, wie schnell sie alles, was Maschine ist, kaputtmachen. Unsere Straßen sind übersät mit den Wracks einst eleganter Autos. Die Russen holten sie aus den Garagen, fuhren bis etwas nicht mehr ging, montierten dann Räder, Batterien und sonstige verwendbare Teile ab; dann kamen die Deutschen und schnitten sich Lederstücke aus den Sitzen oder Stücke aus dem Verdeck, um sich Schuhe, einen Rucksack oder einen Regenüberwurf daraus zu machen, und jetzt sind nur noch Gerippe, rostendes Metall übrig und zerbrochene Scheiben und vom Regen getränkte Eingeweide der einstigen Polstersitze. Mit geschlossenen Augen können wir angeben, ob ein anglo-amerikanisches oder ein russisches Vehikel an uns vorbei fährt; bei den Russen ächzt der Motor schon von weitem von wochenlanger falscher Behandlung; und das Schalten an Straßenkreuzungen ist jedesmal ein Metallknirschen, das durch Mark und Bein geht.

Zu ›Der Russe und die Technik‹ wäre manches zu sagen. Bux Dohrn, der mehrfach erwähnte Gutsbesitzer bei Stettin, war des Lobes voll über die mechanische Geschicklichkeit und den technischen Einfallsreichtum der beiden russischen Kriegsgefangenen, die auf seinem Gut arbeiteten. Das technische Versagen in Berlin ist vermutlich damit zu erklären, daß die bäuerlichen Russen hier zum ersten Mal mit komplizierten und verletzlichen »Maschinen« (vom Rad bis zum Radio) konfrontiert wurden, dergleichen sie noch nie erblickt hatten. Ihre eigenen, viel massiveren Maschinen beherrschten sie durchaus. Ein Beispiel: Auf einer Landstraße in der Nähe von Potsdam hatte ein Lkw einen offenbar schweren Maschinenschaden. Die beiden Fahrer stiegen aus, holten aus dem nächstgelegenen Bauernhaus zwei Matratzen, legten sie unter den Wagen und führten hier drei Tage lang ohne Eile ein häusliches Leben, abwechselnd methodisch schraubend, hämmernd, putzend, schmierend, zusammensetzend und dann wieder essend, trinkend oder schlafend. Dann ließen sie die Matratzen liegen und fuhren mit dem reparierten Wagen weiter.

Übrigens ist auch zu den Vorfällen der ersten Tage in Dahlem und Grunewald, aber auch in der Stadtmitte nachzutragen, daß der Zehlendorfer Kommandant, als ihm von den vielen Selbstmorden junger Mädchen in Zehlendorf berichtet wurde, erklärte, das dürfe nicht wundernehmen. Die ersten Regimenter hätten ja auch aus Straf- und Verbrecherkompanien bestanden. Dies erzählte mir ein Zehlendorfer Arzt. Ich gebe es mit Vorbehalt wieder, aber es steht außer Zweifel, daß die Behandlung Berlins auf Befehl geschah. In Dresden war es ganz anders und ist es auch jetzt ganz anders. So arbeiten z.B. dort die Banken, und man kann sogar Geld abheben. *Nach dem, was inzwischen historisch feststeht, war die hier wiedergegebene weitverbreitete Annahme, die Behandlung Berlins sei auf Befehl geschehen, falsch. Nachdem die sowjetischen Offiziere erkannt hatten, daß ihre Soldaten außer Rand und Band geraten waren, gab es große Anstrengungen, oft mit drakonischen Strafen verbunden, die Disziplin wiederherzustellen. Der Siegesrausch war stärker. Erst langsam trat eine Normalisierung ein.*

10. Juli 1945. Was aber bei den Russen imponierend ist, ist, daß es ihnen ganz einerlei zu sein scheint, was für einen Eindruck sie machen. Es ist offenbar kein Befehl erteilt worden, daß sie sich anders benehmen sollen, nun da die Amerikaner da sind. (Nachträglich: Ende August wurde mir erzählt, es liege schon seit einiger Zeit ein Geheimbefehl von Schukow vor, daß von einem bestimmten Datum an kein Russe sich mehr an deutschem Eigentum vergreifen dürfe. Dies lasse sich aber nun nimmer durchsetzen. Das ist ja auch kein Wunder, denn wenn man drei Monate lang Plündern erlaubt, kann man denselben Männern es nicht von einem Tag auf den anderen verbieten, zumal ja im russischen Heer die Vorgesetzten nur einen bedingten Einfluß auf die niederen Ränge ausüben.) Es besuchte mich ein Schweizer, Gutswiler, seit 1923 als Gutsbesit-

zer in Deutschland, der außerdem einen Wohnsitz in Wannsee hatte. Er war befreundet mit den Leuten von der Delegation des Internationalen Roten Kreuzes, die zum Schluß ihren Sitz in zwei palastartigen Häusern in Wannsee hatten. Dort hatten die Russen natürlich geplündert wie überall. Nachdem die Schweizer in Lastwagen für die Fahrt nach der Schweiz abgeholt worden waren, hatten Gutswiler und der junge Heuss noch zwischen betrunkenen Russen wertvolle Bilder aus den Häusern gerettet und für sich selbst Lebensmittel aus den erbrochenen Rot-Kreuz-Paketen gesichert. Danach hatten die Russen ihre Autos in die Wohnhalle gefahren und den üblichen stinkenden Saustall hinterlassen. Immer noch prangte aber vor den Häusern das Schild: ›Délégation Suisse de la Croix Rouge Internationale‹. Und als die Amerikaner kommen sollten, dachte Gutswiler, nun würden die Russen sicher diese Schilder wegnehmen, damit man nicht sähe, daß sie auch in dieser Institution so gehaust haben, zumal im angrenzenden Anwesen die GPU ihren Sitz hatte. Aber nein, sie ließen es, wie es war.

Gutswiler erzählte außerdem, daß laut einer Nachricht von de Blonnet, der fürs Internationale Rote Kreuz in Lübeck sitzt, bis Ende Juni weder die Schweizer Gesandtschaft noch die hiesige Delegation des Internationalen Roten Kreuzes in der Schweiz eingetroffen seien. Niemand wisse, wo sie sind, wohl in Moskau. Er war außer sich, denn er hatte seiner Familie Nachricht gegeben, und ich bin natürlich auch betrübt, denn ich hoffte, daß mindestens dieses Lebenszeichen von mir angekommen sein werde.

Gutswiler ist ebenso wie ich der Meinung, daß die Zukunft bei den Russen ist, aber er hat auf seinem Gut bei Werneuchen vergebens versucht, mit ihnen zusammenzuarbeiten. Er hätte noch die Ernte gerettet, aber da alles weggeschleppt worden war, was sie einbringen sollte: Maschinen, Pferde, Ochsen, Sicheln, Sensen, Wagen, und da außerdem den Schweizern fast noch mehr Feindseligkeit erwiesen wird als den Deutschen, hat er es aufgegeben; er sagt: »Ich bin zu alt, ich verstehe die Leute nicht. Ich werde meine Kinder Russisch lernen lassen.« Und nun hat er es auch fertiggebracht, in einem schwedischen Rotkreuzauto gen Lübeck zu fahren, und von dort wird er wohl ohne Schwierigkeiten weiterkommen.

Nun muß ich noch erzählen vom jungen Heuss, dem Sohn von Theodor Heuss. Er war die ganze Zeit in Berlin, weil er die Lederverteilung in ganz Deutschland unter sich hatte; während seine Eltern sich vor den Bomben nach Heidelberg zurückgezogen hatten. Die Tage der Schlacht, Plünderung und Vergewaltigung hatte er unversehrt ohne jeglichen Verlust überstanden, weil er schon vorher einen aus einem KZ geflüchteten Polen in seinem Keller versteckt hatte, der glänzend russisch sprach und alles erklären konnte. Außerdem hatte er Frau v. Solf und Frau Elsas bei sich, nachdem er sie am 21. April aus dem Gefängnis geholt hatte. Von ihm erfuhr ich erst, daß die Anweisung des Justizministeriums, daß diese Häftlinge freizulassen seien, zwei Stunden später von Goebbels zurückgenommen wurde. Heuss, der sich als Beamter des Justizministeriums ausgab und der damals noch ein Auto hatte, bekam sie trotzdem frei. Frau v. Solf war beteiligt am Fall Kiep, der uns alle vor gut einem Jahr sehr bewegt hat und wovon ich damals schon Gert ausführlich erzählte. Sie und Kiep waren schon in der ersten Julihälfte zum Tode verurteilt worden. Es liefen Gnadengesuche, als der 20. Juli sich ereignete; Kiep wurde damit in Verbindung gebracht, und er wurde erhängt. Frau v. Solf kam in ein KZ, Herr Elsas gehörte insofern zum 20. Juli, als er Goerdeler aufgenommen hatte. Er ist tot. Seine Frau und Kinder waren eingesperrt, die Tochter war in Ravensbrück. Als sich die Russen näherten, wurden die Insassen in einen Wald getrieben und dieser in die Luft gesprengt. Sie floh mit ihrer Freundin Evelyn Kehl zwischen den zusammenstürzenden Bäumen in der Finsternis, die nur durch die Explosionen und Brände erhellt war; sie gelangten an eine Bahnlinie, wo ein Güterzug fuhr, sie half der Freundin auf einen Wagen, kam selber etwa 10 Wagen weiter hinten hinauf und fand die Freundin nie wieder. Dann wanderte sie nach Berlin, wo sie Ende Mai ankam. In Güstrow traf sie Rudolf Pechel, der, glaub ich, seit 1942 saß (›Deutsche Rundschau‹) und der damals in Güstrow schon eine Zeitung machte und in derselben Frl. Elsas' Bericht über ihre KZ-Erlebnisse abdrucken wollte (Zeitung ging sofort wieder ein). Er strebt nach Berlin, hoffentlich gelingt es ihm. Sie ist ein reizendes, blühendes Ding, von Beruf Gärtnerin.

Die beiden kommen zuweilen abends vorbei, und so wiederholt sich wieder das, was ich hier seit 1933 schon mehrmals erlebt habe. Ich denke: jetzt ist Berlin für mich aus; alle Leute, an denen mir liegt, sind fort oder tot. Es ist eine fremde, leere Stadt geworden. Und nach kurzem haben sich die Lücken gefüllt, nicht die der nahen Freunde, aber die der sehr sympathischen, intelligenten Menschen, mit denen man dieselbe Sprache spricht und diskutieren kann. Es ist eine ungeheure, formende Kraft in dieser Stadt und eine starke Atmosphäre, da kann man sagen, was man will. Und es ist auch immer derselbe Typus, der sich herausbildet. Vor allem finde ich das bei den Frauen.

11. Juli 1945. Das war eine Illusion, anzunehmen, daß mit dem Einzug der Amerikaner die private Sicherheit wiederhergestellt sei. Heut nachmittag fuhr ich nach Wannsee zu Wesemanns. Unterwegs, auf der Wannseebrücke, wurden alle angehalten und die meisten zurückgeschickt. Nur wer in unmittelbarer Nähe

zu tun hatte, durfte weiter: die Schatten der Konferenz von Potsdam. *Der Schatten der Konferenz von Potsdam ist natürlich auch die Erklärung für die nachfolgend berichteten erneuten Verhaftungen. Wannsee grenzt an Babelsberg, wo alle Deutschen aus ihren Häusern verwiesen wurden; die Glienicker Brücke zwischen Wannsee und Potsdam ist noch heute die scharf bewachte Grenze zwischen dem amerikanischen Sektor Berlins und dem Gebiet der DDR.*

Frau Wesemann sagte: »Wie schade, mein Mann ist eben gegangen; er hält sich versteckt.« Einer von den Musikern, mit denen er für den Kommandanten des Kreises Teltow konzertiert hatte, war verhaftet worden. Viele andere Leute in Wannsee waren auch verhaftet worden, vor allem Intellektuelle, Pgs und Nicht-Pgs. Am Tag zuvor waren die Russen gekommen, hatten sich die Garage aufsperren lassen, hatten das zweite, teils zerlegte Auto gesehen (das erste war schon längst weg), hatten befohlen, die fehlenden Teile zu bringen, um es wegzufahren. Zufällig kam von schräg gegenüber ein dort einquartierter amerikanischer Oberleutnant, ließ durch die herbeigerufene Dolmetscherin den Russen sagen, das Auto sei schon von den Amerikanern beschlagnahmt. Darauf die Russen: Wieso? Sie hätten es doch beschlagnahmt. Darauf der Amerikaner mit korrekter Verbeugung: »Wenn die russische Kommandantur Wert darauf legt, das Auto zu haben, muß sie es selbstverständlich haben. Die Russen haben ja den Oberbefehl. Ich bitte um Verzeihung.« Nochmals korrekte Verbeugung und ab. Für Wesemanns, die ganz westlich eingestellt sind und glaubten, mit Ankunft der Amerikaner werde alles gut, war dies natürlich ein niederschmetternder Schlag. Für mich ist es nur ein Zeichen mehr dafür, daß »du Papier« bei den Westmächten liegt, »ich Pistol« bei den Russen. *Dieser Vorfall ist nur für die Zeit Anfang Juli kennzeichnend. Wir wußten damals nicht, daß auch nach dem Einzug der Amerikaner und Briten die Sowjets in den westlichen Sektoren den Oberbefehl behielten, und zwar bis zum 12. Juli, als die Frage der Ernährung in den Westsektoren provisorisch gelöst war. Entsprechend war auch vereinbart, daß die Anordnungen, die die Russen erlassen hatten, fürs erste bestehenblieben. Sie wurden erst allmählich durch Anordnungen der Westalliierten ersetzt. Daß es bei dieser Regelung zu beträchtlichen Reibungen kam, ist aus dem Befehl zu ersehen, den Brigadegeneral O. M. Wales am 6. Juli an alle ihm unterstehenden britischen Truppen ergehen ließ: »Aus Gründen, die mir selbst unbekannt sind, ergab sich ein Mißverständnis zwischen unserer eigenen Regierung und der unserer russischen Alliierten, und so wurden keine Quartiere für die Truppen unter meinem Kommando bereitgestellt ... Ich nehme an, daß manche unter Ihnen sich über die rigorosen Sicherheitsmaßnahmen ärgern könnten, die von den Russen in dem ganzen Gebiet, in dem wir leben und arbeiten, aufrechterhalten werden. Deshalb beeile ich mich, Ihnen den Rat zu geben, sich dadurch nicht beleidigt zu fühlen oder es als Zeichen von Mißtrauen und Verdacht auszulegen. Unsere russischen Alliierten haben einen äußerst hohen Standard der Sicherheit entwickelt und haben offenbar beschlossen, ihn aufrechtzuerhalten, obwohl die Feindseligkeiten beendet sind. Es ist nicht unsere Sache, diese Politik in Frage zu stellen, und wir müssen deshalb die einigermaßen unerwarteten Verhältnisse, in denen wir uns befinden, mit guter Miene und ohne Verlust an Haltung und Würde akzeptieren. Ich werde dafür sorgen, daß den britischen Truppen in diesem Gebiet die größte Bewegungsfreiheit zugesichert wird« (›Times‹, 7.7.45).*

Die Russen entdeckten dann noch das Gerippe des Wesemannschen Motorrads, fragten, wo die Räder und alles Übrige seien. Frau Wesemann sagte, sie wisse es nicht. Die Russen sagten: »Morgen Motorrad ganz, sonst holen wir den Mann.« Sie fuhr also heute früh, holte den Mann aus seinem Versteck. Er bastelte betrübt sein Motorrad zusammen ohne Werkzeug. Denn auch das hatten sie schon genommen. Und er hatte das schönste und vollständigste Werkzeug der Welt, war früher einmal irgend etwas Leitendes im Kraftfahrwesen, während sie Chefredakteur der Deutschen Automobilzeitung war.

Während wir im Garten Tee tranken, schrak Frau Wesemann auf und sagte: »Jetzt kommen sie.« Sie gingen aber in ein Haus weiter unten. Bald kam aus dem Haus eine Frau mit Kindern, holte von nebenan die Dolmetscherin und berichtete, der eine Russe habe gesagt: »Frau komm mit« — ein Schlachtruf, der uns alle erbeben macht, während die Kinder jetzt schon spielen »Frau komm mit«, wie sie früher gespielt haben »Zurücktreten, Zug fährt ab« und noch vor vier Monaten »Achtung, Achtung. Schwacher Kampfverband über Perleberg in Richtung auf die Reichshauptstadt«.

Die drei Russen, die das Motorrad holten, kamen noch, während ich da war und bewiesen ihre ganze technische Unkenntnis an diesem letzten schönsten BMW-Modell (135 Stundenkilometer), hielten z.B. den Schalthebel für den Standhebel. Die Reifen waren nicht aufgepumpt, da am Tag zuvor auch die Pumpe mitgegangen war. Als sie die schwere Maschine nach längerem radebrechenden Hin und Her auf platten Rädern abschieben wollten, sagte Frau Wesemann bekümmert: »So gehen ja die Schläuche kaputt.« Ich, die ich bei solchen Vorgängen immer gleich böse bin, sagte zu ihr: »Das kann Ihnen doch wurst sein. In acht Tagen ist das Rad sowieso kaputt.« Nun erwies sich plötzlich, daß der eine doch sehr gut deutsch verstand. Er sagte: »Nein, nix kaputt. Wird zwei Jahre arbeiten.«

Und in einem Gewitterguß, der mich unterwegs überraschte, und vor dem es höchstens Deckung in einem am Wege stehenden amerikanischen Lastwagen gegeben hätte, fuhr ich nach Hause. Da die »Tortur« keine Schutzbleche hat (und die Russen meinen Regenmantel haben), werde ich bei solchen Gelegenheiten nicht nur naß, sondern über und über mit Schmutz bespritzt. Und da ich nur noch zwei Sommerkleider habe, ist das sehr traurig.

Zurückgekehrt hörte ich, daß ganz Dahlem beschlagnahmt werden soll. Vorläufig glaube ich es noch nicht. In Frau Flöters Haus waren schon Amerikaner, um es zu besichtigen. Es gefiel ihnen nicht, und da unseres und das dazwischen liegende wohl vom selben Architekten fast genau so gebaut sind, forschten sie nicht weiter.

15. Juli 1945. Ich bin heute um 6 Uhr aufgestanden, das ist in Wirklichkeit 4 Uhr, und bin in zwei Ruinengärten am Kuckucksweg gegangen und habe Blumen geholt. Jetzt gibt es den großen Kupfertopf aus Rom mit nur Malven, weiß, rosa und dunkelrot und einen großen grauen Topf mit einem Sommerstrauß voller Rittersporn, Rosen, gelber Schafgarbe, Margeriten, Phlox, Glockenblumen, Feuerlilien, Lupinen. Die großen Sträuße sehen in meinen weiträumigen Zimmern herrlich aus. Ich setze mich in einen Stuhl und dann in einen anderen und genieße sie im Licht und gegen das Licht und im Zusammenspiel mit den anderen Farben im Zimmer. Ich hätte gern in dem einen Garten auch Kartoffeln geholt, aber nebenan waren schon vier Menschen, die sich Holz holten, Baumstämme und verkohlte Türpfosten und Bretter. Krügers stehlen ihre Kartoffeln um Mitternacht in einem ehemaligen Sportfeld. Zu etwas Derartigem habe ich mich noch nicht aufgerafft. Ich habe auch noch für 4–5 Tage Kartoffeln, je nach dem, wie viele innen schon ganz blau oder noch einigermaßen gut sind. Sie sind vom letzten Oktober, der Rest meiner zwei Zentner, die bis Mai reichen sollten. In den letzten Wochen waren wir unglücklich, weil wir kein Fett, Fleisch, Zucker, Nährmittel, Käse, Milch bekamen — von

Eiern gar nicht zu reden. Jetzt beginnen wir, in bezug auf Kartoffeln und Brot verzweifelt zu werden. Es heißt, die Amerikaner wollten heranschaffen und die Russen ließen sie nicht. Es gebe schon Schießereien. Aber das werden nur Gerüchte sein.

Immerhin, es ist endlich echter heißer Sommer, und von der Hitze bekommt man weniger Hunger, und die Blumen sind schön, und im Frigidaire dieses Hauses, der wieder geht, habe ich zum Sonntag Eis gemacht. Ob es eßbar sein wird, scheint mir noch fraglich. Ich werde es in viele Zeitungen gewickelt als meinen Beitrag zum Mittagessen zu Manholts bringen. Ich lese ein Buch von Werner Bergengruen ›Am Himmel wie auf Erden‹. Es interessiert mich insofern, als es im letzten halben Jahr von vielen Menschen gelesen und als herrlich und tröstlich empfunden wurde. Es spielt in Berlin zu Anfang des 16. Jahrhunderts. Astrologisch ist festgestellt worden, daß eine Sintflut bevorsteht. Der Kurfürst will dies durch Verordnungen dem Volk verheimlichen, damit keine Panik entsteht. Wenn Untergang, dann würdig, ist seine Meinung. Aber in Gerüchten sickert alles durch. Man kann sich vorstellen, daß ein Buch, das die Angst und den Untergang zum Mittelpunkt hat, in dieser Zeit die Menschen fesselt, auch die viele Astrologie und Wahrsagerei. Mir gefällt es trotzdem nicht. Ich finde es stilistisch schlecht, aber wahrscheinlich bin ich verwöhnt durch den vielen Gottfried Keller und Goethe, die ich in der letzten Zeit las. Nach dem ›Martin Salander‹, den ich so schön fand, ging ich über zu den ›Leuten von Seldwyla‹, von denen ich manche viel besser in Erinnerung hatte, andere wieder gar nicht. Diejenigen unter Euch, die meine Liebe für die Spyri verachten, werden nicht verstehen, daß ich nun immer wieder, wenn ich Gottfried Keller las, an sie erinnert wurde. Manche werden vielleicht meinen, sie habe ihn imitiert (oder hat sie früher geschrieben?); ich glaube aber, es ist die Schweizer Atmosphäre, dieses rechtlich-bürgerliche mit der eindeutigen, einfachen Unterscheidung von Gut und Böse. Bei der Spyri vor einem christlichen, bei Keller vor einem republikanisch-freidenkerischen Hintergrund, eine Welt, die mich ebenso märchenhaft anmutet, wie der Gedanke an den Paradeplatz in Zürich mit den bimmelnden Trams aus vier Richtungen, dem luxuriösen Blumengeschäft voller Orchideen oder Azaleen, dem Zeitungshäuschen, den Auslagen von Grieder, den vielen eiligen Menschen. Selbst eine mittelalterliche Geschichte wie ›Dietegen‹, wo es Folter, Erhängtwerden und Grausamkeiten gibt, wirkt bei Keller bürgerlich gemütlich. Es ist eben ein anderes, ob man solches miterlebt oder sich nur als fernen Vorgang vorstellt.

Schon wieder bin ich unterbrochen worden. Das geschieht in Dahlem dauernd. Die Besucher lösen sich ab, vormittags, mittags und abends. Wenn ich darob ganz erbost bin, sage ich, ich ziehe wieder in die Wundtstraße. Aber gestern dachte ich mir, ich hefte einen Zettel an die Tür: »Habe mich vergiftet. Komme erst in 75 Stunden wieder zum Bewußtsein.« Solches geschah dem Schauspieler Paul Bildt, der sich in Bestensee (nicht weit von Teupitz) zusammen mit 20 anderen vergiftete. Die anderen, darunter seine Tochter, sind tot. Er kam wieder zu sich. *»Die Besucher lösen sich ab« — es handelte sich nicht nur um Berliner, sondern in zunehmendem Maß um Flüchtlinge aus den Ostgebieten, von denen die meisten freiwillig losgezogen waren, weshalb der Ausdruck »Vertriebene« sich erst später einbürgerte. Die Gebietsfrage war zwischen den Großen Drei noch heftig umstritten. Die ersten Karten mit den Besatzungszonen, die von sowjetischer Seite und von den Westalliierten im Juni veröffentlicht wurden, umfaßten noch Deutschland in den Grenzen von 1937. Auf der zweiten Sitzung der Potsdamer Kon-*

ferenz verlangte Churchill eine Definition des Wortes »Deutschland«. Stalin: »Deutschland ist, was es durch den Krieg geworden ist.« Truman schlug »das Deutschland von 1937« vor. Stalin: »Abzüglich dessen, was es 1945 verloren hat.« Truman: Deutschland habe 1945 alles verloren. Der diplomatische Korrespondent der ›Times‹, der offenbar ausgezeichnet informiert war, schrieb: ». . . sofort erheben sich zwei Fragen. Erstens: Woraus soll Deutschland bestehen? Die drei Führer werden, wenn sie Deutschlands Fähigkeit, Reparationen zu leisten, diskutieren, über die künftigen Grenzen beraten müssen. Bisher ist es nicht möglich, zu erfahren, wieweit sie sich über die polnischen Forderungen (die von den Sowjets unterstützt werden) geeinigt haben, daß Deutschland bis zur Oder-Neiße-Linie zurückgedrängt werden soll, oder wieweit sie sich mit dem französischen Vorschlag befaßten, daß das Rhein-Ruhr-Gebiet, deutlich unterschieden vom übrigen Deutschland, unter ständige alliierte Kontrolle gestellt werden solle« (›Times‹, 23.7.45).

Auf der fünften Sitzung in Potsdam beklagte sich Truman darüber, daß über die in Jalta vereinbarten Besatzungszonen hinaus einer weiteren Regierung ohne vorherige Rücksprache eine Besatzungszone überlassen werde. Darauf Stalin: In Jalta sei die Curzon-Linie als Ostgrenze Polens festgesetzt worden. Hinsichtlich der Westgrenze habe man Gebietsabtretungen an Polen im Norden und Westen beschlossen. Und auf Trumans nochmaligen Vorwurf, es sei nicht korrekt, den Polen eine Besatzungszone zu überlassen, erklärte er, »der Tatbestand sei der, daß die deutsche Bevölkerung jener Gebiete mit den zurückweichenden deutschen Armeen nach Westen gezogen sei, während die Polen blieben. Die Rote Armee habe sich notwendigerweise auf Lokalbehörden stützen müssen. Sie konnte nicht gleichzeitig Krieg führen, das Land von feindlichen Spionen säubern und eine Verwaltung einrichten; er sehe nicht ein, was daran unbillig sei, polnische Behörden in einem Gebiet einzusetzen, in dem nur noch Polen seien« (Truman, ›Memoiren‹, I).

Wir wissen, wie stark übertrieben diese letzte Behauptung war, sollten aber auch nicht vergessen, daß Churchill noch am 15. Dezember 1944 in einer Unterhausrede den Deutschen den Verlust ihrer Ostgebiete angekündigt hatte. Für die Atmosphäre, die innerhalb der amerikanischen Delegation gegenüber den Russen schon damals herrschte, ist eine Anekdote kennzeichnend, die Truman mitteilt. Als Stalin bei einer späteren Auseinandersetzung erneut beteuerte, »nicht ein einziger Deutscher sei in den Gebieten zurückgeblieben, die Polen zugedacht seien«, flüsterte Admiral Leahy Truman zu: »Natürlich nicht. Die Bolschewisten haben sie alle umgebracht.« In Potsdam wurde beschlossen, die Regelung der deutschen Ostgrenze bis zu den Friedensverhandlungen zurückzustellen, jedoch der Umsiedlung von Bevölkerungen zuzustimmen, sofern sie »in ordnungsgemäßen und humanen Formen« durchgeführt würde. Die polnische und tschechische Regierung wurden gebeten, die Ausweisungen zu unterbrechen, bis die Aufnahme der Flüchtlinge in die verschiedenen Besatzungszonen geklärt sei.

Die ›Times‹ berichtete am 1. August über die fürchterlichen Zustände auf den Verkehrswegen östlich Berlins, »wo Frauen und Kinder am Straßenrand sterben«, und sprach die Erwartung aus, daß bis zum September acht Millionen Menschen unterwegs sein würden. In Berlin bekamen wir damals viele Leidensgeschichten erzählt von Menschen, die fast alle versuchten, sich nach Westdeutschland durchzuschlagen. Es war eine Häufung von Einzeltragödien. Merkwürdigerweise kam uns eines Tages zum Bewußtsein, daß im Grunde alle diese individuellen Schicksale sich glichen wie ein Ei dem anderen — ein Kollektiv-Ereignis, in dem das Leid der einzelnen sich wie in einem großen Meer aufgelöst hatte.

18. Juli 1945 [Mittwoch]. Die Großen Drei sind da; irgend etwas uns noch Unerforschliches ist vorgefallen, so daß die Konferenz nicht, wie geplant, am Montag anfing; auch nicht gestern, während sich am Montag offenbar Chrurchill und Truman, gestern Truman und

Stalin trafen, woraus zu schließen wäre, daß zwischen Churchill und Stalin nicht alles richtig ist. Was sich heute ereignete, war in unserem Viertel noch nicht zu erfahren, da der Strom wegblieb. Aber es ist doch toll, auch für jemand, der sich, wie ich, immer leidenschaftlich dem Studium der Außenpolitik hingegeben hat, daß es davon, wie Rußland in der Frage Persiens reagiert oder England in der Frage der Dardanellen, abhängen mag, ob wir endlich einmal etwas zu essen bekommen. Vorläufig scheint die Politik das unmöglich zu machen. Die Russen erlauben es nicht, daß in die englische und amerikanische Zone [soll heißen: Sektor] Obst oder Gemüse geliefert wird, obwohl die Anglo-Amerikaner Benzin und LKWs zum Transport stellen wollten. Sie sollen auch das Heranschaffen von Lebensmitteln aus dem Westen verhindern. Über den Sinn dieser Maßnahme grübeln wir vergebens nach. *Diese Angaben waren falsch. Sie sprechen dafür, daß die Gerüchte-Propaganda schon gegen die Russen arbeitete. Tatsächlich forderten die Sowjets, daß die Westalliierten die Versorgung ihrer Sektoren mit Lebensmitteln und Brennstoffen übernehmen müßten, und weigerten sich, das Kommando in West-Berlin abzugeben, bevor die Frage geklärt sei. Am 8. Juli meldete der ›Times‹-Korrespondent in Berlin, es sei in Dreierverhandlungen noch keine Einigung erzielt worden, und fügte hinzu, die Frage hätte im voraus entschieden werden müssen. Sie gehörte, ebenso wie die Frage der westalliierten Zufahrtswege nach Berlin, zu den Punkten, über die es keine schriftlichen Vereinbarungen gab. Am 9. Juli erklärte der amerikanische Kommandant, General Parks, am 10. werde die erste Sitzung der neugegründeten Kommandantur stattfinden, und sprach gleichzeitig die Hoffnung aus, daß die Lebensmittel- und Brennstofffrage befriedigend gelöst werde. Am 11. Juli war ein vorläufiger Kompromiß erreicht, und am 12. sollte daraufhin die russische Kontrolle der West-Sektoren an die Amerikaner und Briten übergehen. Dazu der ›Times‹-*

Korrespondent: »Proklamationen in vier Sprachen wurden heute abend in der ganzen Stadt ausgehängt, in denen mitgeteilt ist, daß die Briten und die Amerikaner die vollen Rechte der Militär-Regierung in ihren Gebieten übernehmen werden, allerdings mit der Zufügung, daß fürs erste die von den Sowjet-Behörden erlassenen Anordnungen in Kraft bleiben. Zweck dieser Entscheidung ist es, einen Bruch in der Kontinuität zu verhindern, bis die alliierten Sachverständigen beschlossen haben, welche Änderungen erwünscht sein könnten. Der neugebildete Rat der Berliner Kommandanten — ›Kommandantura‹ ist das allgemein akzeptierte russische Wort — tagte heute früh im sowjetischen Hauptquartier in der Luisenstraße, wo die Flaggen der vier alliierten Nationen unter dem Roten Stern und Hammer und Sichel hängen. General Sokolowski, der Stabschef Marschall Schukows, folgte der Sitzung (proceedings), während General Gorbatow, der russische Kommandant, den Vorsitz hatte ... General Lyne, der britische Vertreter des Rats, äußerte sich nachher über die große Freundlichkeit der Sitzung ... Er lehnte alle Andeutungen, daß die Verhandlungen in einer Atmosphäre der Krise oder des Scheiterns stattgefunden haben, ab. Nach einer Woche der Zusammenarbeit mit den Russen betrachtete er sie als Freunde. ›Ich bin sehr darüber entzückt (delighted)‹, erklärte er, ›wie gut alles geht.‹ Eine der ersten Aufgaben der Kommandanten bestand darin, die Sachverständigengruppe zu erneuern, die die Einzelheiten des Kompromisses über die Versorgung Berlins ausarbeiten muß ... Bis genaue Ergebnisse vorliegen, wollte General Lyne nichts weiter sagen, als daß eine gute Vereinbarung getroffen wurde, um in der unmittelbaren Zukunft die Lebensmittel- und Brennstoffversorgung ganz Berlins fortzusetzen. Es ist klar, daß jede Nation die Verantwortung für die Ernährung ihres Sektors übernommen hat, daß jedoch bei der Durchführung Vorräte aus den verschiedenen Besatzungszonen je nach den Transportmöglichkeiten zusammengelegt werden können (pooled). Für den Augenblick sind russische Lebensmittellager unter russischer

Bewachung für den Notfall und bis die neuen Abmachungen in Gang kommen, in den britischen und amerikanischen Sektoren verblieben. Aber General Lyne hat keinen Zweifel darüber gelassen, daß diese Abmachung nur ein Notbehelf ist und daß die Frage bezogen auf Deutschland in seiner Gesamtheit auf höherer Ebene entschieden werden muß.« Ein englischer Korrespondent, Lindley Frazer, hat am Radio den Berlinern vorgeworfen, daß sie sich zu sehr für die Differenzen zwischen den Alliierten interessieren. Aber wenn diese Differenzen für uns Hunger bedeuten, können wir nicht umhin, uns zu interessieren. Ich habe in diesem Monat bisher außer Brot zu kaufen bekommen: 2 Stück Kohlrabi, 1 kleinen Kopfsalat, ½ Pfund Johannisbeeren, 600 g Zucker und für 500 g Marken 300 g Fleisch. Es gibt keine Kartoffeln und kein Fett. Es gibt weder Salz noch Essig. Jetzt muß man sogar um Brot Schlange stehen.

Mr. William Esch ist verhaftet. Mein Mißtrauen war also berechtigt. Jetzt bin ich gespannt zu hören, was man ihm vorwirft.

Mit dem Bergengruen bin ich in der Nacht zu gestern, als das Wetter von schwül zu kalt umschlug, fertig geworden. Er hat mich zum Schluß doch sehr gefesselt. Die Katastrophe Berlins, die ich im letzten halben Jahr mitgemacht habe, war aber doch ganz anders. In einer solchen Großstadt geht die Übersichtlichkeit verloren; und wenn auch Bergengruen schon schildern will, daß sich Gerüchte, Volkserregungen, Plündern ebenso wenig eindämmen lassen wie Naturereignisse, so war damals doch alles noch durch einzelne zu lenken, einzelne, die allen schon als Erscheinung bekannt waren und die zu Fuß und zu Pferd in kurzer Zeit auch den ganzen städtischen Bereich durchmessen und überall in Person sich zeigen konnten. Dagegen werden wir beherrscht von einer Maschinerie, deren unterstes Glied der Straßenbeauftragte ist und dazu von der Angst, verhaftet zu werden oder keine Lebensmittelkarten zu bekommen oder zum Arbeitseinsatz verschickt zu werden.

Petra, die Gärtnerin, muß 14 Tage liegen. Die Gonorrhöe ist zum 3. Mal bei ihr aufgeflackert, und die Kur nimmt sie sehr mit. Die meisten Russenbabys, die in den letzten April- und ersten Maitagen gezeugt wurden, dürften abgetrieben sein, mindestens hier im Westen der Stadt. Von zwei Ärzten hörte ich im Mai, daß Stalin das Abtreiben verboten habe. Er wollte also offenbar den slawischen Nachwuchs in Berlin bei dieser herrlichen Gelegenheit auch gleich sicherstellen. — Elsbeth hat nun schon längst wieder Zähne. Sie sind etwas kürzer als ihre eigenen waren, aber wer sie vorher nicht kannte, merkt nichts. Sie wird täglich dünner. Bei der heutigen Zeit einen magenkranken Mann zu ernähren, ist geradezu Zauberei. Am letzten Sonntag übrigens, als ich mit meinem Eis dort ankam, gab es den letzten Rest der letzten Müllbeute, einen Pudding aus Reispulver, den sie gefunden hatte, gerade als er anfing zu verbrennen, und an dem sie fünf Tage gegessen haben. Aber leider ist es nun wirklich damit zu Ende. Die meisten Kantinen sind verlegt worden, und der Müll von denen, die noch da sind, wird abgefahren.

Unser eigener Müll ist ein großes Problem. Er wird im hintersten Winkel des Gartens auf einen Haufen geworfen. Dort traf ich gestern drei große und keineswegs scheue Ratten. Wir müßten eine Grube graben, aber wenn sie nicht bedeckt ist, hat alles keinen Zweck, und jeden Tag zuschaufeln und wieder aufschaufeln, wenn wieder etwas hinzukommt, ist doch ein Unding.

22. Juli 1945 [Sonntag]. Die letzten zwei Tage habe ich vor allem gepackt, treppauf und treppab geschleppt und schwer beladene Handkarren lärmend über das Pflaster gezogen. Ein Straßenstück nach dem anderen

mußte geräumt werden. Die herausgeworfenen Menschen ziehen zu den nächstgelegenen Freunden oder Bekannten, und einen oder zwei Tage später kommen die dann dran. Es ist wie eine Lawine. Viele sitzen zwischen ihren Bündeln und Weckgläsern, mit kleinen Kindern vor ihren einstigen Gärten auf der Straße. Vorgestern mußten Manholts ihr Haus verlassen, gestern Citrons, — das ist ein jüdischer Arzt mit schwäbischer Frau, von Wolfensteins her mit Petra und Elsbeth befreundet und bekannt. Er war zum Schluß im jüdischen Krankenhaus in Berlin N, hat sich in der Bitterstraße einweisen lassen und ist vor zwei Wochen mit Möbeln, die sie mit Mühe ergattert hatten, da selbst ausgebombt, dort eingezogen. Die Möbel, Betten usw. muß man lassen. Jetzt sind sie ärmer als zuvor. Daß sie »Opfer des Faschismus« sind (er war 7 Monate im KZ) nützt ihnen nichts. *Odf (Opfer des Faschismus) ist wieder einer der Begriffe, die uns in kürzester Zeit selbstverständlich geworden waren. Die Organisation umfaßte alle, die nachweislich im Dritten Reich ihrer politischen Einstellung wegen verfolgt worden waren. Sie wurde behördlich gefördert und genoß im Anfang ihres Bestehens allgemein hohes Ansehen. Unabhängig von ideologischer Einstellung oder politischer Zugehörigkeit verband sie westlich und östlich orientierte Berliner in gemeinsamer Hilfs- und Aufbauarbeit, etwa Greta Kuckhoff, die Witwe des kommunistischen Dichters Adam Kuckhoff, der im Zusammenhang mit der sogenannten ›Roten Kapelle‹ hingerichtet worden war, und Marion Gräfin Yorck, die Witwe von Peter Graf Yorck, der nach Hellmut Moltkes Verhaftung die Führung des Kreisauer Kreises übernommen hatte und nach dem 20. Juli den Tod erlitt. Da die Odf-Karte zum Bezug höherer Rationen berechtigte, drängten sich aber bald auch Personen ein, bei denen von »Opfer« nicht die Rede sein konnte. Neben der Fürsorgeorganisation Odf entstand, solange Berlin noch eine Einheit bildete, die private VVN (Vereinigung der*

Verfolgten des Naziregimes), die sich im Kalten Krieg in Ost-Berlin auflöste, als dort das Antifaschistische Widerstandskomitee gegründet wurde. Die VVN existiert heute noch in West-Berlin, wird aber wegen starker SED-Durchdringung von den westlichen Besatzungsmächten, vor allem den Amerikanern, mit großem Mißtrauen betrachtet. Die offizielle Nachfolgerin des Odf in West-Berlin wurde unter der Bezeichnung BVN (Bund der Verfolgten des Naziregimes) in der Zeit der Spaltung gegründet. Wir haben sie nun in den zwei noch nicht besetzten furchtbar ramponierten Zimmern dieses Hauses untergebracht. Sobald es regnet, werden sie schwimmen. Andrerseits ist unser kaputtes Dach unser einziger Hoffnungsstrahl. Die Häuser uns gegenüber sind auch schon beschlagnahmt. Vor vier Tagen waren zwei Quartiermacher hier; meine Zimmer besichtigten sie leider bevor ich gerufen wurde. Dann zeigte ich ihnen die oberen und die einfallenden Wände. Sie sagten, sie würden das Haus nicht nehmen. Aber ob man sich darauf verlassen kann?

Auf den Schrieb der amerikanischen Handelskammer hin, den Bob hatte, wurde mittags ein Colonel Hessen geholt; der hätte entscheiden können, ob Manholts im Keller wohnen bleiben dürfen. Ich habe selten einen so widerwärtig arroganten und absichtlich beleidigenden Mann gesehen. Er sagte, bis die neuen Bewohner kämen, könne Elsbeth allein in dem Souterrain-Zimmer bleiben und sauber machen; ihr Mann dürfe nicht zu ihr ins Haus oder in das Zimmer. Die Einziehenden würden dann entscheiden, ob Elsbeth als Reinemachefrau bleiben könne. (Spruch eines ausgewiesenen Mannes: erst werden unsere Frauen von den Russen vergewaltigt, dann dürfen sie für die Nutten der Amerikaner die Aufwartung machen.)

Man wird jeweils etwa um 9 Uhr benachrichtigt und muß bis 12 Uhr geräumt haben, auch wenn man zur

Zeit der Benachrichtigung nicht zu Hause war. Citrons waren um 12 Uhr noch nicht fertig und wurden zum Schluß mit vorgehaltener Pistole zum eiligen Auszug gezwungen. Man kann sich aber nachträglich einen Passierschein holen, um vergessene »persönliche« Sachen abzuholen. Eingezogen ist noch niemand, auch nicht in dem Haus der Dietrichs, die schon seit einer Woche bei Manholts wohnten. Zwei Offiziere, die ins Manholt-Haus kommen, waren aber gestern zur Besichtigung da; sie waren höflicher als der Colonel, aber Elsbeth glaubt nicht, daß die Kellerwohnerlaubnis gegeben wird, obwohl man den Rest des Hauses völlig abschließen könnte. Wir reden nun schon über einen Barackenbau in Bobs Gemüsegarten, welches Bitterstraße 13 ist und nicht beschlagnahmt. Aber vor dem Winter? Und woher das Material? Einstweilen schlafen Bob und die Sekretärin, Frl. Roscies, gegenüber bei Nerwigs. Wir denken auch an die beiden Zimmer, in denen Citrons jetzt sind, die — hergerichtet — reizend sein könnten. Aber vorher müssen Citrons heraus sein, d.h. etwas anderes gefunden haben.

Elsbeth hält sich wunderbar, Bob ist bitter. Beide hängen so sehr an dem Haus, und wir alle, die wir es in seiner Helligkeit und Schönheit und Hilfsbereitschaft mitgenossen haben, trauern mit und denken, wie gut, daß Peter das nicht erleben mußte.

Abends. Bevor ich diesen Sonntag beende, sollte ich doch noch ein Gedicht auf den amerikanischen Müll schreiben. Ich habe das Gefühl, satt zu sein, und dabei hatte ich nach dem Abendessen immer überlegt, was ich noch essen könnte, ein Stück Brot? Aber dann kann ich morgen nur weniger Brot essen. Den Rest der Schachtel Dextropur? Das tat ich, obwohl es etwas Aufhebenswertes ist, aber Hunger hatte ich immer noch. Dann fuhr ich zu Elsbeth. Ich fahre jetzt mehrmals am Tag hin, um zu sehen, was sich dort ereignet, weil sie das Haus nicht verläßt, bevor sich die Sache mit den Amerikanern nicht geklärt hat. Und dort aß ich etwas amerikanischen Müll, und jetzt bin ich satt. Ich will aber wieder chronologisch vorgehen. Letzten Sonntag aßen wir in Kotelettform die Reste eines Müll-Reispulver-Puddings, an dem die Manholts schon vier Tage gegessen hatten. Seitdem konnte Elsbeth aber nichts mehr holen, weil alles abgefahren wird, aber sie hat sich mit der Fahrerin befreundet, und die läßt ihr immer wieder etwas zukommen. Das ist alles natürlich strenges Geheimnis. Vor zwei Tagen bekam ich etwas ab; Hühnerknochen, aus denen noch eine gute Suppe herauszukochen war (meine Suppen haben als Brühe sonst nur das Wasser, in dem ich meine Pellkartoffeln oder mein Gemüse koche). Und heute gab es also einen Kübel, aus dem Frl. Roscies die einzelnen Bestandteile sortierte: eine Platte mit dicken goldgelben Eierkuchen, eine Schüssel mit einer Art Grieß-Weißbrot-Pudding, darin eine halbe ausgepreßte Zitrone, eine richtige an einem Baum gewachsene Zitrone. Aus diesem wurde ein Auflauf zusammengerührt und Zitronenschale darüber gerieben. Und ich aß hier einen Löffel voll und dort ein Stück Eierkuchen und noch ein Stück, und wir bekamen alle einen Schlukker von dem ungewohnten Genuß; und das alles geht vor sich mitten im Räumen, das immer noch im Gang ist, in der Form, daß oben zwar alles äußerlich in Ordnung ist, aber immer neue unentbehrliche Stücke aus Schubladen und Schränken herausgeholt und in das Souterrain-Zimmer geschafft werden, von dort zu Nerwigs, wo heute ein neuer Zuzug von vier Menschen kam: die Familie Pilder. Er, soweit ich mich erinnere, das Oberste von der »Dresdner Bank«, der 1936 beteiligt war, als Goebbels meine Ägypten-Artikel verbot.

Ihr müßt aber nicht glauben, daß wir den ganzen Tag nur ans Essen denken, weil wir die dritte Woche ohne Fleisch, die sechste ohne Fett und vielleicht die 25. ohne Milch, Eier und dergleichen sind. Ich habe mir heute wieder einen herrlichen Sonntagsstrauß geholt, von allen Seiten eine Pracht und Freude, und alle, die in mein Zimmer kamen, haben sich hingesetzt und sich daran erfreut — die Würzburger Apothekersfreunde, die mich heute zum erstenmal besuchten, seit ich Anfang Mai bei ihnen in der Kleiststraße war, waren überhaupt ganz beseligt. Er hatte gestern abend einen schweren Schlag versetzt bekommen. Er erhält in Zukunft mit seiner großen Apotheke und 15 Angestellten nicht mehr Arznei zugeteilt als eine kleine Einmann-Apotheke. Das nennt man Gleichheit und es hat zur Folge, daß er seinen langjährigen Angestellten kündigen muß; er hatte also die Nacht nicht geschlafen, und dieses sonntägliche Zimmer und die Blumen waren für ihn wie eine andere Welt. — Und heut nachmittag war ich oben bei der Steinmetzin in Sachen der zwei Zimmer (ob Citrons oder Manholts); da fiel mein Blick auf ihre Bücher. Sie hat viele schöne und ich sah mir eins an, »Moderne französische Malerei« (Hyperion, Paris); herrliche Sachen, solche, die ich kenne und andere, die mir neu waren. Und wenn man das ansieht und weiß, daß es solches gibt und daß kein Mensch einem den Genuß daran nehmen kann, dann ist alles andere, das Aus-dem-Haus-geworfen-werden und die absichtlich verletzende Art doch nur etwas Nebensächliches. Sie können uns natürlich auch die Bücher nehmen und auch den Zugang zu den Gärten und Blumen, aber die Erinnerungen können sie uns nicht nehmen, und die werden immer klarer und lebendiger. Ich lese jetzt die ›Italienische Reise‹ von Anfang an, und bei den Stellen über Venedig sehe ich eben das Licht über dem Wasser und die Silhouette der Giudecca, und ich gehe die schmalen Sträßchen entlang nach dem San Barnaba und über die Brücken und rieche den etwas fauligen Geruch des Kanalwassers. Und gestern, als ich den von Manholts geholten Koffer aus seinem Russenplünderungszustand in Ordnung brachte, fand ich das große Bild von Porto d'Ischia, das von oben zwischen Pinien auf den Hafen hinunter, und ich ging den Weg vom Schiff nach San Petro, zuerst an den Barken vorbei und dann an den Schuppen mit den vielen Fässern und dann das Stück in der prallen Sonne bis zum Törchen und den Treppen zwischen den Ginsterbüschen. Aber auch das ist nicht nötig, die Italienische Reise oder das Bild als Anlaß, obwohl es natürlich die Intensität der Vorstelllung steigert. Ich mache Gänge durch Würzburg und München, Gänge, die nie wiederholbar sein werden und die gerade deshalb so besonders kostbar sind.

Wir sind wieder ohne Strom, und es ist schon so dunkel, daß ich die Buchstaben nicht mehr sehe und nur so vor mich hinschreibe. Ich bin umschwirrt von Schnaken. Schnaken und Fliegen und Ratten, das sind die Beigaben dieses Sommers. Und sie können uns auch nichts anhaben.

23. Juli 1945. Der Dibelius hat gestern in seiner Predigt gesagt, in normalen Zeiten sei die tägliche Zahl der Todesfälle in Berlin rund 200 gewesen, im Krieg durch das Hinzukommen der Gefallenenzahlen 250, jetzt über 1000. Dabei ist ja die Bevölkerungszahl ungeheuer viel kleiner. Wir wüßten gern, wieviele dieser Todesfälle durch Krankheit und Hunger bedingt sind, wieviele Selbstmorde.

28. Juli 1945. Nun muß ich 8–10 Tage mit hochgelegtem Bein liegen, nachdem ich mir vorgestern den Knöchel verknackst habe, derselbe, der im November 1935 in Rom so schwer Schaden nahm, der im Winter darauf von Dubois-Reymond behandelt wurde. Ich

kann aber genügend viel herumhumpeln, um mir Essen zu kochen und das nötigste zu besorgen. Die Einkauferei übernimmt netterweise Frau Funk. Wir haben uns überhaupt als Hausgemeinschaft über Erwarten erfreulich zusammengelebt. Die erzwungene Ruhe ist mir recht. Die Tage vorher waren sehr anstrengend. Ich war nachts meist zwischen 2 und 5 Uhr auf, weil das die einzige Zeit mit Strom war, und ich einerseits Radio hören wollte, andrerseits kochen mußte. Am Tag gingen die Räumungsaktionen fort. Eines Abends wurde Manholts mitgeteilt, daß sie auch im Keller nicht bleiben dürfen und bis nächsten Mittag um 12 Uhr das Haus verlassen haben mußten. Da der Keller, vor allem die sog. Werkstatt, nach den Russen noch nicht in Ordnung gebracht war, aber in Ordnung hinterlassen werden mußte, arbeiteten Bob, Elsbeth, Roscies die ganze Nacht durch, wurden aber trotzdem nicht fertig. Zum Schluß wußte niemand mehr, wo ihm der Kopf stand, noch wo etwas anderes stand. Jörns Teddy-Bären, verrußte Kochtöpfe, Inselbändchen, verschlissene Daunendecken, Pamphlete der Bekenntniskirche, alles über- und durcheinander, ein Teil in unserem Haus, ein Teil bei Nerwigs, ein Teil in einem leeren Zimmer in Petras Haus. Frau Block und ich holten in einer Fuhre eine Kiste Briketts hierher — weil ich hoffte, daß Citrons aus- und Manholts einmal hier einziehen würden. Beim Einladen der zweiten Brikettfuhre kamen die Amerikaner dazu und verboten es. Gleichzeitig steht in der Zeitung, daß wir im Winter keine Kohlen bekommen — die Amerikaner bräuchten aber nur zu telefonieren, dann bekämen sie geliefert. — Die Citrons blieben hier kleben, obwohl ihnen eine andere Wohnung zugewiesen war. Bei Nerwigs war durch erneuten Zuzug (Braut von Klaus und deren Vater) kein Platz mehr. Bob sollte in der Fabrik schlafen, Elsbeth schlief eine Nacht bei mir.

Nun hat sich in Petras Mietshaus eine Wohnung gefunden ohne Fenster, ohne Dach, mit vor Nässe sich wölbendem Boden, aber reizend, wenn sie einmal hergerichtet ist. Es gibt eine einzige Wand, wo es auch beim Regen fast trocken bleibt, da steht Bobs Bett. Sonst gibt es eine Kiste und eben die tausenderlei Habseligkeiten in geliehenen Koffern, Körben, Säcken, auf Tabletts oder nur in Haufen. Wir werden sehen, daß wir Möbel zusammenkriegen, einen Tisch, einen Stuhl von Frau Forsch, ein Schränkchen von mir; vielleicht doch noch ein paar unbenützte Möbel aus dem Keller der Bitterstraße. Und dann wird es wieder.

29. Juli 1945. Nun haben die Amerikaner auch den Spranger verhaftet. Zuerst hatte er nur Hausarrest. Jetzt ist er zusammen mit dem Leiter des statistischen Reichsamts, Godlewski, in Wannsee, offenbar unter annehmbaren Umständen (er mußte einige Tage hungern, dann stellte sich heraus, daß der für sein Essen verantwortliche Soldat dasselbe verschoben hatte). Wir wissen noch nicht warum. Die einen meinen, weil er im Zusammenhang mit dem 20. Juli eine Zeitlang verhaftet war, wolle man ihn nur verhören. Aber deswegen brauchte man ihn ja nicht gefangen zu setzen. Die anderen meinen, weil er in russischem Auftrag übernommen hatte, die Universität wieder aufzubauen. Solche Fälle kommen, mehr oder weniger versteckt, häufig vor. So wurde der Bürgermeister von Steglitz abgesetzt, weil er Kommunist war. Unser Zehlendorfer Bürgermeister Witgenstein war verhaftet, angeblich, weil er den Russen zu stark in die Hände gearbeitet hatte. [Nachdem die Parteien gegründet waren, wurde er Mitglied der CDU.] Andere sagen, weil er die für uns bestimmten Lebensmittel verschoben hat (Frau Becker, die an ihrer Dienststelle [die Reichsstelle für Obst- und Gartenbau, ein mit Möbeln, Schreibmaschinen, Liegestühlen, Gartenbau-Utensilien reich

ausgestattetes Bürohaus in der Schlüterstraße] Einblick in einen Sektor der Ernährungswirtschaft hat, sagt, es werde jetzt so geschoben wie noch nie). Jedenfalls sind wir immer noch ohne Fett und Fleisch. Statt 24 Pfund Kartoffeln, die mir für Juli zustehen, bekam ich 8 Pfund und 400 g Kartoffelschnitz. Wir werden von Tag zu Tag hungriger. Dabei habe ichs als einzelne noch gut; wenn jemand mir vier gelbe Rüben oder einen Kohlrabi schenkt, habe ich schon wieder ein Gemüse. Außerdem habe ich noch einen Rest des Alcobaça-Öls, dessen Beschaffung bei der Überlandfahrt mit Rudolf Kircher vor über zwei Jahren mit so fürchterlichen und unvergeßlichen Begleitumständen vor sich ging. Die Menschen, die gar nichts zuzusetzen haben, fallen in der U-Bahn oder beim Schlangestehen in Ohnmacht oder sie sterben zu Hause. Die Männer sehen meistens noch schlechter aus als die Frauen, obwohl alle Frauen, die ich kenne, viel mehr hungern, um ihren Männern mehr zukommen zu lassen. Man sieht durch die Anzüge die Schulterblätter und Knochen hervorstehen. *Dazu der ›Times‹-Korrespondent am 12. Juli: »Heute sprach ich mit einer Engländerin, der Frau eines Deutschen, die sagte, sie habe seit fast einem Monat keine Kartoffeln und kein Fett irgendwelcher Art gegessen — und das sieht man ihr auch an. Kein Zweifel: die Deutschen bezahlen den Krieg in Form von menschlichem Elend. Alle Zeichen deuten darauf hin, daß viele Hungers sterben werden, und die Tatsache, daß Menschen in anderen Ländern verhungert sind, wiegt für den nicht schwer, der den Hunger in den Augen kleiner Kinder sieht.« Am 30. Juli gab General Gorbatow einen Empfang für die amerikanische und englische Presse, bei dem die Lebensmittelnot besprochen wurde. Er erklärte, die Ursache sei Nazi-Sabotage, die immer noch fortgesetzt werde, gab aber im übrigen zu, daß mit Ausnahme von Brot die Rationen nicht honoriert würden. Daß Brot verhältnismäßig reichlich ausgegeben wurde, war den sowjetischen Mehltransporten zu verdanken.*

Der Zeitungsflor Berlins wird üppiger. Bevor ich ihn beschreibe, muß ich aber die Parteiverhältnisse schildern, was mir im Grund gar nicht liegt, da ich nun ja einmal vom Parteiwesen nichts halte, in dieser Zeit schon gar nicht. Also, die Russen kamen mit einer großen Zahl deutscher Kommunisten an, die die letzten Jahre in Moskau gelebt hatten, darunter Pieck, Hörnle, Maron, Ulbricht, — aber auch kleinere Leute, von denen man nie hören wird. Sie haben in alle entscheidenden Stellen Kommunisten gesetzt, ohne daß das aber sichtbar geworden wäre, sei es, daß man nicht wußte, daß es Kommunisten sind oder daß man auf den nach außen hin repräsentativen Posten einen harmlosen Trottel setzte, so etwa den Oberbürgermeister Berlins, Dr. Werner, ein etwa 70jähriger Mann, der schluckend und hustend kaum fähig ist, in den fünf Minuten, während er an einer Magistratssitzung teilnimmt, seine mit Goethezitaten durchsetzte Ansprache von einem Papier abzulesen. Der eigentliche Bürgermeister ist Maron, aber das wissen nur wenig Menschen, denn er wird weder in der Presse noch im Rundfunk genannt, noch zeichnet er die Proklamationen oder Verordnungen. Zuerst war offenbar der Plan, mit der Antifa auch eine verkappte kommunistische Partei aufzuziehen, verkappt, weil wohl in Jalta oder sonstwo interalliiert beschlossen worden war, keine Parteien zuzulassen, insbesondere nicht die KPD. Die Kommunisten in der Antifa hatten in den ersten Wochen die Weisung, sich nicht als Kommunisten auszugeben. Dann, ich würde sagen, in der Zeit, als die West-Ost-Spannung noch sehr stark war, wurde beschlossen, Parteien zuzulassen. Als erste trat die KPD auf, als zweite die SPD, die von den Russen und der KPD feindselig behandelt und ignoriert wird. Die KPD tut so, als sei sie ein rein deutsches Unternehmen und der BBC-Korrespondent Richard Dimbledy erklärte mehrmals, man könne kein

Anzeichen von Begünstigung oder Beeinflussung dieser KPD durch die Russen erkennen. Da können wir nur lachen. Im Gegensatz zu mir erklären alle Beobachter der politischen Vorgänge, daß die Kommunisten völlig abgewirtschaftet hätten und die Fehler der letzten Monate nie wieder gutmachen könnten. Tatsächlich verhält sich auch die Arbeiterschaft ganz ablehnend, seitdem die Maschinen abgeschleppt wurden; und es heißt, sie sei nur wieder zu gewinnen, wenn man die Maschinen, d.h. die Arbeitsmöglichkeiten wiederbringe. Tatsächlich hat auch der russische Kommandant in dem Vorort Basdorf auf die Unzufriedenheit der Bevölkerung mit ihrem Magistrat hin geheime freie Wahlen verordnet. Es gab nur die Wahl zwischen KPD und SPD. Die KPD erzielte 14, die SPD 7000 Stimmen. Die deutschen Kommunisten, die noch Kommunisten sind, sind verzweifelt darüber, daß die Russen ihre große Chance in den letzten Wochen verspielt haben. Sie bestürmen die Russen, jetzt vernünftiger vorzugehen. Aber nach den Einzelheiten, die man erfährt, ist das auch denjenigen Russen, die gutwillig sind, unmöglich, weil das Durcheinander zu groß ist. Sie wissen nicht nur nicht, wo die vielen Tausend deutscher Verhafteter sind, sie wissen auch nicht, wo das von ihnen abtransportierte deutsche Material liegt, wohin sie die Akten verschleppt haben, wo die einzelnen Offiziere sind, die Anordnungen zum Abtransport getroffen haben. Herr Ulbricht befiehlt den Industriezentren des Magistrats (Textilien, Leder, Papier usw.), sich auf Aufbau ohne jegliche Lieferungen aus dem Westen einzustellen (Politik der hermetischen Abschließung); die Dezernenten erklären, daß kein Betrieb in der Ostzone [sollte heißen: Sektor] Berlins nach den bisherigen Erfahrungen nochmals aufmachen und arbeiten könne. Sie streben alle nach West-Berlin. Im Augenblick herrscht also Scheintätigkeit als Decke über Stillstand und Verzweiflung. — Trotz allem glaube ich, daß die Russen und die KPD das Spiel gewinnen werden. Auf die Stimmung der Bevölkerung kommt es ja heute nicht an. Außerdem ist die Stimmung leicht veränderlich. Das war schon unter den Nazis so und ist es heute noch mehr denn je. In einer Zeit, in der eine Sensation die andere, ein Schrecken den anderen jagt, ist das, was vor drei Monaten passierte, schnell vergessen. Als ich das letzte Mal anderthalb Stunden für Brot anstand, hörte ich nur auf die Amerikaner schimpfen, die doch zuerst sehnlichst erwartet, dann als Befreier begrüßt wurden. Sie beschlagnahmen nicht nur Häuser, sondern holen auch aus den beschlagnahmten und aus anderen Häusern, was sie woanders brauchen, Betten, Matratzen, Teppiche, Tische, Stühle. Die Leute sagen, »auf die feine Tour« seien sie schlimmer als die Russen. Das ist natürlich Unsinn. Die Russen haben entweder endgültig kaputt gemacht oder auf Nimmerwiedersehen abtransportiert. Was von den Amerikanern geholt wird, benützen sie hier und werden es wohl, — wenn auch am falschen Platz — zurücklassen, wenn sie abziehen. (Nachtrag beim Abtippen am 1. September: Inzwischen hat sich das Schimpfen der Frauen doch bestätigt. Vor einigen Wochen wurde mitgeteilt, daß alle Gegenstände in unseren Häusern der Beschlagnahme für die Amerikaner unterliegen — dies zum Unterschied von der Beschlagnahme aller Pg-Möbel, die schon längst eifrig betrieben wurde. Aus den verschiedensten Häusern in der Nachbarschaft wurden schon Teppiche, Bilder, Wäsche usw. geholt. In Häusern, aus denen die Amerikaner auszogen, haben sie vor Verlassen die Möbel, Bilder und das Geschirr zum Fenster hinausgeworfen und alles kaputt hinterlassen. Dies geschah z.B. in einem großen Wohnblock in Lichterfelde um die Ecke von Unter den Eichen.)

31. Juli 1945. Ich will aber mit den Parteien fortfahren. Als dritte Partei entstand die Christlich-Demokratische Union, deren Aufruf von einstigen Demokraten, Liberalen, Protestanten, Katholiken unterzeichnet war. Kaum war diese Partei da, so spalteten sich schon die Demokraten, indem unter den Herren Külz und Schiffer eine zweite demokratische Partei entstand. Herr Külz ist, glaube ich, 70 Jahre alt, aber noch ehrgeizig, Herr Schiffer ist etwa 80 und wackelt mit dem Kopf. [Der Eindruck, der hier vermittelt wird, ist falsch. Einige Jahre später lernte ich Herrn Eugen Schiffer, der nach 1945 Leiter der Justizverwaltung in der Ost-Berliner Zentralverwaltung war, kennen und fand ihn mit über neunzig Jahren einen gescheiten, lebhaften Mann mit einem phänomenalen Gedächtnis und gutem Urteilsvermögen. Aus der gemeinsamen Zeit unter Friedrich Naumann und den Anfängen der demokratischen Partei in der Weimarer Republik stand er schlecht mit Theodor Heuss. Die Antipathie zwischen den beiden führenden Männern der neugegründeten westlichen FDP und der östlichen LPD dürfte in den Jahren 1946/47 dazu beigetragen haben, daß die Bande zwischen diesen Schwesterparteien sich lösten, statt daß im Gedanken an Gesamtdeutschland die stärkere FDP der LPD gegenüber den Sowjets und der SED den Rücken gestärkt hätte, indem sie ihre Verbundenheit durch Taten dokumentierte.] Ich bekam von drei verschiedenen Seiten drei Gründe für die Spaltung gesagt: 1. die national-liberal fühlenden Elemente hätten sich gegen die Betonung des christlichen Moments in der Union gesträubt; 2. die Russen hätten ein Gegengewicht gegen die Christlich-Demokratische Union haben wollen und die Herren Schiffer und Külz aufgefordert, eine weitere Partei zu gründen; 3. die Juden hätten sich durch das Präfixum »christlich« ausgeschlossen gefühlt und eine neue Partei gewünscht.

Heuss, der als Sohn seines Vaters mit den verschiedenen Parteiführern Fühlung hat, sagt, zwei und drei stimmt. Außerdem gibt es natürlich noch persönliche Eifersüchte. So wird Herrn Lemmer von der Union vorgeworfen, er habe einst ein von Ribbentrop unterzeichnetes Bild desselben auf seinem Schreibtisch stehen gehabt, und es sei ihm als Korrespondent der ›Neuen Zürcher Zeitung‹ hier nie etwas passiert. Mir kommt das alles wieder genau so hoffnungslos typisch vor wie die Parteiwirtschaft vor 1933: Scheinkämpfe, Scheintätigkeit, während in der Welt und gerade bei uns die größte Umwälzung vor sich geht. Aber diese alten Männer, die aus ihren Winkeln hervorgeholt wurden, haben nichts anderes in ihren verkalkten Hirnen, als den Wunsch, die alten Händel fortzusetzen. Die Demokraten spalten sich und die Protestanten streiten sich, — Konfessionskirche und andere, was in der Synode in Spandau dieser Tage verhandelt wird. Heil!

Die Gründung der Christlich-Demokratischen Union vollzog sich gerade in der Zeit, bevor die Engländer und Amerikaner einrückten und war begleitet vom Zwischenfall Hermes. Herr Hermes, für die, die es vergessen haben, war ein Mitglied des Zentrums, kam im Zusammenhang mit dem 20. Juli ins Gefängnis, wurde zum Tode verurteilt, gehört aber zu den wenigen, die freikamen. Da er früher einmal Ernährungsminister war, wurde er nun im Berliner Magistrat Leiter des Ernährungswesens, wie man annahm, für die ganze russisch-deutsche Zone. Auf Grund von Rundfahrten durchs flache Land schrieb er mit anderen einen offenen und mutigen Bericht über die Lage der Landwirtschaft. Da er einer der wenigen war, die »man« kannte, war er im Mai in aller Mund. Man versuchte (vergeblich), mit seiner Hilfe Leute aus der russischen Gefangenschaft zu befreien. Man erzählte sich, was Frau Hermes über die Ernährungslage im Juli oder die Zwangseinziehungen zur Erntearbeit gesagt hatte.

Im Mai, als wir alle ohne Strom und Nachrichten waren, hatte Hermes ein Radio mit Batterie. An dem saß seine Sekretärin und hörte englische, amerikanische und russische Sender und tippte das Gehörte mit mehreren Durchschlägen. Die Durchschläge wurden zur Information auch an die Mitarbeiter von Hermes verteilt. — Ende Juni wurde Herr Hermes eines Nachts aus dem Bett geholt und vor den Marschall Schukow gebracht. Der Marschall, der die ganze russisch-deutsche Zone befehligt und, soviel ich beurteilen kann, seit dem Tod Bersarins auch in die Berliner Regierung viel mehr hereinredet als vorher, pflegt, wie alle Diktatoren, die Nachtstunden für die Arbeit zu bevorzugen. Hermes' Dolmetscher wurde nicht zugelassen. Es dolmetschte Frau Ulbricht, eine der Moskauerinnen. Als erstes legte Schukow dem Hermes ein Exemplar der Radionachrichten vor, durch eine Bleistiftnotiz kenntlich als Exemplar des Herrn Hörnle (auch ein Moskau-Deutscher). Was das sei? — Hermes erklärte. Schukow: das passe ihm nicht. Es habe in Zukunft zu unterbleiben. — Dabei muß man immer bedenken, daß es sich nur um Sendungen von verbündeten Nationen handelt! Als zweites bekam Hermes einen Krach, weil die Gründung der Christlich-Demokratischen Union, bei der er führend beteiligt war, veröffentlicht wurde, bevor die Partei registriert war. Auch dies hatten die Kommunisten fertiggebracht, indem sie es in die Zeitung brachten, während sie technisch die Registrierung verzögerten. Hermes erklärte und entschuldigte sich. Als drittes wurde Hermes befohlen, mit seinem Büro aus der Barstraße (Wilmersdorf) in die Wallstraße (Zentrum) überzusiedeln, womit er aus der von den Engländern zu besetzenden Zone [Sektor] in die russische kam. Schließlich wurde ihm noch mitgeteilt, daß seine Befugnisse sich nicht auf das Befehlsgebiet Schukows erstreckten, sondern nur auf Groß-Berlin, was ein Unding ist, denn die Ernährung Berlins ist nicht von der Erzeugung der umgebenden Provinzen zu trennen. *Hier kündigte sich schon, ohne daß wir das damals erkannt hätten, die Abtrennung Berlins von seinem Hinterland an. Erst damit wurde der Unterschied zwischen sowjetischer Zone und sowjetischem Sektor politisch und lebenswichtig. Man wird bemerken, daß in dem Brief meist von Zone gesprochen wird, wenn eigentlich Sektor gemeint war.* Nun sagte Hermes, er habe den Eindruck, daß er nicht mehr das Vertrauen des hohen Herrn besitze und biete daher seine Demission an, worauf der Marschall sehr böse wurde und sagte, er lasse sich vor keine faits accomplis stellen. Und damit war Herr Hermes entlassen.

Seitdem hat sich noch öfters gezeigt, daß die Kommunisten alles tun, um den anderen, insbeondere den Christlichen Demokraten, durch Intrigen und falsche Auslegung möglichst viel Schwierigkeiten zu bereiten. Dabei ist natürlich ein Hauptmittel, daß man irgendeinen Punkt aus der angeblich »faschistischen« Vergangenheit eines mit der Union Arbeitenden hervorholt und in einem Zeitungsartikel einseitig darstellt. Das alles scheint nicht sehr sinnvoll, da ja die nichtkommunistischen Parteien nur auf Wunsch Moskaus entstanden sind. Allerdings erklärte mir aber der einzige Kommunist, der halbwegs offen mit mir spricht, das alles sei nur demokratische Fassade mit Rücksicht auf die Westmächte. Den nichtkommunistischen Parteien werde auf die Dauer ebensowenig eine echte Tätigkeit erlaubt wie den Kirchen, die ja gegenwärtig auch sehr gehätschelt werden. — Die demokratische Fassade mit Rücksicht auf die Westmächte ist aber insofern wieder sehr komisch, als sie den Westmächten sehr unbequem war, die ja in ihren Zonen alle Parteien, politische Tätigkeit, Gewerkschaften usw. verboten hatten. Durch das Vorgehen der Russen in Berlin werden sie nun gezwungen, diese Politik zu modifizieren, womit vielleicht Stalin wieder mit Erfolg Verwirrung und Unordnung in die Gebiete trägt, die ihm machtmäßig noch nicht unterstehen, denn daß das Aufstellen von Parteien im jetzigen Stadium in Deutschland ein Unsinn ist, damit stimme ich mit den Anglo-Amerikanern überein. Es ist wahrscheinlich für Deutschland überhaupt unzeit- und unsachgemäß, mindestens aber eine reine Komödie, in einer Zeit, in der alle Gewalt in den Händen der Eroberer liegt. *Die Gründung von Parteien, Gewerkschaften und Zeitungen in Berlin wurde im Westen mit großer Aufmerksamkeit und beträchtlicher Beunruhigung verfolgt. Elmer Davis, der Leiter des amerikanischen Kriegspresseamtes, hatte Anfang Juni erklärt, es werde in Deutschland eine strenge Zensur geben, die Deutschen würden keine eigenen Zeitungen aufmachen dürfen und deutsche Redakteure kaum irgendwelche Verantwortung erhalten. Die Briten waren, besonders was die Gründung von Parteien und Gewerkschaften angeht, besonders streng. Die Zulassung von Parteien in Berlin fällt in die Zeit, in der sich nach Hopkins' Besuch in Moskau die Mai-Juni-Krise gelöst hatte, als schon feststand, daß die westalliierten Truppen in Berlin einrücken würden. Es ist möglich, daß Stalin, nachdem er wochenlang in bezug auf Polen und die südosteuropäischen Staaten gedrängt worden war, mit der Demokratie Ernst zu machen, beschlossen hatte, diesem Wunsch nun in der gemeinsam zu regierenden Stadt nachzukommen.*

Am 26. Juni hatte Reuter aus Moskau die Zulassung der Deutschen Kommunistischen Partei in Berlin gemeldet und hinzugefügt, Rußland habe nicht die Absicht, das Sowjetsystem in Deutschland einzuführen, denn das würde der gegenwärtigen Entwicklungsstufe der Deutschen nicht entsprechen (vergl. die Äußerungen Herrnstadts S. 291). Zwei Tage später äußerte sich der diplomatische Korrespondent der ›Times‹ über beunruhigende Anzeichen verschiedener politischer Praxis in den westlichen und östlichen Zonen Deutschlands. »Das letzte und schärfste Beispiel kommt aus Hamburg und aus Berlin ... In Hamburg wurde auf Wunsch der britischen Militärregierung die ›Sozialistische Freie Gewerkschaft‹ aufgelöst; ihren Führern wurde mitgeteilt, daß sie zu politisch geworden sei. In Berlin ist soeben ein ›Freier Deutscher Gewerkschafts-Bund‹ mit der Zustimmung der sowjetischen militärischen Führer verkündet und das Programm desselben über Radio-Berlin gesendet worden ... Das Auseinanderklaffen der Handhabung zwischen West und Ost wird auf unangenehme Weise klar. Dieses Auseinanderklaffen zeigt sich noch klarer bei der Behandlung richtiger politischer Gruppen. Im Westen sind sie nach wie vor verboten ...« Es folgen Angaben über den Zusammenschluß »aller Anti-Nazi-Parteien« in Berlin, über die Gründung der ›Deutschen Volkszeitung‹ und über ein Manifest der Kommunistischen Partei, das unter anderen von Wilhelm Pieck unterzeichnet sei. Am 30. Juni erklärte derselbe diplomatische Korrespondent, man könne sich fragen, welche Politik die richtige sei, das Verbot in West- und Süddeutschland oder die Bildung politischer Gruppen und die Genehmigung politischer Sendungen in Berlin und Ostdeutschland. Sicherlich falsch sei es aber, in den verschiedenen Teilen Deutschlands eine verschiedene Politik mit verschiedenen Formen der Publizität durchzuführen.

Nachdem die Westalliierten in Berlin eingerückt waren, behandelte ein Leitartikel der ›Times‹ unter der Überschrift ›Eine gemeinsame Politik‹ die unterschiedliche Handhabung der Frage. »Die Briten«, heißt es da, »scheinen noch weiter gegangen zu sein als die Amerikaner, indem sie jeden Ausdruck einer unabhängigen Meinung entmutigten. Das Verbot sollte ursprünglich nicht auf lange Zeit erlassen werden. Es scheint aber schon lange geherrscht zu haben. Es verhindert nicht nur das langsame Wachstum unabhängigen politischen

Denkens und Handelns im Anti-Nazi-Sinne in Deutschland — es enthält die Gefahr, etwaige politische deutsche Aktivität untergrund zu treiben, die unweigerlich in neuen und feindseligen Formen wieder auftauchen würde, wenn einmal die Kontrollen nachlassen. Eine positive übereinstimmende Politik der drei Alliierten, welche die Anfänge politischer Aktivität von Anti-Nazi-Gruppen erlauben und ermutigen würde, bietet die einzige Hoffnung, daß echte Fundamente für eine künftige geordnete und friedliche deutsche Gesellschaft gelegt werden.«

1. August 1945. Wir wissen jetzt, warum die Amerikaner keine Deutschen in den besetzten Häusern dulden wollen — die Dietrichs mußten aus ihrem Keller wieder heraus. Elsbeth bekommt einige ihrer Sachen und Möbel noch heraus, aber sie werden auf die Veranda gestellt, damit sie das Haus ja nicht betritt. — Die Erklärung: die Amerikaner haben Angst, Angst vor dem »Werwolf« und vor den bösen Deutschen überhaupt. Elsbeth hatte z. B. vorgeschlagen, daß sie allerhand Kram, den sie jetzt nicht braucht und den die Amerikaner nicht brauchen, in die Schränke im Keller räumt und die Schlüssel abzieht. Aber sie mußte die Schlüssel steckenlassen, offenbar damit man prüfen kann, ob keine Zeitbombe oder so etwas versteckt ist. Dies erzählte die junge Dame, die nun bei den Amerikanern in Manholts Haus als housekeeper engagiert ist, an sich eine Philologin, die sehr nett sei. Ähnliches erzählte eine Dame, die Thielallee 23 arbeitet, dabei ist housekeeper gleich Dienstmädchen, aber ohne Kochen, da die Offiziere alle in ihren Messen essen. Die Amerikaner laufen auch alle mit ihren Maschinenpistolen herum, und Theunissen, der nach einer abenteuerlichen Reise von Verona (Ende April) hier ankam, beim Durchschwimmen der Elbe von den Russen beschossen, sagte, in Bayern sei diese Ängstlichkeit und das Dauernd-Bewaffnet-Sein noch viel auffallender als hier. Das alles bestätigt mir wieder von neuem, was mir während

der Internierung in Amerika schon so stark auffiel, daß die Amerikaner überhaupt keine Ahnung von Deutschland und den Deutschen haben. Sie haben sich nie die Mühe gemacht, festzustellen, was Nationalsozialismus wirklich ist, weder im Schlechten noch im Guten. Sie haben sich ein Bild konstruiert, das wohl nur in Sachen KZ einigermaßen der Wahrheit entspricht, im übrigen aber eine intellektuelle Scheuklappen-Phantasie ist, und auf dieses Bild hauen sie jetzt ein. Daß sie dabei meist ins Leere treffen, merken sie gar nicht, denn sie geben sich auch jetzt keine Mühe, festzustellen, was hier los ist, abgesehen natürlich von den unvermeidlichen Statistiken über Ernährung, Todesfälle usw., die sicher bald aufgenommen werden. Die Journalisten im amerikanischen Press Camp haben von früh bis abends Poker gespielt und sich für nichts interessiert. (Es gab wohl auch da vereinzelte Ausnahmen. Ich nehme an, daß der Mann vom ›Christian Science Monitor‹ eine solche bildete.) *Die Interesselosigkeit der ausländischen Presse dürfte eine Folge ihrer Empörung darüber gewesen sein, daß sie zur Potsdamer Konferenz nicht zugelassen wurde. Ein Sturm der Journalisten von Zehlendorf nach Babelsberg wurde auf der Potsdamer Konferenz abgeschlagen. »Churchill eröffnete die zweite Sitzung mit der Frage, welche Rolle der Presse in dieser Konferenz zugedacht sei ...«, berichtet Truman. »In Potsdam hätten sich viele Pressevertreter außerhalb der wohlbewachten Festung, in der die Konferenz tage, angesammelt, und sie erhöben in der Weltpresse ein großes Geschrei, weil sie so gut wie keine Informationen erhalten könnten. ›Wer hat sie hereingelassen?‹ rief Stalin laut. Churchill erwiderte, die Presseleute befänden sich außerhalb des Konferenzsaals.« Truman bestimmte, im Pazifik sei der Krieg noch nicht zu Ende, in Europa seien viele heikle Probleme zu regeln, worüber die Presse im einzelnen nicht orientiert werden dürfe.* Einer, Jack Belden von ›Time‹, hatte Frau Zetterberg engagiert und ihr für ihre Arbeit Dollars versprochen. Er wollte die

»story« der letzten Tage und Stunden von Goebbels und was aus Goebbels geworden ist — viele zweifeln noch daran, daß seine Leiche die echte gewesen sei — und sie hat nachgeforscht und ihn mit allen Leuten zusammengebracht, die etwas wissen konnten. Und wenn sie etwas anderes an hiesigen Ereignissen erzählte, sagte er »doesn't interest me« — Deutschland und Europa interessieren ihn überhaupt nicht. In Berlin gibt es keine Vergnügungen, er habe nun seit einem halben Jahr nichts geschrieben. Er wolle sich an den Pazifik versetzen lassen. Dort sei wenigstens etwas los. Eines Tages war er weg, nach Paris geflogen auf Nimmerwiedersehen und ohne auch nur einen Dollar für drei Wochen Arbeit zu hinterlassen. Seine Sekretärin ist geblieben. Sie macht die »Routinearbeit«. Er habe gesagt, in Paris werde sein Geld sowieso nicht reichen, da könne er nicht auch noch hier etwas bezahlen.

Diese grundsätzliche Interessenlosigkeit der Amerikaner, der Durchschnittsamerikaner, natürlich nicht der gebildeten Neu-England-Amerikaner oder der reisenden College-Professoren, ist mir ja das erstemal in Bahrein aufgefallen, wo die Öl-Ingenieure und ihre Familien sich nicht im geringsten für die arabische Welt, in der sie lebten, interessierten, sondern nur für ihre air-conditioned houses, movies usw., wohingegen die Engländer doch ein Organ für das Andersartige und für das historisch Gewachsene haben und es auch pflegen. Dagegen die Amerikaner zwingen nicht nur in USA die Einwanderer »to conform or starve«, sondern sie tun das in allen ihren Machtbereichen, wodurch etwa in Hawaii schon alle Eingeborenenbräuche verindustrialisiert und amerikanisiert sind, verkäufliche Massenware. Die ganze Einstellung fand ich sehr gut charakterisiert in der Rede des amerikanischen Abgeordneten Judd, der jahrelang als Missionsarzt in China lebte und darüber klagt, daß in Amerika ein völlig falsches Bild von

China entstanden sei: »Thousands of Americans are there today who are not interested in China's culture. They did not go because they wanted to go . . . I find our boys abroad do not like any country except one, and that is the United States of America. They want only to get back to it. They write home to their families about the filth and cruelties and what seems to be lackadaisical attitudes and all the rest. The fathers and mothers read it, and then they know all about China because their boy, John, well, he is there and he saw and he knows.« So ist es auch hier, und sie sehen nur das Alleräußerlichste. Als wir im vergangenen Jahr vorausblickend versuchten, uns auszumalen, wie es nach der Niederlage wird, meinte ich immer, nach zwei bis drei Jahren, sehr langsam, werde ein Stimmungsumschwung eintreten. Die amerikanischen Soldaten würden allmählich merken, daß die Deutschen gar nicht so sind, wie sie ihnen beschrieben wurden. Das werde brieflich noch kaum nach Hause dringen, aber langsam, wenn immer neue Tausende entlassen werden und wenn sie ihre Heimkehrfreude einmal hinter sich hätten, würde es sich herumsprechen und dann allmählich zu einer sich verbreitenden Volksmeinung werden. Jetzt habe ich aber meine Zweifel. Das Fazit wird wohl sein: schlechte Unterkunft, schlechtes Essen (das finden sie in bezug auf ihr eigenes Essen, wovon wir den Abfall als Leckerbissen betrachten), keine Kinos, kein Benzin, nichts zu trinken, keine Vergnügungen. Das einzige, was zu einem anderen Urteil führen mag, sind die jungen Mädchen. In einem Soldatenbrief an die ›Time‹ vom 16. Juli steht, daß die deutschen Mädchen viel besser gefallen als die in England, der Normandie oder Belgien, und der Kurfürstendamm, durch den ich vor acht Tagen fuhr, der schon sehr aufgeräumt, tanzdielen- und bardurchsetzt ist — vom Kurfürstendamm wird mir erzählt, er sei in den Abendstunden wie ein großes Freiluftfreudenhaus. Das kann einen an sich auch melancholisch stimmen. Die armen grauen hinkenden Gestalten von der Front werden bitter sein, aber andererseits: eine Zählung in Neukölln hat ergeben, daß auf einen 20jährigen Burschen vier Mädchen kommen. Das ist ein Problem, an das noch die wenigsten denken und das sich nicht so still lösen lassen wird wie das Problem der zwei Millionen fehlender Männer in meiner Generation nach dem letzten Krieg.

Der Knöchel hat zu einer Serie von Entdeckungen geführt. Da er geröntgt werden mußte, fand ich, der immer noch weh tuende große Zeh könne auch geröntgt werden. Am Gelenk des großen Zeh befindet sich, laut Aufnahme, ein »destruktiver Prozeß«. Dessentwegen wurde eine Blutprobe gemacht, die ergab, daß ich nicht nur hochgradig blutarm bin — es fehlen große Prozentsätze von roten und weißen Blutkörperchen und ich habe ⅓ zu wenig Hämoglobin —, sondern es ist auch eine Veränderung im Knochenmark, die mit der Segmentierung etwas zu tun hat. Was das alles bedeutet, weiß ich natürlich nicht. Aber es scheint ernster Natur zu sein. Ich sagte, das komme doch sicher von zu wenig Essen, was der Arzt zögernd zugab. Alles, was man bräuchte, Vitamin D, Lebertran, Kalk, viel frisches Obst, gibt es nicht. Der große Zeh kommt nun unter Höhensonne. Außerdem wird massiert und Heilgymnastik getrieben. Ich bin ja der Meinung, wenn ich einen Monat lang täglich Fleisch bekäme, wäre es schnell vorbei mit den destruktiven Prozessen. Der Juli ist nun zu Ende, ohne daß wir ein Gramm Fett bekommen hätten, kein Fleisch, kein Gemüse, kein Obst, kein Salz, keinen Essig, keinen Ersatzkaffee, nur das Brot und einen Teil der Kartoffeln und 620 g Zukker, 600 g Mehl und 7 Suppenwürfel. Wenn für den Winter die Hungersnot prophezeit wird, frage ich, was man das nennt, was wir jetzt haben. Auf den destruktiven Prozeß hin habe ich beschlossen, jetzt noch das zu veressen, was ich an kleinen Vorrätlein habe, ein paar Linsen, grüne Erbsen, weiße Bohnen, Reis und vielleicht sechs Weckgläser — wenn dann wirklich eine noch größere Hungersnot kommt, ist es besser, man geht schnell zugrunde als langsam hinausgezogen.

Auf dem Rückweg vom Arzt besuchte ich die Elsbeth, die mit einem Bett und einer Kiste letzte Woche drei Zimmer einer weitgehend zerstörten Wohnung bezogen hat. Alle Fenster kaputt, das Dach kaputt, Türen kaputt, der Fußboden vor Nässe zu einem Berg gewölbt, aber reizende Lage, Aussicht ins Grüne, eigene Küche, obwohl zwei Zimmer der Wohnung von einer anderen Frau besetzt sind. — Heute waren schon ein halb Dutzend Stühle, zwei Tische, zwei Biedermeier-Sofas, ein weiteres bettartiges Gebilde da und ein paar Bilder aufgehängt, und es wird reizend. Die Handwagenkarrerei ist weiter im Gang. Ein ausländischer Handwerker klopfte an den Türen herum. Bob hatte schon die meisten Fenster zu und alle waren erschöpft. Elsbeth hat seit den Russen noch einmal 20 Pfund abgenommen. Bob ist von Captain Reed zum Custodian von Hollerith gemacht worden (war bisher 4. Mann, der erste ist von den Russen verhaftet worden, der zweite ist geflohen, der dritte tot); und der kommissarische Verwalter des Feindgutes, der, obwohl Pg, zäh an diesem gegenstandslos gewordenen Posten festhielt und eine Dummheit nach der anderen machte, ist damit endgültig erledigt. (Nachträglich: einige Wochen später wurde Bob von Captain Reed schon wieder abgesetzt und ein anderer eingesetzt, und der ehemalige Feindgutkommissar versucht immer noch hineinzuspucken. Außerdem bekam er von den Amerikanern noch andere wichtige Verwaltungsposten.)

4. August 1945. Ich kehre zum Zeitungsflor zurück. Die erste [Zeitung] war, wie schon berichtet, die ›Tägliche Rundschau‹, herausgegeben von der Roten Armee und so schlecht, daß man kein Wort verlieren mag (nachträglich: wird seit einigen Wochen ganz groß aufgemacht und mit Nachdruck in allen Teilen der Stadt vertrieben und von Geschäftsleuten der russischen Zone [Sektor] eifrigst gelesen, weil man aus den Leitartikeln die Absichten der Russen ahnen könne). Die zweite war die ›Berliner Zeitung‹, zuerst ebenfalls herausgegeben von der Roten Armee, seit einigen Wochen aber zur Zeitung des Berliner Magistrats gemacht. Ihr Chefredakteur ist Rudolf Herrnstadt. Er war der sehr fähige Korrespondent des B. T. in Warschau, und obwohl er Jude war, gelang es Scheffer, ihn bis Anfang 1936 zu halten. Obwohl ich ihn persönlich nicht kannte, habe ich mich bei Pörzgen und Dewitz, solange die in Warschau waren, nach ihm erkundigt. Er blieb Journalist. Was er während des Krieges getan hat, weiß ich nicht. Jetzt scheint er der GPU nahezustehen. Das schließen wir daraus, daß er v. d. Dekken aufforderte, Umbruch und Aufmachung der ›Berliner Zeitung‹ zu übernehmen und als dieser zögerte, mit der GPU drohte. Bevor es zu einer Entscheidung kam, wurde v. d. Dekken von den Russen verhaftet, jedoch im Gegensatz zu den anderen uns bekannten Fällen gut behandelt, untergebracht und ernährt und nach etwa zwei Wochen wieder entlassen. V. d. Dekken kenne ich seit unserer Fahrt nach Griechenland im Sommer 1935. Damals wurden er, Pörzgen und ich als der bürgerlich-jüdisch-liberalen Presse angehörend (Dekken: B. Z. am Mittag, Ullstein-Verlag) von den Nazis geschnitten. Seine einstige Frau war Dorothea Wieck (›Mädchen in Uniform‹). Mit der fuhr er 1938 nach USA, wobei die beiden den jüdischen Manager der Wieck mitnahmen, wodurch es diesem möglich ward,

mit seinem Vermögen und ohne Bezahlung von Steuern Deutschland zu verlassen. Dies lohnte er ihnen schlecht. Sie kündigten ihm. Er startete darauf eine Pressekampagne gegen Dekken als »Nazi-Agent«; und obwohl nicht viel später auch Selznik (ein großer jüdischer Filmmagnat) diesen Mann wegen seiner schlechten Eigenschaften entließ, wurde natürlich der Sachverhalt in bezug auf Dekken in der amerikanischen Presse nie richtiggestellt. Die Amerikareise war auch, soviel bekannt ist, der Anlaß für v. d. Dekkens Verhaftung durch die Russen, indem sie behaupteten, er sei als deutscher Spion in USA gewesen! Nachdem er freikam, beschloß er, sich dem Aufbau der ›Skala‹ zu widmen, zumal er durch Hollywood und andere frühere Tätigkeit etwas vom Vergnügungswesen versteht. Eines Tages schickte Herrnstadt, der auch eine Weile mit Ruhr darniederlag, ein Auto und forderte v. d. Dekken auf, während seiner Krankheit die ›Berliner Zeitung‹ zu machen. Der ließ aber antworten, er sei nun anderweitig beschäftigt. Nun soll Herrnstadt das Machen der Zeitung ganz dem Höffner überlassen. Das war ein bärenbraver Mann am B. T., der gerne viel und gut aß und trank, einmal Leiter der Aufnahme, einmal — zur Zeit der Ruhrbesetzung — Begleiter Scheffers, ein Mann, der von Zeitungstechnik etwas weiß, sonst aber auch gar nichts. Die ›Berliner Zeitung‹ ist denn auch so farblos und langweilig, daß man unmittelbar nach der Lektüre schon nimmer weiß, was dringestanden hat. Auch durchaus nachrichtenarm, zuverlässig nur in den Veröffentlichungen der Verfügungen des Magistrats. Es ist schade um einen Mann wie Herrnstadt, der politischen Instinkt hatte und schreiben konnte. Vielleicht haben die bösen Jahre ihn kaputt gemacht. Vielleicht spart er sich auf und wartet auf bessere Zeiten. *Das tat er, aber es mißglückte ihm. Am 17. Juni 1953 war er, inzwischen zum Chefredakteur des ›Neuen Deutschland‹ avanciert, mit Zaisser Anführer einer kleinen Gruppe, die gegen Ulbricht einen deutschen Kurs und eine Liberalisierung der DDR durchsetzen wollte. Nach dem Scheitern der Revolte wurde er nicht verhaftet, was dafür spricht, daß starke Kräfte in Moskau ihn stützten, sondern an ein Archiv in die Provinz verbannt, wo er vor seinem Tod im Jahr 1966 noch ein gutes Buch geschrieben haben soll.*

Die ›Berliner Zeitung‹ wurde allmählich besser und hat auch heute noch innerhalb der Ostberliner Presse ein eigenes Gesicht und im Nachrichtenteil eine gewisse Bewegungsfreiheit. Im Sommer 1945 veröffentlichte sie zwei Artikel, die sicherlich aus Herrnstadts Feder stammten, den ersten nach der Wahlniederlage Churchills, in dem es hieß, Churchill sei als Mitglied der konservativen Partei geschlagen worden, doch als Politiker von Weltformat sei er nicht geschlagen und könne auch nicht geschlagen werden. Als Führer der Opposition bleibe er die größte Figur in England. Der zweite war ein Kommentar zum Abschluß der Konferenz von Potsdam, in dem es hieß, sie habe bewiesen, daß die Alliierten im Frieden wie im Krieg einig seien, obwohl es drei Monate nach der Kapitulation den Deutschen passen könnte, das Gegenteil zu behaupten. »Zweifellos ist das wertvollste Prinzip, das aus dem Kapitel über das besiegte Deutschland hervorgeht, der Beschluß, das Land als eine wesensmäßige Einheit zu verwalten. Erst vor kurzem hat es so ausgesehen, als könne die Elbe die Trennungslinie zwischen West- und Osteuropa werden, mit den Deutschen in der Position, die sie keineswegs aufgegeben haben, die eine Seite gegen die andere auszuspielen« (rückübersetzt aus der ›Times‹ vom 6. August 45).

Die Betonung der Entscheidung, daß Deutschland in interalliiertem Einvernehmen einheitlich verwaltet würde, und zwar durch die Einsetzung bestimmter gesamtdeutscher Staatssekretäre, hat auch in dem Gespräch, das ich wohl etwa Mitte August mit Herrnstadt führte, eine Rolle gespielt. Warum ich es in der Niederschrift nicht erwähnte, ist mir nicht erinnerlich. Vermutlich erschien es mir als zu gefährlich, da ich ja schon damals die Absicht hatte, meinen Brief mit nach Westdeutschland zu nehmen. Ich traf zuerst einen völlig abgemagerten und in seinem zu weiten Anzug schlotternden Höffner, der mich nach den einstigen Kollegen am BT ausfragte und wünschte, ich möge Paul Scheffer, unseren einstigen Chefredakteur, bitten, ihm Lebensmittel zu schicken. Er war ganz erstaunt zu erfahren, daß wir vom amerikanischen Sektor aus nicht Briefe mit Amerika wechseln konnten. So wenig wußte man schon damals im Ostberliner Zeitungsviertel von den Gegebenheiten im westlichen Teil der Stadt. Dann kam ich ins Zimmer zu Herrnstadt. Wir sprachen allein. Er war nicht sehr freundlich, etwas herablassend. Was er sagte, war mir hochinteressant. Auf meine Fragen, warum die Russen auf dem Lande die Güter parzellierten und die vielen Neubauernhöfe schufen, wenn sie später ebenso wie in ihrem eigenen Land kollektivieren würden, und auf die Frage, warum sie mehrere Parteien gründen ließen, obwohl es in ihrem System nur eine Partei geben könne, erklärte er, ich sähe die Dinge vollkommen falsch: auf dem Weg zur sozialistischen Gesellschaft könne die bürgerliche Phase nicht übersprungen werden, besonders in einem Land, das so lange unter faschistischer Diktatur stand. Es sei also geplant, in voller Einigkeit und guter Zusammenarbeit mit den Westmächten nun die bürgerliche Demokratie in Deutschland aufzubauen. Auf meinen Einwand, von dem Einvernehmen mit den Westmächten spüre man aber wenig, meinte er, das seien Irritationen an der Oberfläche. Im Grunde sei Stalin entschlossen, das Bündnis mit den Westalliierten aufrechtzuerhalten.

Was ich hier hörte, widersprach durchaus dem, was mir der junge Antifa-Mann (s. S. 279) gesagt hatte. Ich glaube nicht, daß Herrnstadt mich damals angelogen hat. Als Moskau-Deutscher, der eine führende Rolle in der Komintern gespielt hatte, mußte er besser Bescheid wissen als der von unteren Instanzen neu eingeschulte, in Deutschland verbliebene Kommunist.

Wir haben inzwischen gelernt, daß die Sowjets in ihrer politischen Planung immer mit Alternativen arbeiten, daß sie, wenn sie sich für eine Linie entschlossen haben, außenpolitisch immer alle Möglichkeiten der anderen Linie mindestens im Auge behalten, oft auch deren Positionen festigen, wodurch bei den eingleisiger denkenden Amerikanern so oft der Eindruck entsteht, sie seien von Moskau hintergangen worden. Es ist also wahrscheinlich, daß ich im Antifa-Mann dem Vertreter einer Richtung, in Herrnstadt dem der entgegengesetzten begegnet war. Auf Grund von Mitteilungen aus anderer Quelle, die ich in diesem Zusammenhang nicht alle aufzählen kann, bin ich rückblickend zum Schluß gekommen, daß die Politik, wie sie mir von Herrnstadt beschrieben wurde, lange Zeit durchaus ernst gemeint war und daß der Kalte Krieg, den wir schon im Frühsommer 1945 zu erkennen glaubten, ohne noch das erst im Herbst 1946 von Walter Lippmann geprägte Wort zu kennen — daß also der Kalte Krieg von Moskau aus gesehen noch keineswegs unvermeidbar war.

Das nächste war die ›Deutsche Volkszeitung‹, das Organ der KPD und die erste Zeitung, die den Namen Zeitung verdiente. Auch sehr wenig Nachrichten, bessere Aufmachung, ein Roman — ›Stalingrad‹ von Plivier —, KPD-Leitartikel und ⅓ bis ½ des Raumes den Nazigreueln, KZs und Selbstanklagen gewidmet. Chefredakteur ist auch einer der deutschen Kommunisten, die aus Moskau hierher kamen. Bezeichnend z. B. eine scharfe Polemik gegen die bayrischen Bischöfe (die nicht das ganze deutsche Volk für den Krieg usw. verantwortlich machen wollen), nach dem Muster der ›Prawda‹.

Dann kam ›Das Volk‹, das Blatt der SPD, von dem ich nur wenige Nummern sah; farblos, auch der furchtbare Nachrichtenmangel, uninteressant.

Der Grund für die Nachrichtenlosigkeit wurde mir klar, als Dovifat mich besuchte, um zu fragen, ob ich bei der zu gründenden Zeitung der Christlich-Demokratischen Union mitarbeiten wolle. Dovifat hatte nach dem Ersten Weltkrieg hier das Institut für Zeitungswissenschaft gegründet und war die ganze Zeit Professor für Zeitungswissenschaft. Ich hatte einmal dort einen Kurs belegt, der mir aber wenig behagte. Um so begeisterter war ich von einer Debatteübung, die er in der Hochschule für Politik hielt und wo damals im Winter 1932/33 alle Meinungen, von der kommunistischen bis zur nationalsozialistischen, mit dem Übergewicht aber bei Sozialdemokraten und Bürgerlichen, vertreten, lebhaft geäußert und doch von Dovifat gebändigt wurden. Als er mich nun das erstemal besuchte, erkannte ich ihn kaum wieder. Früher war er ein großer schwerer Mann, der wegen einem kriegsverletzten Bein am Stock ging, jetzt ein ausgemergeltes Gespenst, immer noch der Stock. Aber um die weiten Wege zu bewältigen, radelte er mit dem einen Bein. — Die Engländer und Amerikaner waren schon eingerückt. Ullstein hatte für die Zeitung einen Vorschlag gemacht, aber die Russen befahlen, daß sie nicht in Tempelhof (amerikanisch), sondern in der russischen Zone [Sektor] gedruckt werden müsse. Das ist allein technisch schon eine Qual: gesetzt wird sie im Mossehaus, umbrochen im einstigen Eher-Verlag. Die Redaktion ist wieder woanders. Jedes Manuskript muß mit dem Rad von einem Ort zum anderen gebracht werden. Bei seinem zweiten Besuch waren die ersten beiden Nummern schon gedruckt, und Dovifat konnte noch Genaueres erzählen. Damals war gerade die Zeit der Stromsperren. Wenn der Strom wieder anging, dauerte es 6 Stunden, bis das Blei wieder heiß und alles übrige Versäumte wieder aufgeholt war. Die ganze Redaktion mußte also über Nacht im Betrieb bleiben. Dies wieder verstieß gegen die Polizeistundenverordnung, da der Betrieb genau so zählt wie die Straße, und die ganzen Mitarbeiter hätten verhaftet werden können, wenn ein Russe es sich in den Kopf gesetzt hätte. Das Schlimmste war und ist aber die russische Zensur, die einem russischen Major untersteht. Jeder Satz wird überprüft. Das, was beanstandet wird, kommt immer überraschend — etwa, daß Hermes, von dem ein Interview gedruckt wurde, in einem christlichen Hospiz oder etwas ähnlichem wohnt [es war das »Katholische Haus«, wo die Belgierin untergekommen war und wo wir in der wasserlosen Zeit zur Pumpe gingen]. Da die Tass-Meldungen in einem so schlechten Deutsch herauskommen, wurden sie umdiktiert und auch das untersteht der Zensur. Andererseits sind die Tass-Meldungen das einzige, was zensurfrei ist. Wenn also auf Grund von Beanstandungen weiße Flecken entstehen, kann man immer noch ein paar Tass-Stücke im letzten Augenblick einfügen. Andere Nachrichtenagenturen gibt es nicht. Londoner Sender ist natürlich unbeliebt. Bei seinem zweiten Besuch brachte ich Dovifat mit Frau Holsten und Zetterberg zusammen, und es wurde besprochen, daß die beiden einen Abhördienst machen, der täglich um 12 Uhr mit radelndem Boten bei ihnen abgeholt wird. Frau Holsten kann außer englisch und französisch türkisch und persisch, Frau Zetterberg die skandinavischen Sprachen. Theoretisch müßte also viel dabei herauskommen. Leider übertönen aber die englischen Sender, vor allem bei mittelguten Apparaten, alle anderen; außerdem müßte man zwei Apparate haben, weil oft mehrere wichtige Stationen zur selben Zeit senden. Ich bin also vorläufig vom Ergebnis, das ich im Durchschlag bekomme, etwas enttäuscht. Die Tatsachen sind schon da, aber es fehlt an Presseübersichten, Kommentaren usw., aus denen man doch oft raten kann, was wirklich gespielt wurde. (Nachträglich: Frau Holsten, die es jetzt allein macht, hat sich nun so gut eingearbeitet, daß man wirklich eine gute Übersicht bekommt. Die Zeitung kann ihre Sachen aber nie als Meldungen verwerten, nur eingearbeitet in Artikeln und Glossen.)

Trotz allen diesen Mängeln ist aber die ›Neue Zeit‹ ein erstaunlich gutes Blatt; das fanden ganz spontan alle Leute, die zu mir kamen und sie gelesen hatten. Der Titel stammt von einem sehr schönen Gedicht von Reinhold Schneider, das in der ersten Nummer abgedruckt war. Der Kopf ist von einem Graphiker entworfen und sieht sehr gut aus. Die Leitartikel sind ausgezeichnet und behandeln Probleme, die wirklich ernste und nachdenkenswerte Probleme sind. Die Überschriften reizen zum Lesen des Textes. Im Vergleich zu den anderen vier ist eine Menge Information enthalten, auch außenpolitisch, teils in Meldungen, teils in redaktioneller Verarbeitung. Auf der dritten Seite gab es eine Serie »Nachzuholendes« über den 20. Juli, über die Schlacht um Berlin, das Ende des Krieges usw. Die Vorwürfe gegen den Nationalsozialismus sind erstens gut und richtig (im Gegensatz zu vielen in den anderen Zeitungen und in den ausländischen Sendern), zweitens würdig und ohne Selbsterniedrigung vorgetragen, kurzum, eine gute Sache. Am schwächsten scheint mir bisher das Feuilleton; es untersteht Werner Fiedler, einem aus der Fechter-Schule. Vorläufig fehlt auch der Roman. Einer von Werner Bergengruen über den Tyrann, den Dovifat abdrucken wollte, wurde von Otto Winzer, unserem aus Moskau importierten »Kulturminister«, sehr unfreundlich abgelehnt. (Nachträglich muß leider noch berichtet werden, daß die Zeitung infolge der vielen Schwierigkeiten, die ihr gemacht wurden, inzwischen sehr viel schlechter geworden ist; einerseits die Zensur, andererseits die Feindschaft der Kommunisten und Russen; dauerndes Stänkern der ›Deutschen Volkszeitung‹; andererseits war aber Dovifat auch von den Amerikanern verhaftet.)

Nachfolger von Dovifat war schon im Winter 1945/46 Rudolf Pechel, der versuchte, mit dem CDU-Verleger Dr. Katzenberg die Zeitung auf die Höhe zu bringen. Pechel, den seine Zeit im KZ doch sehr mitgenommen hatte, steigerte sich aber bald in eine solche Wut auf die Russen, daß er beschloß, über Nacht zu verschwinden. Er konnte Berlin in einem amerikanischen Flugzeug verlassen und kämpfte mit seiner wiedereröffneten ›Deutschen Rundschau‹ in der vordersten Linie des Kalten Kriegs. Sein Nachfolger in der Leitung der ›Neuen Zeit‹ wurde Georg Dertinger, der spätere Außenminister der DDR. Westliche Versuche, ihn in die Bundesrepublik zu locken, trugen ihm eine langjährige Zuchthausstrafe ein. Die ›Neue Zeit‹ blieb ein bescheidenes Blatt, hat aber bis heute ein eigenes Gesicht und einen Rest Qualität bewahrt.

5. August 1945. Gestern bin ich mit der Steinmetzin in der Dämmerung aufgestanden und auf das frisch gemähte Weizenfeld gegangen, um Weizen zu holen. Dieses Feld gehört zu den Stücken Dahlem, die immer wieder beglücken, zwischen den Villen und Gärten und Ruinen; gepflügter Acker im Frühjahr und dann helles Grün, das sich unter dem Wind in Wellen bewegt und dann das erste schimmernde Gold in der Abendsonne. Gestern früh hat es geregnet, die Garben standen schon in Haufen, am anderen Ende des Feldes bewegten sich auch Gestalten, die ebenso wie wir aus den Garben die Körbe und Beutel füllten. Ich hatte ein etwas ungutes Gefühl dabei, nicht aus Moral, sondern aus Ordnungssinn, — dieses mit der Schere Abschneiden der Ähren oben weg und das Hinterlassen der Strohstrünke in den Garben. Das ganze ist so unrationell wie die heutige Zeit: ein großer Aufwand, erst dieses Holen, dann das Trocknen, dann müssen wir eine Methode des Dreschens erfinden und schließlich die Körner entweder in der Kaffeemühle mahlen oder sonstwie verarbeiten. Und für jede kommt vielleicht ein Pfund heraus. Während wir noch schnitten, kam Petra, die schon ihren zweiten Sack voll holte und am Vortag Ähren gelesen und auf unserem Balkon entkernt hatte. Sie rief: »Es schmeckt köstlich.« Ich frug: »In welcher Form?« Sie

sagte: »Gehackt.« Sie ist immer mit einer fast rabiaten Emphase bei der Sache, die sie eben beschäftigt und das ist also jetzt das Beischaffen von Weizen und Roggen. Heute früh mißlang es ihr, denn es gab einen Schupo zur Bewachung des Feldes, was mich im Grund recht befriedigt.

Um 3 Uhr war ich zur Trauung von Heuss-Elsass hier in der Kirche. Es war, glaub ich, die ergreifendste Hochzeit, die ich je miterlebte. Wir haben jetzt eine Art April-Herbstwetter, jeden Tag mehrere heftige Regengüsse, dazwischen ein wenig Sonne, oft auch Schwüle. Nach einem solchen Guß fuhr ich los; in dem alten Friedhof lagen noch die dicken Tropfen auf den vielen Blumen und Büschen und funkelten unter den wiederkehrenden Sonnenstrahlen. Die Dahlemer Dorfkirche, eine alte einfache Kirche, die sicher in ihrer Frühzeit katholisch war, war noch im Zwiespalt zwischen Regendunkel und Heiterkeit. Innen brannte das Licht, aber je dauerhafter die Sonne vorkam, desto blasser wurde es, bis zum Schluß alles Licht von außen kam und durch die zerschossenen Fenster hell auf die großen Phloxsträuße und die Braut in ihrem weißen Schleier fiel. Als Pfarrer fungierte Dibelius. Und gegen den ist also nichts einzuwenden. Es ist der erste protestantische Pfarrer, der auf mich großen Eindruck machte. Jedes Wort, das er sagt, ist gedacht und gefühlt und gemeint und, wie es sich gehört, hat er dieses neue Beginnen in die ganze Trostlosigkeit unserer Tage gestellt. Daß er mit den Eltern Heuss befreundet ist und den jungen Heuss konfirmiert hat, daß er wohl auch den getöteten Vater Elsass kannte, gab seinen Sätzen eine echte persönliche Wärme, die sonst bei solchen Gelegenheiten so oft fehlt oder durch eine peinlich wirkende, falsche ersetzt wird. Es ist ihm wohl auch gut bekommen, daß er acht Jahre lang nicht predigen durfte. Man spürt das Aufgespeicherte an Intensität im Gegensatz zu dem

Ausgeleiertsein so vieler seiner Kollegen. Unter den Gästen war auch Frau v. Solf, die zum Tod verurteilt gewesene, ein Skelett in Schwarz, aber immer noch in Haltung und Lächeln die Dame der großen Welt und des Auswärtigen Amtes.

Abends nach dem Essen fuhr ich noch ins Heuss'sche Haus in der Kamillenstraße. Da war schon zwischen vielen schönen Blumen ein großer Kreis junger Leute, und das Brautpaar saß zusammen auf einem kleinen Sofa. Es kamen noch mehr Menschen, und es begann für mich wieder die so oft wiederkehrende Plage, daß sie wußten, wer ich bin, ich aber nicht, wer sie sind, obwohl ich es hätte wissen müssen. Zuerst saß neben mir Herr v. Trotha, mich erinnernd, daß wir uns einmal bei der Reventlow'schen getroffen hatten; er wußte auch schon von einem Amerikaner, der einmal in Frankfurt studiert hatte, daß es Gerths [Hans Gerth war verheiratet mit H. I. Gräfin Reventlow] drüben gut geht. Trotha war bei Speer, jetzt bei Landwehr — der Mann, der im Berliner Magistrat die Industrie unter sich hat — wovon er sich aber löst, um vielleicht in die Regierung einzutreten. Später setzte sich ein Mann neben mich, um mich nach Amsel zu fragen, der sich als Herr Tillmann herausstellte, von dem ich mich nun blaß erinnere, daß er vor 1933 etwas mit Jugendführung zu tun hatte und sich dann in die Kohlenwirtschaft zurückzog. Er kam mir ziemlich hoffnungslos vor und nicht nur, weil er offenbar verhungert ist und aus Schwäche den halben Tag im Bett bleibt; ebenso ein Herr Mommsen, ein Enkel des Historikers. Dagegen einige von den anderen: v. Einsiedel, v. Eynern, Hintze und ein guter Kopf, zu dem ich keinen Namen weiß [Dahrendorf], das könnte etwas werden, falls in Deutschland noch je etwas werden kann. *Ein Teil der Männer, die ich am Abend der Heuss-Hochzeit traf, war ganz bewußt in Berlin geblieben, mit der Absicht, mit den Russen am Wiederaufbau*

Deutschlands zusammenzuarbeiten. Nun saßen sie schon in verschiedenen Ämtern des zentralen Magistrats, der im Unterschied zu den Bezirksmagistraten als Kern für die erste Regierungsbildung diente. Tragisch war der Fall Horst v. Einsiedels, über den mir später Trotha immer wieder berichtete. Er war von den Russen verhaftet worden. Es kamen aber aus einem östlichen Lager Nachrichten, er sei für eine besondere Ausbildung vorgesehen. Die Zurückgebliebenen nahmen eine Zeitlang an, die Russen hätten besonderes Vertrauen in ihn gesetzt. Er ist nie zurückgekommen. An Substanz fehlt es trotz allem bei uns noch nicht, auch nicht an Gedanken und Ideen. Das dachte ich mir auch vorgestern, am Freitag, an welchem Tag ich nun ein »at home« habe. Es war ein etwas zersplitterter Nachmittag, weil ich mittendrin zum Arzt mußte, wegen der nur in dieser Stunde stattfindenden Massage und weil Theunissen einen Mann mitbrachte, Cornelsen, von dem wir nicht recht wußten, wo er hingehört. [Franz Cornelsen war damals schon mit den Vorbereitungen für eine Verlagsgründung beschäftigt, gründete dann mit dem Zyprioten Sinus Sinudoru den Minerva-Verlag (s. S. 351), aus dem er sich aber bald zurückzog, um einen Schulbuchverlag aufzumachen.] Wir waren auch alle deprimiert über das Communique der Potsdamer Konferenz, das wir auszulegen versuchten, das aber natürlich nicht auszulegen ist, solange man nicht weiß, welche Kräfte und Tendenzen hinter den einzelnen Punkten stehen. Aber zum Schluß kam doch eine sehr fruchtbare Diskussion zustande, wie heutigentags fast immer auf dem Boden der Frage: Ost oder West, die ja nicht nur für uns alle persönlich, sondern für Deutschland und Europa überhaupt die Frage ist, d. h. die Frage lautet eben — wenn man Ost mit Rußland und Bolschewismus und West mit Amerikanismus gleichsetzt — doch wohl, ob wir in Deutschland und in Europa nicht doch noch anstelle des Entweder-Oder ein Drittes, Eigenes, setzen können. Die Aufgabe wäre da. Denn ich bin immer weiter davon überzeugt, daß es die Aufgabe unserer Zeit ist, eine Lebens- und Staatsform zu finden, die entsprechend dem heutigen Stand der Technik, des Verkehrs, der Wirtschaft das notwendige Maß von Planung, Kollektivwirtschaft, Zentralisierung verbindet mit einem ebenso notwendigen Maß von privater Sphäre und individueller Freiheit. Bolschewismus, Faschismus und Nationalsozialismus sind alles Triebe an diesem kaum noch erkennbaren Gewächs, Faschismus und Nationalsozialismus nun erst einmal abgehackt, der Kommunismus belastet mit dem Doktrinarismus der Marxisten und der Seele, Unberechenbarkeit und Unordnung des russischen Menschen. Auf der anderen Seite ist der New Deal eine Knospe, die offenbar, mindestens in ihren Rooseveltschen Formen, vom amerikanischen Konservatismus schon wieder erstickt wird. Die andere Seite, die Westseite, in die ich nun auch Länder wie die Schweiz, Schweden, vielleicht Holland und Belgien, wohl schon nimmer Frankreich, einbeziehe, ist jedoch so reich, so stabil, so festgefügt in ihren langbewährten Traditionen, daß sie sich leisten kann zu warten und im alten Gleis weiter zu fahren, vielleicht bis sich an anderer Stelle die neuen Formen herausgebildet haben, die sie dann schmerzlos übernimmt. Aber die andere Seite, und nun wieder Amerika allein, hat, ohne sich dessen selbst bewußt zu sein, in ihrer Entwicklung zu einer neuen Rasse schon Lebens- und Denkformen entwickelt, die in einer Weise standardisierend und persönlichkeitsfeindlich sind, wie das selbst in den despotischsten Zerrbildern des Bolschewismus und des Nationalsozialismus nicht der Fall war. [Als ich diese durch ihre Übertreibung unzutreffende Behauptung niederschrieb, ahnte ich nicht, daß die Erstarrung in der Standardisierung, die in den 40er Jahren in Amerika weitgehend zu beobachten war, überwunden werden würde, und zwar zum Teil mit Hilfe derselben Techniken, die die Standardisierung hervorgerufen hatten — mit dem Ergebnis, daß die langsam zunehmende Wertschätzung der »Eierköpfe«, die Verbreitung anthropologischer, soziologischer und psychologischer Forschung und die Nutzung der Elektrotechnik im Dienst menschlicher Probleme den Aufbruch hervorbrachten, den wir in den 60er Jahren bewundern.] Ich lese jetzt, weil ich USA immer noch als mein Spezialgebiet betrachte, neben den schönen deutschen Büchern auch alte Hefte des ›Reader's Digest‹, aus den Jahren 1937, 1938 und 1939, und gerade weil sie, obwohl doch weniger als 10 Jahre alt, fast schon mumifiziert wirken und die Frische und Aktualität verloren haben, die die laufenden Nummern jeweils so anziehend macht, deshalb sind die Grundtendenzen des Amerikanischen soviel deutlicher zu spüren, wie ein Gerippe, das sichtbar wird, wenn das Fleisch abfällt. Es fällt mir immer gleich schwer, die Tendenz in Worten zu bezeichnen. Synthetische Herstellung ist ein wichtiges Element, — der Versuch, aus zu errechnenden und zu analysierenden Einzelstücken etwas Ganzes herzustellen, ob eine Persönlichkeit oder einen Roman oder Jugend oder Charme, — für das letztere bezeichnend, daß es Schulen des persönlichen Charmes gab, mit Briefkursen zu 12.50 Dollar und im Jahr 1936 einen Umsatz von 7 Mill. Dollar. Eine Schule hatte im Durchschnitt eine halbe Million Schülerinnen. Man lernte nicht nur Haltung und Selbstbewußtsein (eine der ersten Aufgaben: 15 Minuten lang den eigenen Namen laut hersagen — the idea is to convince herself that she is somebody. »You will be calling the fine, free, unafraid, knowing, harmonious nature of you and this self will answer! . . . It simply means that the real you is splendid, powerful, glorious«). Man lernt auch, ein Gespräch von Musik auf Hausbau hinüberzuleiten, falls man von Musik nichts versteht und zum Hausbau etwas (Gelerntes) sagen kann. Der ›New Yorker‹ schreibt zum Schluß: »One thing is sternly forbidden to pupils: they must not allow their charm to become standardised. Indeed, all three schools seem a little nervous about the idea of a possible roomful of pupils all making their legs swing like pendulums, all saying ›Smooth playing‹, ›Nice weather!‹ to one another. Your charm is Your Own, the Lessons reiterate endlessly.« — Ich bin überzeugt davon, daß auch das noch ausgearbeitet wird, so wie ja jetzt schon die berühmten Leute von ihren publicity managers Steckenpferde, Idiosynkrasien, bestimmte Leibspeisen oder Gesten vorgeschrieben bekommen. — Und Auswechselbarkeit gehört auch dazu, die standardisierte Auswechselbarkeit, die einmal erlauben wird, mit einer übersehbaren Zahl von Einzelheiten und entsprechenden Ersatzstücken wenige Typen bestfunktionierender Maschinen, Häuser, Möbel, Filme herzustellen. Ich bin, weiß Gott, kein Feind der Standardisierung. Wenn ich es je gewesen wäre, dann hätte ich es unter den Bomben verlernt, als wir erst merkten, daß selbst in einer Mietswohnung wie der meinigen kein Fenster die gleiche Größe hat wie ein anderes und infolgedessen ein ganzes Fenster aus einem ungebrauchten Zimmer nicht für ein kaputtes in einem bewohnten eingesetzt werden kann; jetzt, da wir uns zum Essen setzen mit einem Rest übrig gebliebenen Porzellans mit roten Rändern, blauen Blumen, gelben Tupfen, gebogenen und eckigen Formen, lauter Stücke, die sich auf dem Tisch untereinander so wenig mögen wie die Griechen, die Bulgaren, Mazedonier und Jugoslawen. Ich bin nicht gegen die Standardisierung, aber das Maß möchte ich haben, ein Maß in der Varietät der Teller und Fenster und Autos wie im Gleichgewicht zwischen den Völkern Europas, ein Maß, das auf einer anderen Ebene liegt als Hitlers erlaubte Kunst, aber doch auch auf einer anderen als die sogenannte »entartete« Kunst der zwanziger Jahre. [Bezieht sich auf die Bilder von Otto Dix, die ich gräßlich fand, während ich »Entartete« wie Beckmann, Nolde, Picasso oder die Maler des ›Blauen Reiters‹ und der ›Brücke‹ liebte.] Und da die Russen und Amerikaner die Frage an entgegengesetzten Enden anpackten, die einen von der Theorie her, die unterbaut ist von der jahrhundertealten Tradition des Gemein-Lebens, die anderen von der Technik her, der Lebens- und Erfolgstechnik, so sehe ich nicht ein, warum wir in Europa mit unserem ganzen Erbe nicht unsere eigene Form noch einmal finden sollten. Und wenn über uns Deutsche jetzt hinweg regiert wird, wie ja offenbar geplant ist, dann sollten wir, falls wir dabei nicht verhungern, doch erkennend und nachdenkend und im Kleinen mitbauend dies in die Wirklichkeit überführen können. Dazu müssen wir allerdings wissen, was wir wollen, denn nur, wenn solch ein Ziel vorhanden ist, kann es in den Voranfängen, in denen wir wohl noch jahrelang stecken werden, regulierend wirken, so daß die Bausteine des neuen Fundaments planvoll und schon in Gedanken an den späteren Bau gesetzt werden. Auch wenn es heute nur möglich sein sollte, hier eine Ecke auszugraben, dort ein Stück Erde zu planieren, das einmal Terrasse werden soll und woanders schon ein Stück Kellermauer zu setzen — einzelne Teile, aber koordiniert im Wissen um das erstrebte Ganze. Dazu allerdings fehlen wohl noch die meisten Voraussetzungen. Die christliche Religion in ihren heutigen Formen, trotz Dibelius und Graf Preysing, schafft es nach meiner Überzeugung nimmer. Ich denke natürlich an Ernst Jünger. Er wird, falls er noch lebt, zu müde sein. Aber auf den Wegen, die er als erster gegangen ist, sollten andere weitergehen. Vielleicht gibt es die schon, irgendwo in Deutschland. [Nach der Lektüre des ›Arbeiters‹ in Lissabon hatte ich eine

Vision, wie man im Dritten Reich gegen das Dritte Reich in einer Art von Negativ-Verfahren die ›Frankfurter Zeitung‹ machen müsse — ohne daß die nationalsozialistischen Aufpasser es merkten, aber deutlich erkennbar für jeden, der sich über eine andere Zukunft Gedanken machte. Ich wußte nicht, daß damals, im Mai 1943, schon das Schicksal der FZ entschieden war.]

6. August 1945. Während ich vor ein paar Tagen hier den Fall Hermes niederschrieb, fand gerade der Fall Hermes sein Ende. Am nächsten Tag stand unter den veröffentlichten Beschlüssen der interalliierten Kommandantur unter Punkt 11: Der Beschluß des Oberbürgermeisters Werner, Herrn Hermes seines Amtes zu entbinden, werde gutgeheißen. Außerdem gab General Gorbatow, Nachfolger Bersarins, noch einige gegen Hermes gerichtete bösartige Bemerkungen über seine Unzufriedenheit mit der Ernährungswirtschaft von sich. So macht man das, und genau so war es bei den Nazis. Wenn jemand seinen Rücktritt anbietet, wird er gezwungen zu bleiben, damit man ihn dann hinausschmeißen kann. *Die ›Times‹ glaubte, der Rücktritt von Hermes stehe in Zusammenhang mit den erbitterten Auseinandersetzungen über die Ernährung der Westsektoren Berlins. Die Briten hatten Anfang Juli verlangt, daß das Hinterland Berlins in einem Umkreis von 50 Meilen für den Bedarf aufkommen müsse, ein Vorschlag, der nicht nur einleuchtend war, sondern mit den Gedankengängen von Hermes übereinstimmte.*

Es tut sich überhaupt viel in Sachen »Regierung«. Obwohl im Potsdamer Communiqué vereinbart ist, daß eine Reihe von Staatssekretariaten für Verkehr, Finanz, Industrie usw. gemeinsam geschaffen werden sollen, haben die Russen in aller Stille schon ihre Regierung gebildet. Sie besteht schon seit dem 27. Juli (Bekanntgabe des englischen Wahlergebnisses: 26. Juli; Abschluß in Potsdam: 2. August). Sie arbeitet vorläufig noch geheim, ist natürlich fürs erste nur für die russische Zone bestimmt. [Darüber erfuhr ich damals viel durch Carl Dietrich v. Trotha, der selbst in einem der Ämter (Kohle, Wasser, Energie) arbeitete, während der junge Heuss sich, glaube ich, mit Leder, Otto Suhr mit Papier beschäftigte.] Aber es ist wieder einmal ein fait accompli, um das die anderen schwer herum kommen und das sie bei ihren Regierungsbildungsplänen ebenso berücksichtigen müssen, wie die von den Russen eingesetzten Magistrate. »Du Papier, ich Pistol«, dieser herrliche Grundsatz bewährt sich immer aufs Neue. Das sehe ich nun auch im Einzelnen in bezug auf die letzten Monate, denn allmählich gelingt es doch, die Ereignisse seit Ende April zusammen zu stücken. Ich habe ein ›Newsweek‹ vom 14. Mai, ›Time‹ vom 18. und 25. Juni, 3. Juli, dazwischen einige kanadische Blätter, etliche Nummern ›Stars and Stripes‹, ein paar englische Zeitungen. *Die Beschaffung der britischen und amerikanischen Zeitungen gelang mir großenteils durch die Hilfe eines Kellners, der das dritte große Parterre-Zimmer in der Thielallee 13 bewohnte. Er servierte im amerikanisch besetzten Harnackhaus, sammelte die weggeworfenen Zeitungen auf und verkaufte sie an deutsche Interessenten. ›Time‹ und ›Newsweek‹ waren schwieriger zu erhalten, manchmal bekam ich sie nur geliehen und ließ dann die mir wichtigsten Seiten photokopieren.* Ich sehe nun also endlich die Hauptgründe für die Mai-Krise und wundere mich nur, daß etwa die Verhaftung der 16 londonfreundlichen Polen oder die Bildung der Regierung Renner ohne vorherige Rückfrage bei den Engländern und Amerikanern solches Erstaunen und Empörung hervorriefen. Die haben eben die Sache mit »ich Pistol« offenbar immer noch nicht erfaßt, und wenn sie selbst Pistol hätten, könnten sie sie doch nicht so handhaben. Ungeheuer interessant finde ich das Kriegsende und daß es bis 5. Mai noch Wehrmachtsberichte gab, auch daß Schwerin-Krosigk wirklich ein paar Tage

Außenminister war, aber nicht, wie ich gehofft hätte, in einer von den Amerikanern und Engländern gebildeten Regierung, sondern bei dem Obertrottel von einem Dönitz. *Im Jahr 1932, als Schwerin-Krosigk schon Finanzminister in der Regierung Schleicher war, hatte ich in der ›Hochschule für Politik‹ einen Vortrag von ihm gehört, der mir einen ausgezeichneten Eindruck machte. Im Dritten Reich galt er als einer der Minister, die mißliebig Gewordenen halfen, sofern er sich dabei nicht selbst exponierte. Die Engländer überhäuften ihn mit Verachtung, vielleicht weil er einmal ein Rhodes Scholar gewesen, somit in ihrem Sinne ein ›Abgefallener‹ war. Trevor-Roper spricht von ihm nur als »the asinine Schwerin-Krosigk« (›The last days of Hitler‹, London 1947).*

7. August 1945. Zu der neuen deutsch-russischen Regierung ist noch nachzutragen, daß auch da ganz »demokratisch« vorgegangen wird. So ist etwa Leiter des Ministeriums Energiewirtschaft Herr Friedensburg, der sich für die große Autorität auf dem Gebiet der Montanindustrie der Welt hält und den wir sowohl am B. T. als an der F. Z. als einen sich selbst überschätzenden Mann wenig schätzten. *Dieses Urteil habe ich in den folgenden Jahren, vor allem in der Zeit, in der Friedensburg als stellvertretender Oberbürgermeister mit Luise Schröder in schwierigsten Lagen einen klaren Kopf behielt, gründlich revidiert. Friedensburg war immer mutig, hat sich immer für den Zusammenhalt der Deutschen zwischen Ost und West eingesetzt, hat mehrmals, wenn auch vergebens versucht, durchzusetzen, daß deutsche Vertreter aus allen vier Besatzungszonen zu den Außenministerkonferenzen in London und Paris zugezogen werden. Doch das antikommunistische Vorurteil in Berlin war zu stark. Westliche Parteiführer, die sich heute vorsichtig um Entspannung bemühen, erklärten damals, sie könnten Vertreter der russisch besetzten Zone nicht als Deutsche anerkennen, auch wenn es sich um ansässige Deutsche handelte.* Er gehört in die Führung der Christlich-Demo-

kratischen Union, und da es nicht geht, daß ein Angehöriger einer Partei in einem Sektor das Übergewicht erhält, bekommt er zur Seite drei gleichberechtigte Minister aus den anderen Parteien, nicht etwa Abteilungschefs, sondern sozusagen Minister ohne Portefeuille. Ob die Russen, die natürlich die eigentlichen Befehlshaber bleiben, dies machen, um die Demokratie und das System des Gleichgewichts ad absurdum zu führen, oder weil sie grundsätzlich den Wunsch haben, daß hier nichts funktionieren soll, ist schwer zu sagen. *In der ersten Zeit praktizierten die Amerikaner in ihrer Besatzungszone den Begriff ›Demokratie‹ ebenso mechanistisch. Beispiel: die vier Lizenzträger ihrer ersten Zeitungsgründung in Heidelberg, der ›Rhein-Neckar-Zeitung‹: je ein Vertreter der CDU, der FDP, der SPD und der KPD, die reihum den Leitartikel zu schreiben hatten.* Der jetzige Eindruck ist, daß sie einerseits jeden echten Wiederaufbau in ihrer Zone verhindern wollen, weil man ihnen verwehrt hat, hier allmählich eine Sowjetrepublik ins Leben zu rufen. Fernerhin, daß sie alles tun, um den Engländern und Amerikanern hier das Leben schwer zu machen mit dem Ziel, dieselben aus Berlin heraus zu ekeln. Unterhalb dieser deutlich erkennbaren Strömungen gibt es aber auch kleinere, sich widersprechende, etwa, daß ganz offenbar die hier verantwortlichen Russen zum großen Teil wirklich gern richtig arbeiten und etwas zuwege bringen würden, was aber durch die Befehle aus Moskau immer wieder durchbrochen oder unterbunden wird. Es ist wohl ähnlich wie bei unserer Verwaltung in Rußland, daß der Beamte an Ort und Stelle sah, was not tat und die Aufgabe mit Schwung und Tatkraft und Intelligenz anpackte und daß dann die bösartigen Weisungen der Koch und Rosenberg zerstörend dazwischen trafen. Es fragt sich, ob die sachlichen Notwendigkeiten zum Schluß siegreich bleiben können, wie sie es nach allem, was ich über unsere

Besetzung in Rußland gehört habe, dort geblieben wären, wenn nicht der Rückzug und die Niederlagen noch zu einer letzten höchsten Zerstörung geführt hätten. *Das positive Bild, das ich mir von der deutschen Verwaltung in den hinter der Front liegenden Gebieten der Sowjetunion und des Baltikums gemacht hatte, stammte von Dr. Hugo Richarz, einem Agrarfachmann, der eine führende Stellung im Wiederaufbau der Landwirtschaft in den besetzten baltischen Gebieten hatte.*

Die Frage, ob sich die Amerikaner wirklich hier hinaus ekeln lassen werden, spielt natürlich in unseren Gesprächen über Ost und West eine große Rolle. Wir sammeln auch hierzu Indizien. Einerseits, daß es im angelsächsischen Charakter liegt, vor solcher Behandlung nicht weich, sondern störrisch zu werden, andererseits, daß alle Amerikaner nur den einen Wunsch haben, möglichst schnell nach Hause zu kommen, oder die Tatsache, daß ein sehr komplizierter, schwer bewegbarer Apparat, der schon von Frankfurt und Berlin unterwegs war, aufgehalten wurde, offenbar, weil man fürchtet, ihn im Falle einer Krise nicht rechtzeitig fortschaffen zu können.

11. August 1945. Heute habe ich meine letzten 5 Kartoffeln gekocht, nachdem ich die letzte Zeit schon nur immer jeden zweiten Tag Kartoffeln aß. Diese Kartoffeln — etwa zwei Pfund — hatte ich mir gegen ein Tütchen Süßstoff, das ich noch hatte, eingetauscht. Das dritte Drittel (Dekade) Kartoffel (an sich 8 Pfund) für Juli gibt es nicht. Anstelle der ersten Dekade Kartoffel für August bekamen wir 800 g Weißmehl, anstelle der zweiten 8 Pfund sollen wir vier Pfund Kartoffel bekommen. Was wir für Juli nicht bekamen — Fett, Fleisch usw. —, bekommen wir wohl nicht nachgeliefert. In der englisch-besetzten Zone [Sektor] ist das schon offiziell verkündet worden. Bei uns scheint es nur in der Praxis durchgeführt zu werden. Wir finden,

es wäre besser, wenn man plötzlich, sozusagen mit einem Knall, verhungern könnte, statt so allmählich, mit zwischengeschobenen Etappen, in denen es wieder ein wenig zu essen gibt. Ich bekam in letzter Zeit viel Gemüse geschenkt, von Elsbeth Mangold, einen Kopf Weißkraut, Salat, aus dem hiesigen Garten ein paar Gurken. Ich selbst habe gestern meine Erbsen geerntet. Es ergab ein kleines Portiönchen, was aber doch sehr köstlich war. Meine Bohnen und Tomaten stehen besser, aber es sind halt alles sehr kleine Beete, und die Anpflanzung war sehr spät.

In der Nacht auf gestern, als ich nicht schlafen konnte, weil es in unserem ganzen Haus so hereingeregnet hat und das Platschen im eigenen Zimmer in die aufgestellten Wannen und an immer neuen Stellen auf den Holzboden keinen Schlaf zuläßt, selbst wenn, wie bei mir, die Bettdecke von oben trocken bleibt, da las ich in einem Zug ›The Unvanquished‹ von Faulkner. Es ist kein so tolles Buch wie ›Sanctuary‹, aber immer noch sehr stark, spielt im Süden während und nach dem Bürgerkrieg — Schießen, Reiten, Mauleselstehlen, Blutrache und die Züge der Neger zum Fluß »Jordan« in die erträumte Freiheit, hysterische Massenwanderungen ohne Ziel; und der ewige Zwiespalt, in dem sich wohl immer ein besiegtes Volk befindet, zwischen der Unbeugsamkeit und dem Stolz, die zum Verneinen alles neu Geschehenen führen, und dem Drang, Kompromisse zu schließen, weil nur so das Leben weitergehen kann. Die Scarlett O'Haras und Quislinge und Kollaborationisten. Das ist auch unser Problem, vertieft dadurch, daß wir, mindestens wir hier in Berlin, die Wahl haben zwischen der Kollaboration mit dem Osten und dem Westen. Da bilden sich die Amerikaner ein, wir suchten die Zwietracht zwischen Ost und West zu schüren, weil wir immer wieder auf das Thema kommen. Oh je — wie froh wären wir, wenn die »Großen

Drei« sich einig wären — und nicht nur, weil wir dann hoffen könnten, unsere Kartoffeln und unser Fett zu bekommen. Aber jeden Tag ist das Gegenteil von Einigkeit festzustellen. Dovifat — weil in der russischen Zone [Sektor] arbeitend — war zweimal von den Amerikanern verhaftet. Das hat vielleicht das eine Gute, daß es ihm bei den Russen, mit denen er dauernd große Schwierigkeiten hat, ein wenig hilft. Eine Gruppe Industrieller, die sich zur Zusammenarbeit mit den Amerikanern bereit gefunden hatten, wurden wenige Tage nach Arbeitsbeginn von deutscher Polizei in russischem Auftrag verhaftet und an den Alexanderplatz gebracht, wo sie jetzt in russischer Macht sind. Die Deutschen, die daran denken, bei der neuen Regierung mitzuarbeiten, die die Russen gerade aufziehen, haben durch einen Mittelsmann zur anderen Seite festgestellt, daß sie durch eine solche Mitarbeit den Amerikanern suspekt werden. Von Moskau weht im übrigen seit einiger Zeit ein anderer Wind. Anstelle von Fachleuten für das Ausplündern ist eine neue Garnitur gekommen: Fachleute für den Aufbau, und zwar sozusagen das ganze Ministerium, das aus Deutschen gebildet wurde, nun noch einmal auf russisch. Wie immer sind es Männer in Uniform ohne Namen. Aber als ein solcher Oberst sich zur Diskussion zu einem deutschen Professor begeben hatte, der besten Autorität auf einem Gebiet der Bekleidungswirtschaft, da sagte der deutsche Professor nach einer Stunde: »Herr Oberst, wenn ich Sie so reden höre, möchte ich glauben, den Professor K. vor mir zu haben«, aber der Oberst sagte dazu nichts, und sie diskutierten weiter, drei Stunden lang; und schließlich gab der Oberst doch zu, daß er der Professor K. sei (die größte Autorität auf dem Gebiet in Moskau).

Diese neue Wendung wäre ja schön, und die, die hier geblieben sind, weil sie sich für das russische Experiment zur Verfügung stellen wollten (was übrigens die Russen gar nicht gemerkt haben), die könnten nun nach 3 Monaten des Wirrwarrs und der Entmutigung mit einem gewissen Vertrauen an die Arbeit gehen. Aber da kommt eben die große Schwierigkeit; es ist ganz offenbar, daß die russischen Pläne, auch die des Wiederaufbaus, auf eine Lostrennung der deutsch-russischen Zone vom übrigen Deutschland hinzielen. Erste Etappe: Autarkisierung, die dann zur Angliederung an die Sowjetrepubliken führen würde.

Es ist merkwürdig, wie in dieser Frage der Aufteilung Deutschlands sich die Zeiger in entgegengesetzten Richtungen gedreht haben. Zuerst entsprang der Aufteilungsgedanke in USA, am stärksten vertreten durch Summer Welles, aber auch durch viele andere führende Politiker und Militärs. Dagegen Rußland war für das ungeteilte Deutschland. In Jalta, soweit wir hier beurteilen können, trafen die Gegensätze aufeinander und verkehrten sich ins Gegenteil. Stalin wollte die sogenannte Seydlitz-Lösung durchsetzen — wenn auch vielleicht zum Schluß nicht die Generäle, sondern nur die Kommunisten die Regierung gebildet hätten; und viele hier in Berlin, die wir vor allem die Einheit des Reiches bewahren wollten, sahen darin eine Hoffnung. Aber Roosevelt und wohl auch Churchill wollten es nicht leiden, — vielleicht wegen ihrer Erfahrungen mit Tito und der Lublin-Regierung, vielleicht aus Prinzip. Ich habe den Eindruck, daß sie in diesem Punkt störrischer waren als in allen anderen, und so haben wir also das Ergebnis: Stalin für den Moment desinteressiert an einer gesamtdeutschen Lösung, in starrer Zonenpolitik befangen, während die anderen nun auf die Gesamtlösung dringen, auf die einheitliche Verwaltung und Wirtschaftsführung, aber nicht aus einem konstruktiven Plan heraus, sondern nur, um die Trümpfe wieder zu erlangen, die sie — ohne sie zu erkennen —

weggelegt hatten und die nun Stalin in der Hand hält.

Und wenn man sich nun überlegt, ob man sich auf die Westseite schlagen soll, so steht man immer wieder vor der Mauer ihrer Verständnislosigkeit und Ratlosigkeit, ihrer Fähigkeit, zwar im rein Materiellen schneller aufzubauen als die Russen, aber ihrem Versagen gegenüber der menschlichen Substanz Deutschland, diesem komplizierten und in sich widerspruchsvollen Wesen, das in den vielen Jahrhunderten unserer Geschichte und unserer Niederlagen entstanden ist.

Als ersten Gegenschlag gegen das neue, immer noch nicht veröffentlichte fait accompli der russischen Regierungsbildung denken die Amerikaner an Wahlen. Damit hoffen sie zu beweisen, daß nur ein geringer Bruchteil der Wählerschaft den Kommunismus wünscht. Das wäre etwas, aber da Wahlen, insbesondere Gemeindewahlen, ja kein Gallup-Poll sind, wo es nur darauf ankommt, festzustellen, wie viele so, wie viele anders denken, so wäre es verbunden mit dem Negativum, daß nun gewählte Menschen eine Verwaltung übernehmen müssen, und da gibt es in den Parteien eben keine Köpfe, keine Leute, die gelernt haben, mit den heutigen Problemen umzugehen, sondern nur die alten Kracher, die 1933 aufhörten und die heute wieder dort anknüpfen wollen.

12. August 1945. »That Roman holiday, engendered by mistborn Protestantism grafted on to this Land of violent sun, of violent alteration from snow to heatstroke which has produced a race impervious to both« — das stammt aus dem Faulkner-Buch und scheint mir einer der besten zusammenfassenden Sätze über die Amerikaner zu sein, vor allem das »a race impervious to both«.

13. August 1945. Ich bin jetzt zur Überzeugung gelangt, daß Prof. Hertz nach Moskau geholt wurde,

um — mit anderen — den Russen ihre Atombombe herzustellen. Indizien: in London wurde gemeldet, daß unter den Wissenschaftlern, die an dem Problem arbeiteten, auch der russische Professor Kapitza war. Von Kapitza aber erzählte Hertz folgendes: er war Professor an einer englischen Universität, wurde zu einem internationalen Kongreß nach Rußland eingeladen, und als er mit den übrigen Kongreßteilnehmern wieder abreisen wollte, erwies sich, daß seine »Papiere nicht in Ordnung« waren. Das Hin und Her zog sich lange hin, bis er erfaßt hatte, daß er bleiben müsse. Die Familie durfte aus London nachkommen. Er ist sehr geachtet, hat ein herrliches Institut, ist aber halt doch ein Gefangener. Zweitens: Hertz arbeitete auf dem Gebiet der Kernphysik. Drittens: als er fragte, welcher Behörde er unterstellt sein werde, hieß es: Kapitza verhandle direkt mit Molotow. Bei ihm werde es möglicherweise ähnlich sein. Nun möchte ich wissen, warum ein reiner Wissenschaftler statt mit dem Kultusministerium mit dem Außenminister und einem der wichtigsten Kriegsführer eines Staates verhandeln soll, wenn es sich um Forschung um der Forschung willen handelt. Viertens: die Eile, Hertz wegzubringen, bevor die Amerikaner und Engländer hier ankamen.

Seine Lage sah ich schon von Anfang an ziemlich schwarz an, vor allem, was die Aufrechterhaltung der Verbindung mit der Außenwelt betrifft. Es war ihm versprochen worden, daß er Briefe schicken könne und über alles schreiben dürfe außer »Wirtschaftliches über Rußland«. Es kam auch ein Brief, geschrieben fünf Tage nach der Ankunft. Da waren sie begeistert von dem Flug, von der herzlichen Aufnahme, von dem guten Essen. Die ganze Gesellschaft (es kamen Assistenten mit und sogar der hervorragende Glasbläser, alles mit Frauen und Kindern) war sofort vom Flugplatz in ein Schloß mit schönem Park aufs Land verbracht worden, ein Erholungsheim für hohe Sowjetfunktionäre. Dort sollten sie sich erst ausruhen und russisch lernen. Keine Besprechungen, keine Fahrt zur Stadt, nur Autofahrten in ländliche Gegenden. Was mich schon bei diesem an sich durchaus glücklichen Brief sehr bedenklich stimmte, war folgende Tatsache: am Tag vor Hertzens Abflug hatte in Moskau die große Feier der russischen Akademie der Wissenschaften begonnen, an der Physiker, Chemiker, Biologen aus aller Welt teilnahmen (Churchill hatte übrigens 25 Engländern das Ausreisevisum versagt — ein vorausschauender Mann). Daß Hertz mit diesen nicht zusammenkam, schien mir damals dafür zu sprechen, daß man ihn daran hindern wollte, Engländer und Amerikaner für seinen Fall zu interessieren, d. h. nach Ablauf einer gewissen Zeit durch ihre diplomatischen Vertreter nach ihm forschen zu lassen, für den Fall, daß er gern wieder fort wollte. Neuerdings glaube ich darüber hinaus, daß die Wissenschaftler der Westmächte gar nicht erfahren sollten, daß er in Moskau ist und vor allem: was für wissenschaftliche Pläne er hat. — *Als der Kalte Krieg seinen Höhepunkt erreicht hatte, wurde im Westen das Gerücht verbreitet, Hertz sei tot. Später gab es Artikel über ihn im »goldenen Käfig« am Schwarzen Meer. Tatsächlich verbrachte die Familie in Rußland eine glückliche, wenn auch überwachte Zeit; der Sohn, der nachgekommen war, studierte an den Universitäten Rostow und Moskau und sprach ebenso wie seine junge Frau, die in Rußland zur Schule gegangen war, nach der Rückkehr oft mit Heimweh von Rußland und der Wärme der russischen Menschen.* Die Situation denke ich mir also sehr ungut, ganz abgesehen davon, daß ich es mir nicht schön denke, an so einem Vernichtungswerkzeug mitzuarbeiten. (Nachträglich: vor kurzem sprach ich Prof. Westphal von der T. H., der für die FZ die naturwissenschaftlichen Berichte schrieb, ein Physiker. Er sagte, in der russischen Zone dürfe die Atombombe nicht erwähnt werden, auch am Berliner Radio nicht. Er hat in Treptow einen Vortrag über Atomenergien zu halten. Da darf er sie auch nicht erwähnen.)

Nachdem ich mit dem Zeitungsflor angefangen habe, will ich dieses Kapitel zu Ende führen, obwohl die meisten Blumen bisher noch recht kümmerliche Züchtungen sind. Nach der ›Neuen Zeit‹ kam der ›Berliner‹, das Blatt der englischen Besatzungsbehörde, gedruckt in Wilmersdorf, sehr dürftig, was — wie ich hörte — die Engländer auch selbst empfinden. Betont sehr, daß Nachrichten und Kommentare deutlich geschieden werden. Bisher war aber von Kommentaren wenig zu sehen. Erscheint vorläufig dreimal die Woche.

Während diese Zeitung schon im Radio angekündigt wurde, erschien eines Morgens früh bei mir der Herr v. d. Dekken und erklärte, er komme in einem komischen Auftrag von Heinz Ullstein. Auf Grund von Verhandlungen mit den Amerikanern werde eine Ullstein-Zeitung geplant. Das sei aber noch strenges Geheimnis. Heinz Ullstein wünsche nicht, daß irgendjemand etwas davon erfahre. Er erzähle es mir aber doch, ich solle es aber vergessen, und ich solle morgen (alswann Ullstein mich zu sprechen wünsche) nichts davon merken lassen, daß ich schon etwas wisse. Zweck seines Besuches, mich zu fragen, ob ich an der Zeitung, von der ich nichts wissen durfte, mitarbeiten wolle. Ich sagte, wie bei solchen Gelegenheiten immer, daß ich mich so schnell nicht entscheiden wolle, vor allem, daß ich mich vor meiner geplanten Reise nicht binden wolle, daß ich auch an einer amerikanisch ausgerichteten Zeitung nur mitarbeiten würde, wenn ich gleichzeitig bei einer Zeitung auf russischem Gebiet mitarbeiten könne und legte dar, daß sich das unter Umständen vereinbaren ließe mit einer Mitarbeit an der ›Neuen Zeit‹. *Die »gesamtdeutsche« Bedingung stellte ich später auch, als*

Trotha mich aufforderte, an der wieder zu gründenden ›Deutschen Hochschule für Politik‹, die er unter der Direktion Otto Suhrs aufbaute, mitzuarbeiten. Das heißt, ich erklärte, nur mitmachen zu wollen, wenn auch Ostberliner Dozenten beteiligt würden. Trotha war sehr dafür. Er dachte an Ernst Niekisch und Alfred Kantorowicz. Nach wenigen Wochen mußte er berichten, der Senat habe den Vorschlag abgelehnt. Ähnliche Versuche (s. auch den Friedensburgs auf S. 306) machten auch andere Menschen. Sie wurden unterdrückt und als »Verrat« bezeichnet, so Informationsgespräche, die Männer wie Ernst Lemmer und Fritz Schäffer auf der anderen Seite mit Politikern führten, die einst ihre Kollegen gewesen waren. Theodor Heuss und Otto Nuschke, nach 1949 jahrelang stellvertretender Ministerpräsident in Ost-Berlin, hatten als einstige Mitbegründer der Demokratischen Partei im Dritten Reich häufig beim Wein zusammengesessen und über die erhoffte Beseitigung Hitlers geredet. Nach 1945 kannte Heuss Nuschke nicht mehr, Lemmer mußte ein Gespräch mit Dertinger desavouieren. Als ich auseinandersetzte, was für eine Art Gebietsteilung man da etwa vornehmen könnte — hier Feuilleton und Literatur, dort Außenpolitik — sagte er, er möchte mich schon jetzt darauf aufmerksam machen, daß Heinz Ullstein ein sehr kleinlicher mäkeliger Herr sei und gar kein Verständnis habe für kollegiale Zusammenarbeit zwischen verschiedenen Betrieben.

Dies fand ich am anderen Tag bei der Unterredung mit Ullstein auch bestätigt; vor allem das Wort kleinlich scheint mir zuzutreffen. Dazu würde ich vielleicht noch hinterrücks hinzufügen. Über die geplante Zeitung, von der ich offiziell nichts wußte, wurde gar nicht geredet. Dagegen forderte er mich auf, Herrn Peter v. Mendelssohn zu besuchen. Dieser Mendelssohn ist mir schon seit Jahren ein Begriff. Er wurde so im Jahr 1933 oder 1934 von der FZ nach Kopenhagen geschickt. Ich habe träumerische Artikel von ihm in

Erinnerung. Über Meer und Wind und Wolken. In meinem Archiv, wo ich natürlich gleich nachschaute, fand ich jedoch nur einen über das Kabinett Stauning in mäßigem Deutsch. Die FZ ließ ihn fallen, wohl weniger wegen dem Stich nichtarisch, was in jenen Jahren ja noch nicht so belastend war, als weil er den Ansprüchen nicht genügte. *Meine Erinnerung hatte mich getrogen. Der Skandinavien-Korrespondent der ›Frankfurter Zeitung‹, an den ich dachte, hieß Harald Mendelssohn. Peter de Mendelssohn hatte zur Zeit der Weimarer Republik sowohl im Mosse- wie im Ullsteinhaus, aber nicht an der FZ gearbeitet. Es gab im übrigen zwischen uns auch eine kurze Begegnung, die in der Niederschrift nicht erwähnt ist, in der es ebenso wenig freundlich, aber weniger interessant als in der mit Herrnstadt zuging und in der ich ihm sagte, daß ich vorläufig nicht die Absicht hätte, die journalistische Arbeit wieder aufzunehmen.* Er ist dann englischer Staatsbürger geworden, befindet sich aber jetzt im amerikanischen Informations-Service und ist nun, wie ich inzwischen vernahm, die Haupttriebkraft beim Aufbau der neuen Zeitung.

Ich sagte Ullstein und Wiegler, der auch anwesend war, daß ich so entsetzt sei über die Würdelosigkeit, mit der so viele Deutsche sich jetzt den Amerikanern anschmeißen, daß ich beschlossen hätte, mich meinerseits ganz zurückzuhalten und zu keinem zu gehen. Darauf versicherte Ullstein, hier liege der Fall umgekehrt. Der Wunsch sei ja von Mendelssohn ausgegangen. Es sei nur ein Zufall, daß er — weil er erwähnte, daß er mich sprechen werde — gebeten wurde, eine Zusammenkunft zu vermitteln. Ich blieb skeptisch, weil er andrerseits gesagt hatte, es müsse eben erst die Gesinnung der Journalisten geprüft werden, und da ein so großer Mangel an könnenden Leuten sei, so werde man froh sein um jeden, der sich als tragbar erweise. Ich sagte, es müsse aber für Mendelssohn so aussehen, als komme ich, um sein Placet für die Mitarbeit an dem neuen Projekt zu gewinnen. Ullstein behauptete aber immer weiter, es handle sich nur um ein Kennenlernen, und Wiegler pflichtete ihm bei. Ich ließ mich also breitschlagen und bat, eine Zeit für mich zu vereinbaren. Am nächsten Tag aber kam die Verknacksung des Knöchels und ich schrieb Mendelssohn ein Briefchen, daß ich fürs erste nicht kommen könne, da ich ans Haus gebunden sei.

Inzwischen hörte ich mehr aus dem Hause Ullstein, was mich dem Knöchel sehr dankbar sein läßt, daß er mich fürs erste draußen gehalten hat. Von der Dekken und Bourdin, die ursprünglich mitmachen sollten — v. d. Dekken als der eigentliche »Macher«, während Wiegler offiziell Chefredakteur wird — scheinen nicht dabei zu sein. Ob sie die Probe bei Mendelssohn nicht bestanden haben? Es wird offenbar eine Zeitung von alten Leuten mit Routine und aus reiner Opportunität, ohne daß die Leute eine Idee haben, für die sie arbeiten, — was bei der ›Neuen Zeit‹ ganz zweifellos der Fall ist. Theunissen hat an einigen Redaktionskonferenzen teilgenommen und sich nun ganz zurückgezogen. — Er war hereingefallen auf Wieglers Verlockung »eine Zeitung mit Qualität«. Die Steinmetz, die aufgefordert wurde, als Redaktionssekretärin einzutreten, war einen Vormittag im Hause und schaute sich alles an. Im Gegensatz zu mir ist sie ganz vertraut mit sehr vielen Ullstein- bzw. Deutscher-Verlag-Leuten und schmunzelte darüber, wie ungeheuer demokratisch nun diejenigen sind, die in den vergangenen Jahren am eifrigsten heilhitlerten. Sie war vor ihrer Gefangensetzung in der Buchabteilung. Sie erzählte, daß die Weiblichkeit, insbesondere Frl. Mathieu, für Mendelssohn schwärme. Die Mathieu, Buchübersetzerin aus dem Englischen, ein Protégé Wieglers, soll nun das Feuilleton machen. Sie rang nach einem Feuilleton für die Probenummer. Zuerst hieß es, die Zeitung solle am 17.8. erscheinen, nun erscheint sie am 27.8. Mendelssohn hat einen Nachrichtendienst versprochen, und das wäre natürlich ein ungeheures Plus gegenüber allen anderen Zeitungen.

Während alle diese Dinge noch in strenger Vertraulichkeit von Mund zu Mund gingen, erschien eines Tages der ›Morgen‹, das Blatt der Liberal-Demokraten, mit Herrn Külz als Hauptschriftleiter, auch unter russischem Druck, was unter anderem daraus hervorging, daß in äußerst hämischer Form eine Meldung des englischen ›Berliner‹ über den Rücktritt des Polizeipräsidenten dementiert wurde. Im übrigen ist der ›Morgen‹ bisher auch eine Zeitung ohne Gesicht.

Das Allerneueste, bisher in drei Nummern vorhanden, ist die ›Allgemeine Zeitung‹, die Zeitung der amerikanischen Besatzungsbehörde, in Aufmachung, Format, Papier usw. die beste aller bisherigen, im Grunde auch eine Art Ullsteinprodukt, mit viel Geschick gemacht, etwa, daß man durch Einsendungen Grüße für Freunde und Verwandte in die Zeitung der anderen Zone bringen kann (was aber bis Ende August noch nicht funktionierte); die erste Karte vom Verlauf der Zonengrenzen, die wir sahen; aber im eigentlichen Kern doch auch schwach und zusammengestoppelt. Ein Brief Walter v. Molos an Thomas Mann; eine Sache von Alfred Kerr über die Nachtigall (... »das Viech« ... o mei, o mei!, kann man da nur sagen). Ich denke immer an die schöne Stelle in den Lawrence-Briefen: sie, die Jungen, hätten im Krieg eine Idee gehabt für eine andere Welt, aber dann seien wieder die »old men« gekommen und hätten alles in den alten Bahnen weitergeführt. Wo mögen meine Lawrence-Briefe und die ›Seven Pillars‹ und so viele andere geliebte Bücher jetzt sein? In Madrid, in Lissabon? *Ich hatte Teile meines Hausstands und meines Archivs bei einem*

Spediteur in Lissabon und in der Deutschen Botschaft in Madrid zurückgelassen. Sie gingen zum Teil bei der Rückführung, zum Teil an Ort und Stelle an Engländer und Amerikaner verloren. Als es später üblich wurde, nur an das Plündern der Russen zu erinnern, konnte ich mit Befriedigung feststellen, daß mir größere Werte von den beiden Westalliierten geplündert worden waren. Im übrigen war ich mir immer bewußt, daß wir angesichts all dessen, was unsere eigenen Soldaten heimgeführt hatten, zu klagen keinen Grund besaßen.

2. September 1945. In der letzten Zeit habe ich nichts anderes getan, als Reisevorbereitungen zu treffen und Genehmigungen einzuholen. Obwohl mir noch der russische Stempel fehlt, hoffe ich, am Mittwoch oder Donnerstag loszukommen. Da man auch mit diesem Stempel nicht über die Grenze kommt, werde ich es unter Umständen auch ohne versuchen, da es manchmal lange dauert, bis man ihn bekommt (manche Leute werden statt dessen für ein paar Tage verhaftet oder zum Arbeitseinsatz gezwungen). Die Blesch kam vor etwa drei Wochen aus Würzburg zurück mit zwei Neffen. Bei dem ersten Grenzübertritt, auch in der Gegend von Meiningen, auf dem Bauch durchs Gebüsch kriechend, öffnete sich ein Gebüsch, ein Russe trat heraus und schoß — aber in die Luft. Dann wurden sie in den Bunker geschleppt, getreten und ausgeplündert und zurückgeschickt. Den zweiten geglückten Versuch machten sie unter Führung eines Grenzbewohners. So will ich's eben versuchen. Die Fahrt wird natürlich furchtbar. Ich hoffe, daß ich, wenn ich schon auf dem Dach sitzen muß, wenigsten ein flaches und nicht ein rundes Dach erwische.

Damit kommt diese Schlange von einem Brief endlich zu einem Abschluß. Ich werde versuchen, ein Exemplar mitzunehmen und dann an die nächsten Freunde weiterzugeben.

Seit meiner letzten Eintragung ist die Ernährungslage kaum besser geworden. Fünf Tage war ich ganz ohne Kartoffeln, jetzt habe ich genug. Im August bekam ich für 11.80 M. Lebensmittel, aber da ich eigenes und Manholt'sches und Petra'sches Gemüse hatte, und da es in unserem Garten Fallobst gab, war alles viel besser. Außerdem war eine Serie von Geburtstagen, erst ich, dann Bob, dann Elsbeth, und da gab es reihum unter großem Aufwand allerseits auch gut zu essen, teils den nicht genug zu preisenden amerikanischen Müll, den Elsbeth nur noch zweimal die Woche bekommt, da die Gefahr, daß es herauskommt, immer größer wird.

Daß die Russen sich im Regieren jetzt Mühe geben, bestätigt sich. Andrerseits geht es auf dem Land immer schlimmer zu. Frau Becker war wieder auf einer Tour in Teupitz, Halbe, Wendisch-Buchholz, Eichholz und kam mit neuen Erzählungen von Verhaftungen und Plünderungen zurück. Ihr Mann war so krank, daß man an seinem Aufkommen zweifelte. Hintennach wird angenommen, daß es Typhus war, da ein anderer Mann im selben Haus an Typhus starb und eine Frau jetzt damit darniederliegt. Die Stimmung gegen die Amerikaner wird immer schlechter. Zum erstenmal zeigen sie sich jetzt auch betrunken und gröhlend auf der Straße. Die Engländer erweisen sich als die Stillsten, Langsamsten und Verständnisvollsten. Auch aus den englischen Gebieten jenseits der Zone kommen die besten Berichte, und es ist nun eine allgemeine Tendenz, auf ihrem Boden Geschäfte zu machen oder Lizenzen zu erwerben. Der Pessimismus wächst, vor allem in bezug auf den Winter. Die Zahl derer, die glauben, bis zum Frühjahr würden sich die Engländer und Amerikaner hinausekeln lassen, wächst auch. Ich habe nicht das Gefühl, daß das passieren wird. Wie allerdings die jetzt wieder so scharfe Krise zwischen den Alliierten ein Ende nehmen soll, ist mir rätselhaft. Ob es möglich sein wird, einen Handel zwischen Konzessionen in Ostasien gegen Konzessionen in Europa zu machen? Da mir scheint, daß auch in Ostasien die Russen mit ihren Yenankommunisten und ihren fortschreitenden Armeen sich die meisten Trümpfe gesichert haben, sieht es so aus, als könnte man ihnen nirgends etwas bieten für die Zugeständnisse, die man von ihnen haben will, und ob die Drohung mit der Atombombe sehr wirksam ist, bei der so sichtbaren Kriegsmüdigkeit der westlichen Truppen, scheint mir zweifelhaft.

Die neue Krise nahm kein Ende und sollte auch keines nehmen. Denn sie war nur die Erneuerung der verschobenen April/Mai-Krise, nun aber unter umgekehrten Vorzeichen. »Ich Pistol« besaßen jetzt die Amerikaner, und sie waren entschlossen, sich damit durchzusetzen. Das zeigte Truman unmittelbar nach dem ersten Abwurf der Bombe in seinem großen Rechenschaftsbericht über Potsdam am 9. August. Alle Konflikte, die in Potsdam notdürftig überkleistert oder vertagt und der ersten Außenministerkonferenz zugeschoben worden waren, brachen der Reihe nach wieder auf. Bevin, der neue britische Labour-Außenminister, dessen Antikommunismus von niemand übertroffen wurde, erklärte, England werde die von Rußland eingesetzten Balkan-Regierungen nicht anerkennen; Churchill hielt seine Rede über den Eisernen Vorhang; Truman stoppte am 22. August endgültig die Pachtleih-Lieferungen; Kredite oder Wirtschaftshilfe sollten nur noch gegen politische Konzessionen oder Barzahlung erteilt werden. In Ostasien hatten mittlerweile die Amerikaner Tschiangkaischeks Haltung gegenüber Moskau versteift, und nach der Kapitulation Japans wurde den Sowjets, die vereinbarungsgemäß drei Monate nach der deutschen Kapitulation in den Krieg eingetreten waren, kein Mitspracherecht bei den Kontrollen und später beim Friedensschluß zugestanden. In Bulgarien, Rumänien und Ungarn hatten die Vertreter der

Vereinigten Staaten schon den ganzen Sommer über den Führern der antikommunistischen Parteien Unterstützung zugesagt. Nun gingen sie zur Offensive über. Damit hatten sie in Bulgarien und Ungarn, wo freie Wahlen ausgeschrieben wurden, Erfolg. In Rumänien blieben die Russen hartnäckig.

Die Drohung mit der Atomwaffe hatte somit mehr Wirkung, als ich damals erwartet hatte, jedoch keine so große, wie Byrnes und mit ihm Truman sie sich vorgestellt hatten. Byrnes war überzeugt gewesen, Amerika werde mindestens sieben Jahre lang das Monopol über die Kernwaffen besitzen und in dieser Zeit fähig sein, ein Weltsystem zu errichten, das die Sicherheit Amerikas in Europa wie im Pazifik auf Jahre hinaus garantieren werde. Er täuschte sich. Der Grund dafür lag vermutlich nicht nur in dem fortgeschrittenen Stadium der russischen Atomforschung, sondern in der Tatsache, daß die Sowjetunion sich vom Tag ihrer Gründung an inmitten einer feindlichen Umwelt hatte großhungern müssen und Stalin durchaus bereit war, seinem Volk auch nach den schlimmen Einbußen des Kriegs diese harte Kur für weitere Jahre zu verschreiben. Die Zuspitzung der Krise Anfang September, die ich verspürte, als es mir mißlang, das sowjetische Visum für meine Reise zu erhalten (s. S. 328), war ausgelöst durch das Bevorstehen der ersten Vier-Mächte-Außenministerkonferenz, die am 10. September in London ihren Anfang nahm. Dort gelang es nicht, ein genügendes Maß an alliierter Einträchtigkeit aufzubringen, um auch nur ein gemeinsames Schluß-Kommuniqué veröffentlichen zu können.

Es gab inzwischen den »Fall Beer«, der uns Journalisten alle beschäftigte: Willy Beer, einst Innenpolitiker am B.T., später an der DAZ, ein immer größer sich aufblähender Mann, der die Regierungspolitik-Artikel schrieb, Anfang Februar 1945 mit einem Goebbels'schen Schreibverbot bedacht, da er einen zu lahmen Artikel zu einer Hitlerrede geschrieben hatte, dann aber auf Grund eines Russengreuelartikels wieder zu Gnaden aufgenommen, hatte sich nach der Niederlage zusammen mit Bourdin in der Kulturabteilung des Magistrats Wilmersdorf niedergelassen und dann eine sehr betriebsame Volkshochschule Wilmerdorf aufgemacht. Mir war das Ganze schon von vorneherein sehr zweifelhaft, und ich lehnte also ab, mitzumachen, wobei wieder der Knöchel ein schöner Vorwand war. Vor einigen Wochen erschien nun ein wirklich scheußlicher Hetzartikel in der ›Deutschen Volkszeitung‹: »Achtung — b-r«, in dem eine Reihe von Sätzen aus Artikeln Beers im März und April zitiert waren, alle nationalsozialistisch und für Durchhalten im Krieg, woran dann natürlich die entsprechenden Folgerungen in bezug auf seine Person geknüpft wurden. So ungern ich den Beer immer hatte, so leid tut mir das für ihn, aber auch für uns alle als Stand, denn durch dieses törichte, sofortige Sichvordrängen und Geschäftigsein hat er schon mehr Leute als sich selbst diskreditiert. Er mußte natürlich sofort zurücktreten. Bourdin, der hoffte, sein Nachfolger zu werden, wurde es nicht, kann aber scheinbar vorläufig wenigstens noch bleiben. Seit einer Woche ist Niekisch der Leiter der Volkshochschule, der Begründer der Widerstandsbewegung, der jahrelang im KZ saß. Er war das, was man wohl einen Nationalbolschewisten nannte. Ich habe wenig von ihm gelesen, traf ihn aber einmal im Hause des amerikanischen Botschafters Dodd auf einem literarischen Tee der Tochter Dodd. Er machte mir damals einen guten Eindruck. Inzwischen soll er sich sehr verändert haben. Er gilt nun als Kommunist. Wenn ich zurück bin, will ich ihn mir einmal ansehen. — In der Ullstein-Zeitung hat eine Intrige die andere gejagt. Eine Person nach der anderen sprang entweder ab oder wurde von Mendelssohn nicht gebilligt. Die Begeisterung für Mendelssohn ist völlig verflogen. Frl. Mathieu kam eines Tages und klagte mir ihr Leid — die Zeitung ist noch nicht da, aber nach dem neuesten

Bericht hat Erik Reger Wiegler verdrängt und, da Ullstein die Leute über einen Monat arbeiten ließ, ohne nur einen Pfennig zu zahlen, einen anderen Mann als Geldgeber aufgetan und sich mit diesem zu den Amerikanern begeben, erklärend, dies sei nun der Verleger und er der Chefredakteur. *Das Ergebnis war der ›Tagesspiegel‹, heute die bekannteste Zeitung West-Berlins, der Geldgeber war Herr v. Schweinichen, den Reger später ebenfalls zu verdrängen wußte. Im Jahr 1945 entstanden noch der ›Telegraph‹ als Organ der SPD und der ›Der Kurier‹, mit Paul Bourdin als Chefredakteur und Paul Ravoux, dem Presseberater des französischen Generals Koenig, als Schutzengel und Informationsquelle. Er war, solange Bourdin in Berlin blieb, die lebendigste Zeitung der Stadt mit einem für damalige Zeiten vorbildlichen Nachrichtenteil und Feuilleton.*

Damit sage ich nun also adieu. Falls ich nicht durchkomme, bzw. an der grünen Grenze wie so viele ums Leben komme, ist dies mein letzter Rundbrief, und da ich ja nach Deutschland zurückkam, um hier alles mitzuerleben, wird es mich nicht reuen, wenn dies das Ende sein sollte, denn es wäre ganz dem deutschen Schicksal entsprechend. Wenn ich aber gut hinüberkomme, hoffe ich, daß dieser Brief bald in Bayern die Runde machen kann und grüße Euch alle herzlich.

Bamberg, den 9. September 1945. Jetzt kommt als Nachtrag zum Berliner Bericht noch der Bericht von der Reise hierher, die von allen meinen bisherigen Reisen die aufregendste war. Ich begann mit den Vorbereitungen Ende August, beschaffte mir erst einen Reiseauftrag von einem Verlag, da Privatreisen völlig gesperrt waren, und begann dann die Behördenlauferei. Ich bekam die Genehmigung vom Magistrat in drei Sprachen, und zum englischen Teil auch den amerikanischen Stempel. Als ich anfing, gab es noch die Praxis, daß der russische Stempel vom Dolmetsch des Magistrats Zehlendorf besorgt wurde, der zweimal die Woche zur russischen Kommandantur in der Schumannstraße fuhr. Dort hinzufahren war schon von jeher ein Wagnis; denn manchmal wurde man einige Stunden lang festgehalten und verhört; manchmal auch zum Arbeitseinsatz verhaftet. Je nach Laune des Kommandanten bekam der Dolmetsch an manchen Tagen alle Reisebewilligungen gestempelt, an anderen Tagen kam er nach 8–9 Stunden Warten unverrichteter Dinge zurück. Dies geschah auch an dem Tag, als mein Schriftstück dabei war. Denn in diesen Tagen wurde das Reiseverbot immer schärfer; nun wurden auch Dienstreisen nicht mehr genehmigt. Wir wußten, daß neue Spannung war, aber nicht warum, und alle Leute, auch Amerikaner, rieten dringend ab und sagten, es werde in kurzem alles besser werden. Dies hatten wir uns aber schon seit Monaten erhofft, aber stattdessen war der Grenzübertritt nur immer schwieriger geworden. Ich wollte also schon deshalb nimmer warten, weil ich ans Besserwerden aufgrund von Verhandlungen mit den Russen nicht mehr glaubte.

Am 31. August bekam ich außerdem als erste und einzige Nachricht von der anderen Seite eine Karte aus Höfen von Frau Mehling mit einer Adresse für den Grenzübertritt bei Gompertshausen bei Heldburg, Kreis Hildburghausen. An diesem Tag war ich wie beschwipst vor Glück; denn der Grenzübertritt aufs Geratewohl mißlingt den meisten Menschen. Auf diese Adresse hin entschlossen sich Gerwins, die nach Hamburg wollten, die Reise mit mir zusammen zu machen; denn von Berlin nach Hamburg zu kommen, war in den letzten Wochen allen Leuten mißlungen; als Erklärung dafür wird angegeben, daß die Engländer die Russen zwingen, die Bahnstrecke Berlin-Hamburg wieder zweigleisig zu machen, und daß die Russen als Rache dafür erstens die Deutschen in den Zügen in

Richtung Hamburg ausplündern und zweitens die Grenze dort so hermetisch abgeschlossen haben, daß die bisherigen Grenzführer auch für 100000 M niemand mehr hinüberbringen. Frau Gerwin war bei den Amerikanern angestellt und bekam einen Urlaubschein, und hatte sonst nichts; Gerwin bekam schon keine Reisegenehmigung mehr, obwohl er von der Volkshochschule Wilmersdorf den Auftrag hatte, sein Archiv in Meiningen und Hamburg zu holen (Meiningen vorsorglich für den Fall, daß der Umweg über Bayern gemacht werden müsse). Auf die Gompertshauser Adresse hin beschloß ich zu fahren, gleichgültig ob ich den russischen Stempel bekommen würde oder nicht. Am Montag war ich zum letzten Mal beim Magistrat, und der Dolmetsch erklärte mir, er könne nun den Stempel überhaupt nicht mehr besorgen, der Vorgang sei nun, daß die Papiere von ihm zum Zehlendorfer Bürgermeister, von dem zum Oberbürgermeister, von dem zum Verbindungsoffizier zur russischen Kommandantur, von dem zur Kommandantur gegeben würden, und auf demselben Weg zurück; schätzungsweise Dauer dieses Vorgangs drei Wochen. Er riet mir aber, es noch einmal in der Schumannstraße zu versuchen, früh um halbacht dort zu sein, mit Zigaretten den russischen Wachsoldaten zu bestechen, auf daß ich in ein gewisses Vorzimmer komme, von wo es dann leichter zum Dolmetsch und zum stempelnden Major gehe. Ich fuhr also früh um 6 Uhr mit einigem Herzklopfen in die Schumannstraße, was sehr weit weg ist. Dort war nach 7 Uhr schon eine Schlange von einigen hundert Menschen im Hof; viele dieser Leute kamen schon fünf Tage hintereinander täglich umsonst. Ich begab mich ungehindert in das Vorzimmer, denn es war noch kein Wachsoldat da. Dort saßen schon ein paar Leute, die es ähnlich wie ich versuchen wollten. Um 8 Uhr kamen zwei russische Soldaten und wollten uns alle hinauswerfen, sie nahmen von den einen Zigaretten, von den anderen nicht, ließen uns aber vorläufig sitzen. Sie unterhielten sich freundlich mit drei Männern in einer Ecke, die wohl auch schon oft da waren, und die russisch sprachen. Der eine war ein Pole. Mit dem freundete ich mich an, um für später seine Hilfe zu genießen. Dann kam der blonde Russe wieder und warf etwa die Hälfte der Leute hinaus; sowas hängt ganz davon ab, ob ihm das Gesicht des einen gefällt oder nicht. Dann kam der Dunkle und wollte uns alle hinauswerfen, wurde dabei äußerst grob, ließ dann aber die drei, die russisch sprachen, im Zimmer. Ich hatte, während ich mit ihm zu verhandeln suchte, meine Mappe auf dem Stuhl liegenlassen und konnte sie nicht nehmen, als ich aus dem Zimmer geschoben und die Treppe hinunterdirigiert wurde; also kroch ich wieder die Treppe hinauf, der Dunkle kam mir mit geballten Fäusten entgegen, zum Glück kam aber der Pole und brachte mir die Mappe heraus. Später versuchte ich noch einmal die Treppe hinaufzukommen, woraufhin ich von dem Dunklen mit einem Fußtritt hinunter befördert wurde. Dann ging ich in den Hof vor das Fenster dieses Vorzimmers; der Blonde stand am Fenster, ich bat ihn, den Polen zu rufen; der dolmetschte zwischen uns, und der Blonde sagte, ich solle die Treppe wieder heraufkommen und mich oben hinstellen. Als ich das tat, kam aber nicht der Blonde, sondern wieder der Dunkle heraus, und war nun so wütend, daß ich schleunigst entfloh, während die Umstehenden mir rieten, völlig zu verschwinden, da er mich sonst wohl verhaften werde.

Auf dem Rückweg traf ich in der Potsdamer Straße den Rechtsanwalt Ruge, ein Opfer des Faschismus, der jetzt Legal Adviser bei den Engländern ist und meist viel weiß von dem, was vorgeht. Er sagte, Thüringen werde nun offenbar englisch, und das gehe in kriegerischen Formen vor sich. Eine Frau sei vor zwei Tagen aus Eisenach gekommen und habe erzählt, daß dort Maueranschläge waren: wenn die Russen sich nicht bis zu einem bestimmten Datum aus der Stadt zurückgezogen hätten, solle sich die Bevölkerung in die Luftschutzkeller begeben. Der Flugplatz von Eisenach sei damals schon in englischer Hand gewesen; Eisenach und Erfurt seien inzwischen wohl schon englisch. Dies war das präziseste von einer Reihe von ähnlichen Gerüchten, die zu uns gekommen waren: Brief der Tochter Mietusch aus Jena, die Russen würden von dort abziehen; Behauptung des Pfarrers Janasch, es seien Verhandlungen in Gang, daß England das Gebiet bis zur Oder bekomme, wogegen die Russen in Ostasien entschädigt würden; Mitteilung aus einer anderen glaubwürdigen Quelle, die Russen würden aus dem Harz abziehen, wogegen sie die Ostseeküste bis Kiel bekämen. Es war klar, daß irgend etwas im Gang war; denn ganz grundlos entspringen ja solche Gerüchte nie, und das Reiseverbot mußte auch einen politischen Grund haben. Außerdem warnte mich ein amerikanischer Major, den ich Montagabend bei Frau Nerwig traf, dringend davor, die Reise jetzt anzutreten, und dies war in einem Ton gesagt, der vermuten ließ, er wisse mehr als er sagen könne. — Alles dieses war sehr deprimierend, denn wir fürchteten, daß die Grenzlinie schon verschoben sei und unsere Gompertshauser Adresse uns nichts mehr nützen würde. Die Blesch, die vor vier Wochen aus Würzburg zurückgekommen war, war aber, weil sie keine Adresse hatte und nur in dunkler Nacht versuchte, durch Gebüsch kriechend zwischen zwei Russenbunkern durchzukommen, von den Russen gefaßt, ausgeplündert und zurückgeschickt worden. Das zweite Mal gelang es ihr dann mit Führer. Es war außerdem Bericht von einem österreichischen Ehepaar gekommen, die erstens ausgeplündert worden waren, auch des eingenähten Schmuckes beraubt, dann in den Arbeitseinsatz kamen und sich 14 Tage nach ihrer Abreise von Berlin in Erfurt zur Entlausung befanden.

Trotzdem wollte ich nun nicht länger warten, und eine Beratung mit Gerwin führte dazu, daß wir es beim Abreisetag Donnerstag lassen und es riskieren wollten. Das Packen war sehr schwierig; der Rundbrief wurde zwischen zwei Pappdeckeln in die Rückwand des Rucksacks eingenäht und sollte wie eine Rückversteifung wirken. Er verursachte mir am meisten Angst, obwohl man sich sagte, daß die Russen, die plünderten, sich nicht für Geschriebenes interessieren und es nur gefährlich geworden wäre, wenn ich richtiggehend verhaftet worden wäre.

Es gab zur Auswahl zwei Züge in Richtung Wittenberg vom Anhalter Bahnhof, einen um 6.40 Uhr, den zweiten um 11.50 Uhr. Der zweite so überfüllt, daß man selbst auf den Dächern nicht mehr unterkam. Der erste leerer, weil es vielen Leuten wegen der Polizeistunde nicht möglich war, ihn zu erreichen. Manche übernachteten am Anhalter Bahnhof im Freien und bestiegen ihn in der Früh. Wir dachten daran, in der Bülowstraße zu übernachten, und dann hinzulaufen, kamen aber dann auf die gute Idee, ihn in Lichterfelde-Ost zu besteigen, weil dort in der Nähe die Hollerithfabrik ist, wo die Räder hinterlassen werden konnten. Die nächtlich-morgendliche Fahrt nach Lichterfelde-Ost hätte ich ohne Elsbeths Begleitung und Hilfe nicht bewältigt; denn dort ist ein kleines Notbrücklein über den Teltowkanal geschlagen, zu dem man auf in die Böschung geschlagene Treppchen hinunter klettern bzw. schlittern muß, das Rad tragend. Und dies in völliger Finsternis und mit schwerem Rucksack.

Der stark verspätete Zug war in Lichterfelde-Ost schon so voll, daß wir nur noch aufs Dach kamen, ich auf eines, die Gerwins aufs nächste, und ich muß sagen, das ist die angenehmste Art des Bahnfahrens, die ich bisher erlebte, fast so hübsch wie Auto, nur, daß der Rauch störend wirkt. Aber dazwischen kommen Heudüfte herauf, und man ist in der frischen Luft und hat Bewegungsfreiheit. Runde Dächer sind natürlich schlecht; aber mein Dach war eins, wo man die Beine tiefer stellen konnte. Sooft eine Überführung kam, pfiff die Lokomotive und man legte sich hin, da sonst die Köpfe abgeschlagen würden. Ich bin überhaupt öfter gelegen; die Beine hatte ich in dem roten Wäschesack, den ich mitführte und der mir bis fast an den Bauch geht, der wunderbar vor Kälte schützt. Unterwegs wurde uns erzählt, daß die Reisenden, die am Anhalter Bahnhof übernachtet hatten, mehrmals von den Russen geplündert worden waren, es kamen mehrere Wellen von Russen nacheinander.

Die Verspätung wurde immer größer; denn bis Jüterbog und ein Stück drüber hinaus ist die Strecke eingleisig und man muß lange auf entgegenkommende Züge warten, wo zwei Geleise sind. Um halbeins waren wir in Wittenberg, und um halbdrei sollte ein Zug nach Halle gehen. Wir setzten uns also vorn am Bahnsteig zum Essen hin, und waren damit noch nicht fertig, als ein Zug einfuhr, und jemand rief »nach Halle«. Wir stürzten hin, ich fragte vorbeilaufend noch den Lokomotivführer, wohin er fahre; er sagte auch: Halle; und so gingen wir in einen der vordersten Wagen, einen hohen Viehwagen. Der war noch nicht ganz voll, als der Zug sich schon wieder in Bewegung setzte und so schnell fuhr, daß wir glaubten, in einen Schnellzug geraten zu sein. In unsrer Nähe standen fünf Italiener; ich sprach sie an; einer wollte nach Rom. Also setzte ich mich schnell auf meinen Rucksack und schrieb einen Brief an Reinhard, den der Italiener zu befördern versprach. Hoffentlich ist es ihnen gelungen, die Grenze zu überschreiten! *Dieser Brief an Reinhard Dohrn in Neapel, für den ich nicht einmal eine Briefmarke spendieren konnte, war die einzige Nachricht von mir, die bis Ende September ins Ausland gelangte, obwohl mehrmals Amerikaner versprochen hatten, Briefe von mir an meine Mutter abzusenden.*

Gegen drei Uhr waren wir in Bitterfeld und merkten nun erst, daß wir uns in einem ungeheuer langen Güterzug befanden, bestehend aus lauter leeren Wagen. Es begann nun ein großes Durcheinander von aufgeregten Aussteigenden und Einsteigenden; plötzlich hieß es, er fahre nicht nach Halle, sondern nach Erfurt, wo wir ja hin wollten. Aber die Lokomotive hatte einen Schaden, niemand wußte, wie bald eine andere kommen würde. Wir hatten uns fest vorgenommen, nie bei Nacht in einem Zug zu sein, da dann am meisten geplündert wird. Andrerseits ist der Bahnhof Halle zerstört und als Übernachtungsort auch berüchtigt. Ein Eisenbahner erklärte mir, die Russen gingen vor allem auf Personenzüge, einen Güterzug, einen leeren, würden sie in Ruhe lassen, was mir sehr einleuchtete. Ich war also fürs Verbleiben im Güterzug, da er uns unserem Ziel soviel näherbringen würde, Gerwins fürs Umsteigen in den Personenzug nach Halle. Dann kam Bericht, daß unser Güterzug den Umweg über Leipzig nach Erfurt machen würde. Dies schien mir um so besser, denn es bestand Aussicht, daß wir für die Nacht gut untergebracht sein würden. Gerwins waren aber weiter für Halle, und ich gab nach; aber gerade als wir uns in Richtung Bahnsteig aufmachten, fuhr der Zug nach Halle aus, und so blieb uns nichts andres übrig als zurückzukehren. Dies war ein großes Glück, denn der Zug bekam etwa um 7 Uhr eine Lok und fuhr die Nacht durch über Leipzig–Gera bis Erfurt. Wir hatten uns einen sauberen Wagen mit relativ nett erscheinenden Leuten ausgesucht, und darauf geachtet, daß die Türen zuzuschieben waren. Ich hatte auch schönen festen Kupferdraht gefunden, um die Türen von innen zu befestigen. Zuerst fuhren wir noch mit offenen Türen durch die sonnige Landschaft, in recht schnellem Tempo, verglichen mit den Personenzügen. Dieses war wohl ein Zug, den die Russen zum Abtransport von Maschinen befohlen hatten; er kam aus Schwerin, und schien überall bevorzugt behandelt zu werden. Für die Nacht legten wir uns der Reihe nach nebeneinander auf den Boden; es war hart und kalt und zuweilen sehr schockerig, aber mit Schlafmitteln konnten wir doch alle etliche Stunden schlafen.

Am andern Morgen taten alle Glieder so weh wie Knie, auf denen man lang gekniet hat. Wir waren etwa um 6 Uhr in Erfurt und stiegen dort in einen überfüllten Zug nach Meiningen. Ich wollte aufs Dach, aber das ist in Thüringen nicht üblich und daher verboten. In der Oberhofer Gegend, mit langem Tunnel, ist das Verbot verständlich, aber weiter südlich könnte durch Dachfahren allen Reisenden das Leben wesentlich erleichtert werden. Schon in diesem Zug war das Hauptgesprächsthema der Grenzübertritt, teils heimlich, teils ganz offen. Viele Landser, viele Evakuierte. Je mehr erzählt wurde, desto düsterer schien es zu sein. Viele trieben sich schon seit Wochen in der Grenzgegend herum, manche waren schon dreimal zurückgeschickt worden. Führer gebe es nimmer, da sie auch exekutiert würden. Es bestätigte sich wieder, daß auch der russische Stempel nichts nützt. Ein Fall wurde erzählt von Rheinländern, die vom russischen Kommandanten eines sächsischen Städtchens ausgewiesen und in die Heimat geschickt worden waren und dazu alle nötigen russischen Papiere bekamen; sie lagerten nun schon seit drei Wochen hungernd an der russischen Grenze ohne hinüber zu dürfen. Ein intelligenter Landser, ein hübscher junger Kerl, der aus der russischen Gefangenschaft entlassen worden war, sagte: wenn der Posten den Befehl hat, niemand durchzulassen, dann läßt er Sie auch nicht durch, wenn Sie einen von Stalin unterschriebenen Schein mitbringen. So ist es.

In Grimmenthal stiegen wir aus und machten auf einer Wiese mittag. Nachmittags ging ein Zug nach Hildburghausen. Auf den Gleisen in der Sonne lagerten Hunderte, die mitwollten; wir schätzten, daß etwa 80% davon Grenzgänger seien. Der Sturm auf den Zug war fürchterlich. Wir kamen in ein verschlossenes Abteil durch die Fenster hinein, wobei Frau Gerwin mit kühnem Turnerschwung den Anfang machte. Ich wäre kaum hinaufgekommen, allein schon gar nicht, weil man keinen Anhaltspunkt zum Stützen der Füße hatte.

Frau Holsten hatte uns den Namen eines Vetters gesagt, der in Hildburghausen wohnt, den sie aber seit ihrem fünften Lebensjahr nicht mehr gesehen hat. Richard Linsell. Adresse und Beruf unbekannt. Eine etwas dünne Verbindung, aber wichtig, da man nachts von der Straße herunter muß, und womöglich den Bahnhof vermeiden soll. — Es gelang mir schon an der Bahn, einen Mann zu finden, der Herrn Linsell kannte. Wir gingen also zum Haus Linsell, fanden die sehr nette Frau Mist ausstreuend in ihrem Garten beschäftigt, während der Gatte abwesend war, setzten uns auf ein schattiges Plätzchen und kochten uns Tee. Dann kam der Mann und war voller Ängste, weil es verboten ist, Durchreisende ohne Genehmigung der Kommandantur aufzunehmen, und weil er als einstiger Pg sowieso Angst hat, daß ihm noch etwas zustößt. Wir zogen also in die Stadt, um Zimmer zu suchen, was überall ein aussichtsloses Unternehmen ist. Unter anderem gingen wir auch zur Polizei, wo ein reizender Polizist war, der uns gute Ratschläge für die Grenzüberschreitung gab und uns riet, in die Herberge zu gehen, der im übrigen aber sagte, Linsell könne uns ruhig aufnehmen, er wolle es verantworten, zumal abends nach 6 Uhr an der Kommandantur doch keine Meldungen mehr angenommen würden. Ich wollte trotzdem lieber in die Herberge, um dem armen Herrn Linsell nicht eine schlaflose Nacht zu bereiten; er kam uns aber selbst auf dem Platz entgegen, offenbar inzwischen von der Frau bearbeitet worden seiend, und forderte uns auf, bei ihm zu übernachten, was wir mit Freuden taten.

Am andern Morgen fuhren wir mit dem Bimmelbähnchen nach Heldburg; von dort sollte es zu Fuß nach Gompertshausen gehen, — etwa 10 km. Da mein großer Zeh noch recht weh tat und der Rucksack ungeheuer schwer war, freute ich mich darauf nicht. Zu dieser Freude kam es aber fürs erste gar nicht, denn in Heldburg war Razzia und der Ort war gesperrt. Wir waren drin, und kamen nimmer heraus. Drei Versuche scheiterten, auch die Wiesenpfade waren mit Posten besetzt. Unsere Stimmung könnt Ihr Euch vorstellen. Da die Straße, die wir nach Gompertshausen einschlagen mußten, ein Stück weit dem Bähnchen entlang lief, kam ich auf die Idee, wieder mit der Bahn zurückzufahren und nach der Kurve aus dem fahrenden Zug zu springen. Wir nahmen also wieder Billets und bestiegen den Zug, und in der Zeit des Wartens bis zur Abfahrt hatten wir Herzklopfen, sooft ein Russe sich näherte. Überhaupt hatten wir überall schon die Gewohnheit, uns schnell und still gegenseitig aufmerksam zu machen, wenn ein Russe nahte, um ihm womöglich aus dem Weg oder aus den Augen zu gehen. Der Zug fuhr aber undurchsucht ab, am Schlagbaum und Posten vorbei, und wir sprangen wie geplant heraus; durch den schweren Rucksack verlor ich noch das Gleichgewicht und fiel nachträglich hin;

nun hatte ich zum Knöchel und großen Zeh auch noch eine stark schmerzende Ferse. Seitdem hinke ich. — In Gellertshausen gelang es aber, einen Mistwagen in Richtung Gompertshausen zu finden; und nachdem der uns abgesetzt hatte, fanden wir einen weiteren leeren nach Gompertshausen heimfahrenden Mistwagen, der uns mitnahm. Das war sehr günstig, denn Gerwins und die Rucksäcke konnten gleich im Stall des Mistwagenfreundes bleiben, während ich unbelastet und dadurch auch unauffällig das Haus Wienzeck suchte. Herr Wienzeck war außer Haus, Frau Wienzeck, eine Holländerin, nahm mich auf, und wir besprachen schon die Möglichkeiten. Langsam versuchte ich auch heraus zu bekommen, was für Leute die Wienzecks seien; er ist Pole; sie sind Evakuierte aus dem Rheinland und werden offenbar nun an der Grenze vermögend. Sie erklärte, er sei gerade auf der Heldburg bei der Herzogin; denn er müsse morgen der Erbprinzessin ein Paket bringen; die sei in der Nähe von Bamberg. Ich fragte also: wo; und dann hieß es, in einem Schloß bei Bamberg, in der Nähe einer Mühle. Mit der Zeit wurde mir klar, daß dies Höfen ist, und daß wir [obwohl kein Schloß] also dort erlauchte Einquartierung haben.

Herr Wienzeck kam spät, war nervös und fahrig, meinte zuerst, er könne an einem Tag nur einen Menschen hinüber bringen, war nicht sicher wie es mit den Rucksäcken werde, holte dann die Gerwins samt Rucksäcken aus dem Stall, ging wieder fort, kam zurück, sagte, vielleicht gingen die Rucksäcke im Wagen. Inzwischen waren die Kinder ausgesandt worden, um zu erfragen, ob ein bestimmter Bauer auf einem Feld auf der anderen Seite heute seinen Klee einhole, und Frau Wienzeck sagte: aber diese Ecke liebe ich nicht, da geht immer etwas schlecht. Denn etwas oberhalb liegen die Russen in einem Zelt mit Fernrohr und haben eine Übersicht über alle Felder. — Und dann holte sie Schürzen heraus für Frau Gerwin und mich, und wir machten uns auf Bauernmädchen und Bauernfrau auf, und plötzlich kam Herr Wienzeck und sagte: nun, schnell, schnell, und wir bekamen Rechen über die Schulter, und Gerwin eine bäuerliche Leinenjacke um, und vor einem Bauernhof kamen die Rucksäcke in einen Leiterwagen, mit leeren Säcken bedeckt, und wir stiegen hinten ein; Herr Wienzeck lief nebenher, der Bauer und die Bäuerin saßen auf dem Bock, der Wienzeckbub saß noch mit im Wagen, und wir fuhren querfeldein. Die Brillen hatten wir abtun müssen, um echter auszusehen; Herr Wienzeck hatte Angst, das merkte man. Dann hielt der Wagen und mußte noch drehen, so daß wir außer dem Gesichtsfeld der Russen ausstiegen, und bevor wir noch zahlen konnten, hieß es plötzlich: nun aber eilig, den Berg hinunter bis zu der Straße. In der Eile bekamen wir kaum die Rucksäcke richtig auf, und dann ging es über Stoppelfelder bergab, und über kleine Gräben, ich immer hinkend, aber das Tempo haltend. Endlich waren wir unten auf der Straße; der Hügel, auf dem der Wagen gehalten hatte, war nicht mehr sichtbar, und nun wurden wir auf einmal furchtbar lustig und zogen, Falläpfel auflesend und Witze machend unseres Wegs. Ein leerer Bauernwagen kam uns entgegen, und die Leute riefen uns zu: »Seid ihr gut rüber komme« und weiter links an einem Wiesenhang sahen wir zwei Männer daher ziehen, die auch nicht nach Bauern aussahen; es war also auch noch für andere ein guter Tag. Allerdings von den vielen Hunderten, die wir getroffen hatten, waren wohl nur ganz wenige herüber gekommen.

Der erste Ort war Alsleben, und da begann nun die Mühsal des Lebens: kein Fortbewegungsmittel, und keine Möglichkeit unterzukommen. Da die Gerwins mit ihrer norddeutschen Sprache überall unangenehm auffielen, mußte ich alle Wege machen und Verhandlungen führen und Übernachtemöglichkeiten erfragen. Schließlich kamen wir zu einer netten Frau Müssig in einem winzigen Häuschen, bei der blieb Frau Gerwin und kochte uns eine Grießsuppe mit schon in Berlin gekochten Pellkartoffeln drin, während Gerwin und ich zu einem gewissen Herrn Vorndran zogen, um ihn mit Tabak und Zigaretten dazu zu bringen, uns am nächsten Morgen nach Maroldsweisach zu fahren. Das war die zäheste Verhandlung, die ich je geführt habe, es dauerte über eine Stunde, der Vater und zwei Söhne nahmen daran teil, und als die fast gewonnen waren, kam die Mutter über den Hof und war dagegen. Also mußte ich mit ihr noch ein fränkisches Privatgespräch führen, und schließlich wurde abgemacht, daß wir nicht, wie erhofft, am frühen Morgen fahren sollten, sondern erst mittags um zwölf, denn um halbzehn sollte eine Kirchfeier sein, zur Rückkehr des Alslebener Pfarrers nach vier Jahren in Dachau — wozu Frau Müssig bemerkte: »Hätt er halt sei Maul ghalten, mir ham die ganzen Jahre auch schweigen müssen. Ich seh net ei, worum jetzt die ganze Gemeinde drunter leiden muß, weil sie den amal verhaft ham. Und ich bin gwieß gut katholisch.«

Die Suppe war gut, die Nacht im winzigen Zimmer auf zu weichem Pfuhl schlechter als die im Güterzug. Frau Gerwin empfand ihn (Gerwin) als Grenze, die sie übersteigen wollte; sie redete überhaupt viel im Schlaf, — immer nur von Grenzübertritt. In der Dämmerung wachliegend, hörte ich draußen ein Motorengeräusch, sauste im Pyjama hinaus, fand einen Lkw, der Milchkannen auflud, fragte, wohin sie fahren. Sie sagten: nach Königshofen. Da es von dort eine Bahnverbindung gab, beschwor ich die Fahrer, eine Viertelstunde auf uns zu warten, sie sagten aber, sie führen in fünf Minuten. In diesen fünf Minuten rafften wir unsere

Sachen zusammen und stürzten uns halb angezogen auf das Auto, dortselbst im kalten Wind unser Packen und unsre Toilette beendigend. Wir fuhren durch die friedliche hügelige Landschaft von Dorf zu Dorf, sammelten nicht nur Milchkannen, sondern auch Körbe und Menschen und schwere Kabel auf. Es war außer Einheimischen noch ein Grenzgänger da, dessen Familie aber noch drüben ist.

In Königshofen erfuhren wir, daß am Sonntag nie Züge gehen, und daß am Montag wegen Kohlenmangel wahrscheinlich der Verkehr überhaupt eingestellt wird. Da Gerwins nun schon näher in Richtung Fulda-Kassel waren, blieben sie, auf ein Auto hoffend, an einer Straßenecke, während ich wieder den Milchwagen bestieg und nach Alsleben zurückfuhr. Dort ging ich in die reich geschmückte Kirche, eine hübsche Barockkirche mit vielen Fahnen, Blumen, Kerzen, und drei Priestern im Ornat. Ich erlebte noch etwa die Hälfte der Feier, die von halbzehn bis halbeins dauerte, weshalb die Ortseinwohner zu keinem rechten Mittagessen kamen, weil sie um 2 Uhr schon wieder in der Kirche sein mußten. So sehr die Zeremonie als solche auf mich Eindruck machte, so unangenehm war mir der Ton der Rede des Dachauers (die Vorredner, darunter der Bürgermeister, hörte ich nicht); der Unterton war: jetzt haben wir wieder die Macht, und Ihr müßt parieren; ich will Euch verzeihen, aber nur, wenn Ihr einen kirchlichen Lebenswandel führt, regelmäßig die Sakramente nehmt, beichtet usw. Das scheint mir doch auch nicht der richtige Weg der Menschenführung zu sein.

Herr Vorndran junior fuhr mich dann nach 2 Uhr im Chaislein nach Maroldsweisach, und erzählte unterwegs interessante Stücke aus der Lokalchronik, auch warum der Pfarrer 1941 verhaftet worden war. Er hatte gesagt: »Die größten Kälber wählen sich ihre Henker selbst.« Der Bürgermeister wollte ihn nicht verhaften lassen, aber ein anderer Mann, der gegen den Bürgermeister intrigierte, weil er selbst Bürgermeister werden wollte, sagte: entweder der Pfarrer wird verhaftet, oder Sie sind die längste Zeit Bürgermeister gewesen.

In Maroldsweisach saß ich an einer Straßenecke mit zwei Landsern, die auf Autos in der anderen Richtung warteten. Am Sonntag ist nur ganz wenig Autoverkehr. Schließlich kam aber doch ein Wagen nach Ebern, dessen Fahrer mich für meine letzten zwei Zigarren und 20 RM noch bis Hallstadt fuhr. Von dort ging ich zu Fuß, vor mir die Türme der Michelskirche und des Doms.

2. September 1945. Das Kunkelhaus fand ich unversehrt, und überhaupt im Materiellen alles für unsere Begriffe friedensmäßig. Butterbrote, Milch, Käse, eine Fleischbrühsuppe. Andrerseits scheint mir hier der Druck der Amerikaner noch fühlbarer zu sein als in Berlin; überall bewaffnete Posten, Scharen und Scharen von Amerikanern; sehr wenig Aufräumungsarbeiten, die ganzen Brücken noch kaputt und nur schmale hölzerne Notbrücken. — Gestern Nachmittag machte ich eine erste Erkundungsfahrt nach Höfen; das Haus ist da, und ungeplündert; Bewohner außer Frau Mehling die Prinzeß von Sachsen-Meiningen, die Sekretärin von Gertrud Bäumer und der Adoptivsohn von Gertrud Bäumer. Letztere wohnt im Aufsessianum und hat morgen ihren 72. Geburtstag. Nach allem, was wir durchgemacht hatten, ist es fast schmerzhaft und unerträglich, alles in Höfen so unverändert zu finden; ich weiß nicht warum. Ich habe noch das Gefühl, ein aufgedrehtes Rad zu sein, das sich weiter drehen muß, während hier Stillstand geboten wäre. Aber das wird sich alles sicher geben. Heute will ich für ganz hinausziehen. Da meine Anna in Baunach ist, muß ich mich selbst versorgen und auch sehen, wie ich zu Lebensmitteln komme.

IV Abgesang

Auch nach meiner Rückkehr war der Briefverkehr mit dem Ausland nur illegal möglich und jedesmal einem überraschenden Glücksfall zu verdanken — »vorgestern stürmte ein stämmiger Amerikaner in mein Zimmer«, heißt es am 18. November, »in dessen Hand ich sofort einen Brief mit Baltzers Schrift erkannte — very breezy: er habe einst in Bern studiert, der Anatom dort habe ihm den Brief mitgegeben, er müsse gleich weiter; Frage nach der Archivstraße; ›will you give me a kiss?‹ — und fort war er.« Zwischen dem 15. November und dem 14. Januar 1946 gelang es mir nur, zwei Briefe auf den Weg zu bringen: eine neue Chronik des Berliner Lebens also, die jedoch viel mehr Privates enthält als der vorangegangene Rundbrief und daher weniger die Situation der zerstörten Stadt als die schreibende Person sichtbar macht. Deshalb werden im folgenden nur einige Stellen aus den verschiedenen Briefeintragungen zitiert, um zu zeigen, wie das Leben sich fortsetzte, nachdem die Aufregungen und Anforderungen der Ausnahmezustände ihre belebende Wirkung verloren hatten.

Der Aufenthalt in Süddeutschland hatte gut zwei Monate gedauert. Da es dort noch keinen Zugverkehr für Privatpersonen gab, setzte ich nach dem Ausruhen in Höfen meine Reise mit dem Rad und zuweilen auf Lastwagen fort. »Die Rundfahrt Würzburg–Heidelberg–Frankfurt«, berichtete ich von Berlin, »war nicht nur in bezug auf die besuchten Städte und Menschen ergiebig (teils, in Würzburg, überaus traurig), sondern auch sehr lehrreich durch die Gespräche mit Landsern und Flüchtlingen und Einheimischen auf den Lastkraftwagen, von denen man, wenn man Glück hat, mitgenommen wird. Ich kenne nun Deutschland auf eine neue Art, und glaube trotz allem Zusammenbruch und allem, was täglich auf uns eingehackt wird, an unsere Substanz wie nur je. In Heidelberg: Theodor Heuss und Dolf Sternberger und die Familie Schnetzler und eine mir nicht sympathische intellektuelle Klatschatmosphäre. In Frankfurt einige Dramatik zwischen zwei sich befehdenden FZ-Leuten; im Ganzen aber der schönste Zusammenhalt aller Kollegen und Freunde.«

Die Rückreise ging nicht glatt. Das Ehepaar Wienzeck, er Pole, sie Holländerin, hatte mit Grenzführung genug eingenommen, um sich nach Holland zurückziehen zu können. Die Herzogin von Meiningen, von der ursprünglich die Wienzeck-Adresse stammte, war inzwischen mit Hilfe eines Forstbeamten gut herübergekommen und gab mir die Adresse eines fränkischen Pfarrers. So fand ich mich, heißt es im ersten vorsichtig formulierten Brief aus Berlin, »auf zwei Tage in einem bayrischen Grenzdorf in einem katholischen Pfarrhaus, was für die, die mich kennen, schon recht komisch ist. Ich ging sogar sonntags in die Kirche, aß in der Küche, dem einzigen halbwarmen Raum, mit dem Herrn Pfarrer, während die Pfarrköchin Therese im Hintergrund wirkte; im Ganzen habe ich mich, glaub ich, ganz gut aus der Affäre gezogen, aber der Pfarrer mag trotzdem den Kopf über mich geschüttelt haben. — Der Zeitpunkt, den ich für die Reise gewählt hatte, war in mehrfacher Hinsicht ungünstig: der Grenzgänger, auf den ich gerechnet hatte, der von der thüringischen Seite zweimal die Woche zum Schnaps-Holen in die Rhön kam, war von den drüberen Machthabern festgenommen und bestraft worden und kam nicht wieder. Außerdem gab es seit zwei oder drei Tagen auf der anderen Seite frische [das heißt: noch vollkommen unkorrumpierte] Besatzungstruppen, was ich aber erst erkannte, als ich — nachdem ich als einsames Rotkäppchen im Kapuzen-Cape u. Rucksack den Gürtel der gefällten Bäume überklettert hatte und auf der drüberen Seite im Wald angelangt war — von einem Angehörigen derselben angerufen wurde und anschließend 6 Stunden in einer Blockhütte verbrachte. Die Atmosphäre war aber, abgesehen von einigen wiederkehrenden Augenblicken des Mißtrauens, recht freundlich und die Haltung durchaus korrekt, so daß ich nichts verlor (die Uhr hatte ich allerdings in einem Strumpf versteckt, wo sie, obwohl der Rucksack völlig ausgeleert u. alles überprüft wurde, nicht gefunden ward). Mein Kopf funktionierte an dem Tag gut; ich gab in den kritischen Augenblicken die richtigen Antworten, und flößte als ›doktora‹ ein gewisses Maß von Ehrfurcht ein, was dadurch gesteigert wurde, daß ich während des langen Wartens einen mitgeführten (amerikanischen) Detektiver las.«

Ich hatte in Höfen ein altes dunkelblaues Golf-Cape meiner Mutter entdeckt, das ich in Ermangelung eines Wintermantels anzog und das mir auch bei den künftigen illegalen Grenzübertritten gute Dienste tat. In einer Schultertasche, die ich ebenso wie den Rucksack unter dem Cape trug, befanden sich 64 Briefe, die nach Berlin mitzunehmen ich mich bereit erklärt hatte, da der Postverkehr noch nicht eröffnet war. Sie wurden, ebenso wie meine Landkarte und meine Ausweise und alle sonstigen mitgeführten Dinge, im Blockhaus im Wald auf der Holzpritsche ausgebreitet und von den russischen Soldaten mit besonderem Mißtrauen betrachtet. Jeder einzelne mußte erklärt werden. Ein russischer Arbeiter machte den Dolmetsch. Gertrud

Bäumer hatte mir einen Artikel für die schon erwähnte Berliner CDU-Zeitung ›Neue Zeit‹ mitgegeben. ›Neue Zeit‹ — ›Novaya Vremja‹, das gab es auch in Moskau. Es wurde gebilligt und erhellte ein erstes Mal die Atmosphäre. Die Briefe wurden mit den Ausweisen und der Karte beiseite gelegt, den Rest durfte ich wieder einpacken. Da ich von unseren Berliner Erfahrungen wußte, wie vergeßlich die Russen sind, nahm ich im Schatten meines Umhangs die Briefe wieder an mich. Bei den Ausweisen wagte ich das nicht.

»Abends wurde ich mit einigen anderen inzwischen Eingelieferten, die nach Schweinfurt wollten u. nicht durften, in ein Dorf verbracht, wo eine Kommandantur sich mit uns kurz befaßte, und wo es mir gelang, unbemerkt meine Papiere wieder an mich zu nehmen, wodurch ich wieder aktionsfähig war (hätte ich sie vorher schon gehabt, wäre ich wohl in der Finsternis in aller Stille aus dem bäuerlichen Fuhrwerk gesprungen). Das Traurige an dieser Episode war, daß ich — da ich nun bekannt war — nicht in der Gegend bleiben und das Herüberschaffen meines Sacks (mit Plumeau, Käs, Butter, Äpfeln, Zwiebeln, Nudeln, einer Ente) an einer anderen Grenzstelle abwarten konnte. Die Hoffnung, daß er mir noch nach kommt, ist minimal. In Meiningen fühlte ich mich dann wie in der Wiege der Zivilisation: schlief in einem Hotelzimmer in einem echten Bett (die Nacht zuvor auf dem Steinboden der Wirtshausküche) und hatte fließendes, wenn auch kaltes Wasser. Nach den traurigen Zugverhältnissen im Süden war ich auch aufs angenehmste überrascht über die Leistungen der Bahn hier oben: an einem Mittag fuhr ich in Meiningen ab; am nächsten Morgen um ½7 h war ich am Anhalter Bahnhof.«

In Thüringen war damals noch besser als in Berlin zu erkennen, wie gut sich das sowjetische Fünfkartensystem in Mangelzeiten bewährte. In der amerikanischen Zone wurde so gut wie nicht gearbeitet, weil für Geld nichts zu kaufen war. In der russischen Zone versuchte jeder zu arbeiten, um in eine höhere Karten-Kategorie zu gelangen. Da bei der Ausgabe neuer Lebensmittelkarten jedesmal eine Bestätigung der Arbeitsstelle oder des Arbeitgebers über die geleisteten Stunden vorgelegt werden mußte, war alles emsig an Arbeiten, die auf der anderen Seite höchstens als Gnade geleistet wurden: Putzfrauen putzten, Schneider schneiderten, Schreiner schreinerten. Natürlich gab es viel Leerlauf. Aber bis zur Währungsreform hatte man in der Zone, auch bei den Besuchen in Teupitz, den Eindruck, daß die Dinge schneller wieder in Gang kamen als in der Bi- und Trizone. Nach der Währungsreform machte dann allerdings Westdeutschland einen Sprung nach vorn, der von der DDR noch nicht wieder eingeholt werden konnte.

Im Mai hatten wir uns gesagt: Berlin wird nie wieder. Im Winter kam es darauf an, nicht mehr nur zu registrieren, sondern im Neu-Anfangen sich selbst mit Berlin wieder lebensfähig zu machen. Die Erfahrungen, die ich damals machte, haben mich zur Überzeugung gebracht, daß das, was später das deutsche Wirtschaftswunder genannt wurde, nicht einer richtig angewandten Wirtschaftstheorie zu verdanken war, sondern einer Summe von privaten Egoismen. Jeder wollte wieder ein Dach über dem Kopf haben, Wärme, Essen, Schuhe, Kleidung, Behagen. Die ganze Tüchtigkeit, die uns in der Welt so unbeliebt macht, wurde eingesetzt, um dieses Ziel zu erreichen. Das Nebenprodukt des privaten Besser-Gehens war das »Wieder-Werden« von Stadt und Land.

In Berlin war es schwieriger als anderswo, weil das Ausmaß der Zerstörung und der Verluste so viel größer war, aber auch wegen der Undurchsichtigkeit der sich überkreuzenden Kompetenzen einer in sich keineswegs einigen Viermächteverwaltung. Heute, da durch den Mauerbau die beiden Stadtsysteme säuberlich voneinander getrennt sind, ist fast vergessen, daß wir uns damals über die Grenzen der verschiedenen Systeme hinweg bewegen mußten, um leben zu können. Ein Beispiel ist mein Bericht über einen morgendlichen Fußmarsch mit Elsbeth Manholt, nachdem eine unbekannte Frau die Kunde gebracht hatte, sie habe den militärentlassenen Sohn von Manholts in Göttingen bewegungsunfähig, vermutlich mit Lungenentzündung, auf einer Bank liegen sehen, während der Versuch gemacht wurde, ihn ins Krankenhaus zu schaffen.

»Die Ruinenwanderung in der Morgendämmerung vom Potsdamer Platz zum Anhalter Bahnhof, und dann das Warten vor der Sperre eine Dreiviertel Stunde lang, um zu sehen ob Elsbeth trotz ohne Polizeigenehmigung erbettelter Personenzug-Fahrkarte in den D-Zug kommt, war wieder sehr aufschlußreich. Die Züge der Erfurt- und Weimar-wärts fahrenden Besatzungstruppen mit ihren lauten Stimmen; die abgehetzten Frauen mit schweren Bündeln, die Landser in zusammengestückten Uniformresten, und dann alle die Figuren mit den aufgedunsenen Gesichtern, Händen, Beinen — was der nun schon geübte Blick als Hungersymptom erkennt. Überhaupt die neuen Krankheiten, ›Mangelkrankheiten‹, die es hier gibt. Der Dahlemer Pfarrer hat Mundfäule. Viele Leute haben ›Brand‹ — alle Glieder brennen, und die Haut juckt unerträglich; und die zahlreichen Furunkulosen.«

Wichtiger als das Essen war im Winter die Beschaffung von Heizmaterial. Die einen stahlen in der Dämmerung an den Lade-Lagerplätzen der Bahnhöfe Kohlen. Ich stahl Holz. Einige Male versuchte ich es mit der Gärtnerin Petra an alten Kabeltonnen im Grunewald. Das Ergebnis war mager, »und seitdem«, berichtete ich nach Zürich, »halte ich mich wieder an meine Pfosten und Balken, morgens im Dämmern und abends in der Dunkelheit je einen.«

Genauer konnte ich das Holz-Stehlen nicht beschreiben, weil ich nicht wußte, ob ich das Glück haben würde, einen Schweizer zu finden, der meinen Brief mitnahm, oder ob ich auf die seltene, weil illegale Güte eines Amerikaners angewiesen sein würde. Es handelte sich nämlich um den Barackenbau für eine amerikanische Messe, von dem ich vor allem schönste Kanthölzer holte, nachdem ich mir bei Tageslicht immer diejenigen ausgesucht hatte, die in der Dunkelheit am leichtesten abzutransportieren sein würden. Solche Taten wurden vom amerikanischen Militärgericht schwer mit Gefängnis bestraft. Das Erstaunliche war mir, daß die Amerikaner, nachdem die Holzstöße sich langsam verflüchtigten, immer neues Material antransportierten. Was ich in diesem Winter an Holz stahl, hat mir noch im nächsten Winter weitergeholfen, als ich schon Kohlen kaufen konnte, die die Fahrer von den Ami-Kohlentransporten gestohlen hatten. Die Kanthölzer erlaubten Herrn Becker auch, wieder ein neues Boot für Teupitz zu bauen.

»Sie kommen von unserem Dahlemer Feld, dem sommerlichen Weizenfeld der Domäne, das zur Hälfte ruiniert ist, obwohl die Wintersaat schon aufgegangen war, weil die Militärs dort Baracken bauen. Abends ist das Holen immer ein phantastisches Unternehmen; das Feld ist dunkel, im weiteren Umkreis stehen einige Häuser mit vereinzelten hellen Fenstern — und nach der langen Verdunklungsgewohnheit haben diese erleuchteten Fenster für mein Gefühl etwas Schamloses, wie in Mesopotamien eine Frau ohne Schleier —, die Umrisse des Barackenbaus, der vereinzelten Holzstöße, der Bäume an der Straße sind kaum zu erkennen.

Dann kommt plötzlich auf der Straße ein Militärauto mit hellen Scheinwerfern: sekundenweise wird alles sichtbar, aber alles durch die Bewegung des Lichts in Bewegung, die Stöße der aufgeschichteten weißleuchtenden Fensterrahmen, der Bretter und Kanthölzer, und zuweilen mit Eigenbewegung huschende Gestalten, die sich nicht schnell genug geduckt haben, oder ein in der Luft balancierender Balken, manchmal auch der Ton eines fallenden Holzes, und dann wieder die Dunkelheit und wie ein menschlicher Laut, obwohl ich nicht die einzige bin, die diese Stätte besucht.«

Es gab neben dieser illegalen Holzbeschaffung sehr spät im Winter auch eine vom Magistrat angeordnete Holzaktion, die für den Bezirk Zehlendorf im Grunewald stattfand. »An der Stelle, wo man auf die beiden Forstherren warten mußte, war schon eine große Gruppe Leute, mit Sägen, Beilen, Äxten, mit Rädern und Handwagen. Man konnte nicht einfach erscheinen, sondern mußte einen Schein auf diesen Tag haben. Petra und ich hatten je einen Schein auf einen Raummeter, sie mit ihrem Gewerbeschein, ich mit meinem Ausweis von der Kulturkammer, womit wir (einen Arbeitsraum benötigend) soviel zählen wie ein Haushalt. Eine Einzelperson bekommt sonst nur ½ Raummeter. — Während wir warteten, fiel ein Mann in Ohnmacht, älterer Offizierstyp, würde ich sagen ...

Dann gabs Gedränge um das Hüttchen, Registrieren, Zahlen und schließlich zogen wir als langer Schwanz hinter einem Forstbeamten durch den Wald. Der Regen hatte aufgehört. Es war eine schöne frische Luft. Jeder Baum, der zum Schlagen bezeichnet war, wurde sozusagen ausgeboten; die einen wollten keinen unten am See, weil sie mit dem Fuhrwerk nicht hinkamen; andere wollten zwei nebeneinander. Schließlich hatten wir einen ganz am Anfang des Wegs am See, einen andren weit weg in der Höhe ... Kurz vor

Mittag ging ich dann in die Domäne, wo wir für eine Fuhre vorgemerkt waren. Es waren noch zwei Parteien vom selben Schlag da. Und so fuhren wir also drei Wagen mit je zwei Pferden hintereinander den weiten Weg wieder zum Wald. Die überwiegende Mehrzahl der Leute zog aber ihre Stämme in mehreren Fuhren mit dem Handwagen nach Hause. Unterwegs kam Petra und berichtete, daß wir doch noch einen 2. Baum beim 1. bekommen hätten, und dazu noch in aller Stille einen dritten. Der Kutscher, ein junger aufsässiger Kerl aus Ostpreußen, schimpfte, weil er unten am See durch Sand fahren mußte. Er kam aber gut wieder heraus. Was er unten aufzuladen sich weigerte, schleppten wir in mehreren Gängen bis da, wo die Straße gepflastert war ... In diesen Tagen fand ich, daß jetzt ein merkwürdiges Verhältnis zwischen Männern und Frauen besteht. Petra, die ›Chefin‹, die den ganzen Krieg durch, obwohl zum Schluß selbst arbeitsverpflichtet, ihren Arbeiter Andreas hatte; Lotte, die Chefin (auch Gärtnerei), die uns für die Bäume im Grunewald zwei ihrer Arbeiter auslieh, und solches mehr. Da gefiel es mir dann sehr, daß der eine der beiden baumfällenden Arbeiter, als Petra und ich noch die letzten Äste zusammentragen wollten, sagte: ›Aber Kinders, jetzt haben wir Euch doch einen dritten Baum gefällt (2 standen uns zu), jetzt habt Ihr doch genug.‹ Durch dieses ›Kinders‹ ist dann das natürliche Verhältnis zwischen Mann und Weib wieder hergestellt. Und ähnlich verhielt sich auch der um mein Schlafen im Kalten besorgte Schlossermeister.«

Für die berufliche Arbeit hatte die Aufteilung der Stadt unter vier Besatzungsmächten seine Vorteile. Wer bei der einen Militärregierung und ihren zivilen Beratern eine schlechte Note hatte, kam bei einer anderen um so besser an. Arbeit für die Presse war nicht verlockend. Die Zensurbestimmungen, auch an den westlich lizenzierten Zeitungen, waren rigoros. Am besten ging es im französischen Sektor, wo der Presseberater des Generals Koenig, Paul Ravoux, einen erfreulichen Einfluß ausübte. Er war alter Havas-Mann, hatte jahrelang als Sekretär des deutsch-französischen Studienkomitees in Berlin gelebt, im Krieg als Inhaftierter in Dachau die deutschen Zeitungen gelesen und sich von ihren Mitarbeitern, auch denen des ›Reichs‹, ein zutreffendes Bild gemacht. Mit Paul Bourdin, dem einstigen Pariser Korrespondenten der ›Frankfurter Zeitung‹, hat er einige Jahre lang eine in allen Sparten höchst lebendige Zeitung gemacht. Die Anlaufzeit, bis der ›Kurier‹ sein Niveau erreicht hatte, war allerdings lang.

Das kam zum Teil daher, daß die Mitarbeiter sich erst allmählich sammelten. Im Lauf des Herbstes und Winters kamen aus der Kriegsgefangenschaft oder aus den westlichen Zonen verschiedene alte Kollegen, die sich alle sofort aus »privatem Egoismus«, das heißt, um eine höhere Lebensmittelkarte zu erhalten, eifrig in eine neue Arbeit stürzten. Einer der ersten, die mich besuchten, war Rudolf Pechel. »Er war seit Frühjahr 1942 im KZ ... und gehörte zu denen, die das Lager nicht lebend verlassen sollten. Sein Sohn, ein Offizier, holte ihn Ende April in den Tagen allgemeiner Verwirrung heraus ... Er wollte, daß ich die Außenpolitik seiner Zeitung übernehme.« Er war damals Chefredakteur der Ostberliner CDU-Zeitung ›Neue Zeit‹. Ich ahnte schon bei seinem Besuch, daß er nicht lange bleiben werde.

Ein Besucher, der von Berlin so begeistert war, daß er beschloß zu bleiben, war Eberhard Schulz, einer der frühesten Rückkehrer Gert H. Theunissen, ein Mann unerschöpflicher Initiativen, die nicht immer vom Glück begünstigt waren. Damals hatte er sich zusammen mit F. Cornelsen zur Gründung eines Verlags mit einer der groteskesten Figuren des Berliner »geistigen Lebens« liiert: Sinus Sinodoru aus Zypern, der schon mit sechzehn Jahren von der Insel verbannt worden war, weil er sich bei der Brandstiftung am britischen Gouverneurspalast beteiligt hatte. Was in Berlin damals zählte, war aber die Tatsache, daß er einen britischen Paß besaß und einige Pfunde, die sein Vater ihm geschickt hatte. Es entstand der Minerva-Verlag, dem neben Theunissen auch Karl Korn beitrat, sobald er aus der französischen Kriegsgefangenschaft entlassen war.

Ich schrieb in diesem Winter meine ›Amerikafibel für erwachsene Deutsche‹, die im Minerva-Verlag herauskommen sollte, und berichtete — wieder sehr versteckt — nach Zürich: »Die Arbeit, an der ich sitze, macht mir Freude; sie geht unter den Umständen natürlich nur langsam voran, aber das bisherige Resultat gefällt mir gut; — es ist im Grund eine Fortsetzung meiner Arbeit, die im Herbst 40 begann, nun aber zusammengefaßt und auf die heutige Situation meiner Landsleute angewendet, was für mich gleichzeitig eine Auseinandersetzung mit dem mütterlichen Erbe bedeutet und mancherlei Klärung bringt. Ich rede hier noch nicht darüber, weil ich meine Zweifel habe, ob man es anderen Menschen zugänglich machen kann. Theunissen, der davon weiß, hofft es allerdings bei dem Unternehmen, wo er arbeitet, herauszubringen ...«

Eine zweite Arbeit war die Übersetzung eines Buches, das ich in meiner Jugend geliebt hatte und in einer Berliner Leihbibliothek wiederfand: ›Daddy Longlegs‹ von Jean Webster. Es kam auch im Minerva-Verlag heraus. Theunissen schrieb ›Ärgernis und Zuversicht‹, kümmerte sich um moderne Kunst und brachte Bildbände von Werner Heldt und Alexander Camaro heraus. Korn veröffentlichte seine ›Rheingauer Jahre‹, Schulz den ›Elastischen Menschen‹. Überall wurde eifrig diskutiert — mehr über die Zukunft als über die Vergangenheit. Doch gerade auf dem Gebiet der Malerei hatten wir viel nachzuholen.

Es wurden auch Vorträge ausländischer Gäste angekündigt, jedoch nicht immer gehalten. So ging es mit einem Vortrage des Schweizer Theologen Karl Barth, über den ich berichtete: »Statt des Vortrags des lebenden Menschen wurde ein andrer von ihm vorgelesen (ich war nicht drin), der viele Hörer empört hat, darunter auch meinen Lissaboner Kollegen und Freund [Theunissen]. Scharfe, und wie es schien unmotivierte Angriffe gegen den Katholizismus. Vor allem aber wieder die Reaktion: auch die, die mit uns sympathisieren, sind ahnungslos und daher gespickt mit Fehlurteilen, weil sie nicht miterlebt haben, was wir hier erlebten. Das ist wohl eine der Haupterkenntnisse dieser Zeit: daß kein Erzähltbekommen und kein noch so intensives Einfühlen das Selbstmiterlebthaben im geringsten ersetzen kann. Eine ziemlich hoffnungslose Erkenntnis, was die Verständigung zwischen den Völkern angeht . . .«

Das Fazit nach dem Ablauf des Jahrs 1945 klingt recht negativ: »Wir werden nun alle zu Scarlet O'Haras, — nicht in bezug auf die Kollaboration, obwohl es natürlich auch viele solche gibt, sondern in bezug auf die Seelenverhärtung. Was die zwölf Jahre doch nicht [ganz] fertiggebracht haben, das geschieht jetzt. Es ist wohl ein ähnlicher Zustand wie in einer Besserungsanstalt. Herta schrieb es in bezug auf sich schon im Oktober: nichts mehr von ›klar geschlagenen Hämmern des Herzens‹, sondern nur noch, neben Müdigkeit und Überanstrengung: Egoismus und Berechnung. Ich merke es an mir erst allmählich, heute früh, als am Radio ein langsamer Satz eines Schubert-Quartetts gespielt wurde, welcher die Schale durchbrach und, in der Erinnerung an frühere Zeiten, den Gedanken an die einsame Mama und an traurige Menschen in aller Welt aufkommen ließ. Abends lese ich grad Rilke-Briefe, auf der Suche nach einer bestimmten Stelle, über den Wert und die Aura der alten ererbten Dinge, ein Krug, ein Brunnen, ein Schrank, ähnlich wie in der 9. Elegie, aber auf Prosa und nur diesseitig. Bei diesem Lesen sehe ich, daß Stellen, die mich früher nicht einmal, sondern wiederholt tief berührten, mich nun gar nicht ansprechen; ich lese Buchstaben und Sätze auf dem Papier. Vielleicht ist das alles eine Art Selbsterhaltungstrieb, — was es ja auch bei der Scarlet war . . .«

Wir waren zu stark mit dem bloßen Überleben beschäftigt, um uns damals schon ganz bewußt zu werden, daß wir uns — und zwar nicht nur in bezug auf die Herrschaftssysteme — in einer neuen Epoche befanden und daß jeder Übergang eine Verwandlung bedeutet. An die Stelle von Rilke trat Gottfried Benn, später Uwe Johnson. Beider Bücher sind auf Berliner Boden gewachsen. Über Rilke schrieb Benn: »Diese dürftige Gestalt und Born großer Lyrik, verschieden an Weißblütigkeit, gebettet zwischen die bronzenen Hügel des Rhonetals unter einer Erde, über die französische Laute wehn, schrieb den Vers, den meine Generation nie vergessen wird: ›Wer spricht von Siegen — Überstehn ist alles!‹«

Anfang 1946 war nicht zu ahnen, daß wir binnen drei Jahren zu Helden der Freiheit aufmontiert werden würden. Unter den Lobeshymnen, die der Stadt und ihren Bürgern dann plötzlich zuteil wurden, blieb den nüchternen Berlinern immer bewußt, daß sie schon genauso »heldisch« oder »nicht-heldisch« gewesen waren, als sie in unerträglich scheinenden Lagen stets das gleiche versucht hatten: am Leben zu bleiben und nicht jegliche Zuversicht zu verlieren. Die Wendung im Kalten Krieg hat durch das Einströmen westlicher Gelder und Initiativen dem materiellen Wiederaufbau der West-Stadt einen großen Auftrieb gegeben. Ob das ihrem Wesen, ihrem inneren Leben und ihrer Politik bekömmlich war, wird erst eine spätere Zeit beurteilen können.

Glossarium

AA	Auswärtiges Amt
BT	Berliner Tageblatt, gegründet von Rudolf Mosse
DAZ	Deutsche Allgemeine Zeitung
DNB	Deutsches Nachrichten-Büro, einzige staatliche Nachrichtenagentur im Dritten Reich
FZ	Frankfurter Zeitung
NSV	Nationalsozialistische Volkswohlfahrt
OKH	Oberkommando des Heeres
OKW	Oberkommando der Wehrmacht
OT	Organisation Todt
Pg	Parteigenosse der NSDAP (als spottende Analogie des Volksmunds: Vg – Volksgenosse)
ProMi	Reichsministerium für Volksaufklärung und Propaganda
Das Reich	Repräsentative Wochenzeitung des Dritten Reiches
VB	Völkischer Beobachter, Zentralorgan der NSDAP
V-Day	Aliierter Siegestag nach dem Zweiten Weltkrieg

Über die Autorin

Margret Boveri wurde als Tochter eines berühmten deutschen Biologen und einer Amerikanerin im Jahre 1900 in Würzburg geboren. Sie wuchs zweisprachig auf, studierte Geschichte und Politikwissenschaft in Würzburg, München und Berlin und promovierte 1933 über das Thema *Sir Edward Grey und das Foreign Office.* 1934 trat sie in die außenpolitische Redaktion des *Berliner Tageblatts* ein. Von 1939 bis 1943, also bis zum Verbot des Blattes, arbeitete sie als Auslandskorrespondentin für die *Frankfurter Zeitung* in Stockholm, New York und Lissabon. Dann kehrte sie auf eigenen Wunsch mitten im Zweiten Weltkrieg nach Deutschland zurück. Bis zu ihrem Tode im Jahre 1975 lebte sie als freie Journalistin in Berlin.

Margret Boveri hat folgende Bücher veröffentlicht: *Das Weltgeschehen am Mittelmeer.* Zürich 1936; *Vom Minarett zum Bohrturm. Eine politische Biographie Vorderasiens.* Zürich und Leipzig 1939; *Ein Auto, Wüsten, blaue Perlen. Bericht über eine Reise durch Vorderasien.* Leipzig 1939; *Amerika-Fibel für erwachsene Deutsche.* Berlin 1946; *16 Fenster und 8 Türen.* Berlin 1953; *Der Verrat im XX. Jahrhundert.* Vier Bände. Hamburg 1956/1960; *Wir lügen alle. Eine Hauptstadtzeitung unter Hitler.* Olten und Freiburg im Breisgau 1965; *Tage des Überlebens. Berlin 1945.* München 1968; *Die Deutschen und der Status Quo.* München 1974; *Verzweigungen. Eine Autobiographie.* Herausgegeben und mit einem Nachwort von Uwe Johnson. München 1977.

Namenregister

Die Schreibweise der Namen folgt im Text der authentischen Textvorlage. Falsche Schreibweisen sind im Register berichtigt.

Margret Boveris Aufzeichnungen TAGE DES ÜBERLEBENS. BERLIN 1945 sind im April 1996 als einhundertsechsunddreißigster Band der ANDEREN BIBLIOTHEK im Eichborn Verlag, Frankfurt am Main, erschienen.

Seine erste Publikation erfuhr dieses Buch 1968 im Piper Verlag, München.

Dieses Buch wurde in der Buchdruckerei Greno in Nördlingen aus der Korpus Garamond Monotype gesetzt und auf einer Condor-Schnellpresse gedruckt. Das holz- und säurefreie mattgeglättete 100 g/qm Bücherpapier stammt aus der Papierfabrik Niefern. Den Einband besorgte die Buchbinderei G. Lachenmaier in Reutlingen.

1. bis 7. Tausend, April 1996. Einmalige, limitierte Ausgabe im Buchdruck vom Bleisatz.

ISBN 3-8218-4136-2. Printed in Germany.

Von jedem Band der ANDEREN BIBLIOTHEK gibt es eine Vorzugsausgabe mit den Nummern 1–999.